Bankrottstraftaten nach deutschem
und griechischem Recht

Europäische Hochschulschriften
Publications Universitaires Européennes
European University Studies

Reihe II
Rechtswissenschaft

Série II Series II
Droit
Law

Bd./Vol. 3172

PETER LANG
Frankfurt am Main · Berlin · Bern · Bruxelles · New York · Oxford · Wien

Stergios Spyropoulos

Bankrottstraftaten nach deutschem und griechischem Recht

Zugleich ein Beitrag zur Ergänzung der bankrottstrafrechtlichen Generalklauseln und zur Reform des griechischen Bankrottstrafrechts

PETER LANG
Europäischer Verlag der Wissenschaften

Die Deutsche Bibliothek - CIP-Einheitsaufnahme

Spyropoulos, Stergios:

Bankrottstraftaten nach deutschem und griechischem Recht : zugleich ein Beitrag zur Ergänzung der bankrottstrafrechtlichen Generalklauseln und zur Reform des griechischen Bankrottstrafrechts / Stergios Spyropoulos. - Frankfurt am Main ; Berlin ; Bern ; Bruxelles ; New York ; Oxford ; Wien : Lang, 2001
(Europäische Hochschulschriften : Reihe 2, Rechtswissenschaft ; Bd. 3172)
Zugl.: Marburg, Univ., Diss., 2001
ISBN 3-631-38002-X

D 4
ISSN 0531-7312
ISBN 3-631-38002-X

www.peterlang.de

Ώσπερ άνθρωπος τελειωθείς βέλτιστον των ζώων εστίν, ούτω χωρισθείς Νόμου και δικαιοσύνης χείριστον πάντων.

Wie der Mensch wenn vollkommen das beste der Tiere ist, so wenn getrennt von Gesetz und Gerechtigkeit das aller schlechteste.

Αριστοτέλους Πολιτικά Α, 2, 15

Λατρεύω την ελευθερία, αλλά θα ήθελα να τη βρίσκω πάντοτε θρονιασμένη ανάμεσα στη δικαιοσύνη και στον ανθρωπισμό. Ελευθερία χωρίς δικαιοσύνη είναι καθαρά ληστεία.

Ich bete die Freiheit an, möchte sie aber stets zwischen der Gerechtigkeit und der Menschlichkeit sich auf dem Thron gesetzt finden. Freiheit ohne Gerechtigkeit ist reiner Raub.

Αδαμάντιος Κοραής

Gewidmet wird diese Arbeit meinem Bruder, Georg Spyropoulos.

Vorwort

Die vorgelegte rechtsvergleichende Untersuchung behandelt die einzelnen Bankrottstraftaten nach deutschem und griechischen Recht und stellt sich als Beitrag zur Diskussion über die Bestimmbarkeit der bankrottstrafrechtlichen Generalklauseln und die Reform des griechischen Bankrottstrafrechts dar.

Die lebhafte Entwicklung des Insolvenzrechts hat es gefordert, dass Rechtsänderungen, betreffend die Bankrottstraftaten sowohl nach deutschem als auch nach griechischem Recht, berücksichtigt wurden. Die Arbeit hat der neuen Insolvenzordnung, in Kraft getreten am 01.01.1999, aber noch dem am 01.07.1998 in Kraft getretenen Handelsrechtsreformgesetz, dem Steueränderugsgesetz von 19.12.1998 sowie dem Gesetz Nr. 2479/1997 bezüglich der Änderungen, die den Inhalt des Antrags auf Eröffnung des Insolvenzverfahrens nach griechischem Recht betreffen, Rechnung getragen. Ausgewertet wurde noch eine Fülle von Rechtssprechung und Schrifttum.

An dieser Stelle möchte ich meinem Lehrer, Prof. Dr. Dieter Meurer, herzlich danken für die anregenden Diskussionen, die wertvollen Hinweise und das Interesse, mit dem er die Arbeit stets gefördert hat.

INHALTSVERZEICHNIS

EINFÜHRUNG

§1 BESTIMMUNG DER BANKROTTSTRAFTATEN

Die Bankrottdelikte sind dem Bereich der „white-collar-Kriminalität“ zuzuordnen.[1]

Unter „Bankrott“ (italienisch „zerbrochene Bank“, Bankbruch)[2] oder „Hreokopia“ nach griechischem Recht (zusammengesetztes Wort aus Hreos = Schuld und Kopia = Einstellung, Schuldeneinstellen = Schulderlass[3]) ist die Zahlungsunfähigkeit des Schuldners bzw. des insolventen Kaufmanns gegenüber seinen Gläubigern zu verstehen.

Als Bankrottdelikte werden im deutschen Schrifttum die in §§ 283 und 283 a StGB (früher §§ 239, 240 KO) unter Strafe gestellten Straftaten bezeichnet.[4]

§ 283 d. StGB bestimmt:

(1) Mit Freiheitsstrafe bis zu fünf Jahren oder mit Geldstrafe
wird bestraft, wer bei Überschuldung oder bei drohender oder eingetretener Zahlungsunfähigkeit

1. **Bestandteile seines Vermögens, die im Falle der Eröffnung des Insolvenzverfahrens zur Insolvenzmasse gehören, beiseite schafft oder verheimlicht oder in einer den Anforderungen einer ordnungsgemäßen Wirtschaft widersprechenden Weise zerstört, beschädigt oder unbrauchbar macht,**
2. **in einer den Anforderungen einer ordnungsgemäßen Wirtschaft widersprechenden Weise Verlust – oder Spekulationsgeschäfte oder Differenzgeschäfte mit Waren oder Wertpapieren eingeht oder durch unwirtschaftliche Ausgaben, Spiel oder Wette übermäßige Beträge verbraucht oder schuldig wird,**

---

[1] Hammerl, Die Bankrottdelikte, S. 1

[2] Zirpins/Terstegen, Wirtschaftskriminalität, S. 925

[3] Den Terminus „Hreokopia“ als Schulderlass finden wir auch bei Diodorus Siculus, Buch XXIX, 33: „Ut in Aetolia, sic etiam in Thessaliae plerisque urbibus spes novarum tabularum omnia miscuerat, et in seditiones tumultusque conjecerat...“ So die lateinische Übersetzung von C. Müllerus, Diodori Siculi Bibliotheca, Vol. 2, S 484. Die Wurzeln des Terminus lassen sich allerdings nicht konkret feststellen. Wilamowitz, Aristoteles und Athen, Bd. 1, S. 63, Anm. 33, hat zwar nicht mit Sicherheit entscheiden können, ob der Terminus „Hreokopein“, im Sinne des „wucherzins nehmen“, ein altattisches Wort ist, oder ob es später entwickelt worden ist. Näher dazu Philippides, Bankrottdelikte, S. 18, Fn. 4 ff.

[4] Meurer, BT, S. 257 ; Hiltenkamp-Wisgalle, Bankrottdelikte, S. 2; Böhle-Stamschräder, KTS 1957, 177; Zirpins/Terstegen, Wirtschaftskriminalität, S. 926

3. Waren oder Wertpapiere auf Kredit beschafft und sie oder die aus diesen Waren hergestellten Sachen erheblich unter ihrem Wert in einer den Anforderungen einer ordnungsgemäßen Wirtschaft widersprechenden Weise veräußert oder sonst abgibt,
4. Rechte anderer vortäuscht oder erdichtete Rechte anerkennt,
5. Handelsbücher, zu deren Führung er gesetzlich verpflichtet ist, zu führen unterlässt oder so führt oder verändert, dass die Übersicht über seinen Vermögensstand erschwert wird,
6. Handelsbücher oder sonstige Unterlagen, zu deren Aufbewahrung ein Kaufmann nach Handelsrecht verpflichtet ist, vor Ablauf der für Buchführungspflichtige bestehenden Aufbewahrungsfristen beiseite schafft, verheimlicht, zerstört oder beschädigt und dadurch die Übersicht über seinen Vermögensstand erschwert,
7. entgegen dem Handelsrecht
   a)Bilanzen so aufstellt, dass die Übersicht über seinen Vermögensstand erschwert wird, oder
   b)es unterlässt, die Bilanz seines Vermögens oder das Inventar in der vorgeschriebenen Zeit aufzustellen, oder
8. in einer anderen, den Anforderungen einer ordnungsgemäßen Wirtschaft grob widersprechenden Weise seinen Vermögensstand verringert oder seine wirklichen geschäftlichen Verhältnisse verheimlicht oder verschleiert.

(2) Ebenso wird bestraft, wer durch eine der in Abs. 1 bezeichneten Handlungen seine Überschuldung oder Zahlungsunfähigkeit herbeiführt.

(3) Der Versuch ist strafbar

(4) Wer in den Fällen
1. des Absatzes 1 die Überschuldung oder die drohende oder eingetretene Zahlungsunfähigkeit fahrlässig nicht kennt oder
2. des Absatzes 2 die Überschuldung oder Zahlungsunfähigkeit leichtfertig verursacht,

wird mit Freiheitsstrafe bis zu zwei Jahren oder mit Geldstrafe bestraft.

(5) Wer in den Fällen

1. **des Absatzes 1 Nr. 2,5 oder 7 fahrlässig handelt und die Überschuldung oder die drohende oder eingetretene Zahlungsunfähigkeit wenigstens fahrlässig nicht kennt oder**
2. **des Absatzes 2 in Verbindung mit Absatz 1 Nr. 2,5 oder 7 fahrlässig handelt und die Überschuldung oder Zahlungsunfähigkeit wenigstens leichtfertig verursacht,**

wird mit Freiheitsstrafe bis zu zwei Jahren oder mit Geldstrafe bestraft.

(6) Die Tat ist nur dann strafbar, wenn der Täter seine Zahlungen eingestellt hat oder über sein Vermögen das Insolvenzverfahren eröffnet oder der Eröffnungsantrag mangels Masse abgewiesen worden ist.

§ 283 a d. StGB bestimmt:

In besonders schweren Fällen des § 283 Abs. 1 bis 3 wird der Bankrott mit Freiheitsstrafe von sechs Monaten bis zu zehn Jahren bestraft. Ein besonders schwerer Fall liegt in der Regel vor, wenn der Täter

1. **aus Gewinnsucht handelt oder**
2. **wissentlich viele Personen in die Gefahr des Verlustes ihrer ihm anvertrauten Vermögenswerte oder in wirtschaftliche Not bringt.**

Entsprechend stellt Art. 398 gr. StGB die griechische Bankrottstrafnorm dar, die zur Ausfüllung des Tatbestandes auf die diesbezüglichen handelsrechtlichen Vorschriften verweist. Die einzelnen Bankrotthandlungen werden kasuistisch, teilweise generalklauselartig, in den folgenden Ausfüllungsnormen aufgeführt.

Art. 398 gr. StGB bestimmt:

Mit Gefängnisstrafe von einem Jahr wird der Schuldige des vorsätzlichen Bankrotts, nach den Bestimmungen des Handelsgesetzes, und mit Gefängnisstrafe bis zu zwei Jahren der Schuldige des einfachen Bankrotts bestraft.

Art. 679 gr. HG bestimmt:

Es wird einfacher Bankrottuer jeder Insolvenzkaufmann erklärt, der in einer der folgenden Fällen sich befindet:

1) wenn seine persönlichen oder häuslichen Ausgaben für übermäßig erachtet werden,
2) wenn er große Summen durch Spiel oder Operationen,die rein vom Zufall abhängen, Differenzgeschäfte oder auf Waren ausgegeben hat,
3) wenn er, in der Absicht, die Eröffnung des Insolvenzverfahrens hinauszuschieben, Waren gekauft hat, um sie unter dem Ankaufswert wiederzuverkaufen, oder zu diesem Zweck, Darlehen abgeschlossen hat, Handelswechsel zur Verfügung gestellt hat oder sonstige schädigende Mittel zwecks Geldbeschaffung eingesetzt hat,
4) wenn er, nach der Zahlungseinstellung, irgendeinen Gläubiger zur Benachteiligung des Gläubigerausschusses bezahlte,
5) wenn er die in Art. 526 vorgeschriebene Erklärung unterlassen hat oder sie unzeitig macht.

Art. 680 gr. HG bestimmt:
Im Falle der Insolvenz einer Gesellschaft werden wegen einfachen Bankrotts ihre Verwalter verfolgt, wenn sie die Erfüllung der in Art. 42-46 des Handelsgesetzes vorgeschriebenen Formalitäten vernachlässigt haben, oder wenn aus ihrer Schuld die Insolvenz der Gesellschaft herbeigeführt worden ist.

Art. 681 gr. HG bestimmt:
Wegen einfachen Bankrotts wird verfolgt der Insolvenzmakler oder –geldwechsler

Art. 682 gr. HG bestimmt:
Es kann wegen einfachen Bankrotts jeder Insolvenzkaufmann verfolgt werden, wenn er sich in einem der folgenden Fälle befindet:
1) wenn er zugunsten Dritter und ohne Gegenwert Geldverbindlichkeiten eingegangen ist, die gemessen an der Situation, in der er war, als er sie eingegangen ist, für übermäßig erachtet wurden,
2) wenn das Insolvenzverfahren neu eröffnet wird, bevor er seine Vergleichsverbindlichkeiten erfüllt hat,
3) wenn die in Art. 526 vorgeschriebene Erklärung die Namen aller persönlich haftenden Gesellschafter nicht enthält, oder wenn er, innerhalb der in diesem Artikel vorgeschriebenen 15 Tage-Frist, die in Art. 527

vorgeschriebenen Unterlagen, wie auch die Handelsbücher nicht vorlegt,
4) wenn er, ohne berechtigtes Hindernis nicht persönlich vor den Insolvenzverwaltern in den vorgeschriebenen Fällen und Fristen erscheint, oder wenn er, beim freien Geleit, dem Befehl zu erscheinen nicht gehorcht hat,
5) wenn der die in Art. 8 des Gesetzes vorgeschriebenen Handelsbücher nicht geführt hat und das genaue Inventar seines Vermögens nicht rechtzeitig aufgestellt hat, oder seine Bücher und sein Inventar unvollständig und unordentlich sind oder seine Aktiv- und Passivseite nicht darstellen, aber ohne Vorsatz, oder sein Grundbuch und das Inventar nicht nach Art. 10 des Handelsgesetztes paraphiert worden sind.

Art. 684 gr. HG bestimmt:
Es wird vorsätzlicher Bankrotteur erklärt und nach den Bestimmungen des Strafgesetzes bestraft jeder Insolvenzkaufmann, der seine Bücher verheimlicht hat oder ihren Inhalt durchgestrichen oder abgeändert hat, wer Teil seiner Aktiva unterschlagen oder verheimlicht hat oder durch seine Bücher oder Unterlagen, öffentliche oder private, oder durch seine Bilanz vorsätzlich sich als Schuldner von nicht verschuldeten Summen darstellt.

Art. 685 gr. HG bestimmt:
Im Falle der Insolvenz einer Gesellschaft werden wegen vorsätzlichen Bankrotts verfolgt und nach den Bestimmungen des Strafgesetzes ihre Verwalter bestraft,
1) wenn sie vorsätzlich die nach den Bestimmungen des Gesetzes Bekanntmachung der Satzung unterlassen haben,
2) wenn sie falsch vorversprochenes oder erlegtes Kapital angeben,
3) wenn sie den Gesellschaftern offensichtlich nicht bestehende Anteile entrichten und dadurch das Gesellschaftskapital verringern,
4) wenn sie vorsätzlich höhere als die in der Satzung vorgeschriebenen Angelder empfangen,
5) wenn sie die Insolvenz der Gesellschaft aus Vorsatz oder infolge vorsätzlicher Handlungen veranlasst haben.

Die vorliegende Untersuchung behandelt die eingehende Darstellung der Bankrottstraftaten, sc. der „eigentlichen“[5] Bankrotthandlungen nach deutschem und griechischem Recht, die einen aufschlussreichen Vergleich gestattet. Daneben wird aber auch die geschichtliche Entwicklung der Tatbestandformen beleuchtet (unten §§ 2,3).

Bezüglich des deutschen Rechts (unten § 4) werden die Änderungen, betreffend die Krisenmerkmale, die objektiven Strafbarkeitsbedingungen und die einzelnen Tathandlungen, die die am 01.01.1999 in Kraft getretene Insolvenzordnung mit sich gebracht hat, berücksichtigt. Bei der Darstellung des griechischen Teils (unten § 5) wird auf spezielle tatbezogene Fragen eingegangen, die weder in der Rechtsprechung noch im Schrifttum die gebotene Aufmerksamkeit gefunden haben oder überhaupt nicht diskutiert worden sind.

Mit Anlass aus den in beiden Tatbeständen normierten Generalklauseln (näher dazu unten § 7) werden noch Bestimmtheitsfragen erörtert, die zu einer möglichen Ergänzung der Generalklauselnormen führen (§ 8).

Auf der eingehenden vergleichenden (zu den rechtsvergleichenden Ergebnissen unten § 6) und teilweise kritischen Betrachtung der Bankrottstraftaten beruht schließlich die Diskussion über die Ergänzung und Verbesserung des griechischen Bankrottatbestandes. Der Schwerpunkt der Arbeit liegt also darauf, auf die bestehenden Lücken des griechischen Bankrottatbestandes aufmerksam zu machen und entsprechende Reformvorschläge vorzutragen (unten § 9).

---

[5] Zum Terminus s. Böhle-Stamschräder, KTS 1957, 178

ERSTER TEIL: GESCHICHTLICHER RÜCKBLICK AUF DEN STANDORT DER BANKROTTSTRAFTATEN NACH DEUTSCHEM UND GRIECHISCHEM RECHT

§ 2 IM DEUTSCHEN RECHT

Die folgende Untersuchung behandelt die historische Entwicklung der Regelungen der Bankrottstraftaten in den deutschen Strafgesetzbüchern der Neuzeit bis zum 1. WiKG (1976). Die Änderungen, die das 1. WiKG mit sich gebracht hat bezüglich der einzelnen Tathandlungen, werden in den einschlägigen Kapiteln näher erörtert.

In der Neuzeit übernahm Deutschland das römisch-rechtliche Institut der cessio bonorum, jedoch beschränkt auf Schuldner, die unverschuldet zahlungsunfähig wurden [1].

A. Preußisches Allgemeines Landrecht

Das preußische Allgemeine Landrecht (ALR) enthielt insgesamt 36 Paragraphen gegen den Bankrott (§§ 1452-1487 ALR II 20)[2]. Es unterteilte zwischen dem betrüglichen, dem mutwilligen, dem fahrlässigen und dem unbesonnenen Bankrott[3].

Beim betrüglichen Bankrott (§§ 1452-1455) handelte es sich um ein Verheimlichen des Vermögens zur Hintergehung der Gläubiger[4]. Im einzelnen wurde der betrügliche Bankrott durch die Tatbestandsformen des fälschlichen Vorgebens der Zahlungsunfähigkeit mit Bereicherungsabsicht[5] und der betrüglichen Schmälerung der Masse durch Aufstellung oder betrügliche Begünstigung erdichteter Gläubiger verwirklicht[6].

---

[1] LK-Tiedemann vor § 283 Rn. 34

[2] Zum Gesetzestext s. Buschmann, Textbuch zur Strafrechtsgeschichte der Neuzeit, S. 431 ff.

[3] Dazu s. Köstlin, GA 1857, S. 728; Zirpins/Terstegen, Wirtschaftskriminalität, S. 924

[4] § 1452 ALR lautete: „Ein betrüglicher Bankerutier ist derjenige, welcher sein Vermögen verheimlicht, um seine Gläubiger zu hintergehen".

[5] § 1453 ALR lautete: „Wer in der Absicht, sich mit dem Schaden seiner Gläubiger zu bereichern, ein Unvermögen zu zahlen fälschlich vorgibt, soll öffentlich ausgestellt, für ehrlos erklärt, und mit lebenswieriger Festungsarbeit bestraft werden".

[6] § 1454 ALR lautete: „Wer durch Aufstellung erdichteter Gläubiger, oder durch betrügliche Begünstigung solcher, deren Forderungen ungegründet, oder übertrieben sind, oder sonst, die zur Bezahlung richtiger Schulden vorhandene obgleich unzureichende Masse schmälert, wird des gerichtlichen Glaubens und aller bürgerlichen Ehre verlustig, und soll fünf bis zehnjährige Zuchthausstrafe leiden".

Die Strafbarkeit wegen muthwilligen Bankrotts (§§ 1458-1465) setzte einen übertriebenen oder liederlichen Aufwand durch Spiel, Wette, Schwelgerei oder unzüchtige Lebensart voraus[7].

Der fahrlässige Bankrott (§§ 1466-1472) war gegeben, wenn der Täter in Kenntnis seiner Insolvenz, jedoch in Hoffnung der kurzfristigen Verbesserung seines Vermögens, durch Verheimlichung seiner Vermögensumstände neue Schulden machte oder bei Unzulänglichkeit seines Vermögens den Rest desselben zu seinen eigenen oder Seinigen Bedürfnissen, obgleich ohne Verschwendung, verzehrte[8]. Außerdem betraf der fahrlässige Bankrott den Fall, dass der Kaufmann entweder gar keine ordentlichen Bücher führte oder die Balance seines Vermögens wenigstens einmal im Jahr zu ziehen unterließ[9].

Der unbesonnene Bankrott (§§ 1473-1475) betraf schließlich den Fall, dass der Täter mit fremdem Geld, ohne die Genehmigung des Gläubigers verwegene oder unsichere Unternehmungen wagte, durch deren Fehlschlagung er seine Gläubiger in Schaden und Verlust brachte[10].

B. Landrechte des 19. Jahrhunderts

Die Landrechte im 19. Jahrhundert übernahmen das System des Code de Commerce vom 22.09.1807 und beschränkten den Täterkreis aus Kaufleute[11].

---

[7] § 1458 ALR lautete: „ Wer durch übertriebenen oder liederlichen Aufwand sich außer Zahlungsstand gesetzt hat, ist ein muthwilliger Bankerutirer".

§ 1459 ALR lautete: „Für übertrieben ist jeder Aufwand zu achten, der die Nothdurften und gemeinen Bequemlichkeiten des Lebens übersteigt, und mit den jedesmaligen wirklichen Einkünften des Schuldners nicht im Verhältnisse steht".

§ 1460 ALR lautete wie folgt: „Insonderheit ist ein Aufwand, welcher durch Spiel, Wetten, Schwelgerey, und unzüchtige Lebensart verursacht worden, unter allen Umständen, und ohne weitere Untersuchung, als übertrieben, anzusehen".

[8] § 1466 ALR lautete wie folgt: „Wer zu einer Zeit, da er weiß, daß sein Vermögen zur Bezahlung seiner Schulden nicht mehr hinreiche, aber noch Hoffnung hat, daß selbiges sich im Kurzen verbessern werde, mit Verheimlichung seiner Vermögensumstände neue Schulden macht, und dadurch den Verlust seiner Gläubiger vergrößert, soll als ein fahrlässiger Bankerutirer angesehen werden".

§ 1467 ALR lautete: „Eben dafür ist derjenige zu achten, der bei der Unzulänglichkeit seines Vermögens, den Rest desselben zu seinen eigenen oder der Seinigen Bedürfnisse, obschon ohne Verschwendung, verzehrt, und dadurch seinen Gläubigern entzieht".

[9] § 1468 ALR lautete wie folgt: „Ein Kaufmann, welcher entweder gar keine ordentlichen Bücher führt, oder die Balance seines Vermögens, wenigstens alljährlich einmal, zu ziehen unterlässt, und sich dadurch in Unwissenheit über die Lage seiner Umstände erhält, wird bey ausbrechendem Zahlungsunvermögen als ein fahrlässiger Bankerutirer bestraft".

[10] § 1473 lautete: „Wer mit fremdem Geld, ohne Genehmigung des Gläubigers, verwegene und unsichere Unternehmungen wagt, durch deren Fehlschlagung seine Gläubiger in Schaden und Verlust gesetzt werden, wird als ein unbesonnener Bankerutirer bestraft".

[11] LK-Tiedemann vor § 283 Rn. 36

Das bayerische StGB (1813) unterteilte dementsprechend zwischen dem betrügerischen und einfachen Bankrott[12]. Der betrügerische Bankrott (Art. 277) betraf die Fälle, dass der Täter bei bevorstehendem oder ausgebrochenem Konkurs, zur Verkürzung seiner Gläubiger, Geld oder Geldeswert heimlich zurückbehielt oder auf die Seite schaffte, Aktivforderungen verschwieg oder erdichtete Gläubiger aufstellte[13]. Der einfache Bankrott (§ 279) wurde durch Buchführungsmanipulationen (Beiseiteschaffung, Vernichtung, Unbrauchbarmachen von Rechnungsbüchern und anderen Urkunden) verwirklicht[14].

Das sächsische StGB von 1838 unterschied den leichtsinnigen Bankrott und den betrüglichen Bankrott. Wegen leichtsinnigen Bankrotts (Art. 256) wurde bestraft, wer sich durch übermäßigen Aufwand, unordentlichen Haushalt oder gewagte Unternehmungen in Überschuldung und Konkurs brachte[15]. Der betrügerische (Art. 258) Bankrott betraf die Fälle, dass der Täter bei bevorstehendem oder ausgebrochenem Konkurs durch betrügerische Handlungen einzelne Gläubiger begünstigte oder Geld oder Geldeswert auf die Seite schaffte und ferner die Fälle des Verschweigens von Aktivforderungen, der Ausgabe und der Erdichtung von Unglücksfällen in betrüglicher Absicht[16].

Das badische StGB (1845) bestrafte nach § 466 den Schuldner wegen Verheimlichung oder Aufseiteschaffung von Vermögensteilen zur Verkürzung der Gesamtgläubiger. Der § 467 betraf den Fall, dass der Schuldner einzelne Gläubiger zum Nachteile anderer betrüglich begünstigte oder in Kenntnis seiner Insolvenz zur Gefährde der Gläubiger Vermögensteile von verhältnismäßig bedeutendem Belange unentgeltlich weggab oder um einen auffallend niederen Preis veräußerte oder seine Verbindlichkeiten durch Ausstellung von Urkunden über unwahre Ansprüche anderer betrüglich vermehrte[17].

---

[12] Zum Gesetzestext s. Buschmann, Textbuch zur Strafrechtsgeschichte der Neuzeit, S. 503

[13] Art. 277 des bayerischen StGB lautete wie folgt: „Wer, um seine Gläubiger zu verkürzen, bei bevorstehendem oder ausgebrochenem Konkurse sich einer Unterschlagung oder eines Betruges schuldig macht, Geld oder Gedeswerth heimlich zurückbehält, oder auf die Seite schafft, Aktivforderungen verschweigt, oder deren Bezahlung heimlich annimmt, oder auch erdichtete Gläubiger aufstellt, soll als ausgezeichneter Betrüger des ersten Grades nach Art. 263 gestraft werden, sofern nicht die Handlung, wegen gebrochenem Manifestationseides oder verfälschter Urkunden, eine noch härtere Strafe verschuldet".

[14] Art. 279 des bayerischen StGB lautete: „Wer bei nahe bevorstehendem Konkurse seine Rechnungsbücher und andere Urkunden, woraus der Vermögenszustand und das Verhältnis desselben zu den Schulden übersehen werden konnte, auf die Seite geschafft, vernichtet, oder unbrauchbar gemacht hat, Kaufleute, deren Handelsbücher in solchem Zustande befunden werden, daß das Verhältnis der Schulden zu den Forderungen aus ihnen nicht zu übersehen ist; diese haben die Vermutung des betrüglichen Banquerouts (Art. 278) wider sich".

[15] Zirpins/Terstegen, Wirtschaftskriminalität, S. 924 f.

[16] Im einzelnen Zirpins/Terstegen, Wirtschaftskriminalität, S. 925

[17] Hierzu Zirpins/Terstegen, Wirtschaftskriminalität, S. 925

C. Preußisches Strafgesetzbuch (1851)

Die Aufteilung zwischen betrügerischem und einfachem Bankrott der Art. 586 ff. des Code de Commerce (1807)[18] übernahm auch das preußische StGB von 1851[19] und es beschränkte den Täterkreis auf „Handelsleute, Schiffsreeder und Fabrikbesitzer", also Kaufleute, „welche ihre Zahlungen eingestellt haben"[20].

Der betrügerische Bankrott (§ 259) betraf die Beiseiteschaffung oder Verheimlichung von Vermögensstücken, die Anerkennung oder Aufstellung ganz oder teilweise erdichteter Schulden oder Rechtsgeschäfte und die Buchführungsdelikte (unterlassene Buchführung, Entziehung von Handelsbüchern), die durch eine Gläubigerbenachteiligungsabsicht gekennzeichnet waren[21].

Als einfacher Bankrott (§ 261) wurde der Verbrauch übermäßiger Summen durch Aufwand, Spiel, Differenzhandel u.s.w., die unterlassene Buchführung sowie die Entziehung von Handelsbüchern, die unterlassene Bilanzziehung, das Eingehen von Schulden und der Verkauf von Waren oder Wertpapieren unter Wert bestraft[22].

---

[18] banqeroute simple (Art. 586-592) und banqueroute frauduleuse (Art. 593-599)

[19] Zum Gesetzestext s. Buschmann, Textbuch zur Strafrechtsgeschichte der Neuzeit, S. 592 f.

[20] Vormbaum, GA 1981, 102

[21] § 259 pr. StGB lautete wie folgt: „Handelsleute, Schiffsrheder und Fabrikbesitzer, welche ihre Zahlungen eingestellt haben, werden, als des betrüglichen Bankerutts schuldig, mit Zuchthaus bis zu fünfzehn Jahren bestraft:
1)wenn sie ihr Vermögen ganz oder theilweise verheimlicht oder bei Seite geschafft haben;
2)wenn sie Schulden oder Rechtsgeschäfte anerkannt oder aufgestellt haben, welche ganz oder theilweise erdichtet sind;
3)wenn sie in der Absicht, ihre Gläubiger zu benachteiligen Handelsbücher zu führen unterlassen haben, obgleich deren Führung gesetzlich vorgeschrieben, oder nach der Beschaffenheit ihres Geschäfts erforderlich war;
4)wenn sie in gleicher Absicht ihre Handelsbücher verheimlicht oder vernichtet oder so geführt oder verändert haben, dass dieselben keine Uebersicht des Vermögenszustandes gewähren.

Wird festgestellt, daß mildernde Umstände vorhanden sind, so ist die Strafe Gefängniß nicht unter drei Monaten; zugleich kann auf zeitige Untersagung der Ausübung der bürgerlichen Ehrenrechte erkannt werden".

[22] § 261 pr. StGB lautete wie folgt: „Handelsleute, Schiffsrheder und Fabrikbesitzer, welche ihre Zahlungen eingestellt haben, werden wegen einfachen Bankerutts mit Gefängniß bis zu zwei Jahren bestraft:
1)wenn sie durch Ausschweifungen, Aufwand, Spiel oder Differenzhandel mit Waaren oder Börsen-Effekten übermäßige Summen verbraucht haben oder schuldig geworden sind;
2)wenn sie Handelsbücher zu führen unterlassen haben, obgleich deren Führung gesetzlich vorgeschrieben oder nach der Beschaffenheit ihres Geschäfts erforderlich war, oder wenn sie diese Handelsbücher verheimlicht oder vernichtet oder so unordentlich geführt haben, daß dieselben keine Übersicht des Vermögenszustandes gewähren;

D. Reichsstrafgesetzbuch und Reichskonkursordnung

Das Reichsstrafgesetzbuch von 1871 schloss sich weitgehend in die §§ 281 ff. den Bankrottvorschriften des einfachen und betrügerischen Bankrotts des preußischen StGB an ohne wesentliche Änderungen[23].

Die Straftatbestände wurden als §§ 209-214 KO in die, als „Perle der Reichsjustizgesetze" bezeichnete[24], Reichskonkursordnung von 1877, in Kraft getreten 1879, übernommen und durch die Konkursnovelle vom 17.05.1898, erweitert durch die Verschleuderungsalternative, in die Vorschriften der §§ 239-244 KO umgewandelt[25]. Die grundsätzliche, aus dem Code de Commerce (1807) resultierende, Unterscheidung von betrügerischem und einfachem Bankrott wurde auch in der KO beibehalten. Den betrügerischen Bankrott (§ 239) bildeten die Verhaltensweisen des Verheimlichens oder Beiseiteschaffens von Vermögensstücken, der Anerkennung oder Aufstellung von erdichteten Schulden oder Rechtsgeschäften, der unterlassenen und der unübersichtlichen Buchführung[26]. Die Strafbarkeit wegen betrügerischen Bankrotts setzte in subjektiver Hinsicht eine Gläubigerbenachteiligungsabsicht voraus. Als einfacher Bankrott (§ 240 KO) wurden andererseits die Tatbestandsformen des Verbrauchs von übermäßigen Summen durch Aufwand, Spiel u.s.w., der Waren- und Wertpapierverschleuderung in der Absicht, die Eröffnung des Konkursverfahrens hinauszuschieben, der unterlassenen oder unordentlichen Buchführung, der Entziehung von Handelsbüchern und der verspäteten Bilanzziehung pönalisiert[27].

---

3)wenn sie unterlassen haben, die Bilanz ihres Vermögens jährlich zu ziehen, obgleich dies gesetzlich vorgeschrieben oder nach der Beschaffenheit ihres Geschäfts erforderlich war;
4)wenn sie, obgleich das Vermögen nach der letzten Bilanz nicht die Hälfte der Schulden deckte, neue Schulden gemacht oder Waaren oder Kreditpapiere unter dem Werthe verkauft haben".

[23] LK-Tiedemann vor § 283 Rn. 38

[24] Vgl. Paulus, ZIP 1985, 1449; Uhlenbruck, wistra 1996, 1

[25] Vgl. Hiltenkamp-Wisgalle, Bankrottdelikte, S. 34

[26] § 239 KO lautete wie folgt: „(1) Schuldner, welche ihre Zahlungen eingestellt haben, oder über deren Vermögen das Konkursverfahren eröffnet worden ist, werden wegen betrüglichen Bankrotts mit Freiheitsstrafe nicht unter einem Jahr bestraft, wenn sie in der Absicht, ihre Gläubiger zu benachteiligen,
1)Vermögensstücke verheimlicht oder beiseitegeschafft haben,
2)Schulden oder Rechtsgeschäfte anerkannt oder aufgestellt haben, welche ganz oder teilweise erdichtet sind,
3)Handelsbücher zu führen unterlassen haben, deren Führung ihnen gesetzlich oblag, oder
4)ihre Handelsbücher vernichtet oder verheimlicht oder so geführt oder verändert haben, daß dieselben keine Übersicht des Vermögenszustandes gewähren.
(2) Sind mildernde Umstände vorhanden, so tritt Freiheitsstrafe von drei Monaten bis zu fünf Jahren ein".

[27] § 240 KO lautete wie folgt:

Der Wiederaufnahme der Bankrottstraftaten in das StGB schloss sich schließlich der deutsche Gesetzgeber durch das 1. WiKG (1976) an. Entscheidend erschien, dass „solche Tatbestände, die von allgemeiner Bedeutung sind und einen schwerwiegenden Unrechtsgehalt haben, grundsätzlich in das Strafgesetzbuch aufgenommen werden sollten“[28]. Somit hat „eine lange und wechselvolle Gesetzgebungsgeschichte ihr vorläufiges Ende gefunden“[29].

„Schuldner, welche ihre Zahlungen eingestellt haben, oder über deren Vermögen das Konkursverfahren eröffnet worden ist, werden wegen einfachen Bankrotts mit Freiheitsstrafe bis zu fünf Jahren oder mit Geldstrafe bestraft, wenn sie

1)Durch Aufwand, Spiel oder Wette oder durch Differenzhandel mit Waren oder Börsenpapieren übermäßige Summen verbraucht haben oder schuldig geworden sind;

2)in der Absicht, die Eröffnung des Konkursverfahrens hinauszuschieben, Waren oder Wertpapiere auf Kredit entnommen und diese Gegenstände erheblich unter dem Werte in einer den Anforderungen einer ordnungsmäßigen Wirtschaft widersprechenden Weise veräußert oder sonst weggegeben haben;

3)Handelsbücher zu führen unterlassen haben, deren Führung ihnen gesetzlich oblag, oder dieselben verheimlicht, vernichtet oder so unordentlich geführt haben, daß sie keine Übersicht ihres Vermögenszustandes gewähren, oder

4)es gegen die Bestimmung des Handelsgesetzbuchs unterlassen haben, die Bilanz ihres Vermögens in der vorgeschriebenen Zeit zu ziehen“.

[28] Amtliche Begründung, BT Drucks. 7/3441, S. 34; vgl. Vormbaum, GA 1981, 104

[29] So Vormbaum, GA 1981, 101

§ 3 IM GRIECHISCHEN RECHT

Die Bankrottalternativen waren im griechischen Recht ausnahmslos im Handelsgesetz geregelt.

A. Handelsgesetz von 1835

Die strafbaren Sachverhalte wurden zunächst im 3. Buch des Handelsgesetzes „ÜBER INSOLVENZ UND BANKROTT", veröffentlicht am 23.05.1835, geregelt. Dies war eine Übersetzung in griechischer Sprache des entsprechenden 3. Buches des Code de Commerce vom 22.09.1807 über Insolvenz und Bankrott[1]. Der griechische Gesetzgeber übernahm also die grundsätzliche Aufteilung von betrügerischem (vorsätzlichem) und einfachem Bankrott des Code de Commerce vom 22.09.1807 sowie seine Unterteilungen und weiteren Graden[2].

B. Gesetz ΨΛΣΤ / 1878

In complexu wurde das 3. Buch des Handelsgesetzes „ÜBER INSOLVENZ UND BANKROTT" durch das Gesetz ΨΛΣΤ/1878, in Kraft getreten am 01.01.1879, unter dem Einfluss des französischen Handelsgesetzes von 1838, geändert[3]. Dies bearbeitete im einzelnen die Bankrotthandlungen, unterschied zwischen einfachem und vorsätzlichem (betrügerischem) Bankrott, trennte zwischen der strafrechtlichen Verantwortlichkeit von Einzelkaufleuten und Gesellschaftsverwaltern und stellt grundlegend die heutige Fassung der einzelnen Bankrotthandlungen dar (Art. 679 ff. g. HG).

Erweitert wurde der Normkomplex der Bankrottalternativen durch das Gesetz ΓΦΟΔ vom 22.02.1910, das in die gesetzliche Umschreibung die anmeldebezogenen Handlungsalternativen der unterlassenen (Art 679 § 5 gr. HG) und unvollständigen Insolvenzerklärung (Art. 682 § 3 Alt. 1 gr. HG) wie auch die informationsbezogene Tatalternative

---

[1] Philippides, Bankrottdelikte, S. 30

[2] Zu den Unterteilungen des betrügerischen und einfachen Bankrotts im Code de Commerce von 1807 s. Neumeyer, Historische Darstellung, S. 112 f.

[3] Philippides, Bankrottdelikte, S. 30

der verspäteten Vorlage von Handelsbüchern und sonstigen Unterlagen (Art. 682 § 3 Alt. 2 gr. HG) eingeführt bzw. abgeändert hat.

Die früher in Art. 405, 406 des Strafgesetzes vom 03.11.1836[4], die unter Verweis auf die handelsrechtlichen Ausfüllungsnormen die Kaufleute wegen vorsätzlichen und einfachen Bankrotts bestrafte[5], übernahm Art. 398 des geltenden StGB (von 1950, in Kraft getreten am 01.01.1951), jedoch mit milderer Strafe für den vorsätzlichen Bankrott[6]. Die Aufteilung von vorsätzlichem oder einfachem Bankrott wurde in der Sanktionsnorm beibehalten. Zur Ausfüllung des Tatbestandes wird auch auf die handelsrechtlichen Vorschriften verwiesen (Blankettstrafgesetz).

Dringend ist nach allgemeiner Ansicht [7], vor allem zur Erfassung jeder denkbaren Erscheinungsform der Bankrottkriminalität, die Reform des griechischen Bankrottstrafrechts. Zutreffend auf dieses Erfordernis stellt sich die hier vorgelegte Arbeit u. a. als Beitrag zur Reform des griechischen Bankrottatbestandes.

---

[4] Das griechische Strafgesetz von 1836, beeinflusst vom bayerischen StGB (1813), den von Feuerbach angefertigten Entwürfen von 1813, 1822 und 1831 wie auch vom erst in Griechenland geltenden „Apanthisma ton eglimatikon", wurde in griechischer Sprache von Mauer aufgestellt.

[5] Art. 405 des Strafgesetzes (1836) lautete: „Kaufleute, Bankiers oder Fabrikbesitzer, die, nach den Bestimmungen des Handelsgesetzes als des vorsätzlichen Bankrotts schuldig oder mitschuldig angesehen werden, werden mit Zuchthausstrafe, wegen einfachen Bankrotts dagegen mit Gefängnisstrafe von einem Monat bis zu zwei Jahren bestraft".

Art. 406 des Strafgesetzes (1836) lautete: „Geldwechsler (agents de change), Warenmakler, Schiffsmakler und andere Makler (courtiers) wegen einfachen Bankrotts werden mit Zuchthausstrafe, während wegen vorsätzlichen Bankrotts mit zeitweisen Fesseln bestraft".

[6] Statt der in Art. 405 des Strafgesetzes (1836) vorgesehenen Zuchthausstrafe wählte der Gesetzgeber des geltenden StGB (1950) die Gefängnisstrafe (von 1 Jahr). Demgegenüber ist die Obergrenze des Strafrahmens, dem der einfache Bankrott unterliegt, (bis zu 2 Jahren), seit dem Strafgesetz von 1834 unberührt geblieben.

[7] So zuletzt Tsirides, Insolvenzdelikte, S. 137 f.

ZWEITER TEIL: BANKROTTSTRAFTATEN NACH DEUTSCHEM UND GRIECHISCHEM RECHT

§ 4 DIE BANKROTTHANDLUNGEN NACH DEM DEUTSCHEN RECHT

A. Grundbegriffe und -fragen des Bankrottatbestandes

Dem Sinn und Zusammenhang der eingehenden Auslegung der einzelnen Bankrottstraftaten dient zunächst die nachfolgende, kurze Erörterung der Fragen der geschützten Rechtsgüter und des Täterkreises wie auch der bankrottstrafrechtlichen Grundbegriffe; der Krisenmerkmale, an die die Strafwürdigkeit des Verhaltens entweder zeitlich (Abs. 1) oder kausal (Abs. 2) verknüpft ist, und der objektiven Bedingungen der Strafbarkeit.

Besonderer Aufmerksamkeit bedarf in dieser Bezugnahme der Inhalt der Krisenmerkmale und der objektiven Strafbarkeitsbedingungen im Hinblick auf die Änderungen, die die neue Insolvenzordnung mit sich gebracht hat.

I. Geschützte Rechtsgüter

Als geschütztes Rechtsgut der Bankrottstraftatbestände gilt der Schutz der Vermögensinteressen der Gläubiger, wobei ein einziger Gläubiger für genügend gehalten wird[1], und nach Teilen der Literatur des gesamtwirtschaftlichen Vermögens, jedenfalls des Vermögens der Kreditwirtschaft.[2]

II. Täterkreis

Einigkeit in Rechtsprechung und Literatur besteht darüber, dass es sich bei § 283 StGB um ein echtes Sonderdelikt handelt.[3] Trotz des gesetzlichen Wortlauts („wer....“), der prima facie dem Bankrottdelikt den Charakter eines Allgemeindelikts verleiht, beschränkt sich doch der taugliche Täterkreis nur auf diejenigen, die ihre Zahlungen eingestellt haben oder von der Eröffnung oder Ablehnung der Eröffnung des Insolvenzverfahrens betroffen sind und sich in wirtschaftlicher Krise befinden können, also nur auf Personen, die die Schuldnereigenschaft aufweisen.[4] Zum Täterkreis der in

---

[1] RGSt 39, 326 f.; 41, 309, 314; LK-Tiedemann vor § 283 Rn. 45 mit weiteren Schrifttumsnachweisen

[2] Hierzu s. BGH wistra 1987, 29 mit weiteren Schrifttumsnachweisen.

[3] LK-Tiedemann vor § 283 Rn. 59 mit weiteren Schrifttumsnachweisen.

[4] LK-Tiedemann vor § 283 Rn. 59

Nrn. 5-7 aufgeführten Buchführungs- bzw. Bilanzdelikte gehören zwar nur Kaufleute.[5]

Schwierigkeiten bereitet allerdings die strafrechtliche Bestimmung der haftenden natürlichen Personen, wenn „Schuldner", wie es am häufigsten der Fall ist, eine Handelsgesellschaft ist aus Sicht des noch geltenden Grundsatzes „societas delinquere non potest". Die Bestimmung des Personenkreises richtet sich, außer im Falle der Personenhandelsgesellschaften, die keine eigene Rechtspersönlichkeit besitzen[6], und der BGB-Gesellschaften (§§ 705 ff. BGB), wobei als taugliche Täter alle Gesellschafter in Betracht kommen[7], nach § 14 StGB[8] (früher gemäß § 83 GmbHG als auch § 50 a Abs. 1 StGB 1969).

Im einzelnen bedeutet das, dass bei den Personenhandelsgesellschaften als taugliche Täter die vertretungsberechtigten Gesellschafter in Betracht kommen (§ 14 Abs. 1, Nr. 2 StGB). Bei der KG können Täter die Komplementäre sein [9], während es der h.M. entspricht, dass bei der GmbH und Co. KG die Tätertauglichkeit der GmbH-Geschäftsführer erfüllt[10].

Bei den juristischen Personen sind taugliche Täter gemäß § 14 Abs. 2 Nr. 2 StGB die vertretungsberechtigten Organe oder die Mitglieder eines solchen Organs. Bei der AG, der Genossenschaft, dem rechtsfähigen Verein und der rechtsfähigen Stiftung sind also die Vorstandsmitglieder taugliche Täter[11]. Bei der GmbH ist strafrechtlicher Normadressat und daher tauglicher Täter der Geschäftsführer[12] und bei mehreren Geschäftsführern jeder von ihnen.[13]

Umstritten ist jedoch, ob die Bestimmung der Täterschaft auf Grund einer „faktischen Betrachtungsweise" oder nach zivilrechtlichen Kriterien erfolgen kann[14].

Über § 14 Abs. 2 StGB erweitert sich schließlich die täterschaftliche Strafbarkeit und folglich der Täterkreis noch auf interne und externe Personen, die beauftragt werden, den Betrieb ganz oder teilweise zu

---

[5] Dazu ausführlich unten § 4 B III 1.3.5.3. sowie 1.3.7.1.

[6] LK-Tiedemann vor § 283 Rn. 62: die Tätertauglichkeit bestimmt sich ohne Heranziehung des § 14 StGB

[7] LK-Tiedemann vor § 283 Rn. 62 mit Beispielen.

[8] Nach einer Ansicht aber in der strafrechtlichen Literatur erfolgt die Bestimmung der strafrechtlich haftenden Gesellschafter nach allgemeinen Grundsätzen, ohne dass es einer Heranziehung des § 14 StGB bedarf. So Grub, Verantwortlichkeit, S. 47 ff.; Sch/Sch-Lenckner § 14 Rn. 21 ; Richter, GmbHR 1984, 143 ; Winkelbauer, wistra 1986, 18 f. und JR 1988, 33 f.

[9] LK-Tiedemann vor § 283 Rn. 65

[10] Näher Tiedemann, NJW 1977, 780 m.w.N.

[11] LK-Tiedemann vor § 283 Rn. 64

[12] BGH NJW 1969, 1494; LK-Tiedemann vor § 283 Rn. 64

[13] OLG Karlsruhe Justiz 1977, 206; LK-Tiedemann vor § 283 Rn. 64

[14] Zum Meinungsstand s. Hiltenkamp-Wisgalle, Bankrottdelikte, S. 111 ff.

leisten (Nr. 1) bzw. Unternehmensaufgaben wahrzunehmen (Nr. 2). Unter Nr. 1 fallen z. B. die Unternehmensangehörigen und unter Nr. 2 Steuerberater, Rechtsanwälte, Wirtschaftsprüfer, Buchhalter u.s.w.[15]

III. Die Krisenmerkmale (eingetretene oder drohende Zahlungsunfähigkeit, Überschuldung)

Erst durch das 1. WiKG (1976) wurden die Krisenmerkmale in die gesetzliche Umschreibung als Strafbarkeitsvoraussetzungen eingeführt[16].

Die Zahlungsunfähigkeit ist gemäß § 17 Abs. 1 InsO Voraussetzung für die Eröffnung des Insolvenzverfahrens. Gemäß § 17 Abs. 2, S. 2 InsO liegt Zahlungsunfähigkeit vor, wenn der Gemeinschuldner nicht in der Lage ist, die fälligen Zahlungsverpflichtungen zu erfüllen. Sie ist in der Regel anzunehmen, wenn der Schuldner seine Zahlungen eingestellt hat (§ 17 Abs. 2, S. 2 InsO). Die früher im Schrifttum aufgetauchte Streitfrage der Dauerhaftigkeit der Zahlungsunfähigkeit erweist sich nach geltendem Insolvenzrecht als gegenstandslos. Denn der Reformgesetzgeber hat auf das Merkmal der Dauer verzichtet.[17] In der Begründung des Regierungsentwurfs heißt es doch: „ Wenn eindeutig ist, dass nur eine vorübergehende Liquidität vorliegt, kann und wird sich der Schuldner durch einen Bankkredit neue flüssige Mittel beschaffen; gelingt ihm dies nicht, ist in aller Regel für die Gläubiger nachteilig, wenn die Eröffnung des Insolvenzverfahrens hinausgezögert wird“. Nicht maßgeblich ist nach geltendem Insolvenzrecht, dass „wesentliche“ Verbindlichkeiten nicht erfüllbar sind. Auf das Merkmal der „Wesentlichkeit“ hat doch der Gesetzgeber auch verzichtet.[18] Es versteht sich also von selbst, dass ganz geringfügige Zahlungsverpflichtungen nicht mit zu berücksichtigen sind. Umstritten ist aber, ob bei der Feststellung der Zahlungsunfähigkeit allein auf die Geldschulden oder zusätzlich auf sämtliche Vermögenswerte abzustellen ist.[19]

Abgesehen von der eingetretenen Zahlungsunfähigkeit lässt der gesetzliche Wortlaut des Bankrottatbestands auch die drohende Zahlungsunfähigkeit als Krisenmerkmal ausreichen. Gemäß § 18 Abs. 2 InsO droht Zahlungsunfähigkeit, wenn der Schuldner nicht in der Lage sein wird, die bestehenden Zahlungspflichten im Zeitpunkt der Fälligkeit zu erfüllen. Bei der Feststellung der drohenden Zahlungsunfähigkeit wird in den Gesetzesmaterialien, der Rechtsprechung und der wirtschaftsstrafrechtlichen Literatur auf verschiedene Kriterien abgestellt: Zahlungsunfähigkeit droht

---

[15] Hierzu s. unten § 4 B III 1.3.5.3 m.w.N.
[16] Zu den Gründen der gesetzlichen Regelung s. LK-Tiedemann vor § 283 Rn. 39 ff.
[17] Uhlenbruck, wistra 1996, 4
[18] Uhlenbruck, wistra 1996, 5; Bittmann, wistra 1998, 321, 322 f.
[19] Zum Meinungsstand s. Bittmann, wistra 1998, 324

entweder bei der naheliegenden Wahrscheinlichkeit ihres Eintritts[20] oder bei der Wahrscheinlichkeit eines nahen Eintritts der Zahlungsunfähigkeit[21], oder wenn Liquiditätsschwierigkeiten bestehen oder absehbar sind[22]. Hinsichtlich der Feststellung der drohenden Zahlungsunfähigkeit sind mitzurechnen gem. § 18 Abs. 2 InsO die Zahlungspflichten des Schuldners, die schon bestehen aber noch nicht fällig sind[23], und die drohenden, absehbaren Verluste des Unternehmens[24].

Als Kriterien des Vorliegens oder des Drohens der Zahlungsunfähigkeit kommen in Betracht interne Feststellungsmethoden, wobei auf die Erfüllbarkeit der schuldnerischen Geldschulden abzustellen ist, und externe Feststellungsmethoden, wonach die wirtschaftliche Krise nach äußeren Krisenwarnzeichen[25] beurteilt wird.[26]

Neben der Zahlungsunfähigkeit gilt als Eröffnungsgrund bei den juristischen Personen (§ 19 Abs. 1 InsO) die Überschuldung. Gemäß § 19 Abs. 2 S. 1 InsO liegt Überschuldung vor, „wenn das Vermögen des Schuldners die bestehenden Verbindlichkeiten nicht mehr deckt", also wenn, entsprechend der allgemeinen Ansicht in der strafrechtlichen und außerstrafrechtlichen Literatur[27], die schuldnerischen Verbindlichkeiten (Passiva) gegenüber den Vermögenswerten (Aktiva) überwiegen. Auf der Passivseite sind bei der Überschuldungsfeststellung die im Zeitpunkt der Überschuldungsprüfung bestehenden Geldschulden, aber noch die nachrangigen Verbindlichkeiten (§ 39 InsO) zu passivieren.[28]

Nach dem geltenden Insolvenzrecht (§ 19 Abs. 2, S. 2 InsO) hat die Streitfrage[29] der Bewertung sowohl nach Liquidationswerten als auch nach Fortführungswerten zu erfolgen und zwar mit Vorrang der Fortführungsprognose.[30] In der Praxis lässt sich aber die Überschuldung nach

---

[20] So die Amtliche Begründung BT Drucks. 7/3441, S. 34 und der Bericht des Sonderausschusses BT Drucks. 7/5291, S. 17; Hiltenkamp-Wisgalle, Bankrottdelikte, S. 295 f; Maurach/Schroeder/Maiwald 1 § 48 II 1 Rn. 13; Müller-Emmert/Maier NJW 1976, 1663; Tiedemann NJW 1977, 781; maßgeblich ist nach Moosmayer, Einfluss, S. 168 ff., die Intensität der Wahrscheinlichkeit.

[21] So BGHR § 283 Abs. 1 Zahlungsunfähigkeit 2; Lackner/Kühl , § 283 Rn 8; Otto, R. Bruns Gedächtnisschrift, S. 279 ff.; derselbe BT § 61 Rn. 88; derselbe, Jura 1989, 33 ; Tröndle/Fischer vor § 283 Rn 11; Müller/Wabnitz/Janovsky, Wirtschaftskriminalität, S. 142

[22] So Bittmann, wistra 1998, 324 f.

[23] Uhlenbruck, wistra 1996, 4

[24] So Bittmann, wistra 1998, 326; contra Uhlenbruck, wistra 1996, 4

[25] Als solche kommen in Betracht die Häufigkeit der Wechsel- und Scheckproteste, Zahlungsbefehle, gerichtliche Mahnbescheide und andere Vollstreckungsmaßnahmen, fruchtlose Pfändungen u.a. Im einzelnen dazu: Grosche, Generalklausel, S. 43 ff.

[26] Näher LK-Tiedemann vor § 283 Rn. 132 f. sowie 141 f.

[27] Dazu LK-Tiedemann vor § 283 Rn. 150 mit weiteren Schrifttumsnachweisen

[28] Uhlenbruck, wistra 1996, 6

[29] Zum Meinungsstand s. Otto, Jura 1989, 33

[30] Vgl. LK-Tiedemann vor § 283 Rn. 155; Uhlenbruck, wistra 1996, 6

dem Liquidationswert feststellen.[31] Eindeutig und folglich dem Bestimmtheitsgebot genügend ist jedenfalls die Überschuldung als bankrottstrafrechtliches Merkmal, sofern alle ernsthaft vertretenen Schätzungsmethoden zu ihrer Feststellung gelangen.[32]

IV. Objektive Bedingungen der Strafbarkeit (Abs. 6)

Gemäß § 283 Abs. 6 StGB sind die Bankrotthandlungen nur strafbar, „wenn der Täter seine Zahlungen eingestellt hat oder über sein Vermögen das Insolvenzverfahren eröffnet oder der Eröffnungsantrag mangels Masse abgewiesen worden ist". Im einzelnen umschreibt also der Straftatbestand als echte objektive Strafbarkeitsbedingungen die Zahlungseinstellung, die Eröffnung des Insolvenzverfahrens und die Abweisung des Eröffnungsantrags vom Insolvenzgericht mangels Masse.

Zahlungseinstellung liegt vor, wenn der Schuldner aufhört, seine fälligen Geldschulden zu begleichen[33], während nach überwiegender Ansicht die Zahlungsunwilligkeit der Zahlungseinstellung gleichsteht und zwar unabhängig davon, ob Zahlungsunfähigkeit vorliegt.[34] Dem gesetzlichen Wortlaut des § 17 Abs. 2, S. 2 InsO lässt sich entnehmen, dass die Zahlungseinstellung die äußere Manifestation der Zahlungsunfähigkeit ist.[35]

Die Eröffnung des Insolvenzverfahrens setzt gemäß § 13 Abs. 2 InsO einen Antrag voraus (Eröffnungsantrag), den die Gläubiger wie auch der Schuldner stellen können. Insolvenzgericht ist gemäß § 2 Abs. 1 InsO das Amtsgericht, in dessen Bezirk ein Landgericht seinen Sitz hat, für den Bezirk dieses Landgerichts.

Die Abweisung des Eröffnungsantrags vom Insolvenzgericht setzt gemäß Art. 26 Abs. 1, S. 1 InsO voraus, dass „das Vermögen des Schuldners voraussichtlich nicht ausreichen wird, um die Kosten des Verfahrens zu decken". Der Mangel an die Masse bestimmt sich dementsprechend nach der Höhe der Verfahrenskosten. Dazu zählen nach § 54 InsO die Gerichtskosten sowie die Vergütungen und die Auslagen des vorläufigen Insolvenzverwalters, des Insolvenzverwalters und der Mitglieder des Gläubigerausschusses. Nach § 26 Abs. 1, S. 2 InsO unterbleibt die Abweisung, wenn ein ausreichender, die Verfahrenskosten deckender, Geldbetrag vorgeschossen wird.

---

[31] Näher dazu LK-Tiedemann vor §283 Rn. 158;Weyand, Konkursdelikte, S. 39 m. w. N.

[32] Moosmayer, Einfluss, S. 162 mit weiteren Schrifttumsnachweisen

[33] LK-Tiedemann vor § 283 Rn. 143 mit weiteren Rechtsprechungs- und Schrifttumsnachweisen

[34] Zu den Schrifttumsnachweisen s. LK-Tiedemann vor § 283 Rn. 144, der aber einschränkend ist.

[35] LK-Tiedemann vor § 283 Rn. 125

B. Die Tathandlungen im einzelnen

I. Einführung in die Bankrotthandlungen nach deutschem Recht

Der als „Kernvorschrift" des Insolvenzstrafrechts[36] bezeichnete § 283 StGB regelt in Abs. 1 und Abs. 2 die grundlegenden, die eigentlichen Bankrotthandlungen, die den Gegenstand der folgenden Kapitel bilden.

Im einzelnen umschreibt Abs. 1 die im Zusammenhang mit der wirtschaftlichen Krise unter Strafe gestellten Bankrotthandlungen, während Abs. 2 die vorsätzliche Herbeiführung der wirtschaftlichen Krise (Überschuldung, eingetretene Zahlungsunfähigkeit) pönalisiert. Bemerkenswert ist also die Abgrenzung der Bedeutung der Rolle der wirtschaftlichen Krise, während und außerhalb derer das die Gläubigerinteressen und die Kreditwirtschaft gefährdende, den Anforderungen einer ordnungsgemäßen Wirtschaft widersprechende schuldnerische Handeln und Unterlassen bestraft wird. Bei Abs. 1 steht die Unternehmenskrise in zeitlichem Zusammenhang mit den Straftatbeständen, wie es sich aus dem Wortlaut des § 283 Abs. 1 ergibt: „Wer bei Überschuldung oder bei drohender oder eingetretener Zahlungsunfähigkeit......"[37]. Bei Abs. 2 wird allerdings die wirtschaftliche Krise als der Erfolg der Tathandlung bezeichnet und steht somit in kaulasem Zusammenhang mit dem dort geregelten Tatbestand [38].

Strafbar sind nicht nur die mit Vorsatz sondern auch mit Fahrlässigkeit (Abs. 5) sowie beim fahrlässigen Verkennen der Überschuldung oder der drohenden oder eingetretenen Zahlungsunfähigkeit (Abs. 4, Nr. 1) begangenen Bankrotthandlungen, während Abs. 4 Nr. 2 die leichfertige Herbeiführung der wirtschaftlichen Krise unter Strafe stellt.

Im Folgenden werden das Generalklauselnmerkmal „in einer den Anforderungen einer ordnungsgemäßen Wirtschaft widersprechenden Weise" (unten II), die einzelnen Verhaltensweisen (unten III), die Schuldanforderungen (unten IV) sowie die Fälle des besonders schweren Bankrotts (unten V) dargestellt.

---

[36] Weyand, Konkursdelikte, S. 57

[37] BGH BB, 1998, 476; LK-Tiedemann § 283 Rn.1; Schlüchter, Grenzbereich, S. 52; dieselbe, MDR 1978, 978; Matzen, Zahlungsunfähigkeit, S. 17

[38] OLG Frankfurt, NStZ 1997, 551; LK-Tiedemann § 283 Rn. 1, 180; Schlüchter, Grenzbereich, S. 52; dieselbe, MDR 1978, 978; Sch/Sch-Stree § 283 Rn. 54; Tröndle/Fischer § 283 Rn. 32; Weyand, Konkursdelikte, S. 94; Matzen, Zahlungsunfähigkeit, S. 17

II. Die Anforderungen einer ordnungsgemäßen Wirtschaft als strafbarkeitseinschränkendes Merkmal des Bankrottatbestandes

1. Einführung

Bevor indessen Näheres betreffend die einzelnen Bankrottstraftaten dargestellt werden kann, verdient Hervorhebung der in bestimmten Alternativen [39] des Bankrottatbestandes (§ 283 StGB) erwähnte Begriff „in einer den Anforderungen einer ordnungsgemäßen Wirtschaft widersprechenden Weise“, dem in der Strafrechtspraxis ein besonderes Gewicht zukommt. Der Verstoß gegen die Anforderungen einer ordnungsgemäßen Wirtschaft als Tatbestandsmerkmal ist eigentlich ein Rechtsbegriff des Zivilrechts und er befindet sich in den einschlägigen Vorschriften des Bürgerlichen Gesetzbuchs (§§ 588 Abs. 3, 1036 Abs. 2, 1039 Abs. 1, 1043, 1045 Abs. 1, 1048 Abs. 1, 1122, 1135, 2049 Abs. 2 BGB), auf den das Reichsgericht (RGSt 48, 217, 218) zur Interpretation des früher in § 240 Abs. 1 Nr. 2 a.F. befindlichen strafrechtlichen Begriffs schon hingewiesen hatte. [40] Im Rahmen des (Neben)Strafrechts wurde vom Gesetzgeber das o.g. Merkmal in den einfachen Bankrott der damaligen diesbezüglichen Regelung des § 240 KO [41] eingefügt. [42]

Die gegenwärtige Fassung des Sorgfaltsmaßstabs „Ordnungsgemäßes Wirtschaften“ wurde vom Gesetzgeber durch das 1. WiKG vom 29.07.1976 [43] ausgeprägt und in mehrere Bankrottalternativen eingeführt.

In den folgenden Kapiteln ist darzulegen, welche Funktion dieser von ausschlaggebender Bedeutung zur Auslegung der einzelnen Tathandlungen Begriff aufweist (unten 2) und wie sein Inhalt festgestellt werden kann (unten 3,4). Die nachfolgende Auslegung des Sorgfaltsmaßstabs führt eigentlich zu der gravierenden Frage, ob sich seine Aufnahme in den griechischen Bankrottatbestand empfiehlt. [44]

---

[39] § 283 Abs. 1 Nr. 1 Alt. 3, Nr. 2, Nr. 3, Nr. 8 StGB

[40] Krause, Ordnungsgemäßes Wirtschaften, S. 63 ff.

[41] § 240 Nr. 2 KO lautete: „in der Absicht, die Eröffnung des Konkursverfahrens hinauszuschieben, Waren oder Wertpapiere auf Kredit entnommen und diese Gegenstände erheblich unter dem Werte in einer den Anforderungen einer ordnungsgemäßen Wirtschaft widersprechenden Weise veräußert oder sonst weggegeben haben“.

[42] Zur Entstehungsgeschichte des einschlägigen Sorgfaltsmaßstabs s. Krause, Ordnungsgemäßes Wirtschaften, S. 51 f. Zu erwähnen ist allerdings die Auffassung Tiedemanns (LK vor § 283, Rn. 102), der zu Recht behauptet, dass die historische Entwicklung des Begriffs nur „wenige Anhaltspunkte gibt“.

[43] BGBl I, 2034

[44] Dazu unten § 9

2. Die Funktion der Anforderungen ordnungsgemäßer Wirtschaft

Den Gegenstand dieses Kapitels bildet die Untersuchung der Funktion der Anforderungen ordnungsgemäßer Wirtschaft, mit anderen Worten, welche Rolle das unter Erörterung stehende Tatbestandsmerkmal im Rahmen der diesbezüglichen Bankrottalternativen spielt.

Zum Verständnis der Funktion des Sorgfaltsmaßstabs ist zunächst auf die Erläuterungen des Regierungsentwurfs hinzuweisen, der in dieser Bezugnahme von der Unterlassung der Vornahme von „wirtschaftlich sinnlosen oder zumindest gefährlichen Handlungen" seitens eines „sorgfältigen Teilnehmers im Wirtschaftsverkehr [45] spricht. Auf den Besonderheiten der einzelnen bestandsbezogenen Bankrottalternativen beruht die Erwähnung von einzelnen Beispielen des Regierungsentwurfs zur Bestimmung der Funktion des Begriffs. Nicht tatbestandsmäßig sei danach die Vornahme der in § 288 Abs. 1 Nr.1, Alt. 3 StGB geregelten Bankrotthandlung, wenn die Zerstörung von Investitionsgütern als Vermögensdisposition im Zusammenhang mit ihrer „Ersetzung durch neue Sachen" steht [46], während der Abschluss von Verlustgeschäften vertretbar sei, soweit er den Anforderungen ordnungsgemäßer Wirtschaft entsprechende Erhaltung von Arbeitsplätzen bezweckt. [47] Es lässt sich daher festhalten, dass die Amtliche Begründung zum I. WiKG eine strafbarkeitseinschränkende Funktion des Sorgfaltsmaßstabs sieht. Dies lässt sich doch aus dem im Regierungsentwurf ausdrücklich erwähnten Wort „Einschränkung"[48] entnehmen.

Zur weiteren Analyse der Funktion der Sorgfaltsanforderungen verdienen Hervorhebung die in der Literatur vertretenen Auffassungen. Tiedemann [49] fasst den Sorgfaltsmaßstab bei Nr. 1,2,3 als „Korrektiv der Umschreibung von Bankrotthandlungen" auf, während die Sorgfaltsanforderungen in § 283 Abs. 1 Nr. 8 StGB als „Ergänzung der einzelnen in Nrn. 1-7 umschriebenen Bankrotthandlungen" anzusehen seien. Zum Entfallen der Strafbarkeit führte ein den Anforderungen ordnungsgemäßer Wirtschaft nicht widersprechendes Verhalten nach Klug [50], während Schlüchter [51] und Höfner [52] auch eine strafbarkeitseinschränkende Rolle der Sorgfaltsanforderungen sehen. Ins

---

[45] BT-Drucks 7/3441 S. 20
[46] BT-Drucks 7/3441 S. 34
[47] BT-Drucks 7/3441 S. 35
[48] BT-Drucks 7/3441 S. 35
[49] LK vor § 283 Rn. 101, § 283 Rn. 9; derselbe Wirtschaftsstrafrecht I, S. 242
[50] JZ 1957, 462, 463
[51] Grenzbereich, S. 47
[52] Überschuldung, S. 45 f.

Blickfeld treten schließlich Krauses[53] und Kindhäusers[54] Ansicht, nach der das in Rede stehende Merkmal als negatives, strafbarkeitseinschränkenden Funktionen dienendes, Tatbestandsmerkmal zu qualifizieren sei.

In der gleichen Weise verfährt auch die Rechtsprechung[55], die auf Grund der Anforderungen ordnungsgemäßer Wirtschaft überprüft, ob die Vornahme einer bestandsbezogenen Bankrottalternative unter Strafe gestellt werden kann, ob nämlich die Strafbarkeit gebeben ist oder ob sie ausscheidet.

Es liegt also nicht fern, die oben sowohl von einem großen Teil der Literatur als auch von der Rechtsprechung skizzierte Auffassung der Funktion der Sorgaltsanforderungen (mit Ausnahme der Generalklausel)[56] als strafbarkeitseinschränkendes, negatives Tatbestandsmerkmal anzunehmen. Trotz der zuletzt Ablehnung der Lehre von den negativen Tatbestandsmerkmalen, ist ihre Anerkennung im Bankrottstrafrecht nicht zu beanstanden. Das Korrektiv der Sorgfaltsanforderungen begründet nicht den Unwertsgehalt der Straftaten sondern rechtfertigt die Vornahme der bereits tatbestandsmäßigen vermögensmindernden Dispositionen des Schuldners. Die nachfolgende Befassung mit dem Sorgfaltsmaßstab bringt doch zum Ausdruck, dass er als Straflosigkeitsgrund geprüft wird.

Die Erörterung über die Funktion des Sorgfaltsmaßstabs spitzt sich jetzt auch auf die Frage zu, ob er als Grundbegriff das Bankrottatbestandes aufzufassen ist.

Mit Anlass zu einer neuen Regelung eines Bankrottatbestands hat Hammerl[57] vorgeschlagen, eine „umfassendere Handlungsbeschreibung" böte sich für eine „gangbare" Normierung des unwirtschaftlichen sc. „den Anforderungen einer ordnungsgemäßen Wirtschaft grob widersprechenden" Verhaltens. Im Rahmen der geltenden insolvenzstrafrechtlichen Vorschriften (§§ 283 ff. StGB) vertritt Tiedemann [58] die Auffassung, dass sich der Begriff „in einer den Anforderungen einer ordnungsgemäßen Wirtschaft widersprechenden Weise" angesichts seiner an vielen Stellen Erwähnung

---

[53] Krause, Ordnungsgemäßes Wirtschaften, S. 93 ff, 371, stützt seine Meinung auf den Gedanken, dass die Beachtung der Sorgfaltsanforderungen als „Verneinung eines Verstoßes gegen die Pflicht zur Erhaltung der Erfüllungsfähigkeit bei der Vornahme einer vermögensreduzierenden Disposition" zu verstehen sei. Aus dieser negativen Formulierung sc. kein Verstoß heißt keine Pflichtverletzung, ergebe sich, dass der einschlägige Begriff als negatives Tatbestandsmerkmal funktioniert.

[54] NK-Kindhäuser vor § 283 Rn. 65, sieht bei den in § 283 Abs. 1 StGB beschriebenen bestandsbezogenen Bankrottalternativen mit Ausnahme der Nr. 8 eine Funktion eines negativen Tatbestandsmerkmals.

[55] RGSt 66, 88, 89; 66, 130, 131; BGH NJW 1952, 898; bei Herlan GA 1958, 47; BGHSt. 34, 309, 310; OLG Düsseldorf NJW 1982, 1712, 1713; vgl. dazu unten § 4 B II 4.2.

[56] Dazu s. unten § 8

[57] Die Bankrottdelikte, S. 125 f.

[58] in LK vor § 283 Rn. 101; derselbe, ZIP 1983, 520; zust. Kindhäuser, Gefährdung, S. 318 und Mohr, Übertragende Sanierung, S. 124 f.

sowie des Verhältnisses der Nr. 8 zu den Nrn. 1-7 [59] als „Grundbegriff" des Insolvenzstrafrechts darstelle. Nach Tiedemann stellten alle gesetzlich umschriebenen Bankrotthandlungen letztlich Verstöße gegen die Anforderungen einer ordnungsgemäßen Wirtschaft dar. Nach Krause[60] sei schließlich das in Rede stehende Tatbestandsmerkmal auch ein „übergreifendes Merkmal", ein „Grundbegriff" der insolvenzstrafrechtlichen Vorschriften.

Dieser Ansicht, der Sorgfaltsmaßstab sei ein Grundbegriff der insolvenzstrafrechtlichen Vorschriften, ist zuzustimmen.

3. Bestimmtheit des Sorgfaltsmaßstabs

Eng verbunden mit der oben dargestellten Funktion des normativen[61] Grundmerkmals des Bankrottatbestands und überhaupt mit seinem verfassungswürdigen Vorliegen im Insolvenzstrafrecht ist anschließend die Frage, ob es den Anforderungen des Bestimmtheitserfordernisses genügt.[62]

Im Hinblick auf Art. 103 Abs. 2 GG hat insbesondere Schlüchter[63] die Vertretbarkeit der wirtschaftlichen Entscheidungen von „allen betriebswirtschaftlichen Theorien" abhängig gemacht und dadurch das Genügen des Sorgfaltsmaßstabs den Anforderungen des Bestimmtheitsgrundsatzes angenommen.[64]

Für bestimmt hält auch Tiedemann [65] das Tatbestandsmerkmal, soweit eine Entscheidung oder Maßnahme als „zweifelsfrei unvertretbar" erscheint.[66] „Negativ formuliert" trete als faktischer Anknüpfungspunkt der Feststellung der Verletzung des Sorgfaltsmaßstabs bei Fehlen ausdrücklicher Festlegungen die zweifelsfreie Unvertretbarkeit der einschlägigen wirtschaftlichen Entscheidungen oder Maßnahme ein[67], während „positiv formuliert" kein Verstoß gegen die Sorgfaltsanforderungen vorliege, „solange

---

[59] LK-Tiedemann, § 283 Rn. 12

[60] Ordnungsgemäßes Wirtschaften, S. 48 f.

[61] LK-Tiedemann vor § 283 Rn. 102; zust. Krause, Ordnungsgemäßes Wirtschaften, S. 71

[62] Zu der Gefahr, die die unbeschränkte Benutzung von normativen Tatbestandsmerkmalen mit sich bringt, s. A. Benakis, Normative Merkmale, S. 46 f.

[63] Grenzbereich, S. 48; zust. Hiltenkamp-Wisgalle, Bankrottdelikte, S. 169

[64] Krit. Höfner, Überschuldung S. 46 f., der den Begriff für zu unbestimmt hält.

[65] LK vor § 283 Rn. 117; derselbe, ZIP 1983, 513, 521; derselbe, Lackner-FS, 745 f. ; zust. Richter, GmbHR 1984, 145; SK-Samson § 283 Rn. 11; Sch/Sch-Stree, § 283 Rn. 12; Grosche, Generalklausel, S. 50 f.; NK-Kindhäuser vor § 283 Rn. 73; Krause, Ordnungsgemäßes Wirtschaften, S. 72

[66] Vgl. dazu BGHSt 30, 285, 286 f.

[67] LK-Tiedemann, vor § 283 Rn. 117; derselbe, KTS 1984, 539, 547; derselbe, ZIP 1983, 513, 521; derselbe, Lackner-FS, 745 f.; zust. Grosche, Generalklausel, S. 52; Richter GmbHR 1984, 145; SK–Samson § 283 Rn. 11; Sch/Sch-Stree § 283 Rn. 12

Sachkundige über die Vertretbarkeit unterschiedlicher Meinung sind"[68]. Danach trete die Strafbarkeit ein, wenn das schuldnerische Verhalten zweifellos unvertretbar ist.

Das in Nr. 8 geregelte Merkmal des groben Verstoßes gegen die Sorgfaltsanforderungen stünde auch in keinem Widerspruch zum Bestimmtheitsgrundsatz, denn bei den unter Nr. 8 fallenden Verhaltensweisen geht es um Tathandlungen, die durch die in Nrn. 1-7 beschriebenen Bankrotthandlungen konkretisiert werden und „besonders verwerflich oder gefährlich vorgenommen werden".[69]

4. Beurteilungszeitpunkt

Einigkeit besteht darüber, dass die strafrechtliche Beurteilung über die Ordnungsmäßigkeit einer wirtschaftlichen Entscheidung oder Maßnahme ex ante zu erfolgen hat.

Nichts steht also der Annahme sowohl der Rechtsprechung[70] als auch der Literatur[71] im Wege, dass die Richtigkeit oder Vertretbarkeit der schuldnerischen Vermögensbeseitigung nach dem Zeitpunkt ihrer Vornahme (ex-ante) zu beurteilen ist.[72] Für diese Annahme spricht doch das Schuldprinzip [73] und das Prinzip der Möglichkeit der Rechtswidrigkeitsbeseitigung schon bei der Handlungsvornahme.[74]

Somit ist also anzunehmen, dass der Strafrichter bei der Ermittlung der Übereinstimmung der jeweiligen Vermögensdisposition mit dem Maßstab des ordnungsgemäßen Wirtschaftens nach den Informationen, die dem Zeitpunkt der Handlungsvornahme unterliegen, beurteilen muss.[75]

---

[68] LK-Tiedemann, vor § 283 Rn. 117; derselbe, ZIP 1983, 521; derselbe in LK § 265 b Rn. 35; derselbe, Wirtschaftsstrafrecht I, S. 199 f.; zust. Sch/Sch-Lenckner, § 265 b Rn. 2; Grosche, Generalklausel, S. 52; dazu vgl. auch Schlüchter, NStZ 1984, 301

[69] BT Drucks 7/3441, S. 36; vgl. auch LK-Tiedemann vor § 283 Rn. 117; denselben, KTS 1984, 552; Schlüchter, Grenzbereich, S. 55 f.; a.A. Höfner, Überschuldung, S. 79: „Die Bedenken , die gegen die Bestimmbarkeit der Grenzen ordnungsgemäßer Wirtschaft erhoben wurden, lassen sich auch nicht durch die Einengung des „groben Widerspruchs" beseitigen".

[70] Vgl. BGH bei Herlan, GA 1956, 348; 1967, 264; BGH GA 1974, 61, die sich auf den Fall eines übermäßigen Aufwandes beziehen.

[71] Schlüchter, Grenzbereich, S. 24; LK-Tiedemann vor § 283 Rn. 106; derselbe, ZIP 1983, 520; zust. Krause, Ordnungsgemäßes Wirtschaften, S. 74 f.; Hiltenkamp-Wisgalle, Bankrottdelikte, S. 169; Sch/Sch-Stree § 283 Rn. 12; Lackner/Kühl § 283 Rn 11; Bretzke, Drohende Zahlungsunfähigkeit, S. 145; NK-Kindhäuser vor § 283 Rn. 73

[72] Zur ex-ante Beurteilung von Gefahren im Rahmen des Strafrechts s. Frisch, Zurechnung, S. 71, 396 mit eingehenden Nachweisen; Androulakis, AT I, S. 183 f.

[73] Schlüchter, Grenzbereich, S. 24 f

[74] LK-Tiedemann vor § 283 Rn 106 mit weiteren Nachweisen; zust. Krause, Ordnungsgemäßes Wirtschaften, S. 74

[75] Vgl. LK-Tiedemann vor § 283 Rn. 159, der behauptet, dass eine zeitliche Überholung der Prognose möglich ist, solange es sich um Entwicklungen handelt, die am Zeitpunkt der

5. Feststellung des Inhalts des Sorgfaltsmaßstabs

Die Anforderungen ordnungsgemäßer Wirtschaft zu erkennen, muss daher der Inhalt der nachfolgenden Untersuchungen sein. Zum besseren Verständnis der Rolle der Sorgfaltsanforderungen sind im folgenden die in der Literatur vertretenen Auffassungen näher zu prüfen (unten 4.1) und das Verständnis des in Rede stehenden Maßstabs aus Sicht der praetorischen Rechtsprechung darzustellen (unten 4.2).

5.1. Die in der Literatur vertretenen Auffassungen

Seit der gesetzlichen Regelung der Anforderungen ordnungsgemäßer Wirtschaft ist der Meinungsstreit um die Tauglichkeit der Kriterien zur Feststellung des Inhalts des Begriffs nicht zur Ruhe gekommen. Die bisher geäußerten Auffassungen scheiden sich in vier Parteien; diejenige, die den Sorgfaltsmaßstab abstrakt oder unter spezifischer Bezugnahme auf die diesbezüglichen Bankrottalternativen ausprägt (unten 4.1.1), diejenige, die eine Präzisierung des Sorgfaltsmaßstabs nach betriebswirtschaftlichen Theorien propagiert (unten 4.1.2.), diejenige, die eine „Inkorporierung" von handelsrechtlichen Maßstäben (Grundregeln ordnungsgemäßer Unternehmensführung) ins Insolvenzstrafrecht vorschlägt, und zuletzt allgemeine Zustimmung im Schrifttum gefunden hat (unten 4.1.3.), und diejenige, die eine Auslegung nach den Bewertungskriterien des „Interesses", des „Risikos" und der „Information" vorschlägt („Ordnungsgemäßes Wirtschaften und erlaubtes Risiko", unten 4.1.4.).

5.1.1. Abstrakte Definierung und alternativbezogene Ausprägungen der Sorgfaltsanforderungen

Einige Verfasser beschränken sich auf eine allgemeine Definition oder eine alternativspezifische Betrachtung des hier unter Diskussion stehenden Sorgfaltsmaßstabs.

Bei Klug [76] gewinnen die Anforderungen ordnungsgemäßer Wirtschaft ihre Aussagekraft im Zusammenhang mit der Schmälerung der Konkursmasse. Zwei besondere Fälle eines den Anforderungen ordnungsgemäßer Wirtschaft entsprechenden Verhaltens seien demnach die so billige Verschaffung von Waren oder Wertpapieren, dass der „unter dem Marktpreis liegende erzielte Preis .... immer noch höher .... als der Erwerbspreis der betreffenden Gegenstände" ist, so dass die Konkursmasse vergrößert wird, und die Veräußerung oder Weggabe von Waren oder

---

Verwirklichung der Tat nicht vorhersehbar waren und die sich zugunsten des Beschuldigten auswirken. Zum Meinungsstand über die ex-post Beurteilung von Gefahren s. Feloutzis, Aussetzung, S. 43 ff.

[76] JZ 1957, 462, 463; derselbe, Konkurs-Strafrecht, § 240 KO Rn. 4

Wertpapieren unter dem Marktpreis unter der Bedingung, dass „ein Preissturz bevorsteht", so dass eine drohende „stärkere Wertminderung" vermieden wird.

An dieser Stelle ist ferner auf die These von Hammerl[77] hinzuweisen. Zur Ermittlung der Anforderungen ordnungsgemäßer Wirtschaft bringt Hammerl das Kriterium des Gebarens eines ordentlichen Kaufmanns hervor, das durch alle Faktoren, „die wirtschaftliches Handeln bestimmen", wie die Größe, der Umfang des jeweiligen Betriebs, die Konjunkturlage, die Geschäftsentwicklung und die Rentabilität der Investition,[78] auszuprägen sei. Als Beispiel wirtschaftlich untragbarer Verhaltensweisen, die dem erwarteten Erfolg widersprächen[79], kämen nach Hammerl[80] die haftungsmasseschmälernden Aufwendungen, die in „einem großen Missverhältnis zum Vermögensstand des Schuldners" stehen, die Geschäfte, die „das Vermögen eines Kaufmanns mit einem unerträglichen Risiko belasten" und die „Vornahme untragbarer Investitionen" in Betracht.

Im Hinblick auf diese „spezifizierende", auf die Einzelheiten der den Begriff enthaltenen Ziffern des Bankrottatbestandes bezogene Präzisierung der Sorgfaltsanforderungen ist vor allem auf Teile der strafrechtlichen Kommentarliteratur hinzuweisen.[81] Der Gesetzgeber[82] beschränkt sich auch auf Beispielsfälle der Unvereinbarkeit von Verhaltensweisen mit den Grundsätzen ordnungsgemäßer Wirtschaft.

5.1.2. Die Bestimmung der Ordnungsmäßigkeit der wirtschaftlichen Entscheidungen nach betriebswirtschaftlichen Theorien

Für die Beurteilung der Übereinstimmung einer wirtschaftlichen Entscheidung mit den Anforderungen ordnungsgemäßer Wirtschaft böten sich nach Schlüchter[83] die betriebswirtschaftlichen Theorien an, während Höfner[84] davon ausgeht, dass die „verwirrende Vielfalt von Wirtschaftlichkeitstheorien" die eindeutige Bestimmung der Ordnungsmäßigkeit des Wirtschaftens erschwere. Nach den „verschiedenen

---

[77] Die Bankrottdelikte, S. 117 f.
[78] Hammerl, Die Bankrottdelikte, S. 118
[79] Hammerl, Die Bankrottdelikte, S. 119
[80] Die Bankrottdelikte, S. 126 f.
[81] Vgl. Lackner/Kühl § 283 Rn. 10, 11, 12, 13, 14, 21; SK-Samson § 283 Rn. 8, 10, 11, 14 der von wirtschaftlich vernünftigen, von einem ordentlichen Kaufmann nicht vorzunehmenden, Risikogeschäften spricht (vgl. insbesondere § 283 Rn. 11); Sch/Sch-Stree § 283 Rn. 4, 6, 12, 17, 49; Tröndle/Fischer § 283 Rn. 4, 6, 12, 16, 31
[82] BT Drucks 7/3441 S. 34 f.
[83] Grenzbereich, S. 45 f; dieselbe, MDR 1978, 978; dieselbe, JR 1982, 30; dieselbe, NStZ 1984, 300, 301
[84] Überschuldung, S. 45

Richtungen der Betriebswirtschaftslehre“ lasse sich schließlich nach Hiltenkamp-Wisgalle[85] das „unvernünftige Wirtschaften“ auslegen.

Beurteilungspunkt eines den Sorgfaltsanforderungen entsprechenden „vernünftigen Wirtschaftens“ sei nach Schlüchter [86] ein sich aus den Wirtschaftlichkeitstheorien ergebender Maßstab, den die einschlägige Entscheidung nicht überschreiten sollte. Unterschiedliche Ergebnisse kämen bei der Betrachtung der betriebswirtschaftlichen Theorien in Betracht, wenn der Wirtschafter unter dem Aspekt der Rentabilität oder der Liquidität seine Entscheidung treffe.[87] Außerdem sei von Bedeutung zur Präzisierung der Sorgfaltsanforderungen der Schutzbereich der „Gläubigerbelange“[88], deren Gefährdung das wahrzunehmende unternehmerische Risiko nicht herbeiführen dürfe.

Anschließend wird behauptet[89], dass der dem Bestimmtheitserfordernis genügende Sorgfaltsmaßstab einen wirtschaftlichen Freiraum für den Unternehmer gewährleisten sollte, damit die „wertvollen Kräfte“ des Wirtschaftslebens nicht getroffen werden.

5.1.3. Die „Grundregeln ordnungsgemäßer Unternehmensführung“[90]

Tiedemann [91] ist der hauptsächliche Vertreter der folgenden Auffassung.

Als erster Punkt der Inhaltsbestimmung der Anforderungen ordnungsgemäßer Wirtschaft sei nach Tiedemanns Auffassung eine den Besonderheiten des Begriffs entsprechende „Stufung“ zu qualifizieren.[92] Die ausdrückliche Erwähnung des Begriffs in § 283 Abs. 1 Nr. 8 „in einer anderen, den Anforderungen einer ordnungsgemäßen Wirtschaft grob widersprechenden Weise“ lasse erkennen, dass es um eine gesetzliche Unterscheidung zwischen dem groben und einfachen Verstoß gegen das ordnungsgemäße Wirtschaften geht.[93] Dementsprechend differenziert Tiedemann die „elementaren“ von den „gesteigerten“ Anforderungen ordnungsgemäßen Wirtschaftens.[94] Abstufungen der Sorgfaltsanforderungen

---

85 Bankrottdelikte, S. 168 f.
86 Grenzbereich, S. 48
87 Schlüchter, Grenzbereich, S. 47
88 Schlüchter, Grenzbereich, S. 58
89 Schlüchter, Grenzbereich, S. 141 f.
90 So definiert von Schneider in Scholz, GmbHG § 43 Rn. 70; LK-Tiedemann vor § 283 Rn. 111; derselbe, KTS 1984, 546
91 LK vor § 283 Rn. 103 ff; derselbe, Dünnebier-FS, 528; derselbe, ZIP 1983, 520; derselbe, KTS 1984, 546 f; derselbe, Zentralbegriff, S.1 ff.
92 LK-Tiedemann vor § 283 Rn. 103 ff.
93 LK-Tiedemann vor § 283 Rn. 101
94 LK-Tiedemann vor § 283 Rn. 103; derselbe, ZIP 1983, 520; zust. Grosche, Generalklausel, S. 53

ergäben sich abgesehen davon auch danach, ob sich der Schuldner in einer wirtschaftlichen Krise befindet, [95] aus der Intensität der wirtschaftlichen Krise[96] sowie aus den unterschiedlichen Branchen des schuldnerischen Unternehmens[97].

Entscheidend für die Beurteilung, ob der Schuldner eine den Anforderungen eines ordnungsgemäßen Wirtschaftens entsprechende Entscheidung getroffen hat, sei nach Tiedemann [98] sowohl die Vorbereitung der wirtschaftlichen Entscheidung „durch Beobachtung, Prüfung und Planung" als auch die „Durchführung der Maßnahme" im Rahmen der Ausübung einer angemessenen Kontrolle, während der Zweck der Entscheidung selbst (Entscheidungsziel), was nämlich der Wirtschafter angestrebt hat, eine weniger bedeutsame Rolle spiele.

Die Konkretisierung der Ordnungsmäßigkeit einer wirtschaftlichen Entscheidung setzte ferner eine Differenzierung zwischen dem „privaten Wirtschafter", dessen eigenes Gutdünken das Hauptkriterium eines rationalen Wirtschaftens sei, und dem „kaufmännischen Wirtschafter (Gewerbetreibenden)" sowie dem „Angehörigen freier Berufe" (z. B. Rechtsanwalt, Arzt, Steuerberater u.s.w.) vor.[99]

Auf einen handelsrechtlichen Maßstab, denjenigen des „ordentlichen Kaufmanns" (§ 347 Abs. 1 HGB), der in speziellen Handelsgesetzen konkretisiert wird (§ 43 Abs. 1 GmbHG über die gesetzliche Normierung der Sorgfalt des „ordentlichen Geschäftsmannes", § 93 Abs. 1, S. 1 AktG sowie § 34 Abs. 1, S. 1 GenG über die gesetzliche Regelung der Sorgfalt des „ordentlichen und gewissenhaften Geschäftsleiters" und § 429 Abs. 1 HGB über den „ordentlichen Frachtführer"[100]), sei nach Tiedemanns[101] Ansicht bei der Auslegung der Sorgfaltsanforderungen abzustellen. [102]

---

[95] Vgl. dazu Eitel in der 80. Sitzung des Sonderausschusses für die Strafrechtsreform DBTag 7. Wahlp. StenB, S. 2547; BT-Drucks 7/5291, S. 17; LK-Tiedemann vor § 283 Rn. 104

[96] LK-Tiedemann vor § 283 Rn. 105; zust. Bieneck in: Müller-Gugenberger/Bieneck § 86 Rn. 8; Richter GmbHR 1984, 147

[97] Vgl. dazu Heidland, DBTag 7. Wahlp. StenB, S. 2550; LK-Tiedemann vor § 283 Rn 104

[98] LK vor § 283 Rn. 109; derselbe, ZIP 1983, 521; zust. Zainhofer, Kriminalistik 1992, 509

[99] LK-Tiedemann vor § 283 Rn. 109 ff; derselbe, KTS 1984, 546 f.; zust. Moosmayer, Einfluss, S. 79 f.; Wessels/Hillenkamp BT 2 Rn. 463

[100] Vgl. auch Bretzke, Drohende Zahlungsunfähigkeit, S. 132, die den § 1 ADSp, über die erforderliche Sorgfalt seitens des Spediteurs als weiteres Beispiel eines ordentlichen Kaufmanns nennt.

[101] LK vor § 283 Rn. 111; auf den Maßstab des ordentlichen Kaufmanns bezieht sich auch im Hinblick auf Nr. 2 SK-Samson § 283 Rn. 11. In Bezug auf Vermögensübertragungen stellt auch Mohr, Übertragende Sanierung, S. 131, bei der Konkretisierung des ordnungsgemäßen Wirtschaftens auf den handelsrechtlichen Maßstab ab.

[102] Vgl. auch Bretzke, Drohende Zahlungsunfähigkeit, S. 131 ff; dieselbe, KTS 1985, 416 ff., die mit dem außerstrafrechtlichen Maßstab des ordentlichen Kaufmanns übereinstimmt.

Diese außerstrafrechtlichen Kriterien würden von der kaufmännischen Verkehrssitte[103], die sich aus deren tatsächlichen, allgemein anerkannten und nicht missbräuchlichen Übung bildet, und vom „Gegenstand", von der „Größe" und von der „Branche" des jeweiligen Unternehmens abhängt, konkretisiert.[104] In diesem Sinne wird von „Grundregeln ordnungsgemäßer Unternehmensführung" gesprochen, die das rationale Wirtschaften des kaufmännischen Wirtschafters[105] bestimmten[106] und den geschützten Rechtsgütern der Insolvenzstraftatbestände (§§ 283 ff. StGB), dem Gläubigerschutz und der „funktionstüchtigen Kreditwirtschaft", dienten.[107] Um deren besseren Verständnisses willen werden diesbezügliche Gerichtsentscheidungen herausgearbeitet.[108] Ein Geschäftsmann darf in dieser Bezugnahme beispielsweise nicht alles auf eine Karte setzen, wie beim Glücksspiel[109], und ein Geschäftsführer darf keinen das Maß des Notwendigen und Üblichen übersteigenden (ungewöhnlichen) Aufwand machen.[110]

Einzelfragen des rationalen Wirtschaftens eines kaufmännischen Wirtschafters und Angehörigen freier Berufe ließen sich schließlich nach dem Gegenstand, der Größe, der Branche, der Rechts- und Finanzierungsform des jeweiligen Unternehmens, nach dem Vorhandensein einer Krise sowie nach der angemessenen Unternehmensausstattung beantworten.[111] Insbesondere bei drohender oder schon vorhandener

---

[103] LK-Tiedemann vor § 283 Rn. 115; derselbe, ZIP 1983, 521; derselbe Zentralbegriff, S. 3 f.; auf die hier in Rede stehende Konkretisierung der Verkehrssitte beziehen sich mit Verweis auf Tiedemann, allerdings bezüglich jedes Wirtschafters, Krause, Ordnungsgemäßes Wirtschaften, S. 405 f. sowie NK-Kindhäuser vor § 283 Rn. 77. Vgl. dazu unten § 4 II 4.1.4.

[104] LK-Tiedemann vor § 283 Rn. 111; zust. Bieneck in: Müller-Gugenberger/Bieneck § 86 Rn. 8; Schneider in Scholz, GmbHG § 43 Rn. 77.

[105] Die Pflichten des Geschäftsführers sind an seinem Verhältnis zu der Gesellschaft und nicht zu den Dritten (Gläubigern) ausgerichtet: RGZ 115, 289, 296; 159, 211, 224; BGH WM 1979, 853, 854; 878,880; Mertens in Kölner Kommentar zum AktG, § 93 Rn. 169, 177; Hefermehl, AktG Kommentar, § 93, Rn. 90; Wiedemann, Gesellschaftsrecht Bd. 1, S. 540 f.; Schneider in Scholz, GmbHG § 43 Rn. 8, 217; LK-Tiedemann vor § 283 Rn. 112

[106] LK-Tiedemann vor § 283 Rn. 112; zust. Schneider in Scholz, GmbHG § 43 Rn. 70, der sich allerdings auf die in § 283 Abs. 1 Nr. 2,8 StGB geregelten Sorgfaltsanforderungen bezieht; Harneit, Überschuldung, S. 90 f.; Zainhofer, Kriminalistik 1992, 515, überprüft die Grundregeln ordnungsgemäßer Unternehmensführung als Methoden, die der Begrenzung des unternehmerischen Risikos dienen.

[107] LK-Tiedemann vor § 283 Rn. 114; Zainhofer, Kriminalistik 1992, 515

[108] Darüber hinaus stellten sich als Verstöße gegen die Kreditverkehrssorgfaltsregeln die Gewährung von Bank- oder Warenkrediten an unbekannten und nicht kreditwürdigen Unternehmen oder die Hinnahme von langfristigen erheblichen Verlusten dar. Dazu Schneider in Scholz, GmbHG § 43 Rn. 80 f. m. w. N.; LK-Tiedemann vor § 283 Rn. 118 f.

[109] Vgl. RGSt 61, 211, 213; 66, 255, 262

[110] BGHSt 3, 23,25 f.

[111] LK-Tiedemann vor § 283 Rn 118 f.

wirtschaftlicher Krise bestimmten nach Tiedemann[112] das rationale Wirtschaften die „Übersicht" und „Planung"[113], die von der Unternehmensgröße und Branche abhängten und durch die Buchführung erfolgen könnten, sowie die zukunftsbezogenen Pläne des Wirtschafters, z.B. eine Finanzplanung,[114] die Auskunft über die zu erwartenden Ein- und Ausgaben gibt.

Bestünden Freiräume, trotz der Prüfung der o.g. normativen Kriterien, dann ließe sich die Ordnungsmäßigkeit der wirtschaftlichen Entscheidung oder Maßnahme danach bestimmen, ob ein rational „handelnder Unternehmer sie vornehmen würde (Plausibilitätskontrolle)".[115]

5.1.4. „Ordnungsgemäßes Wirtschaften und erlaubtes Risiko"

Um unseres großen Zusammenhangs willen bedarf der Darstellung die von Krause, in seiner in 1995 erschienenen Dissertation[116], vorgelegte Auffassung über die Auslegung der in Rede stehenden Sorgfaltsanforderungen, der sich auch Kindhäuser[117] anschloß.

Bevor die einzelnen Kriterien zur Bestimmung des Sorgfaltsmaßstabs näher dargestellt werden können, soll vorab bemerkt werden, dass Krause[118] die schuldnerische Pflicht zum Besorgen der Gläubigerinteressen als Grundlage seiner Bewertungskriterien auffasst. Dem Vorhandensein einer wirtschaftlichen Krise nach sei die schuldnerische Pflicht zu bestimmen. Vor dem Eintreten einer wirtschaftlichen Krise bestehe die Pflicht des Schuldners darin, rational zu wirtschaften und die Krise nicht zu verursachen,[119] während beim Vorliegen einer wirtschaftlichen Krise die schuldnerische Pflicht zum Erhalten des Vermögens im Interesse der Gläubiger zu einer Primärpflicht zu verdichten sei. Krause geht nämlich davon aus, dass den Schuldner beim Vorliegen der wirtschaftlichen Krise, infolge der fehlenden gläubigerischen Einwirkungsmöglichkeit auf das schuldnerische Vermögen sowie aufgrund des besonderen Vertrauens der Gläubiger zum Schuldner, eine „Kardinalpflicht" zum Besorgen der Gläubigerinteressen treffe.[120]

---

[112] LK vor § 283 Rn. 120 ff; derselbe, ZIP 1983, 522

[113] zust. Krause, Ordnungsgemäßes Wirtschaften, S. 413; NK-Kindhäuser vor § 283 Rn. 78 sowie Rn. 88

[114] LK-Tiedemann, vor § 283 Rn. 122, weist hierbei auf eine der Liquiditätslage des schuldnerischen Unternehmens dienende kurz- und mittelfristige Finanzplanung.

[115] LK-Tiedemann vor § 283 Rn. 117; derselbe, ZIP 1983, 521

[116] Krause, Ordnungsgemäßes Wirtschaften und erlaubtes Risiko.

[117] NK vor § 283 Rn. 61 ff.

[118] Krause, Ordnungsgemäßes Wirtschaften, S. 371

[119] Krause, Ordnungsgemäßes Wirtschaften, S. 371 f.

[120] Krause, Ordnungsgemäßes Wirtschaften, S. 367 ff.

Ablehnend mit unterschiedlichen Einwänden[121] die oben dargelegten Theorien, einerseits die betriebswirtschaftliche und andererseits diejenige der „Grundregeln ordnungsgemäßer Unternehmensführung", bringt Krause zur Ausprägung des Maßstabs des ordnungsgemäßen Wirtschaftens drei Anknüpfungspunkte hervor[122] (Interesse, Risiko, Information).

Bevor Krause auf die Analyse der den Inhalt der Sorgfaltsanforderungen bildenden Abwägungsverfahrensstufen „Wahrgenommenes Interesse", „Risiko" und „Information" näher eingeht, überprüft er, aus welcher Perspektive die Anforderungen ordnungsgemäßer Wirtschaft auszuprägen sind.[123] Er vertritt die Auffassung, die Vertretbarkeit des Sorgfaltsmaßstabs (ordnungsgemäßes Wirtschaften) sei beim Vorliegen einer wirtschaftlichen Krise aus Sicht eines verständigen Gläubigers zu bestimmen („gläubigerorientierte Abwägungsperspektive"). Dies stützt er auf die „Teleologie der Bankrottatbestände" und die „Grundsätze der strafrechtlichen Methode zur Gewinnung von Sorgfaltsnormen", dass nämlich die Bankrottatbestände an der Wahrung der Gläubigerinteressen ausgerichtet seien[124] , wie auch auf die „Geschichte des Bankrottstrafrechts", nach der der Krisenschuldner mit fremdem Vermögen (der Gläubiger) weiterwirtschaftet.[125]

Grundsteine des Aufbaus der Auffassung von Krause, auf die Kindhäuser[126] auch seine Ansicht zur Konkretisierung des Maßstabs „ordnungsgemäßes Wirtschaften" stützt, sind das wahrgenommene Interesse, das vom Schuldner im Wege einer Vermögensdisposition zu verfolgen sei, die Vertretbarkeit des schuldnerischen eingegangenen Risikos und die dem Schuldner zur Verfügung stehende Informations- und Planungsgrundlage, nach der er seine wirtschaftliche Entscheidung getroffen habe.[127]

Bei der ersten Stufe („wahrgenommenes Interesse") stellten sich auf der einen Seite die Frage der schuldnerischen Zielsetzung und auf der anderen Seite die Frage der Vertretbarkeit der verfolgten Zielsetzung.[128] Zur Beantwortung der ersten Frage ließen sich die schuldnerischen Ziele in die sich aus dem unmittelbaren Zweck der Vermögensdisposition ergebenden und

---

[121] Krause, Ordnungsgemäßes Wirtschaften, S. 77 f., 84 ff. , 366 f.
[122] Krause, Ordnungsgemäßes Wirtschaften, S. 330 ff., 356 ff.
[123] Krause, Ordnungsgemäßes Wirtschaften, S. 361 ff.
[124] Krause, Ordnungsgemäßes Wirtschaften, S. 109, bezieht sich auf BGHSt 34, 309, 311, wonach der Sinn des Insolvenzstrafrechts darin liegt, dass dem Schuldner ausgeschlossen sein muss, „mit den noch vorhandenen Mitteln ausschließlich neue Verbindlichkeiten" einzugehen und zu erfüllen.
[125] Krause erwähnt die BGHSt 9, 84, 86 – Entscheidung nach der es bei den Schleuderverkäufen um ein „Wirtschaften mit fremden Vermögenswerten auf Kosten der Lieferanten und der Gläubigergesamtheit geht"; zust. NK-Kindhäuser vor § 283 Rn. 73
[126] NK vor § 283 Rn. 75 ff.
[127] Krause, Ordnungsgemäßes Wirtschaften, S. 364 ff.
[128] Krause, Ordnungsgemäßes Wirtschaften, S. 374 ff.; ihm folgend NK-Kindhäuser vor § 283 Rn. 76

regelmäßig nach der Art der Gegenleistung[129] bestimmten „Nahziele“[130] sowie in die „Fernziele“[131] einordnen, deren Ermittlung hauptsächlich aus den Gesamtumständen der jeweiligen Vermögensdisposition und den Vorstellungen des Täters über das Auskommen seiner wirtschaftlichen Entscheidung erfolge, und die ferner als Ergebnisse am Zeitpunkt des Endes des ganzen schuldnerischen Vorgangs aufträten. Die zweite Frage sei zu beantworten nach der Abwägung, einerseits der schuldnerischen Interessenverfolgung und andererseits der Befriedigung der Interessen der Gläubiger. Diejenigen schuldnerischen Interessen, die demnach vertretbar erscheinen, seien die „Sicherung des Lebensunterhaltes“ (überwiegendes schuldnerisches Interesse), die „Erhaltung und Mehrung des schuldnerischen Vermögens“ (gleichgerichtetes schuldnerisches Interesse)[132], während sonstige, auf materielle Selbst- oder Drittbegünstigung bedachte Interessen unzulässig wären.[133]

Auf der zweiten Ebene wird ermittelt, ob die vom Schuldner wahrgenommenen und von ihm zulässig verfolgten Interessen die Grenzen eines vertretbaren, nach den (von § 34 StGB bekannten) Kriterien der Geeignetheit, Erforderlichkeit und Angemessenheit auszuprägenden, eingegangenen Risikos überschreiten. Unter Geeignetheit sei die Erreichbarkeit des schuldnerischen Zieles durch die vorgenommene Vermögensdisposition zu verstehen[134], wie wahrscheinlich nämlich der Erfolgseintritt des schuldnerischen Zieles sei.[135] Die Erforderlichkeit des geschaffenen Risikos bildete das am wenigsten gläubigergefährdende Mittel.[136] Maßstäbe der Angemessenheit des eingegangenen Risikos seien schließlich die „persönlichen“ und „geschäftlichen Verhältnisse“ des

---

[129] Als Beispiel dazu nennt Krause, Ordnungsgemäßes Wirtschaften, S. 377, den Erwerb von produktionsnotwendigen Rohstoffen, dessen Gegenleistung die Fortführung der Produktion wäre.

[130] Als solche seien nach Krause, Ordnungsgemäßes Wirtschaften, S. 375, die Gewinnung neuer Kreditgeber durch Gewährung von umfangreichen Sicherheiten, die Beschaffung von Kapital durch Vermögensdispositionen u.s.w. anzusehen.

[131] Als Fernziel sei nach Krause, Ordnungsgemäßes Wirtschaften, S. 375, z.B. die Überwindung der Krise zu qualifizieren.

[132] Krause, Ordnungsgemäßes Wirtschaften S. 386 ff.

[133] Interessen, wie z. B. die Sicherung von Einlagen, ließen sich nach Krause, Ordnungsgemäßes Wirtschaften, S. 384, gemäß § 34 StGB (Rechtfertigender Notstand) rechtfertigen.

[134] In diesem Falle spiele eine Rolle, ob der Schuldner seine wahrgenommenen Interessen verfolgen kann, ohne die Gläubigerinteressen zu gefährden, sowie ob die schuldnerischen Ziele überhaupt erreichbar sind: Krause, Ordnungsgemäßes Wirtschaften, S. 396

[135] Krause, Ordnungsgemäßes Wirtschaften, S. 398, prüft unter diesem Aspekt die Erreichbarkeit eines Sanierungsversuchs nach den Umständen des Einzelfalles; mit dem Grad der Wahrscheinlichkeit der Erreichbarkeit des mit der Vermögensdisposition verfolgten Zwecks stimmt auch NK-Kindhäuser vor § 283 Rn 77, überein.

[136] Krause, Ordnungsgemäßes Wirtschaften, S. 400

Schuldners,[137] die objektiven, sich aus den Besonderheiten der jeweiligen Vermögensdisposition ergebenden Faktoren[138], die, als „subjektiver Faktor" bezeichnete, schuldnerische Krisenintensität,[139] die Einhaltung der „Verkehrssitte"[140] sowie die eigene, ausreichende Unternehmenskapitalisierung.[141]

Als letztere Bewertungskriterien eines rationalen, am Schutz der Vermögensinteressen der Gläubiger ausgerichteten, Wirtschaftens kämen nach gleicher Ansicht in Betracht die schuldnerischen Pflichten, einerseits zur Selbstinformation über seine eigene wirtschaftliche Lage und andererseits zur hinreichenden Finanzplanung.[142]

Den Sorgfaltsanforderungen widersprächen grundsätzlich diejenigen Verhaltensweisen, die gegen gläubigerschützende, außerstrafrechtliche Vorschriften[143] verstoßen und demzufolge als wirtschaftswidrig anzusehen seien.[144] Diejenigen masseschmälernden Dispositionen, deren Vornahme gesetzlich erlaubt ist oder der Erfüllung von fälligen Verbindlichkeiten[145] oder der Erhaltung des notdürftigen Lebensunterhalts des Schuldners[146] dienen, wie auch das schuldnerische Handeln mit wertlosem oder der Insolvenzmasse nicht angehörendem

---

[137] Krause, Ordnungsgemäßes Wirtschaften, S. 402

[138] Krause, Ordnungsgemäßes Wirtschaften, S. 404 f.; zust. NK-Kindhäuser vor § 283 Rn 77. Als Beispiel kommt nach Krause, Ordnungsgemäßes Wirtschaften, S. 405, die schuldnerische Kreditvergabe an einen Dritten ohne Prüfung seiner Vermögenslage in Betracht.

[139] NK-Kindhäuser vor § 283 Rn 77; Krause, Ordnungsgemäßes Wirtschaften, S. 408f. In diesem Zusammenhang sei von Bedeutung zur Annahme der Unvertretbarkeit eines Risikos, wenn eine Vermögensdisposition die verbliebene Leistungsfähigkeit des Schuldners übersteigt.

[140] Krause, Ordnungsgemäßes Wirtschaften, S. 405 ff.; NK-Kindhäuser vor § 283 Rn 77. Die „Verkehrssitte" ließe sich u. a. durch das nach den Branchen einzugehende Risiko (Branchenüblichkeit), die Einkommensverhältnisse, die Größe, den Gegenstand sowie die Rahmenbedingungen des Wirtschafters bestimmen. Zur Präzisierung der „Verkehrssitte" s. vor allem LK-Tiedemann vor § 283 Rn. 115, 118 f; denselben, KTS 1984, 547

[141] Krause, Ordnungsgemäßes Wirtschaften, S. 410; zust. NK-Kindhäuser vor § 283 Rn. 77. Zur angemessenen Unternehmensausstattung mit Eigenkapital s. vor allem LK-Tiedemann vor § 283 Rn. 124

[142] Krause, Ordnungsgemäßes Wirtschaften, S. 412 ff.; zust. NK-Kindhäuser vor § 283 Rn. 78

[143] Es werden die folgenden Vorschriften erwähnt: § 6 KO a. F., §§ 30 ff., 64 Abs. 2 GmbHG, §§ 57, 58, 71, 92 Abs. 3, 93 Abs. 6 AktG, §§ 129a, 130a Abs. 2,3, 172 a HGB, §§ 34 Abs. 4, 99 Abs. 1,2 GenG

[144] Krause, Ordnungsgemäßes Wirtschaften, S. 301 ff.; NK-Kindhäuser vor § 283 Rn. 87

[145] Krause, Ordnungsgemäßes Wirtschaften, S. 286 ff.; NK-Kindhäuser vor § 283 Rn. 85 f. Trotzdem sei eine Vermögensdisposition wirtschaftswidrig, wenn die Erfüllung der Verbindlichkeiten gesetzlich oder vertraglich untersagt wird.

[146] Krause, Ordnungsgemäßes Wirtschaften, S. 289 f. unter Hinweis auf § 129 KO a. F.

Gegenstand[147] und dasjenige, das dem Wertausgleichsprinzip unterliegt,[148] stellten sich dagegen als wirtschaftskonformes Verhalten dar.

Ließe sich das Unrecht einer schuldnerischen Vermögensdisposition nach den oben genannten Prüfungsstufen nicht beseitigen, dann bliebe es noch zu ermitteln, ob sich ihre Wirtschaftskonformität aus einer strafbarkeitseinschränkenden[149], unrechtsausschließenden[150] Gesamtbetrachtung , sc. im Zusammenhang mit anderen Vermögensdispositionen des Schuldners, wie im Falle eines Sanierungsversuchs[151], ergibt.

5.2. Das ordnungsgemäße Wirtschaften nach der Rechtsprechung

Bevor auf die Darstellung der unterschiedlichen, in die nachfolgenden bestandsbezogenen Bankrottalternativen einzuordnenden, Gerichtsentscheidungen näher einzugehen ist[152], verdient vorab an dieser Stelle betont zu werden, welche Tendenzen die obergerichtliche Rechtsprechung zur Ausprägung der Sorgfaltsanforderungen aufweist[153].

Nach der obergerichtlichen Auffassung der Funktion des Sorgfaltsmaßstabs[154] dient zunächst seine rechtsprechungsbezogene Erwähnung Strafbarkeitseinschränkungen[155]. So heißt es in BGHSt 34, 309, 310, ein strafbares Beiseiteschaffen liegt nicht vor, „wenn sich die Vermögensverfügung im Rahmen einer ordnungsgemäßen Wirtschaftsführung hält".[156]

Vor allem verdient aber Hervorhebung, woran die Rechtsprechung bei der Feststellung des Begriffinhalts orientiert ist. Es lässt sich von den einzelnen Entscheidungen konkret feststellen, dass die Rechtsprechung einer, im Hinblick auf die Besonderheiten der einschlägigen bestandsbezogenen Bankrottalternativen, alternativspezifischen Präzisierung

---

[147] Krause, Ordnungsgemäßes Wirtschaften, S. 249 ff.; NK-Kindhäuser vor § 283 Rn. 83
[148] Krause, Ordnungsgemäßes Wirtschaften, S. 257 ff.; NK-Kindhäuser vor § 283 Rn 83 f.
[149] Krause, Ordnungsgemäßes Wirtschaften, S. 444 ff.
[150] NK-Kindhäuser vor § 283 Rn. 80
[151] Krause, Ordnungsgemäßes Wirtschaften, S. 446
[152] Dazu unten § 4 B III 1.3.ff.
[153] Zum Beiseiteschaffen unten § 4 B III 1.3.1.3.1.2.2.
[154] Vgl. oben § 4 B II 2.
[155] So ausdrücklich: RGSt 62, 277, 278; 66,88,89; 66,130, 131; BGH NJW 1952, 898; BGH bei Herlan GA 1953, 74; 1958 47; BGHSt 34, 309, 310; OLG Düsseldorf NJW 1982, 1712, 1713
[156] Vgl. Krause, Ordnungsgemäßes Wirtschaften, S. 94, der dieselbe Entscheidung zitiert, und NK-Kindhäuser vor § 283 Rn 65.

folgt[157] und von einer grundbegrifflichen Definition der Sorgfaltsanforderungen nicht ausgeht.[158]

6. Zusammenfassung und Stellungnahme zu 3. , 5.

Es hat sich durch die obige Untersuchung herausgestellt, wie der im griechischen Bankrottatbestand nicht existierende Begriff „in einer den Anforderungen einer ordnungsgemäßen Wirtschaft widersprechenden Weise" von der deutschen Literatur und Rechtsprechung ausgeprägt worden ist.

Zu Recht sehen Rechtsprechung und ein großer Teil der Literatur[159] vor allem eine strafbarkeitseinschränkende Funktion des die bestandsbezogenen Tatalternativen, außer der Generalklausel, betreffenden Tatbestandsmerkmals und eine ex ante Beurteilung über die Vertretbarkeit der gläubigergefährdenden Verhaltensweisen mit dem Sorgfaltsmaßstab.[160] Der wertausfüllungsbedürftige Begriff „in einer den Anforderungen einer ordnungsgemäßen Wirtschaft widersprechenden Weise" ist ferner, in Bezug auf seine strukturelle Rolle innerhalb des Bankrottatbestands (§ 283 StGB), als Grundbegriff der im Mittelpunkt dieser Arbeit stehenden Bankrottstraftatbestände aufzufassen.[161]

Im Hinblick auf die strafbarkeitseinschränkende Funktion des in Rede stehenden Begriffs ist noch die Frage zu erörtern, ob er dem Bestimmtheitsgrundsatz genügt.

Die Vereinbarkeit der Sorgfaltsanforderungen mit dem verfassungsrechtlich verankerten Bestimmtheitsgrundsatz (Art. 103 Abs. 2 GG)[162] stützt sich auf die allgemeine Funktion des Gesetzlichkeitsprinzips und der dies betreffenden Schutzprinzipien. Bedenken ergeben sich aus den Eingriffsmöglichkeiten der Schutzprinzipien und insbesondere des Bestimmtheitsgrundsatzes „nulla crimen sine lege *certa*". Geht man nämlich davon aus, dass das Gesetzlichkeitsprinzip nur dann eingreift, wenn seine Verletzung „zu einer Schlechterstellung des Täters führen würde"[163], dann sind die Sorgfaltsanforderungen zweifelsfrei verfassungswürdig, also dem Bestimmtheitserfordernis genügend. Denn es geht um ein strafbarkeitseinschränkendes Korrektiv, das zugunsten des Täters auswirkt (in bonam partem).

---

[157] RGSt 66, 175, 177; BGHSt 34, 309

[158] Vgl. Krause, Ordnungsgemäßes Wirtschaften, S. 92, 98 sowie 99; NK-Kindhäuser vor § 283 Rn. 65

[159] Dazu s. bereits oben § 4 B II. 2.

[160] Dazu s. bereits oben § 4 B II. 4.

[161] Zu den Ansichten der Literatur vgl. bereits oben § 4 B II. 2.

[162] Zu den Ansichten der Literatur s. bereits oben § 4 B II. 3.

[163] Schönke/Schröder-Eser § 1 Rn. 7; insbesondere zum Bestimmtheitsgebot LK-Gribbohm § 1 Rn. 58

So heißt es in BverfGE 73, 206, 238 f.[164]:

„.....dass es sich bei der strittigen Verwerflichkeitsregel ..... um ein tatbestandsregulierendes Korrektiv handelt, das die Strafbarkeit der durch andere Merkmale umschriebenen Nötigungshandlung beschränkt und dessen Anwendung sich insoweit zugunsten des Täters auswirkt.... In derartigen Fällen ist es verfassungsrechtlich nicht zu beanstanden, wenn der Gesetzgeber sich mit sprachlich verständlichen wertungsabhängigen Begriffen begnügt und deren Anwendung im Einzelfall dem Richter überträgt."

Das negative Tatbestandsmerkmal „in einer den Anforderungen einer ordnungsgemäßen Wirtschaft widersprechenden Weise" ist danach von vornherein als vereinbar mit dem Bestimmtheitsgebot anzusehen.

Das in der Generalklausel (Nr. 8) normierte Merkmal des groben Verstoßes gegen die Sorgfaltsanforderungen genügt zwar dem Bestimmtheitsgebot, denn es beschränkt den Anwendungsbereich der bestandsbezogenen Tatalternative auf gravierende, voraussehbare Fälle.

Hinsichtlich der Inhaltsbestimmung des unter Erörterung stehenden Sorgfaltsmaßstabs ist zunächst seinem Verständnis nach den betriebswirtschaftlichen Theorien entgegenzutreten. Dienen doch die betriebswirtschaftlichen Theorien nicht dem geschützten Rechtsgut der insolvenzstrafrechtlichen Vorschriften, denn sie sind an strafrechtsfremden Zielen ausgerichtet.[165]

Durchgreifenden Bedenken begegnet aber auch die Auslegung der Sorgfaltsanforderungen nach dem handelsrechtlichen Maßstab des „ordentlichen Kaufmanns". Die Bedenken rühren daher, dass § 347 Abs. 1 HGB keine Anhaltspunkte dafür gibt, wie sich eine schuldnerische Vermögensdisposition im Rahmen eines wirtschaftskonformen Verhaltens halten kann, während die den Maßstab konkretisierenden Sorgfaltsregeln (§ 43 GmbHG, § 93 AktG) keine Schutzgesetzte zugunsten der Gläubiger sind, an der Befriedigung deren Vermögensinteressen die Auslegung des ordnungsgemäßen Wirtschaftens ausgerichtet sein muss, denn die dort geregelten Organpflichten erschöpfen sich nur im Verhältnis des Geschäftsmanns bzw. Geschäftsleiters zur Gesellschaft[166]. Außerdem läßt sich gegen die Differenzierung zwischen dem privaten und andererseits dem kaufmännischen Wirtschafter und dem Angehörigen freier Berufe einwenden, dass es weder in den gesetzgeberischen Beratungen noch im Gesetzestext Anhaltspunkte für eine solche Abgrenzung hinsichtlich der Präzisierung der

---

[164] Zur Verwerflichkeit (§240 Abs. 2 StGB)

[165] Vgl. die kritische Würdigung Krauses, Ordnungsgemäßes Wirtschaften, S. 79 ff.

[166] RGZ 115, 289, 296; 159, 211, 224; BGH WM 1979, 853, 854 und 878, 880; Mertens in Kölner Kommentar zum AktG, § 93 Rn. 85 und 87; Schneider in Scholz, GmbHG § 43 Rn. 9; Wiedemann, Gesellschaftsrecht, Bd. 1, S. 540 f.

Ordnungsmäßigkeit des Wirtschaftens gibt. Vielmehr bietet sich für eine umfassendere Auslegung der Sorgfaltsanforderungen ein allgemein definierter, sc. auf jeden Wirtschafter bezogener Begriff des Sorgfaltsmaßstabs an.[167]

Gegen die Theorie der „Grundregeln ordnungsgemäßer Unternehmensführung" spricht ferner der Bedarf nach Berücksichtigung der vom Krisenschuldner verfolgten Interessen. Doch tritt in den Vordergrund bei der Überprüfung der Wirtschaftskonformität des schuldnerischen Verhaltens nicht die Durchführung der Maßnahme sondern vor allem die Vertretbarkeit der Interessen, die der Schuldner bei der Vornahme einer Vermögensverschiebung verfolgt hat. Gegen die Bestimmung der Anforderungen einer ordnungsgemäßen Wirtschaft nach handelsrechtlichen Maßstäben erhebt sich einschließlich der triftige Einwand, dass das Strafrecht, entsprechend dem Erfordernis seiner Befreiung von zivilistischen Gedanken[168], einer eigenständigen Auslegung bedarf.[169]

Bei der Inhaltsbestimmung des Tatbestandsmerkmals ist also auf die bereits oben [170] dargestellten Bewertungskriterien der Vertretbarkeit der schuldnerischen Interessen, des eingegangenen Risikos und der hinreichenden Informationsgrundlage abzustellen.

Bevor den o.g. Entscheidungskriterien in einer Reihe von Konkretisierungen weiter nachgegangen werden kann, erscheint es freilich angebracht, entsprechend der Differenzierung nach dem Vorhandensein einer wirtschaftlichen Krise die schuldnerische Pflicht zum Besorgen der Vermögensinteressen der Gläubiger zu betonen. Insbesondere beim Kriseneintritt ist die an der Gläubigersicherung und –befriedigung ausgerichtete schuldnerische Pflicht als Primärpflicht[171] aufzufassen. Denn beim schuldnerischen Wirtschaften innerhalb der Krise handelt es sich um ein „Weiterwirtschaften mit fremden Vermögenswerten"[172], sc. mit insolvenzbehaftetem Vermögen.[173]

Von ausschlaggebender Bedeutung für die Präzisierung des Maßstabs des ordnungsgemäßen Wirtschaftens ist ferner die Beurteilungsperspektive, aus welcher Sicht nämlich die Wirtschaftskonformität des schuldnerischen Verhaltens innerhalb der wirtschaftlichen Krise zu bestimmen ist. Die Feststellung der Abwägungsperspektive knüpft eigentlich sowohl an den Schutz der

---

[167] Vgl. Krause, Ordnungsgemäßes Wirtschaften, S. 84 ff.
[168] Erst proklamiert von Bruns, Die Befreiung des Strafrechts vom zivilistischen Denken, 1938
[169] So wohl BGHSt 34, 221, 225 f.
[170] § 4 B II 5.1.4.
[171] Krause, Ordnungsgemäßes Wirtschaften, S. 367 ff.
[172] BGHSt 9, 84, 86
[173] BGHSt 34, 221, 226

Gläubigerinteressen[174] wie auch an die erreichbare und vertretbare Zielsetzung des Schuldners. Unter Berücksichtigung beider Faktoren präzisiert sich und beschränkt sich der schuldnerische Tätigkeitskreis auf diejenigen Verhaltensweisen, die mit der Wahrung der Vermögensinteressen der Gläubiger in Vereinbarung stehen. Nimmt man an, dass das schuldnerische Verhalten an der Gläubigersicherung ausgerichtet sein muss, dann lässt sich feststellen, dass die Wirtschaftskonformität nicht einseitig, sc. aus Sicht eines vernünftigen Schuldners[175], sondern aus Sicht des Gläubigers, allerdings unter Berücksichtigung der vertretbaren schuldnerischen Interessenverfolgung zu bestimmen ist.[176]

Zur Ausprägung des Sorgfaltsmaßstabs kommen, wie schon oben vermerkt worden ist, als maßgebliche Kriterien in Betracht die wirtschaftlich rationale Interessenverfolgung des Schuldners, die vertretbare Risikoeingehung und die hinreichende Informationsgrundlage und Finanzplanung[177].

Entsprechend den Beispielsfällen ordnungsgemäßer schuldnerischer Verhaltensweisen des Regierungsentwurfs[178], deren Wirtschaftskonformität an die Zielsetzung des schuldnerischen Handelns anknüpft, kommt in Betracht als erste Prüfungsstufe der Ordnungsmäßigkeit die Interessenverfolgung des Schuldners.

Zu ermitteln ist, ob die Tätigkeiten des Schuldners mit den Gläubigerinteressen vereinbar sind, oder ob sie die letzteren überwiegen[179]. Zulässig ist die Verfolgung derjenigen Interessen, die sich entweder als gleichgerichtet oder als überwiegend gegenüber den Gläubigerinteressen erweisen[180]. Gleichgerichtet und demzufolge zulässig ist das Interesse des Schuldners an der Erhaltung oder Vermehrung des insolvenzbehafteten Vermögens[181], beispielsweise im Falle der Vornahme eines Sanierungsversuchs[182], während sich die Anstrengung der Gewährleistung des schuldnerischen Lebensunterhalts als überwiegendes, zweifelsfrei vertretbares Interesse darstellt[183]. Dienen dagegen die schuldnerischen

---

[174] BGHSt 9, 84, 86; 34, 221, 226; 34, 309, 311

[175] So aber LK-Tiedemann § 283 Rn. 163 zu Nr. 8

[176] Vgl. Krause, Ordnungsgemäßes Wirtschaften, S. 363; NK-Kindhäuser vor § 283 Rn. 73

[177] Ausführlich hierzu Krause, Ordnungsgemäßes Wirtschaften, S. 330 ff., 356 ff.; NK-Kindhäuser vor § 283 Rn. 75 ff.; krit. zum Maßstab der Erforderlichkeit und zum Kriterium der hinreichenden Informationsgrundlage LK-Tiedemann vor § 283 Rn. 113

[178] BT-Drucks. 7/3441, S. 34 f.

[179] Ausführlich Krause, Ordnungsgemäßes Wirtschaften, S. 372 ff; NK-Kindhäuser vor § 283 Rn. 76

[180] Krause, Ordnungsgemäßes Wirtschaften, S. 383 ff.

[181] Krause, Ordnungsgemäßes Wirtschaften, S. 385 ff; NK-Kindhäuser vor § 283 Rn 76

[182] Krause, Ordnungsgemäßes Wirtschaften, S. 386 ff.

[183] RGSt 66, 88, 89; BGH NJW 1952, 898; BGH bei Herlan GA 1959, 340; BGH MDR 1981, 510, 511; vgl. dazu unten § 4 B III 1.3.1.3.1.2.2.3., 1.3.2.2.2.1.

Vermögensverfügungen Selbst- oder Drittbegünstigungen, dann stehen sie außerhalb der Grenzen des ordnungsgemäßen Wirtschaftens.[184]

Auf der zweiten Ebene ist zu prüfen, ob das vom Schuldner, durch die dementsprechende Vermögensdisposition eingegangene Risiko zur Verfolgung von zulässigen Interessen vertretbar ist. Faktische Anknüpfungspunkte der in Rede stehenden Prüfungsstufe sind die Geeignetheit, Erforderlichkeit und Angemessenheit des eingegangenen Risikos[185].

Das vermögensdispositionsbezogene Ziel muss zunächst erreichbar sein (Geeignetheit)[186].

Ihre Durchführung muss auf die möglichst risikoarme für die Gläubiger Weise erfolgen (Erforderlichkeit). Die Erforderlichkeit bestimmt sich jedoch nicht nur nach den Gläubigerinteressen, sondern auch nach den dem Schuldner zur Verfügung stehenden Möglichkeiten. Dies bedeutet: stehen dem Schuldner mehrere Möglichkeiten offen, sein Unternehmen zu retten, dann muss er die wenigst gläubigergefährdende wählen[187].

Noch zu ermitteln bleibt, ob das Ziel des Schuldners im Rahmen eines angemessenen eingegangenen Risikos durchgeführt wurde. Bei der Prüfung der Angemessenheit des eingegangenen Risikos kommt in Betracht die erst von Tiedemann ausgelegte kaufmännische „Verkehrssitte"[188], die sich nach dem Gegenstand, der Größe und der Branche des jeweiligen Unternehmens bestimmt. Ferner greifen als Angemessenheitskriterien die Krisenintensität[189] sowie die angemessene Unternehmensausstattung, sc. die Ausstattung mit ausreichender Kapitalisierung ein[190].

Auf der letzten Prüfungsebene der Ordnungsmäßigkeit einer schuldnerischen Vermögensdisposition werden die hinreichende Übersicht und Planung des Schuldners über seine eigene wirtschaftliche Lage[191]

---

[184] RGSt 5, 116,118; 7, 142, 143; 29, 413; 62, 277, 280; 66, 130, 131 f.; BGHSt 8, 55; 9, 84, 86 f.; 30, 127, 128 f.; 34, 309, 310; BGH GA 1955, 149; 1963, 307; 1980, 106; BGH bei Herlan GA 1954, 311; 1956, 348; 1961, 358; 1971, 38; BGH JZ, 1979, 75; BGH NJW 1952, 898; 1981, 1793; BGH wistra 1986, 262; 1988, 193; OLG Hamm wistra 1985, 158

[185] Krause, Ordnungsgemäßes Wirtschaften, S. 395 ff.; NK-Kindhäuser vor § 283 Rn. 77; kritisch zum Kriterium der Erforderlichkeit LK-Tiedemann vor § 283 Rn. 113

[186] Unter Erreichbarkeit ist z.B. die Durchführbarkeit eines Bauprojektes (BGH GA 1954, 311) sowie die Möglichkeit des Beschaffung einer Kreditgrundlage durch Investitionen zu verstehen (BGH GA 1964, 120). Näher Krause, Ordnungsgemäßes Wirtschaften, S. 396 ff.sowie NK-Kindhäuser vor § 283 Rn 77

[187] Vgl. Krause, Ordnungsgemäßes Wirtschaften, S. 400 f.

[188] LK-Tiedemann vor § 283 Rn 111 und 115; derselbe, ZIP 1983, 513, 521; vgl. noch NK-Kindhäuser vor § 283 Rn 77; Krause, Ordnungsgemäßes Wirtschaften, S. 405 ff.

[189] Dazu Bieneck in: Müller-Gugenberger/Bieneck § 86 Rn. 8; Richter, GmbHR 1984, 147

[190] Hierzu LK-Tiedemann vor § 283 Rn. 124; derselbe, Gutachten, S. 70

[191] Hierzu LK-Tiedemann vor § 283 Rn. 120 f.; derselbe, ZIP 1983, 513, 522; zur Pflicht der Selbstinformation vgl. auch Bretzke, KTS 1985, 416

ermittelt. Was die ausreichende schuldnerische Selbstinformation als Bewertungskriterium angeht, setzt die Ordnungsmäßigkeit des schuldnerischen Verhaltens voraus, dass der Schuldner über eine dem Übersichtsmindestmaß entsprechende Informationsgrundlage über seinen Vermögenszustand verfügt. Dementsprechend ist das Blindwirtschaften als wirtschaftswidrig anzusehen[192]. Zur schuldnerischen Planung andererseits gehören die Sanierungs-[193] sowie die Finanzplanung[194], die hinreichende Auskunft über den Sanierungserfolg bzw. die zu erwartenden Ein- und Ausgaben des Schuldners geben. Anschließend kommt als Wirtschaftskonformitätsmaßstab einer schuldnerischen Vermögensbeseitigung die hinreichende Information über die handelsverkehrsbezogenen Faktoren[195] (z. B. die drohende Inflation oder die Information über die Zuverlässigkeit des Unternehmens, an dem der Schuldner in der Krise beteiligen will, damit seine Teilnahme kein Spekulationsgeschäft darstellt[196]), die die Erreichbarkeit der schuldnerischen vertretbaren Zielsetzung bis zu einem großen Grad beeinflussen können.

Für die Bejahung der Wirtschaftskonformität einer schuldnerischen vermögensmindernden Disposition müssen die Kriterien der Vertretbarkeit der Interessenverfolgung und der Risikoeingehung sowie der hinreichenden Information des Schuldners kumulativ vorliegen.

Bleibt eine schuldnerische Vermögensdisposition außerhalb der Grenzen eines wirtschaftskonformen Verhaltens, dann stellt sich schließlich die Frage, ob sie im Rahmen einer Gesamtbetrachtung, sc. einer Betrachtung im Zusammenhang mit anderen vorgenommenen Vermögensdispositionen des Schuldners den Anforderungen einer ordnungsgemäßen Wirtschaft entspricht[197]. Eine solche strafbarkeitseinschränkende Gesamtbetrachtung erfolgt insbesondere bei den Sanierungsversuchen[198], die sich als Kontext von miteinander verbundenen und in einzelne Bewertungsebenen nicht aufteilbaren Vorgängen darstellen.

Unabhängig von den oben genannten Präzisierungskriterien bleiben diejenigen masseschmälernden Verfügungen, deren Wirtschaftskonformität auf erlaubten Risiken beruht.

---

[192] BGH GA 1964, 119, 120; BGH NJW 1981, 354, 355; LK-Tiedemann vor § 283 Rn. 122; derselbe, Gutachten, S. 70

[193] Krause, Ordnungsgemäßes Wirtschaften, S. 415

[194] Hierzu LK-Tiedemann vor § 283 Rn. 122; derselbe, Gutachten, S. 70

[195] Vgl. Krause, Ordnungsgemäßes Wirtschaften, S. 413 und 414 f.

[196] Vgl. BT-Drucks, 7/ 3441, S. 35 und unten § 4 B III 1.3.2.2.1.1.2.

[197] Krause, Ordnungsgemäßes Wirtschaften, S. 444 ff.; NK-Kindhäuser vor § 283 Rn 80

[198] BGH 3 StR 242/79 v. 4.9.1979, S. 8 f., zitiert bei Krause, Ordnungsgemäßes Wirtschaften, S. 446

Dies ist der Fall bei den Vermögensverfügungen, die dem Wertausgleichsprinzip unterliegen und aufgrund einer sofort greifbaren und vollwertigen Gegenleistung, die dem Vermögen des Schuldners zufließt, zu keinem Vermögensverlust führen.[199] Festgestellt werden kann das Vorliegen eines Vermögensverlustes nach dem Vergleich von Leistung und Gegenleistung (Einzelbetrachtung)[200].

Als wirtschaftskonform erweisen sich ferner die vermögensreduzierenden Dispositionen, durch die Risiken eingegangen werden, die gesetzlich erlaubt sind. Den Anforderungen einer ordnungsgemäßen Wirtschaft entsprechen danach die Vermögensverfügungen, die der zivilrechtlichen Pflicht des Schuldners zur Erfüllung von fälligen Verbindlichkeiten dienen[201]. Zwar stellt sich jede Vermögensverfügung zur Erfüllung fälliger Verbindlichkeiten als ein Aktiv-Passiv Tausch dar[202], denn sie führt zu einer Schmälerung der schuldnerischen Aktiva unter Übernahme seitens des Geschäftspartners des Schuldners von gleichwertigen Verbindlichkeiten. Die Wirtschaftswidrigkeit des Aktiv-Passiv-Tausches besteht darin, dass die dem schuldnerischen Vermögen abfließenden Aktiva in der Krise unter dem Wert der Passiva liegen, was zwangsweise zu einer Quotenverringerung führt[203]. Zivilrechtlich ist aber der Schuldner verpflichtet, auch innerhalb der Krise, seine fälligen Verbindlichkeiten zu erfüllen, da er kein Leistungsverweigerungsrecht vor der Insolvenz hat[204]. Die Vermögensverfügungen also, die der zivilrechtlich zulässigen Erfüllung von fälligen Verbindlichkeiten dienen, sind, trotz der dadurch herbeigeführten Quotenverringerung, nicht strafbar. Sie beruhen doch auf der Zivilrechtstreue des Schuldners, die auf Grund der Einheit der Rechtsordnung zu keiner Strafbarkeit führen darf.[205]

---

[199] RGSt 2, 118; 61, 107, 108; 62, 152; 62, 277, 278 f.; 66, 88; 66, 130, 131; BGH bei Herlan GA 1953, 74; 1954, 310; BGH NJW 1953, 1152, 1153 (zu § 288 StGB); BGH wistra 1982, 148, 149; Hendel, NJW 1977, 1943, 1945; vgl. dazu noch unten § 4 B III 1.3.1.3.1.2.2.3., 1.3.2.2.2.1., 1.3.3.1.

[200] NK-Kindhäuser vor § 283 Rn. 84

[201] RGSt 71, 227, 231 (zu § 288 StGB); BGH bei Herlan GA 1953, 74; 1958, 47; 1953, 340; BGH NJW 1953, 1152, 1153; BGHSt 8, 55,57; 34, 309, 310; 35, 357; BGH NStZ 1989, 179; Krause, Ordnungsgemäßes Wirtschaften, S. 286 ff.; NK-Kindhäuser vor § 283 Rn. 85; vgl. dazu unten § 4 B III 1.3.1.3.1.2.2.3.

[202] Krause, Ordnungsgemäßes Wirtschaften, S. 286; NK-Kindhäuser vor § 283 Rn. 84

[203] Ausführlich dazu Krause, Ordnungsgemäßes Wirtschaften, S. 271 ff.; NK-Kindhäuser vor § 283 Rn. 84

[204] So zu Recht Krause, Ordnungsgemäßes Wirtschaften, S. 287 und NK-Kindhäuser vor § 283 Rn. 85

[205] Krause, Ordnungsgemäßes Wirtschaften, S. 286 ff.; NK-Kindhäuser vor § 283 Rn. 85; vgl. noch LK-Tiedemann § 283 Rn. 29 (bezüglich § 283 Abs. 1 Nr. 1 StGB), der jedoch bei der Prüfung des Ausschlusses solcher Fälle vom Straftatbestand auf die Gläubigerbenachteiligungsabsicht abstellt. Zu berücksichtigen ist aber, dass die Erfüllung einer Verbindlichkeit rechtsmäßig bleibt, auch wenn der Schuldner mit Gläubigerbenachteiligungsabsicht leistet.Lesenswert hierzu RGSt 71, 227, 231

Die Erlaubtheit der Vermögensverfügungen, die die Erfüllung von fälligen Verbindlichkeiten bezwecken, ist allerdings nicht gegeben, wenn die Verbindlichkeit durch ein wirtschaftswidriges Vorverhalten des Schuldners begründet wurde.[206] Die Unerlaubtheit von Vermögensverfügungen kann auch auf der Wirtschaftswidrigkeit der Erfüllung einer einzigen Verbindlichkeit beruhen.

Wirtschaftswidrig ist im einzelnen die Erfüllung, wenn sie gegen gesetzliche Beschränkungen verstößt, die der Erhaltung des Vermögens im Gläubigerinteresse dienen[207]. In Betracht kommen Beschränkungen der Erbenverwaltung im Nachlasskonkurs[208] sowie Beschränkungen der Verwendung von zweckgebundenen Baugeldern i. S. d. § 1 des BSG[209].

Die Unerlaubtheit der Erfüllung kann sich ferner aus dem Verstoß gegen vertragliche Beschränkungen ergeben[210]. Dies ist der Fall bei den vereinbarten Beschränkungen der Verwendung von zweckgebundenen Sanierungs- oder Investitionsgeldern[211]. Unerlaubt ist schließlich die Erfüllung einer Verbindlichkeit bei der abredewidrigen Verwendung von Geldern, die unter verlängertem Eigentumsvorbehalt eingezogen waren[212].

Wirtschaftswidrig ist außerdem die Erfüllung einer fälligen Verbindlichkeit, wenn sie durch ein rechtswidriges Hinauszögern des Insolvenzantrags ermöglicht wurde[213].

Als wirtschaftskonform erweist sich demgegenüber die Erfüllung einer Verbindlichkeit, wenn sie durch die zivilrechtlich zulässige Aufrechnung[214] (§ 387 BGB) oder Zurückgewährung der Leistungen beim Rücktritt (§346 BGB) vom Gläubiger herbeigeführt worden ist, nicht aber wenn die Erfüllung auf einer wirtschaftswidrig geschaffenen Aufrechnungslage beruht[215]. Unerlaubt wird eine Aufrechnungslage im oben genannten Sinne geschaffen, wenn der Schuldner in der wirtschaftlichen Krise einem existenten Gläubiger Vermögensbestandteile veräußert, um dadurch

---

[206] Krause, Ordnungsgemäßes Wirtschaften, S. 290 f.; NK-Kindhäuser vor § 283 Rn 86
[207] Krause, Ordnungsgemäßes Wirtschaften, S. 295
[208] RGSt 68, 368 ff.; BGH NJW 1982, 1037, 1038; 1985, 134; 1986, 1104, 1105; Dazu Hendel NJW 1977, 1943, 1944; Krause, Ordnungsgemäßes Wirtschaften, S. 295; NK-Kindhäuser vor § 283 Rn. 86
[209] Dazu Schulze-Hagen, NJW 1986, 2403 ff.; Krause, Ordnungsgemäßes Wirtschaften, S. 295 f.; NK-Kindhäuser vor § 283 Rn. 86
[210] BGH JZ 1979, 75, 76 f.; Krause, Ordnungsgemäßes Wirtschaften, S. 296; NK-Kindhäuser vor § 283 Rn. 86
[211] BGH WM 1963, 1054, 1055; Krause, Ordnungsgemäßes Wirtschaften, S. 296; NK-Kindhäuser vor § 283 Rn. 86
[212] BGHSt 30, 127, 129; Krause, Ordnungsgemäßes Wirtschaften, S. 297; NK-Kindhäuser vor § 283 Rn 86
[213] NK-Kindhäuser vor § 283 Rn. 86 unter Hinweis auf BGH WM 1973, 1354, 1355
[214] Krause, Ordnungsgemäßes Wirtschaften, S. 288
[215] Ausführlich hierzu Krause, Ordnungsgemäßes Wirtschaften, S. 297 ff.; NK-Kindhäuser vor § 283 Rn 86

ihm die Möglichkeit zu eröffnen, seine Ansprüche gegen die Kaufpreisforderung des Schuldners aufzurechnen[216]. Bezweckt also die Veräußerung von Vermögensbestandteilen die Schaffung einer Aufrechnungslage[217], dann ist die Erfüllung der Verbindlichkeiten unerlaubt.

Dagegen erweist sich die Ermittlung der Wirtschaftskonformität des schuldnerischen Handelns mit wertlosem oder der Insolvenzmasse nicht angehörendem Gegenstand als gegenstandslos.[218] In casu scheidet die Strafbarkeit wegen Nichterfüllung der Tatbestandsvoraussetzungen aus, so dass die Prüfung einer möglichen Strafbarkeitseinschränkung aufgrund eines ordnungsgemäßen, sc. auf erlaubten Risiken bezogenen Wirtschaftens ,als Rechtfertigungsgrund der vorgenommenen Vermögensverfügung überflüssig erscheint[219].

Der Widerspruch zu den Sorgfaltsanforderungen ist bei denjenigen schuldnerischen Vermögensverfügungen, die ex lege oder ex judice untersagt sind, grundsätzlich gegeben (gesetzlich oder gerichtlich unerlaubte Risiken)[220]. Denn ihre Vornahme verstößt gegen gesetzliche Gebote oder gerichtliche Verbote, die dem Schutz der Gläubigerinteressen dienen.

Dies ist der Fall vor allem beim Verstoß gegen das in § 80 Abs. 1 InsO geregelte allgemeine Verfügungsverbot des Gemeinschuldners nach der Eröffnung des Insolvenzverfahrens[221] wie auch gegen das gerichtliche Verfügungsverbot des Schuldners als Sicherungsmaßnahme im Eröffnungsverfahren (§ 21 Abs. 2, Nr. 2 InsO). Die Wirtschaftskonformität der Vornahme einer übertragenden Sanierung nach der Eröffnung des Insolvenzverfahrens ohne die erforderliche Zustimmung, besser Abstimmung der Gläubiger untersagen die auf den neu in die Insolvenzordnung eingeführte sanierungsgesteuerte Rechtsinstitut des Insolvenzplans bezogenen Vorschriften (§§ 217 ff. InsO). Erforderlich ist nach geltendem Insolvenzrecht, dass die Gläubiger, wenn Grundlage der Sanierung der Insolvenzplan ist, über den Sanierungsplan abstimmen (§ 243 InsO). Erfolgt die übertragende Sanierung ohne die Zustimmung der Gläubiger, dann ist sie grundsätzlich als wirtschaftswidrig anzusehen.

---

[216] RGSt 6, 149; NK-Kindhäuser vor § 283 Rn 86; Krause, Ordnungsgemäßes Wirtschaften, S. 297 ff.; Lackner/Kühl § 283 c Rn. 4; LK-Tiedemann § 283 c Rn. 13; Tröndle/Fischer § 283 c Rn. 9

[217] RGSt 6, 149, 151; BGH bei Herlan GA 1956, 348 f.; 1961, 359; BGH 3 StR 474/92 v. 17.2. 1993 bei NK-Kindhäuser vor § 283 Rn. 86; Krause, Ordnungsgemäßes Wirtschaften, S. 300

[218] Anders aber Krause, Ordnungsgemäßes Wirtschaften, S. 249 ff.; NK-Kindhäuser vor § 283 Rn. 83

[219] Vgl. dazu unten § 4 B III 1.3.8.3.2.

[220] Vgl. Krause, Ordnungsgemäßes Wirtschaften, S. 301 ff.; NK-Kindhäuser vor § 283 Rn. 87 ff.

[221] Krause, Ordnungsgemäßes Wirtschaften, S. 301 f.; NK-Kindhäuser vor § 283 Rn. 87

Wirtschaftswidrig ist ferner die Vermögensdisposition beim Verstoß gegen die handelsrechtlichen Vorschriften zur Erhaltung des Gesellschaftskapitals (§ 30 GmbHG, § 57 AktG), zur verbotenen Rückzahlung eigenkapitalersetzender Darlehen (§ 32 a GmbHG, §§ 129 a, 172 a HGB)[222], zum Erwerb eigener Erwerbsanteile oder Aktien durch die GmbH (§ 33 Abs. 2 GmbHG) bzw. die AG (§ 71 AktG) sowie zu den Zahlungsbeschränkungen beim Kriseneintritt (§§ 130 a, Abs. 2,3 HGB, § 64 Abs. 2 GmbHG, §§ 92 Abs. 3, 93 Abs. 3 Nr. 6 AktG, §§ 34 Abs. 3 Nr. 4, 99 Abs. 1,2 GenG)[223], nicht aber beim Verstoß gegen Straf- oder Ordnungswidrigkeitentatbestände (z.B. gegen §§ 4,6 Abs. 2, 15, 17, 18, 20 UWG)[224], denn ihr Schutzzweck dient nicht den Gläubigerinteressen, die im Mittelpunkt der Präzisierung des Sorgfaltsmaßstabs stehen[225].

Grundsätzlich gegeben ist die Wirtschaftswidrigkeit auch beim Verstoß gegen die insolvenzrechtlichen Vorschriften, die eine vorrangige Befriedigung der Gläubiger gewährleisten. Als solche kommen in Betracht die Aussonderungsgläubiger (§ 47 InsO), die Absonderungsgläubiger (§§ 49 ff. InsO), die Massegläubiger (§ 53 InsO), die einfachen Insolvenzgläubiger sowie die nachrangigen Insolvenzgläubiger (§ 39 InsO). Denkbar wäre in diesem Sinne der Fall, nach dem der Gemeinschuldner zweckgebundene Vermögensbestandteile für die Erledigung der Massenverbindlichkeiten für die Befriedigung der einfachen oder der nachrangigen Insolvenzgläubiger ausgäbe.

Im Rahmen dieser rechtsvergleichenden Arbeit gewinnt die Ausprägung des Inhalts des Sorgfaltsmaßstabs ihre Aussagekraft im Hinblick auf eine entsprechende Ergänzung des griechischen Bankrottatbestands, wie es noch unten[226] aufzuzeigen ist.

Die Anforderungen ordnungsgemäßer Wirtschaft erschöpfen sich jedoch nicht nur in der ausgeführten Betrachtung ihrer Funktion und Inhaltsbestimmungskriterien, die auf die einzelnen, bestandsbezogenen Tatalternativen Anwendung finden. Der weitere Verlauf der Arbeit wird also Gelegenheit bieten zu zeigen, wie sich der Sorgfaltsmaßstab bei den diesbezüglichen Bankrottalternativen konkretisieren lässt. Es sind also noch die auf die bestandsbezogenen Tatalternativen anwendbaren Einzelfälle des Begriffs „in einer den Anforderungen einer ordnungsgemäßen Wirtschaft widersprechenden Weise“ zu besprechen.

---

[222] Vgl. unten § 4 B III 1.3.1.3.1.1.

[223] Dazu ausführlich Krause, Ordnungsgemäßes Wirtschaften, S. 301 ff.

[224] Im einzelnen Krause, Ordnungsgemäßes Wirtschaften, S. 314 ff.

[225] LK-Tiedemann vor § 283 Rn. 119 m.w.N.; Krause, Ordnungsgemäßes Wirtschaften, S. 314 ff.; vgl. noch NK-Kindhäuser vor § 283 Rn. 87

[226] Vgl. unten § 9

III. Die in § 283 Abs. 1,2 StGB beschriebenen Bankrotthandlungen und ihre Abgrenzung

Um die Gemeinsamkeiten und Unterschiede zwischen der griechischen und deutschen Rechtsordnung bezüglich der Bankrottstraftaten näher zu untersuchen, bedarf es sowohl auf Seiten des objektiven als auch des subjektiven Tatbestandes einer eingehenden Darstellung der einzelnen, das Verhalten, sc. das Handeln und Unterlassen innerhalb (§ 283 Abs. 1 StGB) sowie außerhalb (§ 283 Abs. 2 StGB) der wirtschaftlichen Krise, aufbauenden, Begehungsweisen.

1. Handeln und Unterlassen innerhalb der Krise (§ 283 Abs. 1 StGB)

1.1. Abs. 1 als abstraktes Gefährdungsdelikt

Eng verbunden mit der Vollendung sowie der Begehung der in Abs. 1 aufgeführten Tathandlungen durch Unterlassen[227] ist die Frage, in welche Deliktskategorie das in Abs. 1 unter Strafe gestellte Verhalten sich einordnen lässt[228].

Nach der herrschenden Meinung[229] stellt § 283 Abs. 1 StGB ein abstraktes Gefährdungsdelikt dar. Die dort normierten Straftatbestände sehen weder eine Verletzung der Vermögensinteressen der Gläubiger vor noch umschreiben sie die Gefährdung der Befriedigungsinteressen der Gläubiger als Tatbestandsmerkmal[230]. Vielmehr handelt es sich bei der Vornahme der in § 283 Abs. 1 StGB geregelten Bankrotthandlungen um ein „typischerweise gefährliches Verhalten“[231], um eine abstakte Gefährdung der Gläubigerinteressen. Für die Subsumierung des Verhaltens innerhalb der wirtschaftlichen Krise unter die abstrakten Gefährdungsdelikte spricht ferner der auch als Rechtsgut der Strafvorschrift (§ 283 StGB) geltende Schutz der funktionsfähigen Kreditwirtschaft, deren Gefährdung dieses Verhalten in diese Deliktskategorie einordnen lässt[232].

Es fehlt jedoch nicht an Stimmen, die beim Verhalten nach Abs. 1 einen Erfolgsdeliktscharakter sehen. Tröndle/Fischer[233] kennzeichnen

---

[227] Dazu unten § 4 B III. 1.3.5.4.3. und 1.3.1.3.1.3.
[228] Zu dem in § 283 Abs. 2 geregelten Verhalten s. unten § 4 B III 2.1.
[229] Böhle-Stamschräder § 283 Anm. 1; Lackner-Kühl § 283 Rn. 2; NK-Kindhäuser vor § 283 Rn. 35, § 283 Rn. 3; Krause, Ordnungsgemäßes Wirtschaften, S. 210 f., 247 ff., 252; Matzen, Zahlungsunfähigkeit, S. 17; Otto BT § 61 Rn. 81; Schmidhäuser BT, Kap. 11 Rn. 93; SK-Samson vor § 283 Rn. 4; Sch/Sch-Stree § 283 Rn. 1
[230] LK-Tiedemann § 283 Rn. 6; NK-Kindhäuser § 283 Rn. 3
[231] So Meurer, AT, S. 27
[232] LK-Tiedemann § 283 Rn. 7; Sch/Sch-Stree § 283 Rn. 1
[233] Vor § 283 Rn. 4

die in § 283 Abs. 1 Nr. 1, teilweise in Nrn. 2-4 und Nr. 8, Alt. 1, geregelten Bankrotthandlungen als Erfolgsdelikte, die die Tatbestandsmäßigkeit an den Eintritt eines Erfolges bänden, und die in § 283 Abs. 1 Nrn. 2, 4 und 8, Alt.2 als „potentielle"[234] Gefährdungsdelikte. Nach gleicher Ansicht stellten die Buchführungsdelikte (§ 283 Abs. 1 Nrn. 5-7 StGB) als abstrakte Gefährdungsdelikte dar.[235]

Erwähnenswert ist schließlich die Auffassung des in Rede stehenden Verhaltens als abstrakt-konkretes Gefährdungsdelikt. In Bezug auf die von Schröder[236] aufgeworfene Frage des Bedarfs einer sich aus der Kombination der Elemente sowohl der abstrakten als auch der konkreten Gefährdungsdelikte ergebenden Deliktskategorie, der sogenannten „abstrakt-konkreten Gefährdungsdelikte", bei denen dem Richter die Beurteilung der Gefährlichkeit eines konkreten Gefährdungsdelikts nach generellen Maßstäben, sc. „nach Art der abstrakten Gefährdungsdelikte" überlassen wird[237], wird noch die Ansicht vertreten, dass die in § 283 Abs. 1 beschriebenen Verhaltensweisen ein dieser Kategorie angehörendes Delikt aufbauten.[238]

Es lässt sich zwar nicht verkennen, dass die in Rede stehenden Tathandlungen im Rahmen einer für das Strafbarkeitsbedürfnis erforderlichen Krisensituation begangen werden müssen. In diesem Sinne genügen aber die Krisenmerkmale nicht dem der *Schröder*schen Definition der abstrakt-konkreten Gefährdungsdelikte entsprechenden Erfordernis einer konkreten, als Tatbestandsmerkmal geregelten und abstrakt festzustellenden „Gefährdung der Gläubigerinteressen". Vielmehr dient die Umschreibung der Krisenmerkmale der Bestimmung der zeitlichen Grenzen der Straftaten. Das in Abs. 1 geregelte Verhalten stellt also ein abstraktes Gefährdungsdelikt dar.

1.2. Verhältnis der Nr. 8 zu Nrn. 1-7 des § 283 Abs. 1 StGB

Bevor die in § 283 Abs. 1 beschriebenen Handlungsmodalitäten näher dargestellt werden können, soll vorab das sowohl an die Interpretation der Anforderungen ordnungsgemäßer Wirtschaft als auch an die einzelnen Begehungsweisen anknüpfendes Verhältnis der

---

234 In Übereinstimmung mit der Definierung als abstrakt-konkrete Delikte.

235 Was die Einordnung der Nr. 1 und Nr. 8, Alt. 1 als Erfolgsdelikt angeht, stimmt LK-Tiedemann, § 283 Rn. 5, Tröndle/Fischer zu.

236 JZ 1967, 522; derselbe, ZStW 81,22 f. ; dazu vgl. auch Schünemann, JA 1975, 793; krit. zum abstrakt-konkreten Delikt Wolter,Zurechnung, S. 324 f.

237 Schröder, JZ 1967, 522

238 So Maurach/Schroeder/Maiwald 1 § 48 I 9; Otto, R.Bruns-Gedächtnisschrift, 268; Preisendanz/Bieneck Anm. 1 c, vor § 283; Schlüchter, Grenzbereich, S. 137; Tiedemann, Wirtschaftsstrafrecht I, S. 240; derselbe, NJW 1977, 780; vgl. auch Arzt/Weber IV, Rn. 329; krit. NK-Kindhäuser vor § 283 Rn. 35; Krause, Ordnungsgemäßes Wirtschaften, S. 248.

Generalklausel (Nr. 8) zu Nrn. 1-7 verdeutlicht werden. Zu erörtern ist nämlich, ob sich die Generalklausel als Auffangtatbestand [239] für die nach Nrn. 1-7 straflosen Tathandlungen darstellt oder ob sie als Grundtatbestand [240] der Nrn. 1-7 anzusehen ist.

Bei der Bestimmung des Verhältnisses der Generalklausel zu den in Nrn. 1-7 aufgeführten Tathandlungen liegt es nahe, die vom Regierungsentwurf und Sonderausschuss für die Strafrechtsreform hervorgehobenen Präzisierungskriterien darzustellen.

Der Gesetzesentwurf[241] weist zur Konkretisierung der Generalklausel auf „vorher näher beschriebene Verhaltensweisen" hin, durch die „der Vermögensstand in einer den Anforderungen einer ordnungsgemäßen Wirtschaft grob widersprechenden Weise verringert wird" oder „die Übersicht über die wirklichen Verhältnisse verborgen bleibt". Demgemäss stellten sich die in Nrn. 1-7 aufgeführten Bankrotthandlungen als Verringern des Vermögensstandes (Nr. 8, 1. Alt) oder als Verheimlichung bzw. Verschleierung der geschäftlichen Verhältnisse dar.

Während die Strafrechtskommission des Deutschen Richterbundes der Generalklausel die Fassung „in einer ähnlichen, den Anforderungen einer ordnungsgemäßen Wirtschaft widersprechenden Weise" zu geben vorgeschlagen hat, bevorzugte der Sonderausschuss für die Strafrechtsreform zur Vermeidung von Mißverständnissen den Vorschlag des Regierungsentwurfs[242].

Aus dem Verweis des Gesetzesentwurfs auf die in Nrn. 1-7 enthaltenen Handlungsmodalitäten ergibt sich die Unrechtsverwandtschaft der von Nr. 8 erfassten Verhaltensweisen mit den in Nrn. 1-7 kasuistisch aufgeführten Tathandlungen. Es bleibt also als Ergebnis festzuhalten, dass die Generalklausel den gleichen materiellen Unrechtsgehalt wie die übrigen Bankrottstraftaten aufweist[243]. Dies bedeutet aber nicht, dass die dem Anwendungsbereich der Generalklausel unterliegenden Verhaltensweisen[244]

---

[239] So der Sonderausschuss für die Strafrechtsreform, BT-Drucks. 7/5291, S. 18; OLG Düsseldorf NJW 1982, 1712, 1713; Eitel, Prot. 7/2544; NK-Kindhäuser § 283 Rn. 6 sowie 89; Kohlmann, Verantwortlichkeit, S. 282 f.; Bieneck in: Müller-Gugenberger/Bieneck § 86 Rn. 22 ff.

[240] So Schöne, JZ 1973, 450, der allerdings kritisch zu der Generalklausel ist; LK-Tiedemann § 283 Rn. 9 ff.; derselbe, GmbH-Strafrecht Rn. 41 vor § 82; derselbe, KTS 1984, 552; derselbe, Zentralbegriff, S. 9 f.

[241] BT-Drucks. 7/3441, S. 36

[242] BT-Drucks. 7/5291, S. 18. Zu beachten ist aber, dass der Sonderausschuss von einer Selbständigkeit der Generalklausel gegenüber den übrigen Bankrotthandlungen spricht, was in Widerspruch zum Regierungsentwurf steht. So LK-Tiedemann § 283 Rn. 10

[243] Zum gleichen Ergebnis Grosche, Generalklausel, S. 49; NK-Kindhäuser § 283 Rn. 6, 89; Maurach/Schroeder/Maiwald 1 § 48 III A 1, Rn. 21; Schöne, JZ 1973, 450; Tiedemann, Wirtschaftsstrafrecht I, S. 98; Wilts, Prot. 7/2825; Schlüchter, Grenzbereich, S. 55 f.

[244] Zu dieser Problematik s. unten § 4 B III 1.3.8.

den in Nrn. 1-7 beschriebenen Begehungsweisen zu ähneln brauchen[245]. Entsprechend dem Gesetzeswortlaut, „in einer anderen Weise“, sowie dem Bedarf der generalklauselartigen Erfassung aller denkbaren Bankrotthandlungen ist der Generalklauseltatbestand als Auffangtatbestand für solche Fälle, die durch die kasuistische Aufführung in Nrn. 1-7 nicht unter Strafe gestellt worden sind, aufzufassen.

1.3. Die Tathandlungen im einzelnen

Im folgenden sind die das Handeln und Unterlassen innerhalb der wirtschaftlichen Krise bildenden bestandsbezogenen (§ 283 Abs. 1, Nr. 1. Alt. 1,3, Nrn. 2, 3, 8 Alt. 1 StGB) sowie informationsbezogenen § 283 Abs. 1, Nr. 1 Alt. 2, Nrn. 4, 5, 6, 7, 8 Alt. 2 StGB) Tatalternativen im einzelnen zu erörtern.

1.3.1. § 283 Abs. 1, Nr. 1 StGB: Beiseiteschaffen, Verheimlichen, Beschädigen von Vermögensbestandteilen

1.3.1.1. Praktische Bedeutung

Die in § 283 Abs. 1 Nr. 1 beschriebenen, um das Zerstören, Beschädigen und Unbrauchbarmachen ergänzten Vermögensverschiebungen kommen zwischen den übrigen bestandsbezognen Tatalternativen, wie es sich aus den diesbezüglichen, rechtsprechungsbezogenen Fällen ergibt, am häufigsten in Betracht[246].

Allerdings kommt dem Zerstören, Beschädigen und Unbrauchbarmen eine geringe praktische Bedeutung zu[247], denn bei der Vornahme dieser Handlungsalternativen lassen sich die schuldnerischen Interessen, mit dem insolvenzbehafteten Vermögen weiterwirtschaften zu können, nicht berücksichtigen.[248] Die geringe praktische Bedeutung der Handlungsalternative spiegelt der Mangel an diesbezügliche Rechtsprechung wider.

---

[245] So auch Grosche, Generalklausel, S. 49 f.; Maurach/Schroeder/Maiwald 1 § 48 A 1 Rn. 29; aA LK-Tiedemann § 283 Rn. 11, 155; Weyand, Konkursdelikte S. 91

[246] Vgl. Bieneck in: Müller-Gugenberger/Bieneck § 78 Rn.1

[247] Bieneck in: Müller-Gugenberger/Bieneck § 78 Rn. 30; NK-Kindhäuser § 283 Rn. 27; Krause, Ordnungsgemäßes Wirtschaften, S. 115; LK-Tiedemann § 283 Rn. 14 und 44; Weyand, Konkursdelikte, S. 62; zweifelnd Hiltenkamp-Wisgalle, Bankrottdelikte, S. 164 f.

[248] Vgl. Eulenkamp, Tagungsberichte, Bd. III Anl. 5, S. 45

1.3.1.2. Die der Insolvenzmasse angehörenden Vermögensbestandteile

1.3.1.2.1. Definition der Insolvenzmasse

Unter Berücksichtigung der am 1.1.1999 in Kraft getretenen und für das gesamte Bundesgebiet geltenden neuen Insolvenzordnung[249] kommen nach § 283 Abs. 1 Nr. 1 StGB als Tatgegenstände diejenigen schuldnerischen Vermögensbestandteile in Betracht, die im Falle der Eröffnung des Insolvenzverfahrens zur Insolvenzmasse gehören[250]. Es wird also auf § 35 InsO verwiesen, der den Begriff der Insolvenzmasse gibt:

„Das Insolvenzverfahren erfaßt das gesamte Vermögen, das dem Schuldner zur Zeit der Eröffnung des Verfahrens gehört und das er während des Verfahrens erlangt".

Hervorzuheben ist die Einbeziehung des schuldnerischen Neuerwerbs in die Insolvenzmasse, der früher gemäß § 1 Abs. 1 KO a.F. insolvenzfrei war. Diese Neuregelung bedarf besonderer Auslegung. Unten[251] ist ihre praktische Bedeutung aufzuzeigen.

§ 36 InsO bestimmt:

„(1) Gegenstände, die nicht der Zwangsvollstreckung unterliegen, gehören nicht zur Insolvenzmasse

(2) Zur Insolvenzmasse gehören jedoch

1. die Geschäftsbücher des Schuldners; gesetzliche Pflichten zurAufbewahrung von Unterlagen bleiben unberührt;

2. die Sachen, die nach § 811 Abs. 1 Nr. 4 und 9 der Zivilprozessordnung nicht der Zwangsvollstreckung unterliegen (n. F. nach Art. 2, Nr. 3 EGInsOÄndG)

(3) Sachen, die zum gewöhnlichen Haurat gehören und im Haushalt des Schuldners gebraucht werden, gehören nicht zur Insolvenzmasse, wenn ohne weiteres ersichtlich ist, dass durch ihre Verwertung nur ein Erlös erzielt werden würde, der zu dem Wert außer allem Verhältnis steht."

1.3.1.2.2. Einzelne Vermögensbestandteile

Als taugliche Tatobjekte sind also all die Vermögensbestandteile des Schuldners zu qualifizieren, die, wie es sich aus der negativen Formulierung des § 36 Abs. 1 InsO ergibt, der

---

[249] § 335 InsO mit Verweis auf Art. 110 EGInsO

[250] Art. 60 Nr. 2 a EGInsO

[251] § 4 B III 1.3.1.2.2.

Zwangsvollstreckung unterliegen[252], nämlich alle wertvollen[253] beweglichen und unbeweglichen Sachen wie auch dingliche und obligatorische Rechte und Forderungen[254], die dem Schuldner nicht zur Einziehung abgetreten sind[255].

Das Erfordernis, dass nur wertvolle Gegenstände zu schützen sind, stellt aber keine unterste Wertgrenze. Unter den Schutzbereich fallen dementsprechend auch Gegenstände mit Bagatellwert[256]. Der Wert der Gegenstände wird durch starke Belastungen, z. B. mit Pfandrechten[257], nicht beseitigt[258]. Auszunehmen sind nur Gegenstände mit reinem Affektionswert[259], während bei Vermögensbestandteilen mit zweifelhaftem Wert folgerichtig erscheint, dass Nr. 1 nach dem Grundsatz „in dubio pro reo" keine Anwendung finden muss[260].

Massezugehörig sind im einzelnen die Geschäftseinrichtung[261], die Kundenkartei;[262], Geschäftsanteile[263] und Ansprüche auf Auseinandersetzungsguthaben[264] sowie die Patente[265] und das kaufmännische Know-how[266]. Zum Schutzbereich gehört auch die kaufmännische Firma[267], soweit es nicht um den bürgerlichen Namen einer natürlichen Person geht[268], wie auch die Marken[269].

---

[252] Die massezugehörigen Gegenstände sind aber nicht ganz identisch mit dem der Zwangsvollstreckung unterliegenden Vermögen, wie es sich z.B. aus der Massezugehörigkeit der nach § 811 Nr. 1 ZPO unpfändbaren Geschäftsbücher beweist. Dazu BT-Drucks. 7/5291, S. 18; Hiltenkamp-Wisgalle, Bankrottdelikte, S. 161 f. m.w.N.; Hörl, Vermögen, S. 110; Tröndle/Fischer § 283 Rn. 3

[253] Wertlose Gegenstände scheiden aus: BGHSt 3,32,36; 5, 119, 121; 1 StR 561/79 bei Tröndle/Fischer § 283 Rn. 3; LK-Tiedemann § 283 Rn. 16

[254] Bieneck in: Müller-Gugenberger/Bieneck § 78 Rn. 2; SK-Samson § 283 Rn. 7 ; Sch/Sch-Stree § 283 Rn. 3; LK-Tiedemann § 283 Rn. 16; Tröndle/Fischer § 283 Rn. 3

[255] RGSt 72, 252, 254 ff.

[256] Wegen der Geringfügigkeit dieses Falles kann jedoch die Staatsanwaltschaft nach § 153 StPO das Ermittlungsverfahren abschließen . So LK-Tiedemann § 283 Rn. 17; Tröndle/Fischer § 283 Rn. 3; Weyand, Konkursdelikte, S. 58, Fn. 136

[257] LK-Tiedemann § 283 Rn. 17

[258] RG DRiZ 1934 Nr. 315, S. 314

[259] LK-Tiedemann § 283 Rn. 17

[260] So LK-Tiedemann § 283 Rn. 17; a.A. Lackner/Kühl § 283 Rn. 9: die Forderungen mit zweifelhaftem Wert zählen zu den geschützten Vermögensbestandteilen.

[261] BGH bei Herlan GA 1953, 74

[262] BT Drucks. 7/5291, S. 18

[263] LK-Tiedemann § 283 Rn. 19; Weyand, Konkursdelikte. S. 59

[264] LK-Tiedemann § 283 Rn. 19; Weyand, Konkursdelikte, S. 59

[265] LK- Tiedemann § 283 Rn. 19; Weyand Konkursdelikte, S. 59; Zur Problematik des Zeitpunkts, an dem die Patente als massezugehörige Vermögensbestanteile anzusehen sind, s. Hörl, Vermögen, S. 256 f., 273, 303

[266] Vgl. BGHZ 16, 172 f.; LK-Tiedemann § 283 Rn. 19

[267] So LK-Tiedemann § 283 Rn. 19; Hörl, Vermögen, S. 134; NK-Kindhäuser § 283 Rn. 10; Mohr, Übertragende Sanierung, S. 119 f.; aA BGH bei Herlan GA 1953, 73; Hammerl, Die Bankrottdelikte, S. 17; SK-Samson § 283 Rn. 7; Weyand, Konkursdelikte, S. 59

[268] OLG Düsseldorf NJW 1982, 1712, 1713; aA Hörl, Vermögen, S. 153

Unabhängig vom rechtmäßigen Erwerb der Gegenstände bleibt die Tatbestandsmäßigkeit der in Rede stehenden Vermögensverschiebungen[270]. Entsprechend der wirtschaftlichen Vermögenstheorie[271], die auf die Insolvenzdelikte anzuwenden ist[272], hängt die Vermögenszugehörigkeit der Gegenstände hauptsächlich von ihrem wirtschaftlichen Wert, zusätzlich aber auch von den „Satzungen des bestehenden bürgerlichen Rechts“[273] ab. Gegenstände, die durch Betrug erlangt worden sind, sind als taugliche Tatobjekte zu qualifizieren[274], denn eine Anfechtung des schuldnerischen Vertrags gemäß § 142 Abs. 1 BGB „hätte die Einigung über den dinglichen Eigentumsübergang nicht ohne weiteres ergriffen“[275], so dass der Täter bis zur Anfechtung die Gegenstände als eigene Vermögensbestandteile beiseite schaffen kann. Keine Vermögenszugehörigkeit weisen dagegen aufgrund des Herausgabeanspruchs des Eigentümers (§ 985 BGB) die gestohlenen und unterschlagenen Sachen auf.[276]

Keine strafrechtlich zu schützenden Bestandteile des schuldnerischen Vermögens sind gemäß § 36 Abs. 1 InsO die unpfändbaren Gegenstände[277] (z. B. die nach § 811 Abs. Nr. 1 dem persönlichen Gebrauch des Schuldners dienenden Sachen)[278] sowie die Gegenstände, die nicht gepfändet werden sollten[279] (z. B. Möbel nach § 218 ZPO), und Gegenstände, die vom Insolvenzverwalter freigegeben sind[280]. Unpfändbar und folglich nicht massezugehörig sind ferner der Anspruch auf Lieferung einer

---

269 Hörl, Vermögen, S. 182

270 RGSt 66, 175, 179; BGH GA 1955, 149, 150; Bieneck in: Müller-Gugenberger/Bieneck § 78 Rn. 11; SK-Samson § 283 Rn. 7; Sch/Sch-Stree § 283 Rn. 3; LK-Tiedemann § 283 Rn. 20; Tröndle/Fischer § 283 Rn. 3; Weyand, Konkursdelikte, S. 59; Zirpins/Terstegen, Wirtschaftskriminalität, S. 981

271 Hierzu s. RGSt 44, 230; BGHSt 1, 262, 264; 15, 83; 16, 220; und im Schrifttum Maurach/Schroeder/Maiwald 1 § 41 II 4 Rn. 99 ff.

272 LK-Tiedemann § 283 Rn. 16, 20, 157 m.w.N.; zust. Grosche, Generalklausel, S. 56; Krit. Hörl, Vermögen, S. 86 f., der die juristisch-ökonomische Vermögenstheorie auf die Insolvenzdelikte als anwendbar ansieht.

273 RGSt 44, 230, 234

274 So BGH GA 1955, 143, 150 und die h. M. in der Literatur: Tröndle/Fischer § 283 Rn. 3; Grosche, Generalklausel, S. 50; Klug, Konkurs-Strafrecht § 239 KO Rn. 3; Lackner/Kühl § 283 Rn. 9; SK-Samson § 283 Rn. 7; Sch/Sch-Stree § 283 Rn. 3, LK-Tiedemann § 283 Rn. 20; Weyand, Konkursdelikte, S 59; Zirpins/Terstegen, Wirtschaftskriminalität, S. 981

275 BGH GA 1955, 149, 150

276 LK-Tiedemann § 283 Rn. 20; Hörl, Vermögen, S. 86 f. nimmt, in Bezug auf den „juristisch-ökonomischen Vermögensbegriff“, in diesem Falle eine Bestrafung wegen untauglichen Versuchs an.

277 So bereits RGSt 73, 127, 128

278 Vgl. noch §§ 850 ff, 852, 859 ff. ZPO

279 Sch/Sch-Stree § 283 Rn. 3; LK-Tiedemann § 283 Rn. 23; Tröndle/Fischer § 283 Rn. 3

280 RGZ 94, 55, 56

unpfändbaren Sache[281] sowie ein nicht übertragbares Ankaufsrecht[282]. Dennoch sind die gemäß § 36 Abs. 2 Nr. 2 InsO der Insolvenzmasse angehörenden, in § 811 Abs. 1 Nr. 4 und Nr. 9 ZPO ernannten Gegenstände (z. B. die nach § 811 Ar. 1 Nr. 9 ZPO Apothekergeräte) als taugliche Tatobjekte anzusehen. Zu den in Rede stehenden Vermögensbestandteilen des Schuldners zählen schließlich seine Geschäftsbücher (§ 36 Abs. 2 Nr. 1 InsO), obgleich sie gemäß § 811 Abs. 1 Nr. 11 ZPO unpfändbar sind[283].

Auszunehmen sind dagegen Sachen, die eine dritte Person aussondern kann. Dies ist der Fall bei einer im Eigentumsvorbehalt des Lieferanten stehenden Sache. Ihm steht doch die Möglichkeit offen, sie auszusondern[284] (vgl. § 47 InsO).

Demgegenüber wird von der ganz h.M.[285] die Vermögenszugehörigkeit der Anwartschaft nicht bezweifelt, wenn sie einen Wert verkörpert, der sich aus dem bereits geleisteten Kaufpreis zur Erfüllung der aufschiebenden Bedingung der vollständigen Kaufpreiszahlung ergibt.[286] Vermögenszugehörig sind ferner die Anfechtungsansprüche[287].

Sind die Gegenstände vom Schuldner an eine dritte Person sicherungsübereignet oder verpfändet worden, dann bleiben sie noch Eigentum des Schuldners und daher Bestandteile des schuldnerischen Vermögens, da der jeweilige Pfandgläubiger kein Aussonderungsrecht[288], sondern nur das Recht auf abgesonderte Befriedigung hat[289] (§ 50 Abs. 1 InsO). Zwar kann gemäß § 166 Abs. 1 InsO der Insolvenzverwalter in der Regel[290] die Vermögensstücke verwerten, wenn er sie in seinem Besitz hat. Hat der Schuldner dem Gläubiger die Sache zur Verwertung übergeben, dann

---

[281] RGSt 73, 127, 128

[282] BGH wistra 1994, 349

[283] Bieneck in: Müller-Gugenberger/Bieneck §78 Rn. 4; Hörl, Vermögen, S. 105, 109,111; NK-Kindhäuser § 283 Rn. 9; Sch/Sch-Stree § 283 Rn. 3; vgl. aber LK-Tiedemann § 283 Rn. 18 sowie 23, der auf die folgende Differenzierung aufmerksam macht: hätten solche Schriftstücke einen eigenen Vermögenswert, dann würden sie von Nr. 1 geschützt. Anders griffen die einschlägige buchführungsbezogene Nr. 6 und die Generalklausel (Nr. 8) ein.

[284] RGSt 66, 175, 178; BGH GA 1955, 149,150; BGHSt 3, 32, 36

[285] BGHSt 3,32,36; BGH BB 1957, 274; Bieneck in : Müller-Gugenberger/Bieneck § 78 Rn. 8; NK-Kindhäuser § 283 Rn. 11; Lackner/Kühl § 283 Rn. 9; Maurach/Schroeder/Maiwald 1 § 48 III A 1 Rn. 22; Preisendanz/Bieneck § 283 Anm. 6a aa; SK-Samson § 283 Rn. 7; Sch/Sch-Stree § 283 Rn. 3; LK_Tiedemann § 283 Rn. 21; Tröndle/Fischer § 283 Rn. 3; Weyand, Konkursdelikte, S. 60

[286] BGH GA 1960, 375, 376; 1962, 146 sowie BGH 4 StR 396/ 76 bei Tröndle/Fischer § 283 Rn. 3

[287] RGSt 66, 152, 153

[288] BGHSt 3, 32, 35; 5, 119,120

[289] RGZ 124, 73, 75; BGH BB 1955, 110; BGHSt 3, 32, 35; 5, 119,120; vgl. aber auch RGSt 66, 175, 177 f., wonach davon, dass Gegenstände, an denen eine dritte Person ein Recht auch abgesonderte Befriedigung hat, ausgegangen wird, dass sie nicht massezugehörig seien.

[290] Hess § 166 InsO Rn. 17

liegt kein Beiseiteschaffen vor[291], es sei denn, der Gläubiger hat durch die Verwertung einen Mehrerlös erzielt, den er nicht der Masse zurückgewährt[292]. Denn dadurch wird die Masse beeinträchtigt und die Vermögensinteressen der Gläubiger gefährdet. Unter den Schutzbereich fallen jedoch nicht die Gegenstände, die dem Schuldner selbst sicherungsübereignet worden sind, denn der Sicherungsgeber ist in der Lage, sie auszusondern[293].

Kein Vermögensbestandteil ist die Arbeitskraft des Schuldners, die sich als Ausstrahlung seiner Persönlichkeit auffassen lässt[294]. Dem Schuldner obliegt nämlich strafrechtlich kein zur Befriedigung der Gläubigerinteressen Weiterarbeiten[295]. Demgegenüber kann das Arbeitsentgelt des Schuldners oder seiner Arbeitnehmer, außer dem zur Sicherung des Lebensunterhalts pfändungsfreien[296], Vermögensverschiebungen unterliegen[297].

Beachtung verdient schließlich der Neuerwerb, nämlich der Erwerb von Gegenständen, die der Schuldner nach der Eröffnung des Insolvenzverfahrens erlangt. Obwohl nach der früheren Regelung des § 1 Abs. 1 KO der Neuerwerb insolvenzfrei war, ist er nach geltendem Insolvenzrecht (§ 35 InsO) in die Insolvenzmasse einzubeziehen[298]. Die Neuregelung hat vor allem Bedeutung für das pfändbare, nach der Eröffnung des Insolvenzverfahrens bekommene Arbeitsentgelt, das neu angeschaffte pfändbare Vermögen, die Lohn- und Gehaltsansprüche des Schuldners wie auch die Schenkungen und Erbschaften, die der Schuldner nach der Verfahrenseröffnung erlangt[299]. Erforderliche Voraussetzung für die Massezugehörigkeit des Neuerwerbs ist, dass der Erwerbstatbestand in vollem Umfang nach Eröffnung des Insolvenzverfahrens liegt[300].

Den Gegenstand der folgenden Kapitel bilden die einzelnen, in Nr. 1 aufgeführten Bankrotthandlungen.

---

291 So LK-Tiedemann § 283 Rn. 21; Weyand, Konkursdelikte S. 59

292 Bieneck in: Müller-Gugenberger/Bieneck § 78 Rn. 6; Weyand, Konkursdelikte, S. 59 f.; offengelassen in BGHSt 5, 119, 121

293 BGH NJW 1959, 1224

294 OLG Düsseldorf NJW 1982, 1712, 1713

295 OLG Düsseldorf NJW 1982, 1712, 1713

296 Bieneck in: Müller-Gugenberger/Bieneck § 78 Rn. 3

297 LK-Tiedemann § 283 Rn. 24; NK-Kindhäuser § 283 Rn. 8

298 Krit. zu der Neuregelung Häsemeyer, Insolvenzrecht, Rn. 9.02, 9.26 ff.; Kübler/Prütting/Holzer, InsO, § 35 Rn. 35 ff.; Gemäß Art. 2 § 2 des Notgesetzes 635/1937 ist demgegenüber der Neuerwerb nach griechischem Insolvenzrecht insolvenzfrei, vgl. AP 553/1973, E.E.D. 25, 96; Kotsiris, Insolvenzrecht, Rn. 85

299 Näher Hess, InsO, §§ 35, 36 Rn. 28 ff.

300 Kuhn/Uhlenbruck, § 1 KO Rn. 94

1.3.1.3. Tathandlungen

1.3.1.3.1. Beiseiteschaffen

1.3.1.3.1.1. Anwendungsfälle

Die bestandsbezogene Tatalternative des Beiseiteschaffens besteht nach allgemeiner Ansicht in Rechtsprechung und Literatur[301] darin, einen Vermögensbestandteil durch räumliche Verschiebung oder Veränderung der Rechtslage dem Gläubigerzugriff zu entziehen oder diesen Zugriff wesentlich zu erschweren.

Unter die Alternative des Beiseiteschaffens lässt sich also „jede Verfügung des Schuldners über sein Vermögen, die die Möglichkeit der Befriedigung der Gläubiger verringert"[302] subsumieren. Zur Tatbestandverwirklichung reicht der bloße schuldnerische Vertragsabschluß nicht aus.[303] In diesem Falle liegt aber ein Verlustgeschäft vor (§ 283 Abs. 1 Nr. 2, Alt. 1 StGB).

Bedeutsame Anwendungsfälle der in Rede stehenden Bankrottalternative sind nach der höchstrichterlichen Rechtsprechung die Veräußerung und Eintragung[304] eines Grundstücks[305] oder einer Auflassungsvormerkung[306] im Grundbuch, die Belastung eines Grundstücks mit Pfandrechten zugunsten dritter Personen[307] sowie die Übertragung von Miteigentumsanteilen an einem Grundstück[308].

Tatbestandsmäßig sind noch das Wegschaffen von beweglichen Sachen, Betriebsvermögen und Vorräten[309], das Entziehen von

---

[301] RGSt 61, 107, 108; 62, 277, 278; 64, 138, 140; 66, 130, 131; BGH bei Holtz MDR 1979, 457; OLG Frankfurt NStZ 1997, 551; Bieneck in: Müller-Gugenberger/Bieneck § 78 Rn. 12; NK-Kindhäuser § 283 Rn. 12; Krause, Ordnungsgemäßes Wirtschaften, S. 110; Lackner/Kühl § 283 Rn. 10; Maurach/Schroeder/Maiwald 1 § 48 III A 1 Rn. 22; Otto BT § 61 Rn. 12; SK-Samson § 283 Rn. 8; Sch/Sch-Stree § 283 Rn. 4; LK-Tiedemann § 283 Rn. 25; Tröndle/Fischer § 283 Rn. 4; Wessels/Hillenkamp BT 2 Rn. 464; Weyand, Konkursdelikte, S. 60

[302] RGSt 66, 130, 131

[303] RGSt 61, 107, 108

[304] Vor seiner Eintragung im Grundbuch liegt nur Versuch vor. So RGSt 61, 107, 108

[305] RGSt 61, 107 f.; 62, 152 f.; BGH wistra 1987, 29

[306] Schon bei der Eintragung einer Auflassungsvormerkung im Grundbuch wird doch die Verwertung des Grundstücks, sc. der Gläubigerzugriff, erschwert. Vgl. dazu RG DRiZ 1934, Nr. 315

[307] RGSt 66, 130, 131 f. Allerdings liegt bei der Eintragung einer nicht valutierten Hypothek kein vollendetes Beiseiteschaffen vor, da dadurch nur eine Eigentumshypothek begründet wird. RGSt 67, 365, 366; aA Bieneck in: Müller-Gugenberger/Bieneck § 78 Rn. 20

[308] BGH bei Herlan GA 1971, 38

[309] BGHSt 5, 119, 120; 7, 146, 147; 11, 145 f.; BGH GA 1980, 106,107

Anwartschaftsrechten durch Übertragung von Sachen, die noch im Eigentumsvorbehalt des Verkäufers stehen[310] sowie die Schenkungen[311].

Als Beiseiteschaffen sieht ferner die strafgerichtliche Rechtsprechung das Erteilen einer Löschungsbewilligung für eine Grundschuld auf einem Grundstück[312], die zur privaten Verwendung Einziehung einer Forderung[313], den Verkauf einer durch Hypothek gesicherten Forderung[314] und die Entnahme von Mitteln aus einer Gesellschaft zu Gunsten einer anderen an.[315]

Unter den Anwendungsbereich der in Rede stehenden bestandsbezogenen Tatalternative fallen noch die Gutschrift eingehender Geldbeträge auf fremden Konten[316], das Einziehen von Geld vor dem Gläubigerzugriff[317], die Überhöhung der erbrachten Leistung zur Erfüllung von fälligen Verbindlichkeiten gegenüber dem Wert der zu erfüllenden Verbindlichkeiten[318], die Geldüberweisungen von Geschäfts- auf Privatkonten[319], die ungerechtfertigte Sicherungsübereignung[320], die Übertragung der gesamten Aktiva auf einen Bankenpool zur Vermeidung der Gesamtvollstreckung[321] sowie die Zahlung von Schmiergeldern[322], nicht jedoch die Scheinveräußerungen[323], die angesichts der fehlenden wirksamen Übertragung, die den Gläubigerzugriff, definitionsgemäss entzöge oder erschwerte, als Verheimlichen anzusehen ist[324].

Tatbestandsmäßig sei nach der Interessentheorie das Beiseiteschaffen von Vermögensstücken einer GmbH[325] oder einer KG[326]

---

[310] BGHSt 3,32; BGH BB 1957, 274; BGH GA 1960, 375 f.

[311] BGH 1 StR 156/80 v. 2.12. 1980, S. 5 f. zitiert bei NK-Kindhäuser § 283 Rn. 21

[312] RGSt 62, 277 f.

[313] RGSt 66, 88 f.; BGH bei Herlan GA 1961, 358; nicht tatbestandsmäßig ist demgegenüber das Einziehen, wenn dadurch die Ausführung einer anderen Bankrotthandlung (z.B. des Schleuderverkaufs) bezweckt wird, vgl. dazu SK-Samson § 283 Rn. 8; NK-Kindhäuser § 283 Rn. 13

[314] BGH NJW 1953, 1152

[315] BGH GA 1963, 307

[316] BGHSt 34, 309; BGH bei Herlan GA 1959, 340

[317] BGHSt 30, 127, 130; BGH GA 1955, 149 f.

[318] BGH 1 StR 8/51 v. 10.07.1951; 1 StR 477/53 v. 08.12.1953; 5 StR 902/52 v. 19.03.1953 bei Mathieu GA 1954, 228

[319] Tröndle/Fischer § 283 Rn. 4

[320] BGH 1 StR 407/80 v. 21.10.1980 S. 3 bei Tiedemann LK § 283 Rn. 25; BGH bei Holtz MDR 1979, 457; OLG Hamm wistra 1985, 158, 159

[321] AG Siegen wistra 1985, 196

[322] BGHSt 28, 371, 374

[323] BGH JZ 1979, 75, 76 und RG JW 1936, 3006

[324] Doch wird in diesem Fall nur die Kenntnis der Gläubiger entzogen. Vgl. hierzu unten § 5 B III 2.2.1.2.2.2.

[325] RGSt 42, 278, 280; 60, 234, 236; BGHSt 6, 315, 316; 30, 127, 128 f.; BGH bei Herlan GA 1963, 307; 79, 311, 313; BGH NJW 1969, 1494; 1992, 250, 252; BGH MDR 1979, 456, 457; 1979, 806; BGH wistra 1986, 262; OLG Hamm wistra 1985, 158, 159

durch Unterschlagungs- und Untreuehandlungen des Geschäftsführers, nur wenn er in Bezug auf das Vermögen und den Betrieb der Gesellschaft, sc. in deren Interesse[327], handelt. Bei eigennützig handelndem Geschäftsführer sei danach die Anwendung von § 283 Abs. 1 Nr. 1 StGB ausgeschloßen, ausser wenn der Geschäftsführer der KG Vermögensstücke der Gesellschaft im Einverständnis mit dem Komplementär beiseite schafft[328]. Andererseits sei bei einem sowohl fremd- als auch eigennützigen Handeln des Geschäftsführers einer GmbH Tateinheit zwischen § 283 Abs. 1 Nr. 1 StGB und den einschlägigen vermögensstrafrechtlichen Vorschriften rechtlich möglich[329].

Angenommen, dass die Gläubigerinteressen voll befriedigt werden müssen, verringert sich damit die Gültigkeit der oben erwähnten Auffassung.[330] Die Beiseiteschaffung von Vermögensstücken einer Handelsgesellschaft durch Unterschlagungs- oder Untreuehandlungen des eigennützig, sc. im eigenen Interesse bzw. im Interesse dritter Personen, handelnden Geschäftsführers lässt sich also von § 283 Abs. 1 Nr. 1 StGB erfassen[331], der in Tateinheit mit den diesbezüglichen vermögensstrafrechtlichen Vorschriften, (§§ 246, 266 StGB) zur Anwendung kommt.

In Betracht kommt schließlich § 283 Abs. 1 Nr. 1 StGB, wenn der Geschäftsführer einer GmbH, der gleichzeitig ihr Gesellschafter ist, ein eigenkapitalersetzendes Darlehen an sich selbst zurückzahlt[332]. Der Vorgang stellt eine Vermögensbeseitigung i.S.d. Nr. 1 dar, denn das kapitalersetzende Darlehen wird handelsrechtlich (vgl.§§ 30, 31 GmbHG) als haftendes Vermögen behandelt, was die Anwendung des Sondertatbestands der

---

[326] BGH MDR 1980, 107; 1984, 277, 278; BGH wistra 84, 71 f.; BGH NStZ 1987, 279, 280; BGH NJW 1994, 3112, 3114

[327] So auch Maurach/Schroeder/Maiwald 1 § 48 III A 1 Rn. 22; Sch/Sch-Stree § 283 Rn. 4a; Tröndle/Fischer § 283 Rn. 4

[328] BGHSt 34, 221 mit kritischer Anmerkung Weber, StV 1988, 16 und Winkelbauer, JR 1988, 33

[329] BGHSt 28, 371, 372 f.

[330] Die sogenannte Interessenformel hat vom überwiegenden Teil der Literatur Kritik erfahren. Vgl. dazu Arloth, NStZ 1990, 570; Bieneck in: Müller-Gugenberger/Bieneck § 77 Rn. 21 ff.; Deutscher/Körner, wistra 1996, 13; Gössel, JR 1988, 256 f.; Grub, Verantwortlichkeit, S. 145 f.; Hiltenkamp-Wisgalle, Bankrottdelikte, S. 166 f.; NK-Kindhäuser vor § 283 Rn. 54 f.; Klug, Konkurs-Strafrecht, § 239 KO Rn. 3; Labsch, JuS 1985, 602; derselbe, wistra 1985, 6, 59; Lampe, GA 1987, 251 ff.; Sch/Sch-Lenckner § 14 Rn. 26; Reiß, wistra 1989, 85; Richter, GmbHR 1984, 137, 143 f.; Schäfer, wistra 1990, 84; LK-Tiedemann vor § 283 Rn. 79; derselbe, NJW 1986, 1844 f.; derselbe in Scholz, GmbHG vor § 82 Rn. 29; Weber, StV 1988, 17; Winkelbauer, wistra 1986, 17; derselbe, JR 1988, 34

[331] In diesem Sinne RGSt 73, 68; so auch BGH bei Herlan GA 1958, 48, jedoch unter der Bedingung, dass der eigennützig handelnde Geschäftsführer der GmbH sämtliche Geschäftsanteile besitzt. Dieser Ansicht stimmt auch Sch/Sch-Stree, § 283 Rn. 4a, zu.

[332] BGH WM 1972, 74, 75; BGH NJW 1977, 104, 105, 106; Hendel, NJW 1977, 1947; Muhler, wistra 1994, 286 f.

Gläubigerbegünstigung (§ 283 c StGB) ausschließt[333]. Der Verstoß gegen die Anforderungen einer ordnungsgemäßen Wirtschaft ist in casu auf Grund der gesetzlichen Versagung der in Rede stehenden Verhaltensweise (§ 32a GmbHG) als gegeben anzusehen.[334]

1.3.1.3.1.2. Der Ergänzungsbedarf des Gesetzeswortlauts

Seit der Aufhebung der in der a.F. der in Rede stehenden Bankrotthandlung (§ 239 Abs. 1 Nr. 1 KO) enthaltenen Absicht der Gläubigerbenachteiligung besteht der Bedarf der Ergänzung der Gesetzesbestimmung zur Bestimmung der strafbaren Vermögensverfügungen und zu ihrer Abgrenzung zu denjenigen, die „im Rahmen normaler Austauschgeschäfte“[335] vorgenommen werden und demzufolge nicht unter Strafe gestellt werden müssen.

Im folgenden sind also die bereits vertretenen Auffassungen in Rechtsprechung und Literatur über die Ergänzung der Begriffsbestimmung aufzuzeigen.

1.3.1.3.1.2.1. Die Subjektivierung der Tathandlung

Im Zusammenhang mit den Vollendungsmerkmalen des Beiseiteschaffens, sc. der Erschwerung oder Vereitelung des Gläubigerzugriffs, schlägt Tiedemann[336] zur Einschränkung des Anwendungsbereichs der Handlungsalternativen sowohl der Beiseiteschaffung als auch der Verheimlichung[337] von Vermögensstücken ein Subjektivierungselement, die Gläubigerbenachteiligungsabsicht vor.

Tiedemann spricht die Vermutung aus, das erforderliche Korrektiv der Tathandlungen sei ein personal-finales Element, sc. die Gläubigerbenachteiligungsabsicht, die der Täter bei der Begehung der in Rede stehenden Bankrotthandlungen aufweisen müsse. Dies entspräche dem „groben“ Verstoß gegen die Sorgfaltsanforderungen bei Nr. 8 und differenzierte die oden erwähnten Tatalternativen von den übrigen. Somit hält er die Notverkäufe zur Sicherung der Liquidität sowie die investiven Ausgaben zugunsten des Unternehmers[338] für straflos, während die Schenkungen, die Rückzahlungen von eigenkapitalersetzenden Gesellschafterdarlehen und das Verlagern von Vermögensgegenständen auf

---

[333] Hendel, NJW 1977, 1947

[334] Vgl. dazu oben § 4 B II 6

[335] LK-Tiedemann § 283 Rn. 26

[336] in LK § 283 Rn. 28 ff.; derselbe, ZIP 1983, 513, 519; vgl. dazu noch Lampe, GA 1987, 250

[337] Zur Feststellung des Anwendungsbereichs der Tathandlung des Verheimlichens unten § 4 B III 1.3.1.3.2.1.

[338] LK-Tiedemann § 283 Rn. 33

Tochtergesellschaften, unter Berücksichtigung der Umstände des Einzelfalles, strafbare Handlungen darstellten[339].

1.3.1.3.1.2.2. Beiseiteschaffen und Ordnungsgemäßes Wirtschaften

1.3.1.3.1.2.2.1. Die Einschränkung der Tathandlung im Verständnis der Rechtsprechung

Sowohl vor als auch nach der Entfernung der Gläubigerbenachteiligungsabsicht vom Bankrottatbestand durch das 1. WiKG (1976) wird von der Rechtsprechung bei der Einschränkung des Anwendungsbereichs der Tathandlung der Beiseiteschaffung von Vermögensstücken auf die ordnungsgemäße Wirtschaftsführung abgestellt[340]. Damit begründet die Rechtsprechung den Ausschluss von sozial adäquaten Handlungen vom Bankrottatbestand, wie das Verbrauchen von Geld[341] oder die Vornahme von Notverkäufen[342] zur Bedienung von dringendsten Lebensbedürfnissen oder zur Erfüllung von fälligen Verbindlichkeiten.[343]

1.3.1.3.1.2.2.2. Die herrschende Ansicht in der Literatur

Die herrschende Meinung[344] in der Literatur knüpft zutreffend die Einschränkung des Anwendungsbereichs der Straftat an den Maßstab des ordnungsgemäßen Wirtschaftens und verweist, bezüglich der Herausnahme von sozial adäquaten Handlungen vom Straftatbestand, auf die diesbezüglichen höchstrichterlichen Entscheidungen.

1.3.1.3.1.2.2.3. Typische Anwendungsfälle des wirtschaftskonformen Beiseiteschaffens (Übertragende Sanierung u.a.)

Den Gegenstand dieses Kapitels bilden also die typischen Anwendungsfälle von wirtschaftskonformen, sc. mit den Anforderungen einer ordnungsgemäßen Wirtschaft als Tateinschränkungsmaßstab in Vereinbarung

---

[339] LK-Tiedemann § 283 Rn. 35

[340] RGSt 62, 277, 278; 66, 88, 89; BGH NJW 1952, 898; BGH bei Herlan GA 1953, 74; BGHSt 8, 55, 57; 34, 309, 310, mit Anmerkung von Marxen, EWiR § 283 StGB 2/87, 919; BGH bei Holtz MDR 1979, 457; BGHR § 283 I Nr. 1 Beiseiteschaffen 2

[341] RGSt 66, 88, 89

[342] BGH NJW 1952, 898

[343] BGH bei Herlan GA 1959, 340; BGHRspr § 283 I Nr. 1 Beiseiteschaffen 2; vgl. noch RGSt 71, 227, 231 (zu § 288 StGB)

[344] NK-Kindhäuser § 283 Rn. 15 f.; Lackner/Kühl § 283 Rn. 10; Mohr, Übertragende Sanierung, S. 124 ff.; Otto BT § 61 Rn. 91; Preisendanz/Bieneck § 283 Anm. 6a bb; Schlüchter, MDR 1978, 978; Sch/Sch-Stree § 283 Rn. 4 und 7; Wessels/Hillenkamp BT 2 Rn. 463; Weyand, Konkursdelikte, S. 60 f.

stehenden, Vermögensbeseitigungen, die nach der Rechtsprechung und der Literatur straflos bleiben müssen.

Das Finalitätskriterium der Gläubigerbenachteiligungsabsicht erweist sich dagegen als untauglich zur Einschränkung des Anwendungsbereichs der Tathandlung. Die Gläubigerbenachteiligung knüpft an die Definition des Beiseiteschaffens, die eine Vereitelung oder Erschwerung der Gläubigerzugriffs verlangt, und weist im Hinblick auf die in Rede stehende bestandsbezogene Bankrottalternative einen grundlegenden und immanenten[345] Charakter auf. Abgesehen davon erweist sich die Gläubigerbenachteiligung selbst als Verstoß gegen die Sorgfaltsanforderungen, denn der Schuldner ist beim Vorhandensein einer wirtschaftlichen Krise verpflichtet, primär die Gläubigerinteressen zu befriedigen, vielmehr nicht zu beeinträchtigen[346].

Nicht strafbar ist nach gefestigter Rechtsprechung[347] die Vornahme von Austauschgeschäften, wenn dadurch ein adäquater und sofort greifbarer Gegenwert dem schuldnerischen Vermögen zugeführt wird, denn sie stellt keine Verletzung des Wertausgleichsprinzips dar und sie hält sich somit in Vereinbarung mit der ordnungsmäßigen Wirtschaftsführung.

Im Falle einer übertragenden Sanierung[348], bei der Übertragung von Vermögensstücken auf eine Auffang-[349] oder Betriebsübernahmegesellschaft[350] zur Rettung des Krisenunternehmens, sind in der Regel die Voraussetzungen der in Rede stehenden Bankrottalternativen erfüllt[351]. Zu ermitteln ist aber, ob ein solcher Sanierungsversuch gerechtfertigt werden kann, ob er nämlich mit den Anforderungen der ordnungsgemäßen Wirtschaft in Vereinbarung steht. Wirtschaftskonform ist die übertragende Sanierung, wenn das überschuldete Unternehmen für die vorgenommene Veräußerung der Vermögensstücke, entsprechend dem Wertausgleichsprinzip, einen angemessenen und sofort greifbaren Gegenwert bekommt, der das Verhältnis der veräußerten Aktiva zu den dem

---

[345] Schlüchter, MDR 1978, 978; dazu vgl. noch Preisendanz/Bieneck § 283 Anm. 6a bb; Höfner, Überschuldung, S. 42 f.

[346] Vgl. oben § 4 B II 6

[347] RGSt 2, 118; 61, 107, 108; 62, 152; 62, 277, 278 f.; 66, 88; 66, 130, 131; BGH bei Herlan GA 1953, 74; 1954, 310; BGH NJW 1953, 1152, 1153 (zu § 288 StGB); BGH wistra 1982, 148, 149; NK-Kindhäuser vor § 283 Rn. 83, § 283 Rn. 15; Krause, Ordnungsgemäßes Wirtschaften, S. 110 f.; LK-Tiedemann § 283 Rn. 30

[348] Grundlegend Karsten Schmidt, ZIP 1980, 336

[349] Bei einer Auffanggesellschaft handelt es sich um eine Gesellschaft, die zuständig dafür ist, dem Krisenunternehmen die erforderlichen Finanzmittel zur Betriebsfortführung zu beschaffen. Hierzu Mohr, Übertragende Sanierung, S. 102

[350] Bei einer Betriebsübernahmegesellschaft geht es um eine Gesellschaft, die das ganze Krisenunternehmen oder dessen Betrieb übernimmt, um es weiter fortzuführen.

[351] So Mohr, Übertragende Sanierung, S. 107 ff.; 115 ff.

Krisenunternehmen fließenden Aktiva im Rahmen des Aktivtausches[352] ausgleicht.

Übernimmt aber die Auffang- oder Betriesübernahmegesellschaft nur Verbindlichkeiten, die der Höhe der veräußerten Aktiva entsprechen (Aktiv-Passivtausch), dann ist das Wertausgleichsprinzip nicht als verwirklicht anzusehen[353]. Denn es fließt dem Schuldner keine sofort greifbare Gegenleistung und die Vermögensinteressen der Gläubiger werden durch die so geschaffene Risikokompensation gefährdet[354]. Dies bedeutet aber nicht, dass ein solcher Sanierungsversuch unbedingt strafbar ist. Zu prüfen ist noch, ob er geeignet, erforderlich und angemessen war und sich auf eine hinreichende Informationsgrundlage stützte. War der Sanierungsversuch erreichbar und stand dem Schuldner keine gläubigergünstigere Möglichkeit, sein Unternehmen zu retten, dann ist er als wirtschaftskonform, also nicht strafbar anzusehen.

Wirtschaftskonform und demzufolge straflos bleibt ferner die Masseschmälerung zwecks Erfüllung von fälligen Verbindlichkeiten[355], nicht aber wenn der Schuldner Geld auf ein seiner Verfügung nicht stehendes Konto eines Dritten überweist, um den Geldbetrag zur Befriedigung neu entstehender Verbindlichkeiten zu verwenden[356].

Kein Beiseiteschaffen von Vermögensstücken liegt schließlich vor, wenn das Geldverbrauchen[357] oder die Veräußerung von Vermögensbestandteilen[358] der angemessenen Lebensführung des Schuldners dient[359]. Zur Präzisierung der Angemessenheit des schuldnerischen Lebensunterhalts ist nicht nur auf den bisherigen Lebenszuschnitt des Schuldners (z. B. seine Familienverhältnisse, Haushaltsführung), sondern vor allem auf die Minderung der sich aus der wirtschaftlichen Krise ergebenden schuldnerischen Einkünfte sowie auf die Befriedigung der Gläubigerinteressen abzustellen[360]. Sehr eng wäre die Bestimmung der

---

352 Zum Aktivtausch s. Krause, Ordnungsgemäßes Wirtschaften, S. 271 m.w.N.

353 Anders LK-Tiedemann § 283 Rn. 30; derselbe, ZIP 1983, 517

354 Hierzu eingehend Krause, Ordnungsgemäßes Wirtschaften, S. 271 ff.

355 RGSt 71, 227, 231 (zu § 288 StGB); BGH bei Herlan GA 1953, 74; 1958, 47; 1959, 340; BGH NJW 1953, 1152, 1153; BGHSt 8, 55, 57; 34, 309, 310 mit Anmerkung Marxen, EwiR 1987, 919; 35, 357; BGH NStZ 1989, 179; Hendel, NJW 1977, 1943, 1945 f.; NK-Kindhäuser § 283 Rn. 15; Krause, Ordnungsgemäßes Wirtschaften, S. 111, 286 ff.; LK-Tiedemann § 283 Rn. 29

356 BGHSt 34, 309, 310; Achenbach, NStZ 1989, 497, 503; Tröndle/Fischer § 283 Rn. 4

357 RGSt 66, 88, 89; BGH bei Herlan GA 1959, 340; 1 StR 794/76 v. 29.3.1977 bei Tröndle/Fischer § 283 Rn. 4

358 BGH NJW 1952, 898

359 Bieneck in Müller-Gugenberger/Bieneck § 78 Rn. 14; Tröndle/Fischer § 283 Rn. 4; NK-Kindhäuser § 283 Rn. 13 und 15; Klug, Konkurs-Strafrecht § 239 KO Rn. 3; Krause, Ordnungsgemäßes Wirtschaften, S. 111; Lackner/Kühl § 283 Rn. 10; SK-Samson § 283 Rn. 8; Sch/Sch-Stree § 283 Rn. 4; LK-Tiedemann § 283 Rn. 10; Tröndle/Fischer § 283 Rn. 4

360 BGH MDR 1981, 510, 511; statt aller in der Literatur LK-Tiedemann § 283 Rn. 31

Angemessenheit der Lebensführung des Schuldners nach den in § 850 c ZPO normierten pfändungsfreien Beträgen[361], da sich die Wirtschaftskonformität der schuldnerischen Vermögensdisposition und die sie ausprägende Angemessenheit des schuldnerischen Lebenszuschnitts nicht auf den notdürftigen Unterhalt des Schuldners beschränken soll[362].

Beim Handeln mit wertlosem oder nicht massezugehörigem Gegenstand geht es jedoch, entgegen Krause und Kindhäuser, um kein erlaubtes, auf der strafbarkeitseinschränkenden Funktion des Sorgfaltsmaßstabs beruhendes Wirtschaften[363], sondern um nicht tatbestandsmäßige Dispositionen. In diesem Fall scheidet nämlich die Strafbarkeit aus wegen Nichterfüllung der umschriebenen Tatbestandsvoraussetzungen. Doch wird expressis verbis vorausgesetzt, dass der beiseitegeschaffte Gegenstand ein massezugehöriger Vermögensbestandteil ist[364]. Die rechtfertigende, strafbarkeitseinschränkende Funktion der Sorgfaltsanforderungen bleibt in casu redundant.

1.3.1.3.1.3. Tatbegehung durch Unterlassen

Grundlage dieses Kapitels ist die Begehung der in Rede stehenden bestandsbezogenen Tatalternative durch Unterlassen. Bevor aber auf diese Frage näher eingegangen werden kann, erscheint es freilich angebracht, vorab die Problematik der Anwendung von § 13 StGB auf die in Absatz 1. des Bankrottatbestands aufgeführten Bankrottalternativen zu erörtern.

Die Bedenken rühren daher, dass nach der h.M. erforderlich ist, dass § 13 StGB nur auf Delikte, deren Erfolg sich als Verletzung oder konkrete Gefährdung eines Rechtsgutsobjekts darstellt, also bei unterlassenen Erfolgsanwendungen anzuwenden ist.[365] Nimmt man aber die oben genannte Meinung an, dann taucht die schwierige Frage auf, ob die das Handeln innerhalb der Krise (§ 283 Abs. 1 StGB) bildenden Tathandlungen durch Unterlassen begangen werden können. Wie es bereits oben[366] aufgezeigt worden ist, sind doch die im Mittelpunkt dieses Kapitels stehenden Bankrotthandlungen als abstrakte Gefährdungsdelikte ausgestaltet. Steht aber fest, dass sich der in § 13 StGB skizzierte Aufbau der unechten Unterlassungsdelikte als Spiegelbild der Begehungsdelikte darstellt, und dass

---

[361] So aber Schlüchter, JR 1982, 29; Bieneck in: Müller-Gugenberger/Bieneck § 78 Rn. 14

[362] So wohl NK-Kindhäuser § 283 Rn. 13; SK-Samson § 283 Rn. 8; LK-Tiedemann § 283 Rn. 31

[363] Krause, Ordnungsgemäßes Wirtschaften, S. 249 ff.; NK-Kindhäuser vor § 283 Rn. 83

[364] Vgl. BGH NJW 1982, 1712, 1713 zu Nr. 1 bezüglich der Verlagerung der Geschäftstätigkeit von einem Unternehmen auf ein anderes.

[365] BGHSt 11, 353, 356; statt aller in der Literatur LK-Jescheck § 13 Rn. 2 mit zahlreichen Nachweisen; zur anderen Auffassung zuletzt Vogel, Norm und Pflicht, S. 100 ff.

[366] § 4 B III 1.1.

unter „Erfolg" i.S.d. § 13 StGB auch der Handlungsvollzug zu verstehen ist[367], dann lässt sich feststellen, dass der krisenabhängige Bankrottatbestand auch durch Unterlassen verwirklicht werden kann.

Das Problem spitzt sich jetzt auf die Frage zu, ob der Schuldner als Garant für die Vermögensinteressen der Gläubiger anzusehen ist.

Die Pflicht des Schuldners zum Eingreifen beim Beiseiteschaffen von Vermögensstücken durch einen Dritten wird nach Strees[368] Ansicht danach differenziert, ob der Dritte eigennützig oder zu Gunsten des Schuldners handelt. Schafft der Dritte die schuldnerischen Vermögensbestandteile fort, um sie dem Schuldner zu erhalten, dann entstehe die Pflicht des Schuldners einzugreifen, d.h. der Schuldner mache sich beim nicht Eingreifen wegen Beiseiteschaffens durch pflichtwidriges Unterlassen strafbar[369].

Anzuerkennen ist zunächst, dass den Schuldner keine Pflicht trifft, sein Vermögen zugunsten der Gläubigergesamtheit zu erhalten[370]. Dies bedeutet, dass der Schuldner weder als Beschützer- noch als Überwachungsgarant für die Befriedigungsinteressen der Gläubiger anzusehen ist[371] und zwar unabhängig von der jeweiligen Motivation des handelnden Dritten[372]. Es liegt jedoch nicht fern anzunehmen, dass eine Begehung der in Rede stehenden Tatalternative durch Unterlassen insbesondere beim gefährlichen vorangegangenen Tun (Ingerenz), das die unmittelbare Gefahr der Gläubigerinteressen herbeigeführt hat, doch möglich ist[373].

1.3.1.3.2. Verheimlichen

1.3.1.3.2.1. Feststellung der Tathandlung

Die Alternative des Verheimlichens von massezugehörigen Vermögensbestandteilen wird ständig als ein Verhalten (positives Tun oder pflichtwidriges Unterlassen) definiert, durch das ein Vermögensstück oder seine Massezugehörigkeit der Kenntnis der Gläubiger oder, nach der Eröffnung des Insolvenzverfahrens, des Insolvenzverwalters entzogen

---

[367] Vgl. Vogel, Norm und Pflicht, S. 100 ff.
[368] in Sch/Sch § 13 Rn. 31
[369] Sch/Sch-Stree § 13 Rn. 31 und § 283 d Rn. 12
[370] LK-Tiedemann § 283 Rn. 37; derselbe, KTS 1984, 543 f.; NK-Kindhäuser vor § 283 Rn. 59 und § 283 Rn. 14; so auch Sch/Sch-Stree § 13 Rn. 31.
[371] LK-Tiedemann § 283 Rn. 37; derselbe, KTS 1984, 544; NK-Kindhäuser § 283 Rn. 14 und vor § 283 Rn. 59
[372] So LK-Tiedemann § 283 Rn. 37; derselbe, KTS 1984, 544; NK-Kindhäuser § 283 Rn. 14
[373] So LK-Tiedemann § 283 Rn. 37; derselbe, KTS 1984, 544; NK-Kindhäuser § 283 Rn. 14

wird[374]. Dabei handelt es sich also um eine informationsbezogene Tatalternative, um die künstliche Verringerung der schuldnerischen Aktivseite, die als geringer dargestellt wird. Zur Vollendung der in Rede stehenden Tatalternative ist die Kenntnisentziehung[375] erforderlich. Das auf die Entziehung gerichtete Verhalten reicht allerdings nicht aus[376].

Unter den Anwendungsbereich des Verheimlichens fällt das Ableugnen von Vermögensstücken[377], das unrichtige Behaupten von fremden Rechten, um Vermögensstücke oder ihre Massezugehörigkeit zu verheimlichen[378] sowie das heimliche Einziehen einer Forderung[379]. Ein Verheimlichen ist ferner bei den falschen Auskünften gegenüber dem Insolvenzverwalter[380] wie auch in der Nichtoffenbarung von Freistellungsansprüchen[381] zu sehen. Als Verheimlichen stellt sich desweiteren die Verletzung von Auskunfts-[382] sowie Anzeigepflichten[383] des Schuldners dar.

Insbesondere bei den letztgenannten Unterlassungshandlungen ist zur Tatbestandsverwirklichung erforderlich, dass den Schuldner eine bestimmte, gesetzlich normierte Handlungspflicht trifft.[384] Als solche kommen in Betracht die sich aus §§ 97, 98 InsO ergebenden Pflichten des Gemeinschuldners zur Auskunft gegenüber dem Insolvenzverwalter und dem Gläubigerausschuss bzw. zur eidesstattlichen Versicherung über die von ihm verlangte Auskunft - in diesem Falle handelt es sich nach der Rechtsprechung[385] um ein mit dem Verheimlichen tateinheitlich zusammentreffendes Vergehen nach § 156 StGB. Das gleiche gilt bei den Nichtverbuchungen von vermögensmindernden Vorgängen (z. B. Entnahmen

---

374 RGSt 64, 138, 140; RG JW 1936, 3006; OLG Frankfurt NStZ 1997, 551; Bieneck in: Müller Gugenberger/Bieneck § 78 Rn. 23; Bockelmann BT-1 § 21 II; NK-Kindhäuser § 283 Rn. 24; Lackner/Kühl § 283 Rn. 10; Sch/Sch-Stree § 283 Rn. 5; LK-Tiedemann § 283 Rn. 38; Tröndle/Fischer § 283 Rn. 5; Walther, Die Bankeruttdelikte, S. 39; Wessels/Hillenkamp BT 2 Rn. 465; Weyand, Konkursdelikte, S. 61 f.; SK-Samson § 283 Rn. 9, der jedoch von einem „Tangieren" der Gläubigerkenntnis spricht.

375 So Bieneck in: Müller-Gugenberger/Bieneck § 78 Rn. 24; NK-Kindhäuser § 283 Rn. 25; Sch/Sch-Stree § 283 Rn. 5; LK-Tiedemann § 283 Rn. 38; a.A. Tröndle/Fischer § 283 Rn. 5; Weyand, Konkursdelikte, S. 62

376 Bieneck in: Müller-Gugenberger/Bieneck § 78 Rn. 24; NK-Kindhäuser § 283 Rn. 25; Sch/Sch-Stree § 283 Rn. 5; aA Tröndle/Fischer § 283 Rn. 5; Weyand, Konkursdelikte, S. 62

377 RGSt 57, 159, 160 f.; RG JW 1936, 3006

378 RGSt 57, 159, 160; 64, 138, 140; 67, 365, 367; RG JW 1936, 3006

379 BGH bei Herlan GA 1954, 310; 1956, 347

380 RGSt 66, 152, 153; BGHSt 8, 55, 58

381 Bieneck in: Müller-Gugenberger/Bieneck § 78 Rn. 25; Weyand, Konkursdelikte, S. 62

382 BGHSt 11, 145

383 BGH GA 1956, 123

384 Vgl. Bieneck in: Müller-Gugenberger/Bieneck § 78 Rn. 23; LK-Tiedemann § 283 Rn. 38

385 BGHSt 11, 145

aus dem Gesellschaftsvermögen), die dann tatbestandsmäßige Unterlassungshandlungen darstellen, wenn entsprechende handelsrechtliche Verbuchungspflichten bestehen[386]. Falsche Angaben über die schuldnerischen Vermögensverhältnisse im allgemeinen, sc. nicht in Bezug auf konkrete Vermögensstücke, stellen sich als Verschleiern (Nr. 8, Alt. 2), nicht aber als Verheimlichen (Nr. 1) dar[387].

Bezüglich der Anforderungen einer ordnungsgemäßen Wirtschaft ist schließlich zu beachten, dass die in Rede stehende, die Informationsgrundlage des Schuldners betreffende, Handlungsalternative sich auf keine tatsächliche Verringerung des insolvenzbehafteten Vermögens bezieht und keinen Raum für eine Berücksichtigung der Eigeninteressen des Schuldners lässt. Unberührt bleiben also aufgrund der fehlenden Kollision der Interessen des Schuldners mit denjenigen der Gläubiger sowie infolge der Sorgfaltswidrigkeit, die die oben angeführten, als Verstoß gegen die Informationsgrundlage des Insolvenzverwalters pönalisierten, Verhaltensweisen aufweisen, die oben[388] dargestellten Prüfungsstufen des Maßstabs des ordnungsgemäßen Wirtschaftens. Eine Einschränkung, besser Rechtfertigung der Straftat kommt demzufolge nicht in Frage.[389]

1.3.1.3.2.2. Tatbegehung durch Unterlassen

Die Tatbestandsverwirklichung durch Unterlassung setzt voraus, dass den Schuldner, wie schon oben vermerkt worden ist[390], eine einschlägige gesetzlich normierte handelsrechtliche Pflicht trifft. Doch handelt es sich hierbei um ein unechtes Unerlassungsdelikt[391]. Es wäre allerdings unzulässig, die in § 283 Abs. 1 Nrn. 5-7 StGB aufgeführten handelsrechtlichen Buchführungspflichten auf Nichtkaufleute, für deren Tätigkeiten sie nicht gelten, auszudehnen[392].

Eine Garantenstellung des Gemeinschuldners ergibt sich insbesondere aus Ingerenz, z.B. bei gutgläubigen unvollständigen Angaben

---

[386] LK-Tiedemann § 283 Rn. 43 unter Hinweis auf BGH 2 StR 799/76 v. 15.4.1977, 6 f.; derselbe, KTS 1984, 544 f.; NK-Kindhäuser § 283 Rn. 26

[387] So NK-Kindhäuser § 283 Rn. 24; LK-Tiedemann § 283 Rn. 42; aA Sch/Sch-Stree § 283 Rn. 5; dazu s. auch unten § 4 III 1.3.8.5.2.2.

[388] § 4 B II 6

[389] Ausführlich hierzu Krause, Ordnungsgemäßes Wirtschaften, S. 425 ff.; NK-Kindhäuser vor § 283 Rn. 81; vgl. aber LK-Tiedemann § 283 Rn. 38, der zur Einschränkung des Verheimlichens das subjektiv-finale Element der Gläubigerbenachteiligungsabsicht vorschlägt. Zu dieser Ansicht s. bereits oben § 4 B III 1.3.1.3.1.2.1..

[390] § 4 B III 1.3.1.3.2.1.

[391] Bieneck in: Müller-Gugenberger/Bieneck § 78 Rn. 23

[392] LK-Tiedemann § 283 Rn. 43; derselbe, KTS 1984, 544; NK-Kindhäuser § 283 Rn. 26

gegenüber dem Gericht oder dem Insolvenzverwalter, die trotzt der nachträglichen Erkennung ihrer Unvollständigkeit nicht korrigiert werden[393].

1.3.1.3.3. Zerstörung, Beschädigung, Unbrauchbarmachen

1.3.1.3.3.1. Inkriminierungsgrund der Handlungsalternativen

Unabhängig von der praktischen Bedeutung, sc. von der Häufigkeit der Begehung, der im Wege der Auslegung stehenden Handlungsformen[394] bleibt der Grund für ihre Inkriminierung. Vor allem auf Grund der Bestimmtheit des Straftatbestandes[395] haben die einschlägigen bestandsbezogenen Bankrotthandlungen vom Beiseiteschaffen differenziert werden müssen, unter das sie sich nach früherem Recht subsumieren liessen.[396] Die gesetzliche Umschreibung der Entziehungshandlungen neben die "klassischen" Handlungsalternativen des Beiseiteschaffens und Verheimlichens ermöglichen die zulässige Erfassung von völligen Vernichtungen eines Vermögensstücks, auf das der Gläubigerzugriff ausgeschlossen ist[397].

1.3.1.3.3.2. Handlungsgegenstand

Eng verbunden mit der Natur des Zerstörens, Beschädigens und Unbrauchbarmachens ist die Bestimmung der Tatobjekte.

Umstritten ist in der Literatur, ob nur Sachen im Sinne des § 303 StGB, sc. nur körperliche Vermögensstücke und Wertpapiere[398], oder auch Sachgesamtheiten, wie z.B. Betriebe[399], als Handlungsgegenstände zu qualifizieren sind. Zuzustimmen ist der letztgenannten Auffassung, damit auch die Betriebssabotage[400] erfasst werden kann[401]. Rechte und Forderungen bleiben sinnvollerweise außer Betracht[402]. Beim Zerstören, Beschädigen und

---

[393] RG DRiZ 1927, Nr. 1076; BGH bei Herlan GA 1956, 123 f; LK-Tiedemann § 283 Rn. 43; derselbe, KTS 1984, 545; NK-Kindhäuser § 283 Rn. 26

[394] Dazu oben § 4 B III 1.3.1.1.

[395] So Hiltenkamp-Wisgalle, Bankrottdelikte, S. 164

[396] Vgl. Klug, Konkurs-Strafrecht, § 239 KO Rn. 3

[397] Vgl. Hiltenkamp-Wisgalle, Bankrottdelikte, S. 164

[398] So Tröndle/Fischer § 283 Rn. 6

[399] So LK-Tiedemann § 283 Rn. 45; NK-Kindhäuser § 283 Rn. 27

[400] Darunter wird ein „störender Angriff auf die betriebliche Organisation ... zum Zwecke der Verhinderung (oder Behinderung) von Leistungserstellung, Leistungsverwertung oder Kapitalbeschaffung" verstanden. So definiert von Lampe, ZStW 89, 333

[401] LK-Tiedemann § 283 Rn. 45; NK-Kindhäuser § 283 Rn. 27

[402] LK-Tiedemann § 283 Rn. 45

Unbrauchbarmachen von Buchführungsunterlagen kommt § 283 Abs. 1 Nr. 6 StGB als lex specialis in Betracht[403].

1.3.1.3.3.3. Feststellung der Tathandlungen

Bei der Auslegung der in Rede stehenden Handlungsalternativen ist auf §§ 87 Abs. 2 Nr. 2, 303 Abs. 1 und 316 b Abs. 1 StGB abzustellen.[404] Im einzelnen:

Zerstören bedeutet die völlige Aufhebung der Brauchbarkeit des Tatgegenstandes durch vollständige Veränderung oder Vernichtung der Substanz[405].

Beschädigen bedeutet die erhebliche Minderung der Brauchbarkeit des Tatgegenstandes durch Veränderung oder Verletzung der Substanz[406].

Unter Unbrauchbarmachen ist schließlich die Beeinträchtigung der Brauchbarkeit des Tatgegenstandes zu verstehen, ohne dass eine Substanzverletzung erforderlich ist[407].

1.3.1.3.3.4. In einer den Anforderungen einer ordnungsgemäßen Wirtschaft widersprechenden Weise

Lässt sich eine Zerstörung, Beschädigung oder Unbrauchbarmachung mit den Anforderungen einer ordnungsgemäßen Wirtschaft vereinbaren, dann entfällt das Unrecht und folglich das Strafbarkeitsbedürfnis.

Zur Bestimmung eines wirtschaftskonformen Zerstörens u.s.w. ist vor allem auf die Absicht des Schuldners abzustellen. Handelt der Schuldner mit Reparatur-, Ersetzungs-[408] oder Modernisierungsabsicht[409], dann widerspricht sein Handeln den Sorgfaltsanforderungen nicht. Die Ordnungswidrigkeit der Tathandlung setzt in subjektiver Hinsicht einen Mutwillen des Täters voraus[410]. Typische Anwendungsfälle eines wirtschaftskonformen Verhaltens sind die Ersetzung von zerstörten

---

403 Vgl. Bieneck in: Müller-Gugenberger/Bieneck § 78 Rn. 30; dazu auch unten § 4 B III 1.3.6.3.

404 NK-Kindhäuser § 283 Rn. 27

405 RGSt 8, 33; 39, 222, 224; NK-Kindhäuser § 283 Rn. 27; Krause, Ordnungsgemäßes Wirtschaften, S. 115; LK-Tiedemann § 283 Rn. 46; LK-Wolff § 303 Rn. 10 m.w.N.

406 BGHSt 29, 129, 132f.; NK-Kindhäuser § 283 Rn. 27; Krause, Ordnungsgemäßes Wirtschaften, S. 115; LK-Tiedemann § 283 Rn. 47; LK-Wolff § 303 Rn. 5 m.w.N.

407 NK-Kindhäuser § 283 Rn. 27; Krause, Ordnungsgemäßes Wirtschaften, S. 115; Otto, BT § 61 Rn. 93; Sch/Sch-Stree § 283 Rn. 6; LK-Tiedemann § 283 Rn. 48

408 SK-Samson § 283 Rn. 10

409 Maurach/Schroeder/Maiwald 1 § 48 III A 1 Rn. 22

410 Tröndle/Fischer § 283 Rn. 6

Investitionsgütern durch neue Sachen[411] sowie der Abbruch einer baufälligen Lagerhalle[412].

1.3.2. § 283 Abs. 1 Nr. 2 StGB: Eingehen von Verlust-, Spekulations- oder Differenzgeschäften und Verbrauch von übermäßigen Beträgen durch unwirtschaftliche Ausgaben, Spiel oder Wette

1.3.2.1. Anwendungsbereich

Den Gegenstand der folgenden Kapitel bilden die in Nr. 2 aufgeführten bestandsbezogenen Tatalternativen der Eingehung von wirtschaftswidrigen Risikogeschäften und des Verbrauchs von übermäßigen Geldsummen durch unwirtschaftliche Ausgaben u.s.w. Beachtung verdient an dieser Stelle die Erweiterung des Anwendungsbereichs der Bankrotthandlung des Eingehens von Risikogeschäften durch die Verlust- und Spekulationsgeschäfte, die in § 240 Nr. 1 KO a.F. nicht geregelt waren, deren aber gesetzliche Regelung zur Vermeidung von Gesetzeslücken notwendig erschien[413].

1.3.2.2. Tathandlungen

1.3.2.2.1. Eingehen von Risikogeschäften

1.3.2.2.1.1. Zur Auslegung der Risikogeschäfte

Grundlage der folgenden Kapitel sind die Risikogeschäfte, die sich aus den Verlust-, Spekulations- und Differenzgeschäften zusammensetzen und den zivilrechtlichen Vertragstypen entsprechen.

1.3.2.2.1.1.1. Verlustgeschäfte

Nach der Definition des Gesetzgebers liegt ein Verlustgeschäft vor, „wenn das Geschäft schon nach der Vorauskalkulation bei Gegenüberstellung der Einnahmen und Ausgaben zu einer Vermögensminderung führt“[414], während nach dem Sonderausschuss für die Strafrechtsreform Geschäfte, „die erst im nachhinein zu einem Verlust führen

---

[411] BT Drucks. 7/3441, S. 34

[412] Tröndle/Fischer § 283 Rn. 6

[413] Hiltenkamp-Wisgalle, Bankrottdelikte, S. 172 f.: durch die Erfassung der Spekulationsgeschäfte vom Bankrottatbestand werden die Handelsspekulationen unter Strafe gestellt, was nach früherem Recht ausgeschlossen war. Vgl. dazu unten § 4 III 1.3.2.2.1.1.2.

[414] BT Drucks. 7/3441, S. 35

sollen nicht erfasst werden"[415]. Auf diese Begriffsdefinition stellt auch bei der Auslegung der in Rede stehenden Risikogeschäfte die wirtschaftsstrafrechtliche Literatur ab[416].

Die geringe Bedeutung der Verlustgeschäfte in der Literatur erklärt sich dadurch, dass sich solche Risikogeschäfte, bei der Änderung der dinglichen Lage eines massezugehörigen Vermögensbestandteils, als Beiseiteschaffen[417], während bei Kaufverträgen mit überhöhten Preisen als unwirtschaftliche Ausgaben[418] darstellen. Die Verlustgeschäfte lassen sich als Auffangtatbestand zu den Schleuderverkäufen auffassen. Doch stellen die letztgenannten Vorgänge ein Verlustgeschäft dar[419]. Die Schleuderverkaufsalternative lässt sich aber als lex specialis anwenden.

1.3.2.2.1.1.2. Spekulationsgeschäfte

Die gesetzliche Regelung der durch das 1. WiKG (1976) in den Bankrottatbestand einbezogenen Spekulationsgeschäfte geht eigentlich zurück auf die Rechtsprechung des Reichsgerichts[420], das im Hinblick auf § 237 des Entwurfs des preußischen Strafgesetzbuchs von 1851 das Verbrauchen von übermäßigen Summen durch „Handelsoperationen, welche auf einen Zufall berechnet sind", als einfachen Bankrott bestrafen wollte. Allerdings hat es unter Ablehnung der Subsumierung solcher Handelsspekulationen unter den Begriff „Spiel" oder „Aufwand"[421] und in Ansehung der Abwesenheit des diesbezüglichen Unterstrafestellens gemäß § 210 KO a.F. solche vom Bankrottatbestand nicht erfassten Handlesoperationen als vertretbare kaufmännische Handelsgeschäfte angesehen[422].

Nach der Amtlichen Begründung[423] geht es bei den Spekulationsgeschäften um solche Geschäfte, „bei denen ein besonders

---

415 BT Drucks. 7/5291, S. 18

416 Bieneck in: Müller-Gugenberger/Bieneck § 86 Rn. 2; Göhler/Wilts, DB 1976, 1657, 1660; Hiltenkamp-Wisgalle, Bankrottdelikte, S. 171; NK-Kindhäuser § 283 Rn. 29; Krause, Ordnungsgemäßes Wirtschaften, S. 126 f.; Lackner/Kühl § 283 Rn. 12; Maurach/Schroeder/Maiwald 1 § 48 III A 1 Rn. 23; SK-Samson § 283 Rn. 11; Sch/Sch-Stree § 283 Rn. 9; LK-Tiedemann § 283 Rn. 54; Tröndle/Fischer § 283 Rn. 7; Weyand, Konkursdelikte, S. 63

417 Krause, Ordnungsgemäßes Wirtschaften, S. 127; zust. LK-Tiedemann § 283 Rn. 54

418 Krause, Ordnungsgemäßes Wirtschaften, S. 127

419 Bieneck in: Müller-Gugenberger/Bieneck § 86 Rn. 3; Tröndle/Fischer § 283 Rn. 7; zust. Krause, Ordnungsgemäßes Wirtschaften, S. 126; LK-Tiedemann § 283 Rn. 54

420 RGSt 15, 277, 280 f.

421 Hierzu RGSt 16, 238, 240

422 Dazu vgl. noch RG GA 64, 115, 116; BGH 5 StR 510/53 v. 17.11.1953 bei Mathieu GA 1954, 231; BGH bei Herlan GA 1954, 311; BGH GA 1964, 119, 120; zum ganzen NK-Kindhäuser § 283 Rn. 30; LK-Tiedemann § 283 Rn. 55

423 BT Drucks. 7/3441, S. 35

großes Risiko eingegangen wird, in der Hoffnung, einen größeren Gewinn als den sonst üblichen zu erzielen, und um den Preis, möglicherweise einen größeren Verlust hinzunehmen".

Entsprechend der oben genannten Begriffsdefinition beruht die Auslegung der unter Erörterung stehenden Risikogeschäfte auf den Kriterien, einerseits der Gewinnerwartung und andererseits der Wahrscheinlichkeit des Verlusteintritts, deren Höhe vom Maßstab des faktisch üblichen wie auch vom reinen Zufall bzw. von der Möglichkeit, das Verlustrisiko zu kontrollieren, abhängt[424].

Zur Klarstellung des riskanten Charakters der Spekulationsgeschäfte sind die folgenden Beispiele zu nennen: Beteiligung des Schuldners an unseriösen Unternehmen[425] sowie an Unternehmen, die infolge ihrer ungesicherten und völlig offenen Finanzierung wagnisreich sind[426], Zahlung hoher Schmiergelder ohne gerechtfertigte Erwartung auf Abschluss von gewinnbringenden Geschäften[427] sowie „Geldanlage in einem besonders kostenaufwendigen Geschäftszweig"[428].

1.3.2.2.1.1.3. Differenzgeschäfte

Der Unterschied zwischen der geltenden gesetzlichen Fassung der Tatbestandsform mit derjenigen des § 240 Abs. 1 Nr. 1 KO a.F. besteht erstens in der Klarstellung des Wortlauts, nach dem statt des Begriffs „Differenzhandel" der Begriff „Differenzgeschäft" gewählt wurde, damit das Eingehen jedes einzelnen Geschäfts, wie es schon das Reichsgericht bereits für das frühere Konkursstrafrecht bejaht hat[429], tatbestandsmäßig sein kann, ohne dass eine Vielzahl von Geschäften, sc. ein Handel, erforderlich zur Tatbestandsverwirklichung ist, zweitens in der Einführung des Tatbestandsmerkmals des Widerspruchs zu den Anforderungen einer ordnungsgemäßen Wirtschaft und drittens in der Herausnahme des Tatbestandserfordernisses des Verbrauchs von übermäßigen Summen[430].

Unter Differenzgeschäften mit Waren und ausländischen Geldsorten[431] oder Wertpapieren sind im Sinne des § 764 BGB diejenigen Geschäfte zu verstehen, bei denen es dem Täter beim Vertragsschluss nicht auf die Lieferung der Waren oder Wertpapiere, sondern auf die Zahlung einer

---

[424] Vgl. Krause, Ordnungsgemäßes Wirtschaften, S. 119; LK-Tiedemann § 283 Rn. 56; Tröndle/Fischer § 283 Rn. 8

[425] BT Drucks. 7/3441, S. 35

[426] Schneider in Scholz, GmbHG § 43 Rn. 80

[427] LK-Tiedemann § 283 Rn. 57; derselbe, KTS 1984, 539, 549

[428] LK-Tiedemann § 283 Rn. 57; derselbe, KTS 1984, 548f.; derselbe, Zentralbegriff, S. 6

[429] RGSt 14, 80, 85; RG GA 60, 442

[430] Vgl. Krause, Ordnungsgemäßes Wirtschaften, S. 131

[431] BT Drucks. 7/5291, S. 18; Bieneck in: Müller-Gugenberger/Bieneck § 86 Rn. 5; Sch/Sch-Stree § 283 Rn. 11; LK-Tiedemann § 283 Rn. 58; Tröndle/Fischer § 283 Rn. 9

gewinnbringenden Differenz zum Zeitpunkt der Lieferung zwischen dem An- und Verkaufspreis ankommt[432].

Darunter fällt noch die Prolongation, nämlich die Verlängerung des Differenzgeschäftes auf einen späteren Stichtag, die sich auch als selbständiges Differenzgeschäft auffassen lässt[433]. Bildet jedoch den Vertragsinhalt nicht die Lieferung der Waren, sondern nur die Zahlung der Differenz zwischen dem Ankaufspreis und dem Stichtagspreis an den Gewinnenden, dann liegt nur ein Spiel vor (§ 762 BGB), ohne dass der Verweis auf § 764 BGB erforderlich ist[434].

Die Einordnung der nach § 764 BGB auszulegenden Differenzgeschäfte in die Risikogeschäfte lässt sich durch die, auf der subjektiven Ebenen erforderliche, Spekulationssucht[435] des Schuldners kennzeichnen, sc. seinen Willen, Gewinne aus der Differenz zwischen dem An- und Verkaufspreis zu erzielen, bei Inkaufnahme der Gefahr großer Vermögensverluste und der Schädigung der Gläubiger[436].

Auseinander gehen die Meinungen in der strafrechtlichen Literatur bei der Frage, ob die offiziellen Börsentermingeschäfte, sc. die „Verträge über Wertpapiere, vertretbaren Waren oder Devisen nach gleichartigen Bedingungen, die von beiden Seiten erst zu einem bestimmten späteren Zeitpunkt zu erfüllen sind" und ferner eine Beziehung zu einem Terminmarkt haben müssen, „der es ermöglicht jederzeit ein Gegengeschäft abzuschließen"[437], und gemäß § 50 BörsG vom Börsenvorstand zugelassen sind, als Differenzgeschäfte im Sinne der Nr. 2 anzusehen sind.

Nach einer verbreiteten Ansicht im Schrifttum stellten die erlaubten offiziellen Börsentermingeschäfte keine Differenzgeschäfte im strafrechtlichen Sinne dar[438], denn sie begründeten als erlaubte Verträge keine unvollkommenen Verbindlichkeiten im Sinne des § 764 BGB. Es wird mit anderen Worten vertreten, dass unter die Differenzgeschäfte im bankrottstrafrechtlichen Sinne nur diejenigen Risikogeschäfte fallen, gegen die ein Einwand aus § 762 und § 764 BGB erhoben werden kann, was bei den zugelassenen, offiziellen Börsentermingeschäften nicht der Fall sei[439].

---

[432] RGSt 14,80,85 f.; 22, 12; RG GA 60, 442; NK-Kindhäuser § 283 Rn. 31; Klug, Konkurs-Strafrecht § 240 KO Rn. 3; Sch/Sch-Stree § 283 Rn. 11; LK-Tiedemann § 283 Rn. 58; Weyand, Konkursdelikte, S. 64

[433] RGSt 14, 80, 84; statt aller in der Literatur Krause, Ordnungsgemäßes Wirtschaften, S. 131

[434] LK-Tiedemann § 283 Rn. 58; NK-Kindhäuser § 283 Rn. 31

[435] RG GA 60, 442

[436] RGSt 22, 12, 14; Krause, Ordnungsgemäßes Wirtschaften, S. 130; vgl. noch Klug, Konkurs-Strafrecht § 240 KO Rn. 3

[437] So definiert von BGHZ 92, 317, 320; vgl. noch Bundschuh, WM 1986, 726

[438] So Klug, Konkurs-Strafrecht, § 240 KO Rn. 3; Maurach/Schroeder/Maiwald I § 48 III A 1 Rn. 23; LK-Tiedemann § 283 Rn. 59; Weyand, Konkursdelikte, S. 65

[439] LK-Tiedemann, § 283 Rn. 59, sieht die „rechtswirksamen Börsentermingeschäfte" als Spekulationsgeschäfte an; zust. Maurach/Schroeder/Maiwald 1 § 48 III A 1 Rn. 23

Den Vorzug gewinnt allerdings die gegenteilige Auffassung[440]. Für diese Annahme spricht vor allem der hohe spekulative Charakter der Börsentermingeschäfte[441], bei denen der Schuldner zum Zwecke der Erzielung von Gewinnen das Risiko eingeht, bei ungünstiger Kursentwicklung in Verluste zu treten und die Gläubigergesamtheit zu schädigen, sowie die bereits oben angesprochene Unabhängigkeit des Unterstrafestellens der Eingehung der Differenzgeschäfte von ihrer zivilrechtlichen Wirksamkeit, also ihrer Klagbarkeit[442]. Daraus folgt, dass die sog. erlaubten offiziellen Börsentermingeschäfte (§§ 50 ff. BörsG) doch als Differenzgeschäfte anzusehen sind.

1.3.2.2.1.2. Zur Bestimmung der Tathandlung

Die bestandsbezogene Tathandlung der Eingehung von Risikogeschäften erschöpft sich in ihrem Abschluss, sc. im Eingehen der Verbindlichkeit. Doch bleibt die Vollendung der Straftat unabhängig vom Eintritt des Verlustes[443].

Die Tatbestandsmäßigkeit des Abschlusses von Differenzgeschäften knüpft jedoch an die Frage ihrer zivilrechtlichen Wirksamkeit, sc. der Klarbarkeit, der dadurch begründeten Verbindlichkeiten an. Gegen die in RGSt 22, 12 niedergelegte Auffassung ist also einzuwenden, dass der bloße Abschluss der in Rede stehenden Risikogeschäfte zu keiner Verschlechterung der Gläubigerposition führt, denn dadurch wird eine nicht einklagbare Verbindlichkeit („obligatio naturalis" § 762 BGB) begründet. Zur Vollendung der Tathandlung wird vielmehr eine Umwandlung oder Tilgung des Differenzgeschäftes in ein verbindliches Rechtsgeschäft vorausgesetzt.[444] Anders liegt die Beurteilung bei den offiziellen Börsentermingeschäften, bei denen die Möglichkeit besteht, den Differenzeinwand nach § 764 BGB zu erheben (§ 58 BörsG) und dadurch das insolvenzbehaftete Vermögen zu belasten.

Bei günstiger Entwicklung der Spekulation, d.h. bei Verbesserung der Gläubigerposition, entfällt nach einhelliger Ansicht in der strafrechtlichen Literatur das Strafbarkeitsbedürfnis[445]. Dies beruht doch auf

---

[440] So Bieneck in: Müller-Gugenberger/Bieneck § 86 Rn. 5; NK-Kindhäuser § 283 Rn. 32; Krause, Ordnungsgemäßes Wirtschaften, S. 132 f.; Sch/Sch-Stree § 283 Rn. 11; Tröndle/Fischer § 283 Rn. 9

[441] Hierzu Krause, Ordnungsgemäßes Wirtschaften, S. 132 f. m.w.N.

[442] Hierzu RGSt 22,12

[443] Bieneck in: Müller-Gugenberger/Bieneck § 86 Rn. 7; LK-Tiedemann § 283 Rn. 61; Tröndle/Fischer § 283 Rn. 11

[444] BGHSt 22, 360, 361 mit Anmerkung Schröder, JR 1970, 31

[445] LK-Tiedemann § 283 Rn. 61, derselbe, KTS 1984, 549; Bieneck in: Müller-Gugenberger/Bieneck § 86 Rn. 7; zust. Krause, Ordnungsgemäßes Wirtschaften, S. 129; Pfeiffer, Tagungsberichte, Bd. III Anl. 6, S. 10; SK-Samson § 283 Rn. 11; Sch/Sch-Stree § 283 Rn. 12; derselbe, JuS 1965, 465, 471; Tröndle/Fischer § 283 Rn. 11 (Entfallen des

dem fehlenden Zusammenhang zwischen Bankrotthandlung und Strafbarkeitsbedingung[446].

1.3.2.2.1.3. Riskante Geschäfte und die Anforderungen einer ordnungsgemäßen Wirtschaft

Widerspricht der Abschluss der riskanten Geschäfte den Anforderungen einer ordnungsgemäßen Wirtschaft nicht, dann entfällt das Unrecht und somit die Strafbarkeit.

Dies ist der Fall bei den von der strafrechtlichen Literatur angesprochenen Fällen des Eingehens eines Verlustgeschäfts durch die Aussicht auf gewinnbringende Anschlussgeschäfte[447] sowie zum Zwecke der Erhaltung von Arbeitsplätzen, auch während eines Konjunkturtiefs[448]. Den Sorgfaltsanforderungen entspricht noch das Eingehen von Differenzgeschäften, wenn sie den berufsmäßigen Geschäftstätigkeiten des Schuldners entsprechen[449].

Der Versuch aber, ein in wirtschaftlicher Krise befindliches Unternehmen durch Risikogeschäfte noch eine Weile über Wasser zu halten, reicht nach allgemeiner Ansicht[450] nicht aus. Die Aufnahme von Bankkrediten mit „ruinösen"[451] Zinsen (wucherische Bankkredite) zur Rettung des zusammengebrochenen Unternehmens ist als höchst gläubigergefährdend, also wirtschaftswidrig, anzusehen.

1.3.2.2.2. Verbrauch von übermäßigen Beträgen durch unwirtschaftliche Ausgaben, Spiel oder Wette

1.3.2.2.2.1. Unwirtschaftliche Ausgaben

Zur Klarstellung des Anwendungsbereichs der in Rede stehenden vermögensmindernden schuldnerischen Dispositionen hat der deutsche Gesetzgeber den wertneutralen, in § 240 Nr. 1 KO a.F. enthaltenen, Begriff „Aufwand" durch den Terminus „unwirtschaftliche Ausgaben"

Strafbedürfnisses infolge der fehlenden Verletzung des Schutzzwecks der Norm); Weyand, Konkursdelikte, S. 66

[446] Sch/Sch-Stree § 283 Rn. 12; LK-Tiedemann § 283 Rn. 61; zust. Krause, Ordnungsgemäßes Wirtschaften, S. 129

[447] SK-Samson § 283 Rn. 11; Sch/Sch-Stree § 283 Rn. 12

[448] BT Drucks. 7/3441, S. 35; Hiltenkamp-Wisgalle, Bankrottdelikte, S. 174; SK-Samson § 283 Rn. 11; Sch/Sch-Stree § 283 Rn. 12; Tröndle/Fischer § 283 Rn. 10; krit. LK-Tiedemann § 283 Rn. 62; Bieneck in: Müller-Gugenberger/Bieneck § 86 Rn. 8

[449] Lackner/Kühl § 283 Rn. 12; Maurach/Schroeder/Maiwald 1 § 48 III A 1 Rn. 23; Krause, Ordnungsgemäßes Wirtschaften, S. 133

[450] Tröndle/Fischer § 283 Rn. 10 mit Hinweis auf BGH 3 StR 242/79 v. 04.09.1979

[451] Dazu vgl. unten § 5 B II 1.3.1.1.3.2.2.

ersetzt[452]. Allerdings sollte der neue Begriff nach dem Sonderausschuss des Bundestages für die Strafrechtsreform[453] keine inhaltliche Änderung herbeiführen. Dies hat zur Folge, dass die im Rahmen des früheren Rechts, sc. zu § 240 Nr. 1 KO a.F., entwickelte Rechtsprechung zur Auslegung der geltenden Fassung der in Rede stehenden Bankrottalternative herangezogen werden kann.[454]

Unter unwirtschaftlichen Ausgaben sind jene masseschmälernden Dispositionen des Schuldners über Geld zu verstehen, die das Maß des Notwendigen und Üblichen übersteigen und den Anforderungen einer ordnungsgemäßen Wirtschaft widersprechen, unabhängig davon, ob sie Privat- oder Geschäftszwecken dienen[455]. Das Merkmal „unwirtschaftlich" ist, ähnlich wie der Begriff „in einer den Anforderungen einer ordnungsgemäßen Wirtschaft widersprechenden Weise"[456], ein normatives, wertausfüllungsbedürftiges Merkmal, dessen Bestimmtheit i.S.d. Lex-certa aus seiner Funktion als negatives, strafbarkeitseinschränkendes, zugunsten des Täters wirkendes Tatbestandsmerkmal resultiert.

Entsprechend der o.g. Definition fallen unter den Anwendungsbereich der in rede stehenden Bankrottalternative sowohl die privaten[457] als auch die geschäftlichen[458] Ausgaben, deren Vertretbarkeit jedoch im Hinblick auf die Formel der Übersteigerung des Maßes des Notwendigen und Üblichen unterschiedlich zu beurteilen ist.

Die strafgerichtliche Abwägung der Vertretbarkeit der Ausgaben nach der Formel des Maßes des Notwendigen und Üblichen geht eigentlich zurück auf die am preußischen StGB (1851) und am französischen Code de Commerce (1807) ausgerichtete Auslegung des Reichsgerichts[459] des „Aufwandes" und lässt sich bei den privaten Ausgaben nach dem Maßstab der persönlichen Lebensverhältnisse des Schuldners bemessen. In diesem Sinne stellt das Übersteigen der zwangsläufig ausgegebenen Unterhaltskosten gegenüber den regelmäßigen Einnahmen keinen „Aufwand" dar[460]. Innerhalb der wirtschaftlichen Krise bestimmen sich die persönlichen

---

[452] BT Drucks. 7/3441, S. 34

[453] BT Drucks. 7/5291, S. 18

[454] NK-Kindhäuser § 283 Rn. 36

[455] Vgl. NK-Kindhäuser § 283 Rn. 36 unter Hinweis auf BGH 3 StR 242/79 v. 04.09.1979, S. 8f.

[456] Zur entsprechenden Funktion und Bestimmtheit des Maßstabs des ordnungsgemäßen Wirtschaftens eingehend oben § 4 B II 2, 6.

[457] RGSt 15, 309, 313

[458] RGSt 7, 90, 91; 42, 278, 280; 70, 260, 261; 73, 229, 230; BGHSt 3, 23, 26; BGH NJW 1953, 1480, 1481; BGH GA 1964, 119; 1974, 61; BGH 3 StR 242/79 v. 4.9.1979 bei Tiedemann, Dünnebier – FS, 528

[459] RGSt 15, 309, 312 f.

[460] RGSt 15, 309, 313; 70, 260, 261; BGH GA 1964, 119; BGH MDR 1981, 510, 511; NK-Kindhäuser § 283 Rn. 36; Krause, Ordnungsgemäßes Wirtschaften, S. 117; Sch/Sch-Stree § 283 Rn. 17; LK-Tiedemann § 283 Rn. 65; Tröndle/Fischer § 283 Rn. 12

Lebensverhältnisse des Schuldners nach seinen persönlichen Bedürfnissen, jedoch unter Berücksichtigung seiner Pflicht zum Besorgen der Gläubigerinteressen, die das Maß des Notwendigen und Üblichen einschränkt.

Bei der Ermittlung der Vertretbarkeit der geschäftlichen Ausgaben wird vom Bundesgerichtshof auf die geschäftlichen Verhältnisse abgestellt. Danach ist eine Überschreitung des Notwendigen und Üblichen gegeben, wenn sich die Geschäftsausgaben[461] nach der gegebenen geschäftlichen Situation als sinn- und zwecklos erweisen. Erforderlich ist vielmehr eine Betrachtung der vermögensmindernden Disposition im Rahmen der gesamten Vermögens- und Liquiditätslage des schuldnerischen Unternehmens und nicht eine isolierte, an den einzelnen Gewinnergebnissen orientierte Vertretbarkeitsermittlung[462]. Das Maß des Notwendigen und Üblichen übersteigen z. B. Ausgaben für Projekte, deren Durchführung ex-ante sich als erfolglos erweist[463].

Die Betrachtung der Unwirtschaftlichkeit der in Rede stehenden Ausgaben erschöpft sich jedoch nicht nur in der Überschreitung des Maßes des Notwendigen und Üblichen. Unwirtschaftlich sind die Ausgaben, wenn sie ferner den Anforderungen einer ordnungsgemäßen Wirtschaft widersprechen[464], wobei auf die oben[465] dargestellten Prüfungsstufen hinzuweisen ist. In diesem Sinne entfällt die Wirtschaftswidrigkeit und demzufolge die Strafbarkeit bei Sanierungsversuchen, die zwar nicht erfolgssicher waren, soweit der schuldnerische Zweck „bei vernünftiger wirtschaftlicher Betrachtung sinnvollerweise damit angestrebt werden konnte"[466]. Als wirtschaftskonform stellen sich ausnahmsweise auch Geschäftsausgaben für private Zwecke dar, wenn der Schuldner zur Entnahme berechtigt war[467].

Bei der Prüfung der Wirtschaftswidrigkeit der schuldnerischen Ausgaben bleibt noch die Frage zu erörtern, ob sie entfallen kann, wenn die dem Schuldnervermögen zufließenden Gegenleistungen mit dem abfließenden Geldbetrag im Wertausgleich stehen[468]. Trotz der höchstrichterlichen Ablehnung, entsprechend dem Wortlaut „Ausgaben"

---

[461] NK-Kindhäuser § 283 Rn. 36; Krause, Ordnungsgemäßes Wirtschaften, S. 117

[462] BGH 1 StR 625/80 v. 10.02.1981, S. 15 bei LK-Tiedemann § 283 Rn. 68; Tröndle/Fischer § 283 Rn. 12

[463] BGH bei Herlan GA 1954, 311; GA 1964, 119, 120; NK-Kindhäuser § 283 Rn. 36; Krause, Ordnungsgemäßes Wirtschaften, S. 117

[464] So LK-Tiedemann § 283 Rn. 65; derselbe, KTS 1984, 549 f.; zust. Krause, Ordnungsgemäßes Wirtschaften, S. 119; NK-Kindhäuser § 283 Rn. 36

[465] Vgl. oben § 4 B II 6

[466] BGH 3 StR 242/79 v. 04.09.1979; NK-Kindhäuser § 283 Rn. 36

[467] LK-Tiedemann § 283 Rn. 65; zust. NK-Kindhäuser § 283 Rn. 36; Krause, Ordnungsgemäßes Wirtschaften, S. 121; aA Maurach/Schroeder/Maiwald 1 § 48 III A 1 Rn. 23

[468] Zum Wertausgleichsprinzip s. oben § 4 B II 6

solche Gegenleistungen zu berücksichtigen[469], steht in der wirtschaftsstrafrechtlichen Literatur fest, dass die Unwirtschaftlichkeit der Ausgaben nicht gegeben sein kann, wenn eine gleichwertige Gegenleistung, die, entsprechend dem geschützten Rechtsgut der Bankrottstraftatbestände, der Befriedigung der Gläubigerinteressen in annähernd gleichem Umfang dient, in das Vermögen des Schuldner gelangt[470]. Dies ist zutreffend. Liegt doch das Unrecht der in Rede stehenden Tatalternative im Verstoß gegen das Wertausgleichsprinzip. Bei der Ermittlung der Gleichwertigkeit der Gegenleistung ist vor allem auf ihren Investitions-, Verwertungs- und Verkaufswert abzustellen.

1.3.2.2.2.2. Spiel und Wette

Mit geringer Bedeutung in der strafrechtlichen Praxis treten das Verspielen und das Verwetten von übermäßigen Geldbeträgen, die nach einhelliger Auffassung in der Literatur[471] im Sinne des § 762 BGB zu verstehen sind, wonach der Geschäftserfolg von einer Ungewissheit bzw. vom Zufall abhängt[472].

Tatbestandsmäßig ist das Spielen in einer Lotterie[473] sowie die Teilnahme an Toto-, Lotto- und Glücksspielen (z. B. Roulette, Baccara)[474].

Die Wirtschaftskonformität des Verspielens oder Verwettens von übermäßigen Geldsummen bestimmt sich nach den allgemeinen Präzisierungskriterien der Anforderungen einer ordnungsgemäßen Wirtschaft[475].

---

[469] RG GA 64, 115, 116; BGH bei Herlan GA 1959, 341; 1964, 119, 120; BGH NJW 1953, 1480, 1481

[470] LK-Tiedemann § 283 Rn. 67; zust. NK-Kindhäuser § 283 Rn. 37; Krause, Ordnungsgemäßes Wirtschaften, S. 266; Sch/Sch-Stree § 283 Rn. 17

[471] Bieneck in: Müller-Gugenberger/Bieneck § 86 Rn. 16; Hiltenkamp-Wisgalle, Bankrottdelikte, S. 175; NK-Kindhäuser § 283 Rn. 35; Klug, Konkurs-Strafrecht, § 240 KO Rn. 3; Krause, Ordnungsgemäßes Wirtschaften, S. 125; Lackner/Kühl § 283 Rn. 13; SK-Samson § 283 Rn. 13; Sch/Sch-Stree § 283 Rn. 18; LK-Tiedemann § 283 Rn. 63; Tröndle/Fischer § 283 Rn. 13; Weyand, Konkursdelikte, S. 67; Zirpins/Terstegen, Wirtschaftskriminalität, S. 976

[472] Statt aller in der zivilrechtlichen Literatur Palandt-Sprau, § 762 Rn. 1

[473] RGSt 27, 180, 181

[474] Zu den Beispielen: Klug, Konkurs-Strafrecht § 240 KO Rn. 3; NK-Kindhäuser § 283 Rn. 35; Lackner/Kühl § 283 Rn. 13; Sch/Sch-Stree § 283 Rn. 18; LK-Tiedemann § 283 Rn. 63; Weyand, Konkursdelikte, S. 67 f.

[475] Dazu bereits oben § 4 B II 6

1.3.2.2.2.3. Verbrauch oder Schuldigwerden von übermäßigen Beträgen

1.3.2.2.2.3.1. Übermäßige Beträge

Erforderliche Voraussetzung für die Tatbestandsmäßigkeit der vorgenannten Begehungsweisen, sc. der Vornahme von unwirtschaftlichen Ausgaben sowie des Verspeilens oder Verwettens von Geld, ist, dass sie zum Verbrauch oder Schuldigwerden von übermäßigen Geldbeträgen führen. Dies stellt die Tathandlung dar.

An dieser Stelle ist die Unwirtschaftlichkeit der Ausgaben vom Tatbestandsmerkmal der Übermäßigkeit der Geldsummen zu differenzieren[476]. Entsprechend dem Gesetzeswortlaut steht also fest, dass beim Fehlen eines von beiden Merkmalen das Strafbedürfnis entfällt. Vielmehr müssen beide Tatbestandsmerkmale, dasjenige der Unwirtschaftlichkeit der Ausgabe, das sich durch die Formel des Übersteigens des Maßes des Notwendigen und Üblichen sowie durch die Sorgfaltsanforderungen präzisieren lässt, und dasjenige der Übermäßigkeit der Geldbeträge erfüllt sein[477]. Der Vergleich zwischen der Wirtschaftswidrigkeit und der Übermäßigkeit ist „für den Zeitpunkt der Ausgaben und aus dieser Schau für einen Zeitraum zu ziehen, den der Schuldner bei vernünftigem Wirtschaften ins Auge gefasst hätte“[478].

Die Geldbeträge sind dann übermäßig, wenn sie in keinem angemessenen Verhältnis zu der Gesamtvermögenslage des Schuldners stehen[479]. Bei der Bestimmung der Übermäßigkeit der privaten als auch der geschäftlichen Ausgaben ist also auf den Maßstab des schuldnerischen Gesamtvermögensstandes abzustellen. Die Rechtsprechung konkretisiert die Vermögenssituation des Schuldners nach den Kriterien der Kapitalausstattung[480], der Roheinkünfte des Unternehmens[481], des

---

[476] Vgl. BGH GA 1964, 119

[477] Vgl. NK-Kindhäuser § 283 Rn. 41; Krause, Ordnungsgemäßes Wirtschaften, S. 118 und 122; dazu s. aber auch die Kritik von Maurach/Schroeder/Maiwald 1 § 48 III A 1 Rn. 23 sowie von Hammerl, Die Bankrottdelikte, S. 6 (zu § 240 Nr. 1 KO a.F.), die die Unwirtschaftlichkeit der Maßnahme bzw. das Missverhältnis des Aufwandes zum Schuldnervermögen als tautologisch mit der Übermäßigkeit der Geldsummen ansehen.

[478] BGH GA 1956, 348; 1974, 61; bei Herlan GA 1967, 264; BGH 1 StR 399/72 v. 28.11.1972, S. 7 f. bei LK-Tiedemann § 283 Rn. 66; Sch/Sch-Stree § 283 Rn. 17; Tröndle/Fischer § 283 Rn. 12

[479] RGSt 14, 80, 87; 15, 309, 312 f.; 42, 278, 280; 70, 260, 261; 73, 229, 230; BGHSt 3, 23, 25 f.; BGH NJW 1953, 1480, 1481; LK-Tiedemann § 283 Rn. 66. Dasselbe gilt bei rechtlich selbständigen Unternehmen, die einen Konzern bilden, wenn ein Gewinn- und Verlustabführungsvertrag besteht. In solchen Fällen werden die Vermögenslagen aller Konzernmitglieder zusammengerechnet.

[480] BGH 1 StR 625/80 v. 10.2.1981, 15 bei NK-Kindhäuser § 283 Rn. 40

Gesamtvergleichs von Passiva und Aktiva[482] sowie der sonstigen Geschäftsaussichten[483] und -Ausgaben[484]. Bei Unternehmen, deren Inhaber persönlich haftet, ist, abgesehen von dem Geschäftsvermögen, auch das Privatvermögen des Inhabers zu berücksichtigen[485].

Die folgenden rechtsprechungsbezogenen Fälle von masseschmälernden Verfügungen über Geld verdeutlichen die Begehungsweisen und die praktische Bedeutung des Tätigens unwirtschaftlicher Ausgaben.

Als private unwirtschaftliche Ausgaben, die zu übermäßigen Geldsummen führen, stellen sich dar: die übertriebenen Haushaltsausgaben[486], der überhöhte Spesenverbrauch[487], die kostspieligen Barbesuche[488], teuere Reisen[489] sowie Lohnaufwand für Jäger einer Privatjagd[490]. Als unwirtschaftliche private Ausgaben sind ferner anzusehen: die Luxusanschaffungen[491], wie beispielsweise der Kauf eines Pkw[492], eines Sportflugzeugs[493] wie auch die Anschaffung einer Luxusyacht[494], teurer Möbel[495] oder Kleider[496], Kunstwerke und Antiquitäten[497], die Ausstattung einer Wohnung „mit einem das übliche Maß weit übersteigenden Prunk"[498] sowie die Zahlung hoher Wohnungsmieten „ohne zwingenden Grund"[499]. Als

---

481 BGH NJW 1953, 1480, 1481; BGH GA 1964, 119, 120; Krause, Ordnungsgemäßes Wirtschaften, S. 123; NK-Kindhäuser § 283 Rn. 40

482 RG JW 1934, 2472, 2473; BGH 1 StR 625/80 v. 10.2.1981, 15 bei NK-Kindhäuser § 283 Rn. 40

483 BGH GA 1964, 119, 120; LK-Tiedemann § 283 Rn. 66 unter Hinweis BGH 3 StR 474/53 v. 9.4.1953, S. 4 und BGH 1 StR 399/72 v. 28.11.1972, S. 8

484 BGH NJW 1953, 1480, 1481; BGH GA 1964, 119, 120; Krause, Ordnungsgemäßes Wirtschaften, S. 123; NK-Kindhäuser § 283 Rn. 40

485 BGH 3 StR 474/53 v. 9.4.1953, S. 4 bei LK-Tiedemann § 283 Rn. 66

486 RGSt 15, 309; Krause, Ordnungsgemäßes Wirtschaften, S. 124 unter Hinweis auf BGH 1 StR 625/80 v. 10.2.1981, S. 14

487 BGH 5 StR 236/55 v. 5.7.1955 bei Tröndle/Fischer § 283 Rn. 12

488 BGH NJW 1953, 1480, 1481

489 BGH MDR 1981, 510 f. mit Anmerkung Schlüchter, JR 1982, 32

490 Krause, Ordnungsgemäßes Wirtschaften, S. 124 unter Hinweis auf BGH 1 StR 625/80 v. 10.02.1981, S. 14

491 Tröndle/Fischer § 283 Rn. 12; Sch/Sch-Stree § 283 Rn. 17

492 BGH NJW 1953, 1480, 1481; a.M. NK-Kindhäuser § 283 Rn. 43

493 BGH 1 StR 592/75 v. 4.11.1955 bei Tröndle/Fischer § 283 Rn. 12; a.M. NK-Kindhäuser § 283 Rn. 43

494 Tröndle/Fischer § 283 Rn. 12; a.M. NK-Kindhäuser § 283 Rn. 43

495 BGH NJW 1953, 1480, 1481; a.M. NK-Kindhäuser § 283 Rn. 43

496 LK-Tiedemann § 283 Rn. 67 unter Hinweis auf RG Rspr. 10, 215 f.

497 RG GA 64, 115, 116; a.M. NK-Kindhäuser § 283 Rn. 43

498 RG GA 64, 115, 116; Sch/Sch-Stree § 283 Rn. 17

499 BGH bei Herlan GA 1954, 311

nicht unwirtschaftlich erweisen sich demgegenüber die angemessenen Lebensversicherungsleistungen[500].

Tatbestandsmäßige Ausgaben für geschäftliche Zwecke sind die hohen Kosten für Gehälter von Angestellten[501], der hohe Werbeaufwand[502], die aussichtslosen Investitionen[503], die Schmiergeldzahlungen[504], Ausgaben zur „Gründung und Unterstützung von Tochterunternehmen"[505], überhöhte Spesen[506], die Nichtgeltendmachung hoher Forderungen[507], Kredit-[508]sowie Geschäftsreisekosten[509], Teilnahmen an Ausstellungen[510] sowie riskante Ausgaben „bei einer stark angespannten geldlichen Lage des Schuldners"[511]. Hinzukommt der von der Literatur[512] in Erwägung gezogene Fall des Fortsetzens der Finanzierung einer verlustreichen Tochtergesellschaft, sofern die Möglichkeit besteht, die Finanzierung aus wichtigem Grund zu kündigen.

Problematisch ist, ob es sich bei Verfügungen über Geld (z. B. durch Schenkung oder Überweisung auf fremde Konten) um unwirtschaftliche Ausgaben oder um ein Beiseiteschaffen handelt. Der Unterschied besteht eigentlich in der Funktion der vermögensmindernden Disposition. Wird das Geld dem Gläubigerzugriff entzogen, um vor ihm gesichert zu werden, dann handelt es sich um ein Beiseiteschaffen (Nr. 1). Wird dagegen der Geldbetrag in seiner Austauschform, sc. als einem Dienst- oder Güteraustausch dienendes Mittel, verwendet (z. B. zur Zahlung von Gehältern, Schmiergeldern), dann kommt Nr. 2, Alt. 4 (Ausgaben) in Betracht[513]. Völlig einseitige Vermögensverlagerungen, wie die Entnahmen

---

500 RG JW 1934, 2472; Sch/Sch-Stree § 283 Rn. 17; LK-Tiedemann § 283 Rn. 67; Tröndle/Fischer § 283 Rn. 12

501 RGSt 42, 278, 280; 70, 260; Sch/Sch-Stree § 283 Rn. 17; nicht aber die üblichen Löhne und Betriebskosten. So BGH bei Herlan GA 1958, 47; LK-Tiedemann § 283 Rn. 67

502 RGSt 73, 229

503 BGH bei Herlan GA 1954, 311; GA 1964, 119, 120

504 BGH GA 1974, 61, 62

505 Krause, Ordnungsgemäßes Wirtschaften, S. 124 unter Hinweis auf BGH 5 StR 510/53 v. 17.11.1953

506 Tröndle/Fischer § 283 Rn. 12 unter Hinweis auf BGH 5 StR 236/55 v. 5.7.1955

507 Krause, Ordnungsgemäßes Wirtschaften, S. 125 unter Hinweis auf BGH 1 StR 625/80 v. 10.2.1981, S. 15

508 BGHSt 3, 23, 25 f.

509 RGSt 73, 229, 230; BGHSt 3, 23, 25 f.

510 BGHSt 3, 23, 25 f.

511 Mathieu, GA 1954, 225, 230 unter Hinweis auf BGH 5 StR 510/53 v. 17.11.1953

512 LK-Tiedemann § 283 Rn. 65 unter Verweis auf Wellensiek, ZIP 1984, 544; derselbe, KTS 1984, 550; zust. Krause, Ordnungsgemäßes Wirtschaften, S. 124 f.

513 Krause, Ordnungsgemäßes Wirtschaften, S. 118 f.; zust. NK-Kindhäuser § 283 Rn. 17; vgl. aber auch Bieneck in: Müller-Gugenberger/Bieneck § 86 Rn. 11

von Gesellschaftern aus dem Kapital einer Gesellschaft[514], sind allerdings als Beiseiteschaffen anzusehen[515].

1.3.2.2.2.3.2. Einzelheiten der Tathandlung

Grundlegend wird der Tatbestand durch das Verbrauchen, also den Abfluss aus dem Schuldnervermögen von übermäßigen Geldsummen erfüllt[516]. Schuldigwerden bedeutet die Belastung des Vermögens mit Verbindlichkeiten[517].

Streit besteht allerdings darüber, ob die Verbindlichkeit einklagbar sein muss. Eng verbunden damit ist die Frage, ob das Verspielen oder Verwetten von Geld zur Belastung des schuldnerischen Vermögens führen kann. Denn sie begründen im zivilrechtlichen Sinne nur Naturobligationen (§ 762 BGB). Unter Hinweis auf RGSt 22,12 vertreten Tröndle/Fischer[518] die Auffassung, das insolvenzbehaftete Vermögen könne auch durch unvollkommene Verbindlichkeiten belastet werden. Demgegenüber geht die herrschende Meinung[519] von BGHSt 22, 360, 361[520] aus, dass die Begründung einer „obligatio naturalis", aufgrund ihrer fehlenden Klarbarkeit, zu keiner Belastung des Vermögens, also zu keinem Schuldigwerden von übermäßigen Beträgen führt.

Zutreffend ist die letztgenannte Auffassung. Die Begründung unvollkommener Verbindlichkeiten stellt doch keine Belastung des Schuldnervermögens im rechtlichen Sinne dar[521]. Anders liegt die Beurteilung aber bei den staatlich genehmigten Lotterie- oder Spielverträgen (wie z. B. die Abgabe und Annahme eines Lotto- oder Totoscheins[522]), die einen klagbaren Anspruch auf den Gewinn begründen. Hierbei reicht nämlich zur Bestrafung des Schuldners das bloße Schuldigwerden von übermäßigen Geldbeträgen.

---

514 Als Beispiel ist die in Art. 685 § 4 gr. HG aufgeführte Tatalternative der Entnahme von Geldern, deren Höhe die in der Satzung vorgeschriebene Höhe überschreitet. Dazu s. unten § 5 B II 2.2.2.4.2.
515 Bieneck in: Müller-Gugenberger/Bieneck § 86 Rn. 11
516 LK-Tiedemann § 283 Rn. 69; Krause, Ordnungsgemäßes Wirtschaften, S. 122
517 Lackner/Kühl § 283 Rn. 13; Tröndle/Fischer § 283 Rn. 14
518 § 283 Rn. 14
519 NK-Kindhäuser § 283 Rn. 38; Krause, Ordnungsgemäßes Wirtschaften, S. 126; Lackner/Kühl § 283 Rn. 13; SK-Samson § 283 Rn. 12; LK-Tiedemann § 283 Rn. 69; Weyand, Konkursdelikte, S. 68
520 mit zustimmender Anmerkung Schröder, JR 1970, 31
521 Vgl. dazu oben § 4 B III 1.3.2.2.1.2.
522 Näher Brox, Besonderes Schuldrecht, Rn. 356

1.3.2.3. Tatbegehung durch Unterlassen

Bezüglich der Verwirklichung des Verbrauchs übermäßiger Summen durch unwirtschaftliche Ausgaben durch Unterlassen tauchen schwierige Fragen auf, betreffend die Garantenstellung des Schuldners. Nach der RG-Rechtsprechung ist die Begehung der Tathandlung durch Unterlassen dann möglich, wenn der Schuldner es unterlässt, das Tätigen von unwirtschaftlichen Ausgaben durch seine Angestellten oder Familienangehörigen zu beaufsichtigen[523]. Hervorzuheben an dieser Stelle ist noch Tiedemanns[524] Ansicht, nach der eine Garantenstellung des Schuldners in diesem Fall nur dann als gegeben anzusehen ist, wenn der Schuldner, entsprechend dem Erfordernis, dass sich die Unterlassungsdelikte als Spiegelbilder der Begehungsdelikte darstellen, das Finale Element des Vermögensabflusses kennt.

1.3.3. § 283 Abs. 1 Nr. 3 StGB: Veräußerung oder sonstiges Abgeben von kreditierten Waren oder Wertpapieren

1.3.3.1. Praktische Bedeutung und Tatunrecht

Besonderes Gewicht kommt in der Praxis der, früher in § 240 Abs. 1 Nr. 2 KO normierten, „klassischen“ Verschleuderungsalternative zu, denn sie führt zu einer Verschärfung der wirtschaftlichen Krise[525]. Ihr Unrechtsgehalt besteht in der Verletzung des „Wertausgleichsprinzips“[526]. Die Gefahr innerhalb der wirtschaftlichen Krise bei der Begehung der in Rede stehenden bestandsbezogenen Bankrotthandlung liegt nämlich nicht in der Schmälerung der vorhandenen Insolvenzmasse[527], sondern im Mangel des Erbringens der vollwertigen Gegenleistung für die veräußerte oder sonst wie abgegebene Ware (Wertausgleich).

Es lässt sich ferner nicht verkennen, dass das besondere Gefährdungsmaß der Gläubigerinteressen durch den Schleuderverkauf zur Aufhebung des in der a.F. der Verschleuderungsalternative enthaltenen Finalitätsmerkmals der Absicht, „die Eröffnung des Konkursverfahrens hinauszuschieben“, geführt hat[528]. Trotzdem ist die Absicht, das

---

[523] RGSt 31, 151, 152

[524] in LK § 283 Rn. 70; derselbe / Vogel, JuS 1988, 299; zust. NK-Kindhäuser § 283 Rn. 39

[525] Darin liegt der „tragende Grund für die Strafdrohung“ nach der Entwurfsbegründung, BT Drucks. 7/3441, S. 35; vgl. noch Sch/Sch-Stree § 283 Rn. 20

[526] Krause, Ordnungsgemäßes Wirtschaften, S. 134 f., 160 f., 260 ff.; NK-Kindhäuser § 283 Rn. 45

[527] So aber BGHSt 9, 84, 86; Klug, JZ 1957, 462, 464; Schlüchter, Grenzbereich, S. 49

[528] Hierzu LK-Tiedemann § 283 Rn. 72

Insolvenzverfahren zu verschieben, vielmehr abzuwenden, noch anzunehmen[529], insbesondere in Ansehung der Strafzumessung[530].

1.3.3.2. Auslegung der einschlägigen Begriffe

1.3.3.2.1. Waren und Wertpapiere

Nach dem gesetzlichen Wortlaut sind als taugliche Tatobjekte die kreditierten Waren bzw. die aus denen hergestellten Sachen oder die Wertpapiere zu qualifizieren. Einer näheren Untersuchung bedürfen die o.g. Begriffe.

Unter Waren sind alle beweglichen, körperlichen Sachen zu verstehen, die Gegenstand des Handelsverkehrs sein können[531]. Doch entspricht der Warenbegriff des BGB (vgl. § 196 Abs. 1 Nr. 1 BGB), nach dem der in Rede stehende Tatgegenstand auszulegen ist[532], demjenigen des Handelsrechts (vgl. § 1 Abs. 2, Nr. 1 HGB a. F.), aus dem er eigentlich übernommen wurde[533]. Unter die Waren fallen auch ausländische Devisen[534]. Erwähnenswert ist nur noch der erst durch das 1. WiKG (1976) in die gesetzliche Umschreibung eingeführte Zusatz „oder die aus diesen Waren hergestellten Sachen", der zu erkennen gibt, dass auch die verarbeiteten Produkte der „Waren" als taugliche Tatobjekte zu qualifizieren sind. Der in der a.F. der Verschleuderungsalternative (§ 240 Abs. 1 Nr. 2 KO) nicht enthaltene Zusatz[535] bezweckt also die strafrechtliche Erfassung der Veräußerung von z. B. aus Rohstoffen verarbeiteten Waren, damit auch solche Umgehungshandlungen bestraft werden können[536].

Bei der Bestimmung des Wertpapierbegriffs erhebt sich die Frage, ob darunter nur Papiere, deren Übertragung Voraussetzung für die Übertragung auch des verkörperten Rechts ist, oder auch Papiere, bei denen nicht die Urkunde, sondern nur das Recht verkauft und übertragen werden kann (sog. Rektapapiere, wie z. B. der Hypothekenbrief), fallen.

---

[529] Vgl. Schlüchter, Grenzbereich, S. 52

[530] Sch/Sch-Stree § 283 Rn. 19

[531] RGZ 74, 161, 162; 130, 85, 88; vgl. noch LK-Tiedemann § 283 Rn. 73

[532] LK-Tiedemann § 283 Rn. 73

[533] RGZ 74, 161, 162; 130, 85, 88

[534] BT Drucks. 7/5291, S. 18; LK-Tiedemann § 283 Rn. 73; Weyand, Konkursdelikte, S. 69

[535] Im früheren Recht haben sich der Kredit und die Veräußerung oder sonstige Weggabe auf dieselbe Ware beziehen müssen. Hierzu RGSt 72, 187; Klug, Konkurs-Strafrecht, § 240 KO Anm. 4 m.w.N.; Zirpins/Terstegen, Wirtschaftskriminalität, S. 976

[536] BT Drucks. 7/3441 S. 35; Bieneck in: Müller-Gugenberger/Bieneck § 86 Rn. 18; Hiltenkamp-Wisgalle, Bankrottdelikte, S. 177 f.; SK-Samson § 283 Rn. 14; Schlüchter, Grenzbereich, S. 52; Sch/Sch-Stree § 283 Rn. 21; LK-Tiedemann § 283 Rn. 76; Tröndle/Fischer § 283 Rn. 15

Zuzustimmen ist der erstgenannten und herrschenden Meinung[537]. Nach Tiedemanns[538] Begründung lässt sich zwar der Wertpapierbegriff, entsprechend der Auslegung des Warenbegriffs, nach den Auslegungskriterien des HGB bestimmen. Da nicht verkörperte Rechte keinen Kauf im handelsrechtlichen Sinne (§§ 373 ff. HGB) darstellen, lässt sich feststellen, dass unter den Begriff der Wertpapiere nur diejenigen fallen, die Rechte verkörpern, deren Übertragung aber von der Urkunde abhängig ist. Dementsprechend kommen als taugliche Tatgegenstände in Betracht Inhaber- und (gekorene) Orderpapiere (Wertpapiere stricto sensu), wie z. B. der Wechsel, die Konnossement, der Order-Lagerschein, die Inhaberschuldverschreibung, die Inhaberaktie.

1.3.3.2.2. Beschaffen und Kredit

Weitere Voraussetzung für die Erfüllung des objektiven Tatbestandes ist das Beschaffen der kreditierten Tatobjekte.

Kreditiert sind die einschlägigen Tatgegenstände, solange sie bis zu der Tathandlung der Veräußerung[539] oder sonstigen Abgabe bzw. sofort[540] nicht voll bezahlt sind[541] oder wenn ein Zahlungsziel, z.B. von 30 Tagen, eingeräumt ist[542]. Bei der sofortigen Bezahlung mit Hilfe eines Kredits eines Dritten greift Nr. 2 (Verlustgeschäft)[543] oder Nr. 8 (Generalklausel)[544] ein.

Beschaffen bedeutet rechtsgeschäftliche Besitzübernahme[545] der Tatobjekte, damit der Inhaber sie zur Verfügung stellen kann. Zur Erfüllung des Beschaffens reicht allerdings der schuldrechtliche Vertragsabschluss nicht aus[546], während die erforderliche Besitzübernahme unabhängig von potentiellen Anfechtungsgründen bleibt[547]. Beachtlich ist

---

[537] LK-Tiedemann § 283 Rn. 74; zust. Bieneck in: Müller-Gugenberger/Bieneck § 86 Rn. 18; Krause, Ordnungsgemäßes Wirtschaften, S. 135 f.; Weyand, Konkursdelikte, S. 69

[538] in LK § 283 Rn. 74

[539] RGSt 72, 187, 190

[540] Tröndle/Fischer § 283 Rn. 15, SK-Samson § 283 Rn. 14

[541] LK-Tiedemann § 283 Rn. 76; NK-Kindhäuser § 283 Rn. 46; Krause, Ordnungsgemäßes Wirtschaften, S. 136; Weyand, Konkursdelikte, S. 69 f.

[542] LK-Tiedemann § 283 Rn. 76; Tröndle/Fischer § 283 Rn. 15; Weyand, Konkursdelikte, S. 67

[543] Bieneck in: Müller-Gugenberger/Bieneck § 86 Rn. 19; zust. LK-Tiedemann § 283 Rn. 76

[544] Tröndle/Fischer § 283 Rn. 15; aA Grosche, Generalklausel, S. 81

[545] RGSt 62, 257, 258; 66, 175, 179; 72, 187, 190

[546] RGSt 62, 257, 258; BGHSt 9, 84, 86; Sch/Sch-Stree § 283 Rn. 20

[547] LK-Tiedemann § 283 Rn. 75; Weyand, Konkursdelikte, S. 69; zust. Krause, Ordnungsgemäßes Wirtschaften, S. 136

ferner, dass die Möglichkeit der Verfügung über die Tatobjekte auch durch Kreditbetrug erlangt werden kann[548].

Es stellt sich nun aber die Frage, ob zum Beschaffen der Tatobjekte ihr Eigentumsübergang auf den Schuldner unerlässlich ist. Trotz der früher bejahenden Ansicht[549] vertrat der BGH durch eine elementare für das Wirtschaften Entscheidung[550], dass der Schuldner kein Eigentum auf die kreditierten Gegenstände erworben haben muss, um sie beschaffen i.S.d. Strafvorschrift zu können. Denn es handelt sich bei der Verschleuderung von Waren um ein die Insolvenzsmasse betreffendes, die Gläubigerinteressen gefährdendes und den Unternehmenszusammenbruch verschärfendes[551] Wirtschaften mit fremden Vermögenswerten, obwohl sie in das Volleigentum des Schuldners nicht gelangt sind[552]. Es lässt sich also feststellen, dass die unter Eigentumsvorbehalt stehenden gelieferten Waren auch als taugliche Tatobjekte anzusehen sind[553].

1.3.3.3. Tathandlungen

Unerlässliche Voraussetzungen für die Tatbestandsverwirklichung bei der Verschleuderungsalternative ist, dass der Schuldner die kreditierten Tatobjekte erheblich unter ihrem Wert in einer den Anforderungen einer ordnungsgemäßen Wirtschaft widersprechenden Weise veräußert oder sonst abgibt. Vor der Darstellung beider Tatalternativen verdient es betont zu werden, dass sich der Schleuderverkauf als Unterfall der Verlustgeschäfte (§ 283 Abs. 1 Nr. 2, Alt. 1 StGB) darstellt[554], und bei Identität der Tatobjekte bereitsals Beiseiteschaffen (§ 283 Abs. 1 Nr. 1, Alt. 1 StGB) bestraft werden kann.[555]

---

[548] RGSt 66, 175, 179; BGHSt 9, 84, 86; Sch/Sch-Stree § 283 Rn. 20; LK-Tiedemann § 283 Rn. 75; Tröndle/Fischer § 283 Rn. 15

[549] RGSt 66, 175, 178; 72, 187, 188; zu der Ansicht der Literatur zu diesem Punkt s. Klug, JZ 1957, 463 m.w.N.

[550] BGHSt 9, 84, 86

[551] Das entspricht der oben, § 4 B III 1.3.3.1., hervorgehobenen praktischen Bedeutung des Schleuderverkaufs.

[552] Vgl. Klug, JZ 1957, 464; Sch/Sch-Stree § 283 Rn. 20

[553] BGHSt 9, 84, 86; so auch die gegenwärtige h. M.: Klug, JZ 1957, 464 f.; Bieneck in: Müller-Gugenberger/Bieneck § 86 Rn. 18; NK-Kindhäuser § 283 Rn. 45; Krause, Ordnungsgemäßes Wirtschaften, S. 136, 261 f.; Lackner/Kühl § 283 Rn. 14; Maurach/Schroeder/Maiwald 1 § 48 III A 1; Sch/Sch-Stree § 283 Rn. 20; LK-Tiedemann § 283 Rn. 75; Tröndle/Fischer § 283 Rn. 15; Weyand, Konkursdelikte, S. 69; aA RGSt 72, 187, 188; 66 176, 177 f.

[554] BGHSt 9, 84, 86; Bieneck in: Müller-Gugenberger/Bieneck § 86 Rn. 3, der Nr. 2 als Auffangtatbestand zum Schleuderverkauf auffasst; NK-Kindhäuser § 283 Rn. 45; LK-Tiedemann § 283 Rn. 54 sowie Rn. 72; Tröndle/Fischer § 283 Rn. 7; vgl. dazu oben § 4 B III 1.3.2.2.1.1.1.

[555] LK-Tiedemann § 283 Rn. 72

1.3.3.3.1. Veräußerung und sonstiges Abgeben

Die Veräußerung besteht im entgeltlichen oder unentgeltlichen[556] Verschaffen des Rechts an den kreditierten Tatobjekten durch Veräußerungsgeschäfte (z. B. Verkauf, Tausch, Schenkung) auf andere[557], während sich das sonstige Abgeben in der Besitzüberlassung der Waren bzw. der aus diesen Waren hergestellten Sachen oder der Wertpapiere erschöpft[558]. Im letzten Fall kommen als tatbestandsmäßige Verhaltensweisen die Verpfändung[559] und die Bestellung eines kaufmännischen Zurückbehaltungsrechts[560] in Betracht, bei denen die Eigentumsübertragung nicht erforderlich ist. Als überflüssig erweist sich jedoch die 2. Alt. (sonstige Weggabe). Die bestandsbezogene Alternative der Generalklausel (Nr. 8, Alt. 2) – sonstige Verringerung des Vermögensstandes in einer den Anforderungen einer ordnungsgemäßen Wirtschaft grob widersprechenden Weise – schließt doch die ebenso generalklauselartig aufgebaute Tatalternative der sonstigen, erheblich unter Wert Weggabe ein.

1.3.3.3.2. Erheblich unter ihrem Wert in einer den Anforderungen einer ordnungsgemäßen Wirtschaft widersprechenden Weise

Bei der Bestimmung der „erheblich unter ihrem Wert“ Entledigung der Tatobjekte ist nach ganz h.M. auf den Verkaufswert und zwar den Marktwert im Zeitpunkt der Tathandlung abzustellen[561]. Allein auf den Einkaufspreis kommt es nicht an[562]. Besteht jedoch der Marktpreis nur

---

[556] Vgl. RGSt 48, 217, 218; Bieneck in: Müller-Gugenberger/Bieneck § 86 Rn. 20; NK-Kindhäuser § 283 Rn. 47; Klug, Konkurs-Strafrecht § 240 KO Rn. 4; Lackner/Kühl § 283 Rn. 14; Sch/Sch-Stree § 283 Rn. 21; LK-Tiedemann § 283 Rn. 77. Zu Recht sieht die h.M. die unentgeltliche Veräußerung als tatbestandsmäßig an, denn auch bei der unentgeltlichen Übertragung des Rechts an den Tatobjekten wird die Vermögensmasse betroffen und die Vermögensinteressen der Gläubiger gefährdet; a.A. Tröndle/Fischer § 283 Rn. 15; Weyand, Konkursdelikte, S. 70

[557] Bieneck in: Müller-Gugenberger/Bieneck § 86 Rn. 20; Klug, Konkurs-Strafrecht § 240 KO Rn. 4; Sch/Sch-Stree § 283 Rn. 21; LK-Tiedemann § 283 Rn. 77; Tröndle/Fischer § 283 Rn. 15; Weyand, Konkursdelikte, S. 70

[558] Bieneck in: Müller-Gugenberger/Bieneck § 86 Rn. 20; NK-Kindhäuser § 283 Rn. 47; Klug, Konkurs-Strafrecht § 240 KO Rn. 4; Sch/Sch-Stree § 283 Rn. 21; LK-Tiedemann § 283 Rn. 77

[559] RGSt 48, 217, 218

[560] Sch/Sch-Stree § 283 Rn. 21

[561] BGH bei Herlan GA 1955, 365; RGSt 72, 187, 190; 47, 61 f.; Bieneck in: Müller-Gugenberger/Bieneck § 86 Rn. 21; Klug, Konkurs-Strafrecht § 240 KO Rn. 4; Krause, Ordnungsgemäßes Wirtschaften, S. 136; Sch/Sch-Stree § 283 Rn. 22; LK-Tiedemann § 283 Rn. 78; Tröndle/Fischer § 283 Rn. 15; Weyand, Konkursdelikte, S. 70

[562] BGH bei Herlan GA 1955, 365; Bieneck in: Müller-Gugenberger/Bieneck § 86 Rn. 21; Hiltenkamp-Wisgalle, Bankrottdelikte, S. 178; Lackner/Kühl § 283 Rn. 14; Sch/Sch-Stree

aus dem Angebot des Schuldners sc. dem Einkaufspreis, dann muss er zusätzlich die Unkosten umfassen[563]. Ausnahmsweise, im Falle einer unmöglichen Feststellung des einschlägigen Marktpreises, tritt der „im Handel übliche Preis“[564] als Wertmaßstab in den Vordergrund.

Damit die unter dem Marktpreis Veräußerung oder sonstige Abgabe der Tatgegenstände nicht zu Lasten des Täters auswirken[565], wurde das Tatbestandsmerkmal „erheblich“ in den Straftatbestand eingeführt. Erheblich unter dem Marktwert bzw. dem üblichen Preis werden also die Tatobjekte veräußert oder sonst wie abgegeben, wenn ein auffälliges Missverhältnis[566] zwischen dem von einem „mit den Marktverhältnissen Vertrauten“[567] festzustellenden untersten Preis und der vom Schuldner bekommenen Gegenleistung besteht. Bei den unvollkommen verpflichtenden Geschäften (z.B. Leihe) ist die Preisunterschreitung als gegeben anzusehen.

Es bleibt schließlich die einzelnen Fälle anzusprechen, in denen die Literatur ein den Sorgfaltsanforderungen entsprechendes Wirtschaften annimmt.

Am Verstoß gegen die Anforderungen ordnungsgemäßer Wirtschaft fehlt es beim Drohen der Gefahr eines Verderbs[568] oder Preisunterfalls[569] der kreditierten Waren sowie bei Verkäufen zum Gewinn neuer Märkte[570].

Den Sorgfaltsanforderungen widersprechen auch nicht schuldnerische Verkäufe, um Konkurrenzkämpfe durchzustehen[571] sowie Räumungsverkäufe, um Waren für eine neue Saison Platz zu schaffen[572].

---

§ 283 Rn. 22; LK-Tiedemann § 283 Rn. 78, der den Einkaufspreis als ein bloßes „Indiz für den marktgemäßen Verkaufspreis“ auffasst; Tröndle/Fischer § 283 Rn. 15; Weyand, Konkursdelikte, S. 70

[563] BGH bei herlan GA 1955, 365; LK-Tiedemann § 283 Rn. 78

[564] BGH bei Herlan GA 1955, 365; RGSt 72, 187, 190

[565] Hierzu LK-Tiedemann § 283 Rn. 78; derselbe, Tatbestandsfunktionen, S. 216 f.

[566] Vgl. dazu die gesetzliche Regelung beim Wucher (§ 291 Abs. 1 Nr. 4 StGB)

[567] LK-Tiedemann § 283 Rn. 78, der zur Preisunterschreitung einschlägige Faktoren, wie die „marktüblichen Rabatte“ und Eigenschaften der Sache, ob sie nämlich „schlecht absetzbar“ oder „leicht verderblich“ u.s.w. ist, berücksichtigt.

[568] Lackner/Kühl § 283 Rn. 14; Maurach/Schroeder/Maiwald 1 § 48 III A 1 Rn. 29; Sch/Sch-Stree § 283 Rn. 23; LK-Tiedemann § 283 Rn. 79; Zirpins/Terstegen, Wirtschaftskriminalität, S. 977

[569] Klug, JZ 1957, 462, 463; Lackner/Kühl § 283 Rn. 14; Maurach/Schroeder/Maiwald 1 § 48 III A 1; SK-Samson § 283 Rn. 14; Sch/Sch-Stree § 283 Rn. 23; LK-Tiedemann § 283 Rn. 79; Tröndle/Fischer § 283 Rn. 16; Weyand, Konkursdelikte, S. 71; Zipins/Terstegen, Wirtschaftskriminalität, S. 977

[570] LK-Tiedemann § 283 Rn. 79; Tröndle/Fischer § 283 Rn. 16

[571] LK-Tiedemann § 283 Rn. 79; Tröndle/Fischer § 283 Rn. 16

[572] SK-Samson § 283 Rn. 14; LK-Tiedemann § 283 Rn. 79; Tröndle/Fischer § 283 Rn. 16

Nicht wirtschaftswidrig sind außerdem die Lockvogelangebote[573] („loss Leaders"), bei denen es sich um Angebote von Waren handelt, die überhaupt nicht oder in unzureichender Menge zur Verfügung stehen[574], wie auch die Mischkalkulation[575], nämlich die Sonderangebote und Sonderverkäufe, um dadurch Kunden auch für andere Waren anzulocken[576].

Nach überwiegender Ansicht entfalle die Wirtschaftswidrigkeit, wenn die Ware so billig eingekauft wurde, dass trotz ihrer erheblich unter ihrem Wert Veräußerung, aufgrund der Überhöhung des Verkaufspreises gegenüber dem Einkaufspreis, ein Gewinn gewährleistet wird[577]. Zuzustimmen ist jedoch der gegenteiligen Auffassung.[578] Die Wirtschaftskonformität eines Schleuderverkaufs lässt sich doch nicht durch eine isolierte, am jeweiligen Warenwert ausgerichtete Betrachtung präzisieren, sondern sie resultiert aus einer Gesamtbetrachtung der Insolvenzmasse, die durch die Veräußerung der Waren unter dem Marktpreis verringert wird, und dadurch die Gläubigerinteressen, an deren Schutz insbesondere beim Vorliegen der wirtschaftlichen Krise das ordnungsgemäße Wirtschaften orientiert sein muss[579], gefährdet werden.

1.3.4. § 283 Abs. 1 Nr. 4 StGB: Anerkennung erdichteter Rechte, Vortäuschung Rechte anderer

1.3.4.1. Allgemeines

Die im früheren Recht in § 239 Abs. 1 Nr. 2 KO a.F. geregelte informationsbezogene Tatalternative der Fiktion von fremden Rechten unterscheidet sich von den bereits oben dargestellten bestandsbezogenen Bankrottalternativen dadurch, dass es sich hierbei nicht um die tatsächliche Vergrößerung der Passiva oder Verringerung der Aktiva, sondern um die künstliche Erhöhung der Passivseite des Schuldners handelt. Zur Verwirklichung des Straftatbestandes reicht nämlich aus, dass der Täter durch

---

[573] LK-Tiedemann vor § 283 Rn. 119 sowie § 283 Rn. 79; derselbe, ZIP 1983, 522; Göhler/Wilts, DB 1976, 1660; Tröndle/Fischer § 283 Rn. 16; Lackner/Kühl § 283 Rn. 14; Sch/Sch-Stree § 283 Rn. 23

[574] Näher Baumbach/Hefermehl, UWG § 3 Rn. 279 ff.

[575] LK-Tiedemann § 283 Rn. 79; derselbe, ZRP 1975, 134; derselbe, ZIP 1983, 522; Tröndle/Fischer § 283 Rn. 16

[576] Baumbach/Hefermehl, UWG § 1 Rn. 232

[577] Klug, JZ 1957, 463; Bieneck in: Müller-Gugenberger/Bieneck § 86 Rn. 21; Preisendanz-Bieneck § 283 Anm. 6c cc; Lackner/Kühl § 283 Rn. 14; Sch/Sch-Stree § 283 Rn. 23; LK-Tiedemann § 283 Rn. 79; Zirpins/Terstegen, Wirtschaftskriminalität, S. 977

[578] Krause, Ordnungsgemäßes Wirtschaften, S. 137, 267 f.; Maurach/Schroeder/Maiwald 1 § 48 III A 1 Rn. 24; NK-Kindhäuser § 283 Rn. 48

[579] Vgl. oben § 4 B II 6

Scheingeschäfte die Schuldenmasse als erhöht darstellt[580]. Die in Rede stehende Tathandlung stellt sich also als Vorbereitungshandlung der Nr. 1 dar[581], deren Unrecht in der Verkürzung der Befriedigungsquote der Gläubiger besteht, und zwar insbesondere wenn die fingierten Rechte eine vorrangige Befriedigung der angeblichen Gläubiger vor den nichtbevorrechtigten Gläubigern gewährleisten[582].

1.3.4.2. Feststellung der einschlägigen Begriffe

1.3.4.2.1. Rechte

Als Tatobjekte der in Nr. 4 aufgeführten informationsbezogenen Tathandlungen sind die „Rechte" anzusehen, die sowohl obligatorischer als auch dinglicher Natur sein können[583]. Die Tathandlungen betreffen die Rechte in all ihren insolvenzbezogenen Eigenschaften, etwa die Höhe einer Forderung oder die Bevorrechtigung eines Rechts im Insolvenzverfahren[584].

1.3.4.2.2. Erdichtete Rechte

Abgesehen von der oben dargestellten Auslegung der Handlungsobjekte, bedarf noch unserer Aufmerksamkeit das die 2. Tatalternative einschränkende Merkmal, die Erdichtung der Rechte. Erdichtet und demzufolge als tauglich zur künstlichen Vergrößerung der Passiva anzuerkennen sind diejenigen Rechte, die frei erfunden sind[585]. Nicht erdichtet sind nach ganz h.M. die Rechte, die, trotzt ihres Bestehens, aus verschiedenen Gründen (Verjährungseinreden, obligatio naturalis) nicht durchsetzbar sind und deren Anerkennung aus Kulanzgründen erfolgt[586],

---

[580] Bieneck in: Müller-Gugenberger/Bieneck § 83 Rn. 1; NK-Kindhäuser § 283 Rn. 50; Sch/Sch-Stree § 283 Rn. 24; LK-Tiedemann § 283 Rn. 81; Tröndle/Fischer § 283 Rn. 18; Zirpins/Terstegen, Wirtschaftskriminalität, S. 982; a.A. Höfner, Überschuldung, S. 78; SK-Samson § 283 Rn. 15

[581] Tröndle/Fischer § 283 Rn. 19; zust. LK-Tiedemann § 283 Rn. 81; vgl. noch SK-Samson § 283 Rn. 15, der die Nr. 4 als Ergänzung der Nr. 1 sieht.

[582] BGH bei Herlan GA 1958, 48

[583] BT Drucks. 7/3441, S. 35; RGSt 64, 311, 312; Bieneck in: Müller-Gugenberger/Bieneck § 83 Rn. 8; NK-Kindhäuser § 283 Rn. 51; SK-Samson § 283 Rn. 16; Sch/Sch-Stree § 283 Rn. 25; LK-Tiedemann § 283 Rn. 82; Tröndle/Fischer § 283 Rn. 18; Weyand, Konkursdelikte, S. 72

[584] RGSt 24, 433 f.; BGH LM Nr. 14 zu § 239 KO; NK-Kindhäuser § 283 Rn. 51; LK-Tiedemann § 283 Rn. 82

[585] NK-Kindhäuser § 283 Rn. 51; LK-Tiedemann § 283 Rn. 83; Tröndle/Fischer § 283 Rn. 19; Weyand, Konkursdelikte, S. 72 f.

[586] BT Drucks. 7/3441, S. 35; NK-Kindhäuser § 283 Rn. 51; Sch/Sch-Stree § 283 Rn. 27; LK-Tiedemann § 283 Rn. 83; Tröndle/Fischer § 283 Rn. 19; Weyand, Konkursdelikte. S. 73

während eine rechtskräftig abgewiesene Forderung, angesichts ihrer fehlenden Durchsetzbarkeit, als nicht existent anzusehen ist[587].

1.3.4.3. Die Tathandlungen im einzelnen

Die in Nr. 4 normierten Tatbestandsformen sind das Vortäuschen fremder Rechte (Alt. 1) sowie das Anerkennen erdichteter Rechte (Alt. 2).

Vorgetäuscht werden die Rechte, wenn sich der Täter gegenüber einem anderen auf das fingierte Recht beruft[588]. Den Tatbestand erfüllen die falsche eidesstattliche Versicherung nach § 98 Abs. 1 InsO gegenüber dem Insolvenzgericht[589] sowie die Täuschung des Insolvenzverwalters durch falsche Eintragung in die Bücher, die ihm zugegangen werden[590]. Tatbestandsmäßig ist außerdem das konkludente Vortäuschen fremder Rechte. Dies ist der Fall, wenn sich der Täter auf ein bereits rechtskräftig abgewiesenes Recht beruft[591]. Kein Vortäuschen sondern ein Beiseiteschaffen stellt demgegenüber die Erfüllung einer nicht bestehenden Schuld, wie die Rückzahlung eines fingierten Darlehens, da die Forderungen insoweit nicht mehr als bestehend hingestellt werden[592].

Die Tatbestandsalternative des Anerkennens erdichteter Rechte setzt nach ganz h.M. ein Zusammenwirken des Schuldners mit dem angeblichen Gläubiger voraus, dass der Scheingläubiger darüber einverstanden ist, die erdichtete Forderung gegenüber dem Schuldner geltend zu machen, und besteht in der Behauptung des Schuldners, dass das diesbezügliche Recht existiere[593], unabhängig davon, ob die Straftat im oder außerhalb des Insolvenzverfahrens begangen wird.[594] Nicht erforderlich ist dagegen das Geltendmachen der erdichteten Forderung gegenüber einem Dritten[595]. Zur Verwirklichung des Straftatbestandes ist auch nicht unerlässlich, dass der angebliche Gläubiger im Sinne von § 781 BGB das

---

[587] LK-Tiedemann § 283 Rn. 85

[588] BT Drucks. 7/3441, S. 35; BGH bei Herlan GA 1953, 74; Bieneck in :Müller-Gugenberger/Bieneck § 83 Rn. 9; NK-Kindhäuser § 283 Rn. 52; Klug, Konkurs-Strafrecht § 239 KO Rn. 4; Lackner/Kühl § 283 Rn. 15; Sch/Sch-Stree § 283 Rn. 25; LK-Tiedemann § 283 Rn. 84; Tröndle/Fischer § 283 Rn. 18

[589] RGSt 64, 42, 43

[590] BGH bei Herlan GA 1953, 74; LK-Tiedemann § 283 Rn. 84

[591] LK-Tiedemann § 283 Rn. 84

[592] RG JR 1928, 1548 f.; BGH bei Herlan GA 1953, 74; Sch/Sch-Stree § 283 Rn. 25; LK-Tiedemann § 283 Rn. 86

[593] BGH bei Herlan GA 1953, 74; Hiltenkamp-Wisgalle, Bankrottdelikte, S. 179 f.; NK-Kindhäuser § 283 Rn. 52; Klug, Konkurs-Strafrecht Rn. 239 KO Rn. 4; Lackner/Kühl § 283 Rn. 15; SK-Samson § 283 Rn. 16; Sch/Sch-Stree § 283 Rn. 26; LK-Tiedemann § 283 Rn. 85; Tröndle/Fischer § 283 Rn. 19; Weyand, Konkursdelikte, S. 72

[594] RGSt 62, 287, 288; BGH LM Nr. 2 zu § 239 KO

[595] RGSt 62, 287, 288; BGH LM Nr. 14 zu § 239 KO

Anerkennen des erdichteten Rechtes annimmt[596]. Bezüglich des Zeitpunktes der Begehung der Straftat ist die Tatbestandsmäßigkeit bereits beim Abschluss eines scheinbaren Darlehensvertrages, der den fingierten Darlehensanspruch des Darlehensgebers begründet, als gegeben anzusehen[597].

Es fehlt nicht an Stimmen in der strafrechtlichen Literatur, die die Vermutung aussprechen, bei der Anmeldung erdichteter Gehaltsforderungen zur Insolvenzmasse von einem eigennützig handelnden Geschäftsführer einer GmbH lasse sich nur § 263 StGB anwenden.[598] Zutreffend sieht die höchstrichterliche Rechtsprechung in casu[599] sowie im Falle des Anerkennens eines erdichteten Darlehensanspruchs des Scheingläubigers von den eigennützig handelnden Geschäftsführern einer GmbH zur Verdeckung der Beiseiteschaffung von Geldbeträgen[600] Nr. 4 als erfüllt an.

Vollendet sind die Tathandlungen bereits mit dem Vortäuschen bzw. Anerkennen der fremden Rechte, ohne dass es darauf ankommt, ob die Schuldenmasse tatsächlich verkürzt wird[601], oder dass das fingierte Recht später im Insolvenzverfahren geltend gemacht wird[602]. Entsprechend der Deliktsnatur der in Rede stehenden Bankrotthandlungen ist allerdings ihre Tatbestandsmäßigkeit nur dann gegeben, wenn sie geeignet sind, „die Befriedigung der Gläubiger zu beeinträchtigen"[603].

Zum Schluss darf nicht außer acht gelassen werden, dass bei der im Mittelpunkt dieses Kapitels stehenden informationsbezogenen Tatalternative keine Möglichkeit der Beseitigung der Strafbarkeit beim wirtschaftskonformen Wirtschaften besteht. Eine Einschränkung des Anwendungsbereichs der Tatbestandsform der Fiktion fremder Rechte kommt also nicht in Frage. Denn es geht dabei um keine tatsächliche Erhöhung der schuldnerischen Passivseite, keine vermögensreduzierende Disposition, die Raum für eine Berücksichtigung der Vertretbarkeit der vom Schuldner verfolgten Interessen ließe[604], sondern um Tathandlungen, die sich selbst

---

[596] Sch/Sch-Stree § 283 Rn. 26; LK-Tiedemann § 283 Rn. 85

[597] LK-Tiedemann § 283 Rn. 86

[598] So Sch/Sch-Stree § 283 Rn. 25; LK-Tiedemann § 283 Rn. 86; Tröndle/Fischer § 283 Rn. 19; vgl. noch Bieneck in: Müller-Gugenberger/Bieneck § 83 Rn. 14

[599] BGH bei Herlan GA 1956, 347; anderseits BGH LM Nr. 8 zu § 239 KO

[600] BGH 5 StR 467/78 vom 16.1.1979, S. 4 bei LK-Tiedemann § 283 Rn. 86

[601] BGH LM Nr. 2 zu § 239 KO; NK-Kindhäuser § 283 Rn. 50; Sch/Sch-Stree § 283 Rn. 24; LK-Tiedemann § 283 Rn. 87; Tröndle/Fischer § 283 Rn. 18; Weyand, Konkursdelikte, S. 73; a.A. SK-Samson § 283 Rn. 15

[602] RGSt 62, 287, 288; BGH LM Nr. 2 zu § 239 KO; Nr. 14 zu § 239 KO; LK-Tiedemann § 283 Rn. 87; Tröndle/Fischer § 283 Rn. 18

[603] BGH LM Nr. 8 zu § 239 KO; LK-Tiedemann § 283 Rn. 87; Sch/Sch-Stree § 283 Rn. 24

[604] So Krause, Ordnungsgemäßes Wirtschaften, S. 425 ff.; NK-Kindhäuser vor § 283 Rn. 81; vgl. dazu die Problematik beim Verheimlichen, oben § 4 B III 1.3.1.3.2.1.

aufgrund der damit verfolgten Verletzung der Informationsgrundlage des Insolvenzverwalters als sorgfaltswidrig darstellen.

1.3.4.4. Tatbestandsverwirklichung durch Unterlassen

Verwirklicht wird der Tatbestand durch Unterlassen nur im Falle der Ingerenz, wenn etwa der Schuldner ein pflichtwidriges vorausgegangenes Vortäuschen fremder Rechte später erkennt[605]. Aufgrund der fehlenden Garantenstellung des Schuldners gegenüber seinen Gläubigern[606] ist die Tatbestandsmäßigkeit beim prozessualen Unterlassen des Bestreitens einer Forderung oder bei der Nichterhebung von Einreden, Widersprüchen, Einsprüchen u.s.w. nicht gegeben[607].

1.3.5. Unterlassene oder mangelhafte Buchführung

1.3.5.1. Bedeutung der gesetzlichen Buchführungspflicht

Bevor indessen Näheres betreffend die in Nr. 5 aufgeführten informationsbezogenen Bankrottstraftaten dargestellt werden kann, soll vorab die Bedeutung der gesetzlichen Buchführungspflicht des Kaufmanns betont werden, deren unterlassener oder mangelhafter Vollzug sich als tatbestandsmäßiges Verhalten darstellt.

Bereits vom RG ist die Wichtigkeit der ordnungsgemäßen Buchführung für das öffentliche Interesse aus dem Aspekt des Rechtsverkehrs und des Kreditwesens hervorgehoben worden[608]. Vor allem dient aber die ordentliche Buchführung des Kaufmanns seiner Selbstinformation, sc. seinem eigenen Überblick über seine wirtschaftliche Lage[609]. Dieser Selbstinformationszweck gewinnt noch zusätzlich an Bedeutung, insbesondere im Hinblick auf den Schutzzweck der hier unter Erörterung stehenden Bankrotthandlungen, den Gläubigerschutz[610]. In der Insolvenz eröffnet schließlich die ordentliche kaufmännische Buchführung dem

---

[605] LK-Tiedemann § 283 Rn. 88; NK-Kindhäuser § 283 Rn. 53

[606] Dazu eingehend oben § 4 B III 1.3.1.3.1.3.

[607] So LK-Tiedemann § 283 Rn. 88; NK-Kindhäuser § 283 Rn. 53; a.A. Sch/Sch-Stree § 283 Rn. 26

[608] RGSt 13, 235, 237, 239; in der strafrechtlichen Literatur Bieneck in: Müller-Gugenberger/Bieneck § 82 Rn. 3; LK-Tiedemann § 283 Rn. 90; Weyand, Konkursdelikte, S. 75

[609] OLG Hamburg NJW 1987, 1342, 1343; LK-Tiedemann § 283 Rn. 90

[610] BT Drucks. 7/3441, S. 38; BGH bei Holtz MDR 1981, 454; OLG Hamburg 1987, 1342, 1343; Bieneck in: Müller-Gugenberger/Bieneck § 82 Rn. 3; Blumers, Bilanzierungstatbestände, S. 24; Hüffer in: Großkomm. HGB vor § 238 Rn. 1, § 238 Rn. 2; Maul, Rechnungslegung, S. 20; Moxter, StuW 1989, S. 232 f.; LK-Tiedemann § 283 Rn. 90

Insolvenzverwalter die Möglichkeit, den erforderlichen Überblick über den Vermögenszustand des Schuldners zu gewinnen[611].

Von ausschlaggebender Bedeutung sind also die in den folgenden Kapiteln darzustellenden Buchführungs- und Bilanzdelikte (Nrn. 5 – 7), die auch außerhalb der wirtschaftlichen Krise sanktioniert sind (§ 283 b StGB).

1.3.5.2. Handelsbücher

Es darf vor der Feststellung der Tatobjekte nicht außer acht gelassen werden, dass Nr. 5 die gesetzliche, sc. die handelsrechtliche Buchführung betrifft. Die steuerrechtliche sowie die gewerberechtliche Buchführung bleiben für den Anwendungsbereich der Nr. 5 nach einhelliger Ansicht im Schrifttum außer Betracht[612].

Entsprechend dem Gesetzeswortlaut (§ 238 Abs. 1 HGB) ist unter Handelbüchern die fortlaufende buchmäßige Erfassung der Handelsgeschäfte und der Vermögenslage des Kaufmanns zu verstehen[613]. Sie müssen den Grundsätzen ordnungsgemäßer Buchführung (vgl. hierzu §§ 238 Abs. 1, 239 Abs. 4 HGB) entsprechen[614] und einem sachverständigen Dritten innerhalb angemessener Zeit einen Überblick über die Geschäftsvorfälle sowie über die Lage des Unternehmens vermitteln können (§ 238 Abs. 1 HGB)[615].

Zur Bestimmung der Führungspflicht ist, entsprechend der Natur der Vorschrift als Blankettgesetz, auf das Handelsrecht abzustellen. Jedoch lässt sich aus dem Gesetz nicht konkret feststellen, welche Handelsbücher im einzelnen zu führen sind[616]. Dies ergibt sich nur aus dem Handelsrecht, grundlegend aus dem HGB (§§ 238 ff.) sowie aus den handelsrechtlichen Nebengesetzen (§§ 150 ff. AktG, §§ 41 ff. GmbHG, § 33

---

[611] BT Drucks. 7/3441, S. 38; NK-Kindhäuser § 283 Rn. 54 unter Hinweis auf BGH 1 StR 625/80 v. 10.2.1981, S. 11 f.; Sch/Sch-Stree § 283 Rn. 28; LK-Tiedemann § 283 Rn. 90

[612] Vgl. Bieneck in: Müller-Gugenberger/Bieneck § 82 Rn. 14; Lackner/Kühl § 283 Rn. 16; Preisendanz/Bieneck § 283 Anm. 6 e aa.; Sch/Sch-Stree § 283 Rn. 29; LK-Tiedemann § 283 Rn. 91; Tröndle/Fischer § 283 Rn. 20

[613] BGHSt 4, 270, 275; NK-Kindhäuser § 283 Rn. 55; LK-Tiedemann § 283 Rn. 94; Tröndle/Fischer § 283 Rn. 22

[614] RGSt 25, 36, 37 f.; BGHSt 14, 262, 264; Lackner/Kühl § 283 Rn. 16; NK-Kindhäuser § 283 Rn. 55; SK-Samson § 283 Rn. 17; Sch/Sch-Stree § 283 Rn. 31; Tröndle/Fischer § 283 Rn. 22

[615] Brüggemann in: Großkomm. HGB, Vorbem. 4 § 38 a.F.; Heymann/Jung § 238 HGB Rn. 32, 64

[616] Brüggemann in: Großkomm. HGB § 38 a.F. Anm. 14; Baumbach/Hopt § 238 HGB Anm. 1 A; Heymann/Jung § 238 HGB Rn. 50; in der strafrechtlichen Literatur Lackner/Kühl § 283 Rn. 16; Sch/Sch-Stree § 283 Rn. 31; Tröndle/Fischer § 283 Rn. 22; Weyand, Konkursdelikte, S. 79

GenG, §§ 1,5,11 PublG)[617]. Zu den zu führenden Büchern zählen also das Grundbuch (Journal), das je nach Art und Größe des jeweiligen Betriebs durch andere Bücher (Kassen-, Tagebuch) ergänzt wird[618], sowie, nach einhelliger Ansicht[619], das vom Verwahrer von Wertpapieren zu führende Verwahrungsbuch (§ 14 Abs. 1 DepotG). Als Teile der Buchführung lato sensu sind auch die Bilanz und das Inventar anzusehen, sie fallen aber unter Nr. 7, die als lex specialis zur Anwendung kommt[620].

Nicht erfasst von Nr. 5 werden dagegen spezielle handelsrechtliche Bücher, wie das Tagebuch des Handelsmaklers (§ 100 HGB), das Aktienbuch (§ 67 AktG), das Baubuch des Bauunternehmens (§ 2 BSG)[621] sowie das Tagebuch des Kursmaklers (§ 33 BörsG)[622], die als „sonst erforderliche Aufzeichnungen" (§ 239 Abs. 1 HGB) zu qualifizieren sind und deren unterlassene oder mangelhafte Führung nach besonderen Straf- und Busgeldvorschriften (§ 103 HGB, § 6 BSG) geahndet werden[623]. Bei Einzelkaufleuten ist im Strafurteil festzustellen, welche Handelsbücher der Einzelkaufmann nach Art und Umfang seines Handelsgeschäfts hätte führen müssen[624].

Das Gesetz schreibt kein bestimmtes Buchführungssystem vor[625]. Nach der strafgerichtlichen Rechtsprechung ist für die Tatbestandsverwirklichung ohne Bedeutung, ob die Handelsbücher in gebundener Form oder in Karteiform geführt werden[626]. Es wird jedoch bezweifelt, ob die geordnete Ablage von Belegen dem Begriff des Handelsbuchs genügen kann. Zwar reicht nach der Rechtsprechung die Eintragung der von einem Kaufmann zur Ansicht und Auswahl abgegebenen Waren in Lieferscheinblocks aus, soweit nur auf diese Weise die Warenbewegungen ersichtlich sind[627]. Obwohl jedoch die geordnete Ablage von Belegen, entsprechend dem Gesetzeswortlaut (§ 239 Abs. 4 HGB),

---

617 LK-Tiedemann § 283 Rn. 92

618 Dazu eingehend Maul, Rechnungslegung, S. 79

619 Bieneck in: Müller-Gugenberger/Bieneck § 82 Rn. 14; Baumbach/Hopt § 238 HGB Anm. 1 A; Heymann/Walz § 238 HGB Rn. 25; NK-Kindhäuser § 283 Rn. 55; Sch/Sch-Stree § 283 Rn. 30; Tröndle/Fischer § 283 Rn. 20; einschränkend LK-Tiedemann § 283 Rn. 91

620 So die h.M. Hauck, Rechnungslegung, S. 122 f.; NK-Kindhäuser § 283 Rn. 55; Lackner/Kühl § 283 Rn. 16; Maurach/Schroeder/Maiwald 1 § 48 III A 1 Rn. 26

621 Klug, Konkurs-Strafrecht § 239 KO Rn. 5; Lackner/Kühl § 283 Rn. 16; Tröndle/Fischer § 283 Rn. 20

622 LK-Tiedemann § 283 Rn. 91

623 LK-Tiedemann § 283 Rn. 91

624 BGH 1 StR 756/81 v. 28.1.1982, S. 3 zitiert bei LK-Tiedemann § 283 Rn. 112

625 RGSt 25, 36, 37; Bieneck in: Müller-Gugenberger/Bieneck § 82 Rn. 29; Klug, Konkurs-Strafrecht § 239 KO Rn. 5; Sch/Sch-Stree § 283 Rn. 31; LK-Tiedemann § 283 Rn. 112

626 BGH LM Nr. 10 zu § 239 KO; BGHSt 14, 262, 264

627 BGH NJW 1955, 394 f.

genügt[628], erscheint es richtiger anzunehmen, dass sie, entsprechend der in Nr. 6 niedergelegten Differenzierung zwischen Handelsbüchern und sonstigen Unterlagen (Belegen), noch kein Handelsbuch ist[629]. Ihre Wichtigkeit ist aber bezüglich der 2. Alt. darin zu erblicken, dass sie die Betrachtung ermöglicht, ob die Buchführung mangelhaft erfolgt ist oder der Überblick über den Vermögensstand des Schuldners erschwert ist[630]. Entsprechend der auf die neuen technischen Entwicklungen bezogenen Ausweitungstendenz des Handelsrechts in Bezug auf die Buchführung können die Handelsbücher auch auf Datenträgern geführt werden (§ 239 Abs. 4 HGB)[631]. Unzureichend sind demgegenüber die Eintragungen auf losen Blättern[632], wohl aber die Loseblattbuchführung[633].

Es bleibt also aus den obigen Überlegungen als Ergebnis festzuhalten, dass bei der Führung der Handelsbücher nicht ihre äußere Form sondern die vollständige, den Grundregeln ordnungsgemäßer Buchführung entsprechende, Dokumentation in den Vordergrund tritt. Dementsprechend reicht die papiergebundenfreie Speicherbuchführung aus[634], soweit die Daten „jederzeit" innerhalb angemessener Frist lesbar gemacht werden können" (§ 239 Abs. 4, S. 2 HGB)[635].

1.3.5.3. Strafrechtliche Bestimmung des Subjektkreises

Nach § 238 Abs. 1 HGB ist jeder Kaufmann verpflichtet, Bücher zu führen. Bei der Feststellung der buchführungspflichtigen Kaufleute, sc. des Adressatenkreises der in Rede stehenden Tathandlungen, ist auf die diesbezüglichen, durch Art. 3 des Handelsreformgesetzes[636] geänderten handelsrechtlichen Vorschriften abzustellen.

Durch das Handelsreformgesetz wurde ein einheitlicher Kaufmannsbegriff geschaffen[637]. Nach § 1 Abs. 1 HGB ist Kaufmann, „wer ein Handelsgewerbe betreibt". Die Istkaufleute sind demgemäss buchführungspflichtig (§§ 1 Abs. 1, 238 ff. HGB)[638]. Definiert wird das

---

628 Vgl. Sch/Sch-Stree § 283 Rn. 31; Tröndle/Fischer § 283 Rn. 22
629 So NK-Kindhäuser § 283 Rn. 55
630 So NK-Kindhäuser § 283 Rn. 55; LK-Tiedemann § 283 Rn. 94
631 NK-Kindhäuser § 283 Rn. 55; Klug, Konkurs-Strafrecht, § 239 KO Rn. 5; Sch/Sch-Stree § 283 Rn. 31; Tröndle/Fischer § 283 Rn. 22
632 RGSt 50, 131, 132 f.
633 Klug, Konkurs-Strafrecht, § 239 KO Rn. 5; Sch/Sch-Stree § 283 Rn. 31
634 BGH NStZ 1998, 247
635 LK-Tiedemann § 283 Rn. 95; Tröndle/Fischer § 283 Rn. 22; Zur EDV-Buchführung s. Heymann/Walz § 239 HGB Rn. 15 ff.
636 v. 22.6.1998, BGBl. I S. 1474; §§ 1 Abs. 2, 2, 3 Abs. 2 HGB wurden neugefügt, während § 4 HGB (Minderkaufleute) aufgehoben wurde. §§ 5,6 Abs. 2 HGB wurden geändert.
637 Bydlinski, ZIP 1998, 1170
638 OLG Celle NJW 1968, 2119, 2120

Handelsgewerbe in § 1 Abs. 2 HGB: „Handelsgewerbe ist jeder Gewerbebetrieb, es sei denn, dass das Unternehmen nach Art und Umfang einen in kaufmännischer Weise eingerichteten Geschäftsbetrieb nicht erfordert".Ob ein Unternehmen einen oin kaufmännischer Weise eingerichteten Geschäftsbetrib erfordert, ist im Strafurteil festzustellen[639], wobei als Beurteilungsmaßstäbe der Umsatz, der Ertrag, das Anlagekapitel, die Kreditmittel sowie der Aufbau, die Organisation, die Größe des Betriebs und die Produktivität des Unternehmens in Betracht kommen[640].

Von „Minderkaufleuten" kann demgegenüber nicht die Rede sein. Denn § 4 HGB ist gestrichen. Sind aber Gewerbetreibende, deren Unternehmen einen in kaufmännischer Weise eingerichteten Geschäftsbetrieb nicht erfordert, in das Handelsregister eingetragen, dann gelten sie als Kannkaufleute (§ 2 HGB)[641] und unterliegen sie uneingeschränkt der Buchführungspflicht. Eingetragene Kleingewerbetreibende (z.B. kleine Gastwirte oder Blumenverkäufer[642]) gelten also als Kannkaufleute, sie können aber auf eigenen Antrag wieder im Handelsregister gelöscht werden (§ 2, S. 3 HGB)[643].

Als Kannkaufleute gelten auch die land- und fortwirtschaftlichen Unternehmen, die einen in kaufmännischer Weise eingerichteten Geschäftsbetrieb erfordern. Ihre Kaufmannseigenschaft und somit ihre Buchführungspflicht beginnt im Zeitpunkt der konstitutiven Eintragung ihrer Firma im Handelsregister (vgl. § 3 Abs. 2 HGB).

Hinsichtlich des Zeitraumes der strafbaren Begehung der in Nr. 5 aufgeführten Buchführungsdelikte gilt folgendes: Die Buchführungspflicht der Istkaufleute beginnt im Zeitpunkt der Erlangung der diesbezüglichen Eigenschaft, die so lange dauert, bis das Unternehmen nach Art und Umfang einen in kaufmännischer Weise eingerichteten Geschäftsbetrieb nicht erfordert[644], und endet mit ihrem Verlust[645].

Zu erwähnen ist noch, dass beim Betreiben eines Unternehmens unter einer Scheinfirma derjenige buchführungspflichtig ist, der tatsächlich das Geschäft zu seinem eigenen Vorteil führt, auch wenn das unter fremdem Namen geschieht[646].

---

[639] BGH bei Herlan GA 1964, 136; NK-Kindhäuser § 283 Rn. 56; Sch/Sch-Stree § 283 Rn. 29; LK-Tiedemann § 283 Rn. 96

[640] BGHSt 3, 23, 26; BGH GA 1956, 356; BGH bei Herlan GA 1964, 136; NK-Kindhäuser § 283 Rn. 56; LK-Tiedemann § 283 Rn. 97

[641] Karsten Schmidt, NJW 1998, 2162

[642] Tröndle/Fischer § 283 Rn. 20

[643] Zur Ausstiegsmöglichkeit der Kleingewerbetreibenden s. Karsten Schmidt, NJW 1998, 2162 f.

[644] RG JW 1912, 951 f.; Tröndle/Fischer § 283 Rn. 20

[645] RGSt 45, 3, 6; BGH bei Herlan GA 1953, 75; NK-Kindhäuser § 283 Rn. 56, LK-Tiedemann § 283 Rn. 99

[646] RGSt 49, 321; NK-Kindhäuser § 283 Rn. 56; LK-Tiedemann § 283 Rn. 98; Tröndle/Fischer § 283 Rn. 21

In Bezug auf die hier vorliegende rechtsvergleichende Arbeit gewinnt schließlich die Bestimmung des buchführungspflichtigen Adressatenkreises noch zusätzlich an Bedeutung im Hinblick auf die Tatsache, dass die Verletzung von in ausländischen Gesetzen geregelten Buchführungspflichten nach einhelliger Ansicht auch zur Strafbarkeit führt[647]. Dementsprechend macht sich ein deutscher Kaufmann nach § 283 Abs. 1 Nr. 5 StGB strafbar, falls er die in den griechischen handelsrechtlichen Gesetzen normierten und ihm obliegenden Buchführungspflichten verletzt hat.[648]

Abgesehen von den Einzelunternehmen sind gemäß § 6 HGB die Personenhandelsgesellschaften und die Kapitalgesellschaften buchführungspflichtig unabhängig davon, ob der jeweilige, aus § 14 StGB sich ergebende, Täter eigennützig oder im Interesse der Gesellschaft gehandelt hat[649].

Die Tätertauglichkeit bestimmt sich wie folgt:

- Bei den Personenhandelsgesellschaften sind buchführungspflichtig alle persönlich haftenden Gesellschafter[650]. Vom Adressatenkreis sind allerdings die Kommanditisten einer KG aufgrund ihrer fehlenden kaufmännischen Eigenschaft[651] sowie die von der Geschäftsführung ausgeschlossenen Gesellschafter[652] auszunehmen.

- Bei der GmbH sind die Geschäftsführer strafrechtlich verantwortlich (§ 41 GmbHG)[653]. Dies gilt auch für die im Handelsregister nicht eingetragene GmbH-Vorgesellschaft, soweit sie unter einer gemeinschaftlichen Firma ein Gewerbe betreibt, das ein Grundhandelsgeschäft zum Gegenstand hat[654].

---

[647] OLG Karlsruhe NStZ 1983, 317 mit Anmerkung Liebelt, NStZ 1985, 317; ausführlich dazu LK-Tiedemann § 283 Rn. 92, 244

[648] Dazu s. z. B. unten § 5 B II 1.3.1.2.5.1.

[649] Vgl. dazu oben § 4 B III 1.3.1.3.1.1.; a.A. BGH wistra 1982, 148

[650] Vgl. NK-Kindhäuser § 283 Rn. 57; LK-Tiedemann § 283 Rn. 98; Tröndle/Fischer § 283 Rn. 21

[651] RGSt 69, 65, 69; NK-Kindhäuser § 283 Rn. 57; LK-Tiedemann § 283 Rn. 98; Tröndle/Fischer § 283 Rn. 21

[652] RG Rspr. 5, 359 ff.

[653] BGH bei Herlan GA 1967, 265 (bezüglich zwei Geschäftsführer einer GmbH); OLG Karlsruhe Justiz 1977, 206; LK-Tiedemann § 283 Rn. 98; NK-Kindhäuser § 283 Rn. 57; Tröndle/Fischer § 283 Rn. 21

[654] BGHSt 3, 23, 24; Klug, Konkurs-Strafrecht § 239 KO Rn. 5; Sch/Sch-Stree § 283 Rn. 29

- Bei der AG ist der Vorstand,sc die Vorstandsmitglieder, strafrechtlich verantwortlich (§ 91 AktG)[655]. Buchführungspflichtig sind bei der KGaA die geschäftsführungsberechtigten persönlich haftenden Gesellschafter (vgl. § 283 Nr. 9 AktG).

Zum Adressatenkreis gehören desweiteren dritte Personen, die beauftragt werden, die Handelsbücher zu führen und deren strafrechtliche Verantwortlichkeit sich nach § 14 Abs. 2 StGB richtet[656]. Hierbei ist die Beauftragung einer internen Person, sc. einer Hilfsperson, etwa eines Unternehmensangehörigen, den Betrieb ganz oder teilweise zu leisten, von der Beauftragung einer externen Person, z. B. eines Steuerberaters, Wirtschaftsprüfers, Buchhalters, Sanierers, Rechtsanwalts oder Unternehmensberaters, die Buchführung zu übernehmen, zu unterscheiden. Die strafrechtliche Verantwortlichkeit der unter Erörterung stehenden Träger der Buchführungspflicht richtet sich im ersten Fall nach § 14 Abs. 2 Nr. 1 StGB[657] und im zweiten Fall nach § 14 Abs. 2 Nr. 2 StGB[658]. Bei Nichterfüllen der Voraussetzungen der Täterschaft bleibt zumindest die Bestrafung wegen Beihilfe (§ 27 StGB) [659]. Sind aber die täterschaftlichen Voraussetzungen erfüllt, dann stellt sich noch die Frage der strafrechtlichen Haftung des originär Verantwortlichen. Einigkeit besteht darüber, dass der originär Verantwortliche wegen vorsätzlichen oder fahrlässigen Bankrotts zu bestrafen ist, wenn er seinen Sorgfaltspflichten zur Auswahl, Überwachung und Information des Beauftragten nicht nachkommt[660]. Dasselbe gilt bei den Gesellschaftern einer OHG[661] oder den Geschäftsführern einer GmbH[662], wenn einem Mitgesellschafter bzw. Mitgeschäftsführer die Buchführungspflichten übertragen worden sind[663].

---

[655] Vgl. NK-Kindhäuser § 283 Rn. 57

[656] Bieneck in: Müller--Gugenberger/Bieneck § 82 Rn. 15 ff.; LK-Tiedemann § 283 Rn. 101

[657] Bieneck in: Müller-Gugenberger/Bieneck § 82 Rn. 16

[658] Bieneck in: Müller-Gugenberger/ Bieneck § 82 Rn. 17; Tröndle/Fischer § 283 Rn. 21

[659] Bieneck in: Müller-Gugenberger/ Bieneck § 82 Rn. 21

[660] BT Drucks. 7/3441, S. 38; RGSt 58, 304, 305; BGHSt 15, 103, 106; BGH bei Herlan GA 1953, 75; zuletzt BGH wistra 2000, 136; Bieneck in: Müller-Gugenberger/Bieneck § 82 Rn. 23; Klug, Konkurs-Strafrecht, § 239 KO Rn. 5; Lackner/Kühl § 283 Rn. 16; NK-Kindhäuser § 283 Rn. 58; Sch/Sch-Stree § 283 Rn. 32; LK-Tiedemann § 283 Rn. 101; Tröndle/Fischer § 283 Rn. 21; Weyand, Konkursdelikte, S. 77

[661] RGSt 45, 387 f.

[662] OLG Karlsruhe Justiz 1977, 206

[663] Vgl. zum ganzen Bieneck in: Müller-Gugenberger/Bieneck § 82 Rn. 24; NK-Kindhäuser § 283 Rn. 58

Persönliche Gründe, wie z.B. die persönliche Unfähigkeit[664] oder Krankheit[665] des buchführungspflichtigen Gesellschafters, Vertreters oder Organs entschuldigen nicht.

Bezüglich des mit dem buchführungspflichtigen Adressatenkreis zusammenhängenden Zeitraumes der strafbaren Begehung der in den folgenden Kapiteln darzustellenden Tathandlungen ist schließlich zu erwähnen, dass die Buchführungspflicht des Gesellschafters, Vertreters oder Organs einer Handelsgesellschaft im Zeitpunkt des Ausscheidens der einschlägigen Eigenschaft endet[666]. Als Ausscheiden sehen allerdings Rechtsprechung und Literatur nicht das Niederlegen des Amtes des Geschäftsführers, solange er noch tatsächlicher Geschäftsführer ist[667].

1.3.5.4. Die einzelnen Tathandlungen

Bevor auf die einzelnen informationsbezogenen Tatalternativen näher eingegangen werden kann, soll vorab die redundante Rolle des Merkmals "in einer den Anforderungen einer ordnungsgemäßen Wirtschaft widersprechenden Weise" bei den Buchführungs- und Bilanzdelikten gezeigt werden[668].

Die in Nrn. 5-7 aufgeführten Buchführungs- und Bilanzdelikte stellen sich als Verstoß gegen die Informationspflichten des Schuldners und, ähnlich wie die Tathandlungen des Verheimlichens von massezugehörigen Vermögensbestandteilen[669] sowie des Erdichtens oder Vortäuschens von Rechten[670], selbst als sorgfaltswidriges – unerlaubtes – schuldnerisches Verhalten dar. Es lässt sich daher feststellen, dass die auf der Auslegung des Sorgfaltsmaßstabs beruhende Wirtschaftskonformität des schuldnerischen Verhaltens bei den in Rede stehenden Straftaten, aufgrund ihrer vom Gesetz her gegebenen Unerlaubtheit, außer Betracht bleiben[671].

1.3.5.4.1. Unterlassene Buchführung

Dieses Kapitel befasst sich mit der Handlungsalternative der unterlassenen Buchführung. Darunter ist nach überwiegender Ansicht nur der

---

[664] RGSt 4, 418; Tröndle/Fischer § 283 Rn. 21; Weyand, Konkursdelikte, S. 78
[665] Tröndle/Fischer § 283 Rn. 21
[666] BGH MDR 1981, 100; LK-Tiedemann § 283 Rn. 100; Tröndle/Fischer § 283 Rn. 21
[667] BGH MDR 1981, 100; Tröndle/Fischer § 283 Rn. 21 unter Hinweis auf BGH 3 StR 132/83 v. 13.7.1983; Weyand, Konkursdelikte, S. 78, Fn. 240
[668] Vgl. dazu unten § 4 B III 1.3.6.4.sowie 1.3.7.3.
[669] Dazu oben § 4 B III 1.3.1.3.2.1.
[670] Dazu oben § 4 B III 1.3.4.3.
[671] Krause, Ordnungsgemäßes Wirtschaften, S. 424 f.; NK-Kindhäuser vor § 283 Rn. 81

Fall zu verstehen, dass der Buchführungspflichtige überhaupt kein Buch führt[672].

Zur Verdeutlichung der o.g. Definition sowie der im Wege der Auslegung stehenden Abgrenzung der unterlassenen von der mangelhaften Buchführung soll die Palette der Entscheidungen hervorgehoben werden, in denen die höchstrichterliche Rechtsprechung Fälle diskutiert hat, die sich nicht als unterlassene Buchführung darstellen, sondern unter den Anwendungsbereich der 2. Alt. fallen. Dies ist der Fall beim teilweisen Nichtführen, wonach einzelne Bücher nicht geführt werden[673], wie auch bei der nur vorübergehend unterlassenen Buchführung[674]. Als unterlassene Buchführung ist dagegen die fehlende Buchhaltung für einen bestimmten Zeitraum anzusehen, wenn der Schuldner während eines zwischenliegenden Zeitabschnitts unordentlich seine Handelsbücher geführt hat[675]. Für denselben Zeitraum kann also entweder unterlassene oder mangelhafte Buchführung festgestellt werden. Bei mehreren Verstößen gegen die Buchführungspflicht innerhalb eines bestimmten Zeitraums liegt eine einzige Tat vor.[676] Anders liegt die Beurteilung bei der Buchführung in verschiedenen und eingeteilten Zeiträumen, wobei bei einer unordentlichen Buchführung, die zeitlich nach einer unterlassenen erfolgt oder umgekehrt, Tateinheit bzw. bei entsprechendem Vorsatz Fortsetzungszusammenhang anzunehmen ist.[677]

Die 1. Alt. stellt nach einhelliger Ansicht in der strafrechtlichen Kommentarliteratur ein echtes Unterlassungsdelikt dar.[678]

Bei einer Nachholung der unterlassenen Buchführung, nämlich beim nachträglichen Verbuchen der Aufzeichnungen entfällt die

---

[672] BGHSt 4, 270, 274; BGH bei Holtz MDR 1980, 455; BGH bei Herlan GA 1961, 359; BGH NStZ 1995, 347 (vollständige Unterlassung); RGSt 30, 170; Bieneck in: Müller-Gugenberger/Bieneck § 82 Rn. 28; Hiltenkamp-Wisgalle, Bankrottdelikte, S. 181; Klug, Konkurs-Strafrecht, § 239 KO Rn. 5; Lackner/Kühl § 283 Rn. 17; Maurach/Schroeder/Maiwald 1 § 48 III A 1 Rn. 26; SK-Samson § 283 Rn. 18; Sch/Sch-Stree § 283 Rn. 33; LK-Tiedemann § 283 Rn. 102; Tröndle/Fischer § 283 Rn. 23; Weyand, Konkursdelikte, S. 80; Zirpins/Terstegen, Wirtschaftskriminalität, S. 978; vgl. aber NK-Kindhäuser § 283 Rn. 59 und Schäfer, wistra 1986, 201 f.; tatbestandsmäßig ist auch die fehlende Buchführung für einen erheblichen Zeitraum, trotz der vorherigen Buchführung.

[673] RGSt 30, 170; 39, 217, 218; 49, 276, 277; BGHSt 4, 270, 274; BGH BB 1957, 274; BGH NStZ 1995, 347; Klug, Konkurs-Strafrecht, § 239 KO Rn. 5; Sch/Sch-Stree § 283 Rn. 33; NK-Kindhäuser § 283 Rn. 60

[674] RG GA 61, 115; BGH bei Holtz MDR 1980, 455; Sch/Sch-Stree § 283 Rn. 33; NK-Kindhäuser § 283 Rn. 60

[675] RGSt 49, 276, 278

[676] RGSt 49, 276, 279; BGH NStZ 1995, 347

[677] LK-Tiedemann § 283 Rn. 103 sowie 236 m.w.N.

[678] LK-Tiedemann § 283 Rn. 103; NK-Kindhäuser § 283 Rn. 58; Sch/Sch-Stree § 283 Rn. 33; Tröndle/Fischer § 283 Rn. 23

Strafbarkeit nicht.[679] Sie führt dennoch zu strafmildernden Konsequenzen[680]. Wird aber der Zweck der Selbstinformation sowie der Vorbereitung der Bilanzerstellung durch die Nachholung erfüllt, dann scheidet die Strafbarkeit wegen unterlassener Buchhaltung aus[681].

1.3.5.4.2. Mangelhafte Buchführung

In der Praxis kommt am häufigsten die 2. Alt. in Betracht, sc. die mangelhafte Buchführung, die nach dem Gesetzeswortlaut im unordentlichen Führen oder nachträglichen Verändern der Handelsbücher besteht, so dass die Übersicht über den Vermögensstand des Schuldners erschwert wird. Anders als bei der 1. Alt. stellt die mangelhafte Buchführung entsprechend der o.g. Interpretation in der Regel ein positives Turn dar. Jedoch ist hinsichtlich der oben hervorgehobenen rechtsprechungsbezogenen Fälle[682] klarzustellen, dass sich die 2. Alt. , etwa im Falle des Nichtführens einzelner Bücher[683] oder eines zeitweisen Nichtführens[684], auch als echtes Unterlassungsdelikt darstellen kann.

Im einzelnen ist bei der Feststellung des Anwendungsbereichs der Alternative des unordentlichen Führens von Handelsbüchern auf den Maßstab der Grundregeln ordnungsmäßiger Buchführung (§ 238 Abs. 1 HGB) abzustellen[685]. Das so funktionierende kaufmännische Standesrecht, die Grundregeln ordnungsgemäßer Buchführung, lässt sich durch die in § 239 Abs. 2 HGB normierten Leitprinzipien der Richtigkeit, Vollständigkeit und Zeitgerechtigkeit der Verbuchung der Geschäftsvorfälle sowie der Klarheit und Übersichtlichkeit der Kontenbezeichnung und des Textes interpretieren und durch die Verkehrssitte präzisieren[686]. Prozessual sind die in Rede stehenden Handelsbräuche unter Berücksichtigung des Grundsatzes in dubio pro reo festzustellen[687].

Entsprechend also den Leitprinzipien der Vollständigkeit und Richtigkeit der Buchführung ist die Gesamtheit der wirtschaftlichen Erfüllungsgeschäfte des Kaufmanns fortlaufend und mit zutreffenden

---

[679] Vgl. RGSt 39, 217, 219; LK-Tiedemann § 283 Rn. 104; Lackner/Kühl § 283 Rn. 17; Sch/Sch-Stree § 283 Rn. 33; Weyand, Konkursdelikte, S. 80

[680] Weyand, Konkursdelikte, S. 80

[681] Ausführlich hierzu LK-Tiedemann § 283 Rn. 104; vgl. Weyand, Konkursdelikte, S. 80, der einen Rückstand bis zu 6 Wochen zulässt.

[682] § 4 B III 1.3.5.4.1.

[683] RGSt 30, 170; 39, 217, 218; 49, 276, 277; BGHSt 4, 270, 274; BGH BB 57, 274

[684] RG GA 61, 115; BGH bei Holtz MDR 1980, 455

[685] Bieneck in : Müller-Gugenberger/Bieneck § 82 Rn. 29; NK-Kindhäuser § 283 Rn. 61; Sch/Sch-Stree § 283 Rn. 34; LK-Tiedemann § 283 Rn. 110

[686] Hierzu LK-Tiedemann § 283 Rn. 112

[687] LK-Tiedemann § 283 Rn. 111; zust. NK-Kindhäuser § 283 Rn. 61

Angaben über Art, Gläubiger und Zeitpunkt darzustellen[688]. Gegeben ist die Unordentlichkeit der Buchführung, wenn, im Hinblick auf das Prinzip der Zeitgerechtigkeit, die Geschäftsvorfälle nicht in chronologischer Reihenfolge verbucht werden[689], nicht aber wenn die verspätete Verbuchung inhaltlich richtig ist[690].

Eine ordentliche Buchführung muss Aufschluss über die Einnahmen und Ausgaben des Kaufmanns geben. Willkürliche Falschbewertungen der Geschäftsvorgänge, wie die Aufnahme fiktiver Posten und die Unterlassung von Abschreibungen oder Wertberichtigungen, stellen nach der Rechtsprechung ein unordentliches Führen von Handelsbüchern dar[691].

Von ausschlaggebender Bedeutung für die Ordentlichkeit der Buchführung ist ferner das Belegprinzip, nach dem alle Buchungen durch Belege nachzuprüfen sind[692]. Werden also falsche[693] oder keine Belege angefertigt[694] oder werden sie nicht in laufender Nummerierung aufbewahrt[695], dann liegt ein unordentliches Führen vor.

Ordentlich ist nur die ausreichende Buchführung. Zwar schreibt das Gesetz, wie schon oben erwähnt[696], kein bestimmtes Buchführungssystem vor. Nach den aktienrechtlichen Vorschriften haben jedoch größere Unternehmen eine doppelte Buchführung („Doppik“), die die Vermögenskontrolle der Buchführung selbst sowie die Feststellung der Erfolgsquellen ermöglicht[697], zu beachten, während bei Kleingewerbetreibenden und Handwerkern die einfache Buchführung, sc. die Führung eines Grundbuchs, wobei die Geschäftsvorfälle in chronologischer Reihenfolge eingetragen werden, für ausreichend gehalten wird.[698]

Die Tathandlung der mangelhaften Buchhaltung besteht schließlich in den nachträglichen Veränderungen, sc. in den nachträglichen Manipulationen der Buchführung, wie im Durchstreichen, Radieren, Löschen, Abschneiden, Überkleben u.s.w. der bereits geführten Aufzeichnungen[699]. Eine Tateinheit mit §§ 267, 274 Nr. 1 StGB ist bei der Vornahme späterer

---

[688] RGSt 29, 304, 307; 40, 105,106; RG GA 59, 124, 125; BGH bei Herlan GA 1961, 358; BGH bei Holtz MDR 1980, 455

[689] LK-Tiedemann § 283 Rn. 112

[690] LK-Tiedemann § 283 Rn. 116

[691] RGSt 13, 354, 355 f.; 39, 222 f.

[692] BGH bei Herlan GA 1961, 358 f.; LK-Tiedemann § 283 Rn. 112

[693] BGH bei Herlan GA 1956, 348; 1961, 358

[694] BGH bei Herlan GA 1961, 358; BGH NJW 1954, 1010

[695] BGH NJW 1954, 1010

[696] § 4 B III 1.3.5.4.1.

[697] Zu der doppelten Buchführung sowie ihren Kontenarten s. Maul, Rechnungslegung, S. 81 ff.

[698] NK-Kindhäuser § 283 Rn. 61; LK-Tiedemann § 283 Rn. 112

[699] Bieneck in: Müller-Gugenberger/Bieneck § 82 Rn. 31; NK-Kindhäuser § 283 Rn. 63; Sch/Sch-Stree § 283 Rn. 35; LK-Tiedemann § 283 Rn. 107

Veränderungen möglich, denn bei der als öffentlich-rechtliche Verpflichtung aufzufassende Eintragung der Geschäftsvorfälle in ein Handelsbuch entfällt die Dispositionsbefugnis des Eintragenden über die Urkunde[700].

Eng verbunden mit den bereits angeführten Anwendungsfällen des unterlassenen oder fehlerhaften Buchführens ist die in der Literatur unter Erörterung stehende Frage, ob mit Anlass aus der in BGH, JR 1979, 512 ff.[701] niedergelegten Auffassung, dass die Strafbarkeit nicht gegeben sei, wenn der zahlungsunfähige Kaufmann nicht in der Lage ist, seine Bilanzierungspflichten zu erfüllen, die Strafbarkeit der unterlassenen oder mangelhaften Buchführung bei Unvermögen des Kaufmanns (z. B. Zahlungsunfähigkeit) seine Handelsbücher selbst zu führen oder die Buchführungspflicht auf interne oder externe Personen zu übertragen, entfällt[702]. Andere Stimmen in der wirtschaftsstrafrechtlichen Literatur sehen in diesem Fall die Tatbestandsmäßigkeit als gegeben an und stützen ihre Meinung darauf, dass der zahlungsunfähige Buchführungspflichtige beim Kriseneintritt seine Unternehmenstätigkeiten hätte aufgeben müssen[703].

Obwohl die erforderlichen Mittel zur Erledigung der Buchhaltung in der Regel vorhanden sind[704], liegt es aus strafrechtlicher Sicht nicht fern, der ersten Auffassung zuzustimmen. Doch können die Buchführungsdelikte nicht durch die absolute wirtschaftliche Entkräftigung des Kaufmanns abgewandt werden. Hinsichtlich der Unterlassungsdelikte insbesondere, deren Verwirklichung die Handlungsmöglichkeit des Täters voraussetzt, lässt sich diese Annahme berechtigt erscheinen (ad impossibilium nulla obligatio). [705]

1.3.5.4.3. Erschwerung der Übersicht

Zur Tatbestandsverwirklichung ist nach § 283 Abs. 1 Nr. 5 StGB noch erforderlich, dass die mangelhafte Buchführung, in Abweichung von den in §§ 239 Abs. 1 Nr. 4, 240 Abs. 1 Nr. 3 KO a.F. niedergelegten Formulierung, wonach vorausgesetzt wurde, dass die Bücher überhaupt keine Übersicht über den Vermögensstand gewähren, zur Erschwerung der Übersicht über den Vermögenszustand des Kaufmanns führt. Erschwert wird die Übersicht, wenn ein sachverständiger Dritter sie entweder gar nicht oder

---

[700] NK-Kindhäuser § 283 Rn. 63; LK-Tiedemann § 283 Rn. 107

[701] Mit ablehnender Anmerkung Schlüchter, JR 1979, 513 ff.

[702] So NK-Kindhäuser § 283 Rn. 59; LK-Tiedemann § 283 Rn. 119

[703] So Bieneck in: Müller-Gugenberger/Bieneck § 82 Rn. 26; Richter, GmbHR 1984, 147; Schäfer, wistra 1986, 203; Schlüchter, JR 1979, 515

[704] Vgl. Richter, GmbHR 1984, 147

[705] Dies bejaht auch OLG Düsseldorf wistra 1998, 360, 361: „....da niemandem Unmögliches abverlangt werden darf".

nur unter erheblichen Schwierigkeiten und unter Aufwendung besonderer Mühen und Zeit gewinnen kann[706].

Die Erschwerung der Übersicht ist objektiv zu verstehen, ohne dass es darauf ankommt, ob der Buchführungspflichtige sich selbst eine klare Übersicht über seinen Vermögenszustand verschaffen kann.[707]

Entsprechend diesem Tatbestandserfordernis erfüllen die oben, als Begehungsweisen der mangelhaften Buchführung erwähnten, Fälle des zeitweisen und teilweisen Nichtführens, der fehlenden, unzutreffenden und verzögerten Verbuchungen der Geschäftsvorfälle, der nachträglichen Veränderungen der bereits geführten Aufzeichnungen sowie der fehlenden, falschen oder nicht geordneten Ablage von Belegen dann den Tatbestand, wenn die vom Gesetz verlangte Übersicht über den Vermögensstand des Kaufmanns im oben genannten Sinne erschwert ist. Es fehlt demgemäss am Tatbestand, wenn trotz des zeitweisen Nichtführens die Übersicht durch geordnete, aufbewahrte Belege ermöglicht wurde.[708] Nicht tatbestandsmäßig ist ferner die Nichtverbuchung einzelner Geschäftsvorfälle, wenn die Belege dafür vorhanden sind[709] sowie die Nichtverbuchung von Kosten, die fortlaufend und in bestimmter Höhe regelmäßig anfallen und von jedem erfahrenen Kaufmann unschwer angenommen und ergänzt werden können[710].

Schwierigkeiten bereitet die Feststellung des Zeitpunkts der Vollendung der Tathandlung der mangelhaften Buchführung. Es fragt sich, ob das Vollendungsmerkmal der Unübersichtlichkeit zum Zeitpunkt des Eintritts der objektiven Strafbarkeitsbedingungen zu bestehen braucht. Die Unübersichtlichkeit müsse nach der RG-Rechtsprechung[711] im zeitlichen Zusammentreffen mit dem Eintritt der objektiven Strafbarkeitsbedingungen stehen, während nach der h. M. in der wirtschaftsstrafrechtlichen Literatur die Erschwerung der Übersicht zum Zeitpunkt des Bedingungseintritts nicht mehr zu bestehen habe und die Vollendung der in Rede stehenden Tathandlung im Zeitpunkt ihrer Vornahme zu sehen sei[712]. Zutreffend ist die letztere Ansicht. Diese Annahme steht doch in Vereinbarung mit der Natur der Buchführungsdelikte als abstrakte Gefährdungsdelikte. Die

---

[706] BT Drucks. 7/3441, S. 35; RGSt 29, 304, 308; 47, 311, 312; BGH bei Herlan GA 1959, 341; BGH bei Holtz MDR 1980, 455; BGH NStZ 1998, 247

[707] Bieneck in: Müller-Gugenberger/Bieneck § 82 Rn. 30; LK-Tiedemann § 283 Rn. 118; Zirpins/Terstegen, Wirtschaftskriminalität, S. 978

[708] BGH bei Holtz MDR 1980, 455

[709] BGH bei Herlan GA 1959, 341

[710] RGSt 29,304, 308; Sch/Sch-Stree § 283 Rn. 36

[711] RGSt 29, 222, 225; 39, 165, 167; 40, 105, 106; so aber auch BGH bei Herlan GA 1961, 359 und im Schriftum SK – Samson § 283 Rn. 18; Weyand, Konkursdelikte, S. 81 f; Zirpins/Terstegen, Wirtschaftskriminalität, S. 978

[712] NK-Kindhäuser § 283 Rn. 65; Lackner/Kühl § 283 Rn. 18; Sch/Sch-Stree § 283 Rn. 36; LK-Tiedemann § 283 Rn. 118; Bieneck in: Müller-Gugenberger/Bieneck § 82 Rn. 30 sowie 60

Gläubigerinteressen werden im Zeitpunkt der Vornahme der mangelhaften Buchführung gefährdet, die sich folglich als tatbestandsmäßiges Verhalten darstellt.

1.3.6. § 283 Abs. 1 Nr. 6 StGB: Beiseiteschaffen, Verheimlichen, Zerstören oder Beschädigung von Handelsbüchern oder sonstigen Unterlagen

1.3.6.1. Anwendungsbereich

Gegenstand der in diesem Kapitel darzustellenden informationsbezogenen Tathandlungen des Entziehens von Handelsbüchern und sonstigen Unterlagen ist, im Gegensatz zu Nr. 5, nicht nur die sich aus dem Handelsrecht ergebende Buchführungspflicht, sondern auch die freiwillige Buchführung[713], was bei der Präzisierung des Adressatenkreises eine ausschlaggebende Rolle spielt. Schutzzweck des Straftatbestandes ist die Erhaltung der Aufzeichnungen, die auf der Informationsgrundlage des insolventen Unternehmens beruhen.

1.3.6.2. Bestimmung des Adressatenkreises

Zum Adressatenkreis gehören nach ganz h. M. nicht nur die handelsrechtlich Buchführungspflichtigen, sondern auch die freiwillig Buchführenden[714]. Demgemäss sind taugliche Täter Kaufleute, die freiwillig Bücher geführt haben. Kein triftiger Einwand kann sich gegen Tiedemanns[715] Ansicht erheben, dass die Privatleute als Täter grundsätzlich ausscheiden, da sie keine Handelsbücher führen und die von ihnen geführten Unterlagen nur bezüglich der Führung von Handelsbüchern verstehbar und sinnvoll sind. Daraus folgt, dass die Privatleute nur dann als taugliche Täter zu qualifizieren sind, wenn sie als Schuldner oder gem. § 14 StGB Handelnde Handelsbücher oder geschäftliche Unterlagen eines Kaufmanns entziehen[716]. Als taugliche Täter sind ferner die Angehörigen freier Berufe auszuscheiden. Zwar können die Angehörigen freier Berufe selbst geschäftliche Urkunden halten und sie

---

[713] BT Drucks. 7/3441, S. 36; SK-Samson § 283 Rn. 19; LK-Tiedemann § 283 Rn. 91

[714] Bieneck in: Müller-Gugenberger/Bieneck § 82 Rn. 6; Hiltenkamp-Wisgalle, Bankrottdelikte, S. 185; Lackner/Kühl § 283 Rn. 19; Maurach/Schroeder/Maiwald 1 § 48 III A 1 Rn. 27; SK-Samson § 283 Rn. 19; Sch/Sch-Stree § 283 Rn. 39; LK-Tiedemann § 283 Rn. 121; Tröndle/Fischer § 283 Rn. 25

[715] in LK § 283 Rn. 121; zust. Hiltenkamp-Wisgalle, Bankrottdelikte, S. 186 f.

[716] LK-Tiedemann § 283 Rn. 121; NK-Kindhäuser § 283 Rn. 67; vgl. aber noch Tröndle/Fischer § 283 Rn. 25, die die Ausdehnung der Vorschrift auf Privatleute nur für Krisensituationen nach Abs. 1 für sinnvoll halten, sowie Sch/Sch-Stree § 283 Rn. 39, der uneingeschränkt die Privatleute als Normadressaten von Nr. 6 sieht.

entziehen. Diese Urkunden verfolgen jedoch keinen handelsrechtlichen Zweck und unterliegen nicht der kaufmännischen Aufbewahrungspflicht[717].

Zur Vermeidung der so entstehenden Strafbarkeitslücken werden die grob wirtschaftswidrigen Fälle des Verheimlichens oder Verschleierns der Vermögensverhältnisse der Privatleute oder Angehörigen freier Berufe von Nr. 8, Alt. 2 erfasst[718].

Beim späteren Wegfall der Kaufmannseigenschaft wird die Aufbewahrungspflicht nicht beseitigt, sondern sie geht beim Tode des Schuldners auf die Erben bzw. den Testamentsvollstrecker über[719].

1.3.6.3. Tatobjekte

Gegenstände der Entziehungshandlungen sind nach dem gesetzlichen Wortlaut die Handelsbücher[720] oder die sonstigen Unterlagen, wie z. B. die empfangenen, das Handelsgeschäft des Aufbewahrungspflichtigen betreffenden Handelsbriefe[721] sowie die Buchungsbelege[722], durch die die Strafbarkeit in § 283 StGB erweitert worden ist[723]. Als taugliches Tatobjekt ist ferner der von den Kapitalgesellschaften als Erweiterung des Jahresabschlusses aufzustellende Anhang (§ 264 HGB) anzusehen, der nach § 264 Abs. 1, S. 1 HGB mit der Bilanz und der Gewinn- und Verlustrechnung eine Einheit bildet, obgleich sie § 257 HGB nicht ausdrücklich zu den aufzubewahrenden Unterlagen zählt[724].

1.3.6.4. Die Tathandlungen im einzelnen

Die in Rede stehenden Entziehungshandlungen stellen sich als Verstoß gegen die Aufbewahrungspflicht von Handelsbüchern und sonstigen Unterlagen und demzufolge als unerlaubtes, sc. wirtschaftswidriges, Verhalten dar. Es stellt sich also heraus, dass das strafbarkeitseinschränkende Merkmal „in einer den Anforderungen einer ordnungsgemäßen Wirtschaft widersprechenden Weise" bei Nr. 6 redundant ist[725]. Aus dem Widerspruch zu der handelsrechtlich verankerten Aufbewahrungspflicht, die demselben Zweck wie die Buchführungspflicht dient[726], folgt, dass die

---

717 So LK-Tiedemann § 283 Rn. 122; NK-Kindhäuser § 283 Rn. 67; a.A. Bieneck in: Müller-Gugenberger/Bieneck § 82 Rn. 13; Weyand, Konkursdelikte, S. 82

718 LK-Tiedemann § 283 Rn. 122; NK-Kindhäuser § 283 Rn. 69

719 LK-Tiedemann § 283 Rn. 123 m.w.N.; NK-Kindhäuser § 283 Rn. 70

720 Ausführlich dazu oben § 4 B III 1.3.5.2.

721 Hierzu Heymann/Jung § 257 HGB Rn. 10 mit zahlreichen Beispielen

722 Dazu eingehend oben § 4 B III 1.3.5.2.

723 Vgl. §§ 239 Abs. 1 Nr. 4, 240 Nr. 3 KO a.F.

724 Hüffer in: Großkomm. HGB § 257 Rn. 12; LK-Tiedemann § 283 Rn. 124

725 Krause, Ordnungsgemäßes Wirtschaften, S. 424 ff.; NK-Kindhäuser vor § 283 Rn. 81; LK-Tiedemann § 283 Rn. 125

726 RGSt 16, 426, 429; LK-Tiedemann § 283 Rn. 122

Tatbestandsverwirklichung unabhängig davon bleibt, ob der Täter eigennützig oder im Interesse der Gesellschaft handelt[727].

Im Wege der Auslegung stehen die Tathandlungen des Beiseiteschaffens, Verheimlichens, Zerstörens und Beschädigens der aufzubewahrenden Unterlagen, die denselben Inhalt mit den obigen[728] Tatbestandsbeschreibungen aufweisen. Zur Tatbestandsverwirklichung reicht, dass nur ein Teil der Handelsbücher oder sonstiger Unterlagen beiseitegeschafft, verheimlicht u.s.w. wird[729].

Unter Verheimlichen ist das Verhalten zu verstehen, durch das die Einsichtsnahme verhindert wird[730], was bei der Speicherung der Unterlagen auf Datenträgern in der Verhinderung ihrer Lesbarkeit bestehen kann[731]. Nach der Amtlichen Begründung[732] ist als Zerstören nicht nur die vollständige Substanzveränderung, sondern auch die sonstige Aufhebung der Funktionsfähigkeit durch Sacheinwirkungen, wie z. B. „die völlige und irreparable Auflösung der Ordnung einer Loseblattsammlung“, anzusehen. Bei der EDV-Buchführung stellt sich das Löschen von Daten als Zerstören dar[733].

Die unter Diskussion stehenden Tathandlungen müssen nach dem, in der KO fehlenden, Zusatz „vor Ablauf der für Buchführungspflichtige bestehenden Aufbewahrungsfristen“ begangen werden. Nach dem durch Art. 4 des Steueränderungsgesetzes v. 19.12.1998[734] geänderten Wortlaut von § 257 Abs. 4 HGB betragen die Aufbewahrungsfristen für Handelsbücher, Inventare, Eröffnungsbilanzen, Jahresabschlüsse, Lageberichte, Konzernabschlüsse, Konzernlageberichte sowie für die zu ihrem Verständnis erforderlichen Arbeitsanweisungen und sonstigen Organisationsunterlagen (§ 257 Abs. 1 Nr. 1 HGB) und für die Buchungsbelege (§ 257 Abs. 1 Nr. 4 HGB) zehn Jahre, für die empfangenen Handelsbriefe, die Wiedergaben der abgesandten Handelsbriefe sowie ihre Mikrokopien sechs Jahre. Die Aufbewahrungspflicht beginnt mit dem Schluss des Kalenderjahres, in dem die geschäftlichen Unterlagen entstanden sind (§ 257 Abs. 5 HGB), und endet, abgesehen vom Ablauf der oben genannten Fristen, mit der Durchführung des Insolvenzverfahrens[735].

---

[727] NK-Kindhäuser § 283 Rn. 71; a.A. Sch/Sch-Stree § 283 Rn. 40; vgl. Schäfer, wistra 1990, 85

[728] Zum Beiseiteschaffen s. oben § 4 B III 1.3.1.3.1.1., zum Verheimlichen § 4 B III 1.3.1.3.2.1., zum Zerstören und Beschädigen § 4 B III 1.3.1.3.3.3.

[729] Preisendanz/Bieneck § 283 Anm. 6 f cc.; NK-Kindhäuser § 283 Rn. 71; Sch/Sch-Stree § 283 Rn. 40; LK-Tiedemann § 283 Rn. 125

[730] NK-Kindhäuser § 283 Rn. 71; Sch/Sch-Stree § 283 Rn. 40

[731] NK-Kindhäuser § 283 Rn. 71; Sch/Sch-Stree § 283 Rn. 40

[732] BT Drucks. 7/3441, S. 36

[733] NK-Kindhäuser § 283 Rn. 71; Sch/Sch-Stree § 283 Rn. 40

[734] BGBl. I S. 3816

[735] LK-Tiedemann § 283 Rn. 123

1.3.6.5. Erschwerung der Übersicht über den Vermögensstand

Ähnlich wie bei der Verletzung der Buchführungspflicht[736] wird zur Erfüllung des Tatbestands noch verlangt, dass durch die Entziehungshandlungen kausal die Übersicht über den Vermögenszustand des Kaufmanns erschwert wird[737]. Dementsprechend wird zur Tatbestandsverwirklichung verlangt, dass die substanzbetreffenden Tathandlungen den Inhalt der Unterlagen beeinträchtigen[738].

Es fehlt dementsprechend am Tatbestand, wenn der beiseitegeschaffte oder verheimlichte Beleg unerheblich für den Gesamtüberblick über die kaufmännische Vermögenslage ist[739] oder ein freiwillig geführtes Buch, z. B. die Lagerkartei, entzogen wird, dadurch aber die Übersicht nicht beeinträchtigt wird.[740] Die Vorlegung von Abschriften an Stelle der vernichteten Unterlagen gewährt nicht ohne weiteres die Übersicht über die Vermögenslage des Kaufmanns[741].

Die Unübersichtlichkeit braucht nicht, wie schon oben erwähnt[742], im Zeitpunkt des Eintritts der objektiven Bedingungen der Strafbarkeit vorhanden zu sein.

1.3.6.6. Tatbestandsverwirklichung durch Unterlassen

Die Straftat kann auch durch Unterlassen begangen werden, wenn der aufbewahrungspflichtige Vollkaufmann die Entziehung der Bücher durch Dritte nicht verhindert[743]. Daraus folgt aber nicht, dass der Vollkaufmann verpflichtet ist, die entzogenen Bücher wiederherzustellen, es sei denn, die allgemeine Pflicht des Kaufmanns, einen vollständigen Überblick über seine Vermögenslage zu gewähren, es fordert[744].

---

[736] Vgl. oben § 4 B III 1.3.5.4.3.
[737] BGHSt 4, 270, 274 f.; NK-Kindhäuser § 283 Rn. 74; Weyand, Konkursdelikte, S. 83
[738] NK-Kindhäuser § 283 Rn. 71; SK-Samson § 283 Rn. 19; Sch/Sch-Stree § 283 Rn. 42; LK-Tiedemann § 283 Rn. 126; Tröndle/Fischer § 283 Rn. 25
[739] LK-Tiedemann § 283 Rn. 126; Tröndle/Fischer § 283 Rn. 25
[740] BGHSt 4, 270, 275 zu § 239 Abs. 1 Nr. 4 KO a.F.
[741] RGSt 16, 426, 429; LK-Tiedemann § 283 Rn. 126
[742] § 4 B III 1.3.5.4.3.
[743] RG JW 1899, 804; LK-Tiedemann § 283 Rn. 127; NK-Kindhäuser § 283 Rn.72
[744] RG JW 1899, 804; LK-Tiedemann § 283 Rn. 127; NK-Kindhäuser § 283 Rn. 72

1.3.7. § 283 Abs. 1 Nr. 7 StGB: mangelhafte Bilanzaufstellung, verspätete Bilanz- oder Inventaraufstellung

1.3.7.1. Erstreckungsbereich und Adressatenkreis

In der im folgenden zu erörternden, als lex spezialis zu Nr. 5 aufzufassenden[745], Vorschrift werden zwei, in der Praxis häufig in Betracht kommende[746], informationsbezogene Tathandlungen pönalisiert; die mangelhafte Bilanzaufstellung (1. Alt.) und die verspätete Bilanz- oder Inventaraufstellung (2.Alt.). Der gesetzgeberische Wortlaut der Nr. 7 a entfaltet eine Sperrwirkung insofern, dass die Nichterwähnung des Inventars in der 1. Alt. dazu führt, dass sich der Schuldner wegen mangelhafter Bilanz - nicht aber Inventaraufstellung- strafbar machen kann[747]. Nach der Amtlichen Begründung[748] lässt sich sogar die unterlassene Inventaraufstellung selbstständig als ein Fall der unterlassenen Vorbereitung für die Bilanzaufstellung strafrechtlich erfassen. Die Abhängigkeit der Aufstellung der Bilanz von derjenigen des Inventars ergibt sich vor allem daraus, dass die Bilanz ein korrektes Inventar voraussetzt[749] und führt zum Ergebnis, dass Inventarfehler in der Regel zu Bilanzfehlern führen und von Nr. 7 erfasst werden[750].

Dem in Nr. 7 Eingangswiderspruch zum Handelsrecht entsprechend besteht das Unrecht der Straftaten in der Verletzung der gesetzlichen Pflicht zur Bilanz- und Inventaraufstellung (vgl. §§ 242-256 HGB). Auf der Grundlage der obigen Überlegung lässt sich für die Bestimmung des Adressatenkreises zwanglos herleiten, dass Täter der in Rede stehenden Tathandlungen nur Kaufleute sein können.

1.3.7.2. Feststellung der Tatobjekte

1.3.7.2.1. Bilanzen

Im Sinne des § 242 Abs. 1 HGB ist Bilanz stricto sensu (Eröffnungsbilanz, Abschlussbilanz) ein aus dem Inventar zu entwickelnder, das Verhältnis des Vermögens und der Schulden des Kaufmanns darstellender

---

[745] NK-Kindhäuser § 283 Rn. 75; Sch/Sch-Stree § 283 Rn. 43; LK-Tiedemann § 283 Rn. 128; vgl. dazu oben § 4 B III 1.3.5.2.

[746] Bieneck in: Müller-Gugenberger/Bieneck § 82 Rn. 1 sowie 45; Richter, GmbHR 1984, 147; Teufel, Insolvenzkriminalität, S. 199; Sch/Sch-Stree § 283 Rn. 43; Tiedemann, Würtenberger-FS, 252 ff.

[747] LK-Tiedemann § 283 Rn. 128; zust. NK-Kindhäuser § 283 Rn. 75

[748] BT Drucks. 7/3441, S. 36

[749] Vgl. RGSt 15, 174, 175 f.

[750] So LK-Tiedemann § 283 Rn. 128; zust. NK-Kindhäuser § 283 Rn. 75

Abschluss, wobei die Aktiva und Passiva gruppenweise gegenübergestellt werden müssen[751]. Die Bilanz muss einem sachverständigen Dritten einen sicheren Überblick über die Vermögenslage des Kaufmanns ermöglichen[752] und hat auch bei fehlenden Aktiva und Passiva zu erfolgen[753]. Problematisch ist jedoch die Frage, ob weiter die Gewinn- und Verlustrechnung, die von § 242 Abs. 2 HGB als Gegenüberstellung von Aufwendungen und Erträgen des Geschäftsjahres definiert wird (sog. Erfolgsbilanz) und bei den Kapitalgesellschaften um einen Anhang zu erweitern und um einen Lagebericht zu ergänzen ist (§ 264 Abs. 1 HGB), als taugliche Tatobjekte zu qualifizieren sind[754]. Es ginge aber zu weit, die unordentliche oder nicht rechtzeitige Erstellung einer Erfolgsbilanz oder Bilanz im weiteren Sinne, obgleich sie die Grundsätze ordnungsgemäßer Buchführung ergänzt, für strafbar zu erachten[755].

Zu der Bilanz i.e.S. gehören also die Abschlussbilanz und die Eröffnungsbilanz.

Jeder Kaufmann ist gemäß § 242 Abs. 1 HGB zum Schluss eines jeden Geschäftsjahres, das nicht identisch mit dem Kalenderjahr sein muss[756], verpflichtet, eine Bilanz, die sog. Abschlussbilanz, aufzustellen. Ebenso besteht die Pflicht zur Aufstellung einer Abschlussbilanz beim Übergang vom Istkaufmann
zum Kleingewerbebetrieb[757]. Ob eine monatliche Übersichtsbilanz als Abschlussbilanz ausreicht, hängt von ihrem Inhalt ab[758], während eine Zwischenbilanz, die im Laufe des Geschäftsjahres aufgestellt wird, die in Rede stehende Jahresbilanz nicht ersetzen kann[759].

Die Verpflichtung zur Erstellung einer Eröffnungsbilanz (Anfangs- und Gründungsbilanz) entsteht bei dem Beginn des Handelsgeschäfts (§ 242 Abs. 1 HGB)[760], der Eintragung als Kaufmann

---

[751] RG JW 1917, 859, 860; BGH bei Herlan GA 1956, 348; dazu Brüggemann in: Großkomm. HGB § 39 a.F. Anm. 1

[752] RGSt 47, 312; Bieneck in: Müller-Gugenberger/Bieneck § 82 Rn. 41; Tröndle/Fischer § 283 Rn. 26

[753] RG JW 1890, 432; RG GA 38, 351; RG LZ 1915, 897; Arians, Sonderbilanzen, S 85 ff.; NK-Kindhäuser § 283 Rn. 77; LK-Tiedemann § 283 Rn. 132; Tröndle/Fischer § 283 Rn. 27

[754] So Hauck, Rechnungslegung, S. 120 ff.

[755] So Bieneck in: Müller-Gugenberger/Bieneck § 82 Rn. 41; NK-Kindhäuser § 283 Rn. 77; LK-Tiedemann § 283 Rn. 130

[756] Bieneck in: Müller-Gugenberger/Bieneck § 82 Rn. 47; NK-Kindhäuser § 283 Rn. 78; Sch/Sch-Stree § 283 Rn. 45; Tröndle/Fischer § 283 Rn. 28

[757] BGH NJW 1954, 1854; OLG Karlsruhe GA 1975, 313, 315; NK-Kindhäuser § 283 Rn. 78; Sch/Sch-Stree § 283 Rn. 45; Tröndle/Fischer § 283 Rn. 27

[758] LK-Tiedemann § 283 Rn. 132 unter Hinweis auf BGH 3 StR 154/52 v. 22.1.1953, S. 16 f.

[759] LK-Tiedemann § 283 Rn. 132 unter Hinweis auf BGH 1 StR 531/55 v. 10.4.1956; zust. NK-Kindhäuser § 283 Rn. 78

[760] RG DJZ 1906, 656

gemäß §§ 2,3 HGB[761], dem Erreichen der Volljährigkeit oder der Erteilung der vormundschaftsgerichtlichen Genehmigung beim Betreiben eines Handelsgeschäfts durch einen Minderjährigen[762] wie auch beim Inhaberwechsel. Als Fälle des Inhaberwechsels lassen sich anführen: der Erbfall[763], der Wechsel vom Kleingewerbebetrieb zum vollkaufmännischen Gewerbebetrieb[764], der Erwerb eines Unternehmens[765], die Fortführung eines Geschäfts, wenn der einzige Mitgesellschafter ausscheidet[766], die Begründung einer OHG durch den Eintritt eines Gesellschafters in das Unternehmen eines Einzelkaufmanns[767] sowie die Geschäftsfortführung nach beendetem Konkurs[768].

Hinsichtlich der Liquidation einer GmbH haben die Liquidatoren gemäß § 71 Abs. 1 GmbHG bei Beginn eine Abschlusseröffnungsbilanz und für das Ende eines jeden Jahres eine Jahresbilanz aufzustellen[769].

1.3.7.2.2. Inventar

Neben die Bilanz tritt als Tatobjekt im bankrottstrafrechtlichen Sinne das Inventar, das die Grundlage der Bilanz ist[770]. Gemäß § 240 Abs. 1 HGB ist jeder Kaufmann verpflichtet, für einen bestimmten Tag sein gesamtes Vermögen und seine gesamten Schulden, also alle Passiva und Aktiva unter Angabe ihres Wertes genau zu verzeichnen[771].

Trotz der wortähnlichen Definition unterschiedet sich das Inventar von der Bilanz dadurch, dass beim Inventar keine vergleichende Gegenüberstellung der Aktiva und Passiva gefordert wird und dass, aufgrund seiner fehlenden Funktion als externe Information, für seine Aufstellung

---

761 NK-Kindhäuser § 283 Rn. 79; Sch/Sch-Stree § 283 Rn. 45

762 RGSt 45, 3,5

763 RGSt 28, 428, 429

764 RGSt 45, 3,6; RG DJZ 1906, 656; RG JW 1908, 603; RG Recht 1914 Nr. 1943; Blumers, Bilanzierungstatbestände S. 27 ff.; Hüffer in: Großkomm. HGB § 242 Rn. 21; LK-Tiedemann § 283 Rn. 131; Weyand, Konkursdelikte, S. 84

765 RGSt 28, 428, 429

766 RGSt 16, 55 f.; 26, 222, 223 ff.; 45, 3,6; Hüffer in: Großkomm. HGB § 242 Rn. 23; Sch/Sch-Stree § 283 Rn. 45; LK-Tiedemann § 283 Rn. 131; Tröndle/Fischer § 283 Rn. 27

767 RG GA 43, 387 f.; RG LZ 1914, 689 f.; Blumers, Bilanzierungstatbestände, S. 29 ff.; Sch/Sch-Stree § 283 Rn. 45; LK-Tiedemann § 283 Rn. 131; Tröndle/Fischer § 283 Rn. 27

768 RGSt 25, 76, 77 f.; Blumers, Bilanzierungstatbestände, S. 25 f.; Sch/Sch-Stree § 283 Rn. 45; LK-Tiedemann § 283 Rn. 131

769 OLG Frankfurt BB 1977, 312; Bay ObLG wistra 1990, 201, 202; Arians, Sonderbilanzen, S. 150 ff.; NK-Kindhäuser § 283 Rn. 80; Sch/Sch-Stree § 283 Rn. 45, LK-Tiedemann § 283 Rn. 132

770 So der Sonderausschuss für die Strafrechtsreform, BT-Drucks. 7/5291 S. 23; RGSt 15, 174, 175 f.

771 Vgl. NK-Kindhäuser § 283 Rn. 81; LK-Tiedemann § 283 Rn. 133

keine Gliederungsvorschriften vorliegen[772]. Außerdem braucht das Inventar nicht unterzeichnet zu werden, da die Bilanzunterzeichnung des Kaufmanns auch für es gilt[773]. Entsprechend den Arten der Bestandsbilanz (Abschlussbilanz, Eröffnungsbilanz) lässt sich das Inventar auch in zwei, nach zeitlichen Kriterien zu bestimmenden, Arten abgrenzen, das Abschlussinventar und das Eröffnungsinventar[774].

1.3.7.3. Tathandlungen

Bevor die informationsbezogenen Tatalternativen der fehlerhaften Bilanzaufstellung sowie der nicht rechtzeitigen Erstellung der Bilanz oder des Inventars in einer Reihe von Konkretisierungen vorgelegt werden können, soll vorab die Redundanz des Merkmals „in einer den Anforderungen einer ordnungsgemäßen Wirtschaft widersprechenden Weise" bei den in Rede stehenden Alternativen zur Sprache gebracht werden. Die in Nr. 7 aufgeführten Straftaten stellen sich als Verstoß gegen die Informationspflichten des Schuldners, also als unerlaubtes, wirtschaftswidriges Handeln dar. Daraus ergibt sich, dass die Prüfung der Wirtschaftswidrigkeit, gemessen am Korrektiv des Widerspruchs zu den Anforderungen einer ordnungsgemäßen Wirtschaft, redundant ist[775].

1.3.7.3.1. Fehlerhafte Bilanzaufstellung

Zur Bestimmung der Mangelhaftigkeit der Bilanzaufstellung ist auf die einschlägigen Bilanzierungsvorschriften (§§ 242 ff., 264 ff., 336 ff., 340 ff. HGB, §§ 150 ff. AktG, § 42 GmbHG) oder die bilanzbezogenen Grundsätze ordnungsgemäßer Buchführung[776] abzustellen[777]. Demgemäss kommen als Beurteilungskriterien die Leitprinzipien der Vollständigkeit, Wahrheit und Klarheit in Betracht.

Aus § 246 Abs. 1, S. 1 HGB resultiert das Vollständigkeitsprinzip, nach dem der Kaufmann verpflichtet ist, „sämtliche Vermögensgegenstände und Schulden" anzugeben[778]. Es darf jedoch vom Wortlaut des § 238 Abs. 1 HGB, der bezüglich des Buchführungszwecks von einem Überblick „über die Geschäftsvorfälle und über die Lage des Unternehmens" spricht, ausgegangen werden, dass nur das

---

[772] Maul, Rechnungslegung, S. 48; NK-Kindhäuser § 283 Rn. 81; LK-Tiedemann § 283 Rn. 133, 134

[773] BT-Drucks. 7/3441, S. 23; NK-Kindhäuser § 283 Rn. 81; LK-Tiedemann § 283 Rn. 134

[774] Dazu Brüggemann in: Großkomm. HGB § 39 a.F. Anm. 2 ff.

[775] So Krause, Ordnungsgemäßes Wirtschaften, S. 424 f.; NK-Kindhäuser vor § 283 Rn. 81

[776] Hierzu eingehend oben § 4 B III 1.3.5.4.2.

[777] Vgl. Bieneck in: Müller-Gugenberger/Bieneck § 82 Rn. 40; NK-Kindhäuser § 283 Rn. 83

[778] LK-Tiedemann § 283 Rn. 137

Geschäftsvermögen – nicht dagegen das Privatvermögen – des Einzelkaufmanns sich bilanzieren lässt[779]. Ein Verstoß gegen das Vollständigkeitsprinzip liegt bei der vollständigen Weglassung von Vermögenswerten, wie z. B. Waren oder Forderungen, aus der Bilanz vor[780].

Entsprechend dem Wahrheitsprinzip macht sich der Kaufmann strafbar, wenn er willkürlich fingierte Aktiva[781] oder vorhandene Vermögenswerte mit einem anderen als dem ihnen zukommenden Wert in die Bilanz einstellet[782] oder die Vermögenswerte willkürlich überbewertet[783].

Hinsichtlich des Klarheitsprinzips (§ 243 Abs. 2 HGB) schließlich sind die Vermögensgegenstände und Schulden einzeln zu bewerten (Prinzip der Einzelbewertung, § 252 Abs. 1 Nr. 3 HGB)[784] und dürfen die Aktiva nicht mit den Passiva verrechnet werden (Saldierungsverbot, § 246 Abs. 2 HGB)[785]. Die Bilanz muss vielmehr, dem in Rede stehenden Leitprinzip entsprechend, klar und übersichtlich sein.

Besondere Aufmerksamkeit ist dem Tatbestandserfordernis der Erschwerung des Überblicks über die Vermögenslage des Kaufmanns beizumessen. So hat das RG [786] hervorgehoben, dass der Stand der Verhältnisse einer Gesellschaft nur dann verschleiert wird, wenn sie sich „nicht oder doch nur schwer erkennen lassen", was beim Verstoß gegen die förmlichen Gliederungsvorschriften nicht der Fall ist. Ferner hat die Rechtsprechung wie auch die wirtschaftsstrafrechtliche Literatur die Unterschrift des Kaufmanns oder die Datumsangabe (§ 245 HGB) nicht als wesentliche Merkmale einer Bilanz im strafrechtlichen Sinne und ihr Fehlen nur als formale, nicht allerdings als zur Erschwerung der Übersicht führende Fehler angesehen[787]. Dem in Rede stehenden Tatbestandserfordernis entsprechend fehlt es weiter am Tatbestand, wenn der Täter zur Täuschung einzelner Geschäftspartner neben dem ordnungsgemäßen Bilanzaufstellen zusätzlich noch mangelhafte Bilanzen aufstellt[788]. Die Unübersichtlichkeit

---

[779] So Hüffer in: Großkomm. HGB § 283 Rn. 52, 53, 68; Muhler, wistra 1996, 125; Lackner/Kühl § 283 Rn. 20; LK-Tiedemann § 283 Rn. 137; Tröndle/Fischer § 283 Rn. 26; a.A. NK-Kindhäuser § 283 Rn. 83; vgl. noch RGSt 41,41, 43; BGH 1 StR 555/61 v. 20.3.1962 bei Maul, Rechnungslegung, S. 46, jedoch zum früheren Recht, sc. vor dem BiRiLiG (1985)

[780] RGSt 62, 357, 359; LK-Tiedemann § 283 Rn. 137

[781] RGSt, 43, 407, 416; 67, 349, 350; NK-Kindhäuser § 283 Rn. 83

[782] RGSt 13, 354, 355 f.

[783] RGSt 62, 357, 360

[784] LK-Tiedemann § 283 Rn. 141

[785] LK-Tiedemann § 283 Rn. 141; NK-Kindhäuser § 283 Rn. 83

[786] RGSt 68, 346, 349

[787] RGSt 8, 424 ff.; NK-Kindhäuser § 283 Rn. 83; LK-Tiedemann § 283 Rn. 136, 150, 152; Tröndle/Fischer § 283 Rn. 26; Weyand, Konkursdelikte, S. 86

[788] So BGHSt 30, 186 f. zu § 283; Bockelmann BT 1 § 21 III; NK-Kindhäuser § 283 Rn. 84; Lackner/Kühl § 283 Rn. 20; Richter, GmbHR 1984, 148; Sch/Sch-Stree § 283 b Rn. 4; LK-Tiedemann § 283 Rn. 145; Tröndle/Fischer § 283 Rn. 29; Weyand, Konkursdelikte, S. 86; a.A. Schäfer, wistra 1986, 200

braucht nicht im Zeitpunkt des Eintritts der objektiven Strafbarkeitsbedingungen vorhanden zu sein[789]. Vollendet ist die Straftat bereits bei der Aufstellung der fehlerhaften Bilanz.

1.3.7.3.2. Unterlassen der Aufstellung der Bilanz oder des Inventars in der vorgeschriebenen Zeit

Unter Strafe wird gemäß Nr. 7b die nicht rechtzeitige Inventar- oder Bilanzaufstellung gestellt, wobei gemäß §§ 240 Abs. 2, S. 3 bzw. 243 Abs. 3 HGB auf die „einem ordnungsmäßigen Geschäftsgang entsprechende Zeit“ abzustellen ist[790]. Die Aufstellungsfristen bestimmen sich also nach den Anforderungen eines ordnungemäßen Geschäftsgangs und sind zum Teil gesetzlich, sc. handelsrechtlich, festgelegt. Für die Kapitalgesellschaften (AG, KGaA, GmbH) insbesondere wird in § 264 Abs. 1, S. 2 HGB eine absolute Frist für die Erstellung des Jahresabschlusses von 3 Monaten vorgeschrieben, die gemäß §§ 264 Abs. 1, S. 3, 267 Abs. 1 HGB für die kleinen Kapitalgesellschaften bis zu 6 Monten verlängert werden kann. Die einem ordnungsgemäßen Geschäftsgang entsprechende Zeit lässt sich jedoch bei den Einzelkaufleuten und den Personenhandelsgesellschaften nicht gleicherweise vom Gesetz konkret feststellen. Eine solche Fristbestimmung setzt eine auf dem Umfang, der Organisation und den sonstigen besonderen Verhältnissen des Unternehmens beruhende Betrachtung voraus, und ist im Strafurteil hervorzuheben[791]. In Krisenzeiten, wobei die Gläubigerinteressen stärker gefährdet werden, sind aber die Bilanzen und die Inventare nach ganz h. M. unverzüglich aufzustellen[792].

Zur Vermeidung von Strafbarkeitslücken ist im strafrechtlichen Sinne die Vollendung des Unterlassens, sc. der nicht rechtzeitigen Aufstellung der Bilanz oder des Inventars, im Zeitpunkt des Eintritts der objektiven Strafbarkeitsbedingungen anzusehen, soweit der Täter bis zu diesem Zeitpunkt keine Vorbereitungen für die Bilanzerstellung getroffen hat, obwohl die Aufstellungsfrist nach diesem Zeitpunkt abläuft[793].

---

[789] Dazu oben § 4 B III 1.3.5.4.3.; NK-Kindhäuser § 283 Rn. 84; Bieneck in: Müller-Gugenberger/Bieneck § 82 Rn. 60

[790] BGH bei Herlan GA 1956, 348; zur Auslegung BVerfGE 48, 48, 60 ff.

[791] Vgl. Hiltenkamp-Wisgalle, Bankrottdelikte, S. 193; LK-Tiedemann § 283 Rn. 147; Tröndle/Fischer § 283 Rn. 30

[792] Blumers, Bilanzierungstatbestände, S. 82 ff.; Hauck, Rechnungslegung und Strafrecht, S. 132; Hiltenkamp-Wisgalle, Bankrottdelikte, S. 196; NK-Kindhäuser § 283 Rn. 85; Lackner/Kühl § 283 Rn. 20; Richter, GmbHR 1984, 147 f.; Sch/Sch-Stree § 283 Rn. 45; LK-Tiedemann § 283 Rn. 147; Tröndle/Fischer § 283 Rn. 30

[793] Vgl. BGH bei Herlan GA 1956, 348; 1959, 49; 1971, 38; BGH NStZ 1992, 182; OLG Düsseldorf wistra 1998, 360, 361; Lackner/Kühl § 283 Rn. 20; Sch/Sch-Stree § 283 Rn. 47; Weyand, Konkursdelikte, S. 90; einschränkend NK-Kindhäuser § 283 Rn. 87; anders Tröndle/Fischer § 283 Rn. 30; vgl. noch LK-Tiedemann § 283 Rn. 151, der Versuch annimmt.

Der Straftatbestand lässt sich als Dauerdelikt einordnen[794]. Spätestens nach Fristablauf ist die Tat vollendet[795]. Eine nachträgliche Nachholung der Bilanz- oder Inventaraufstellung wirkt nach der RG-Rechtsprechung nicht strafbefreiend aus[796].

Bilanz im strafrechtlichen Sinne ist „nur eine aufgrund ordnungsmäßiger Buchführung erstelle Gegenüberstellung von Aktiva und Passiva"[797]. Nichts steht also der Annahme im Wege, dass der unterlassenen Bilanzerstellung die Aufstellung einer Scheinbilanz, nämlich einer so fehlerhaft aufgestellten Bilanz, die als ordnungswidrig und nicht vorhanden anzusehen ist, gleich steht[798].

Entsprechend den oben genannten[799] entfällt die Strafbarkeit bei Unmöglichkeit des Kaufmanns, seiner Bilanzierungspflicht nachzukommen oder sie auf interne oder externe Personen zu übertragen[800]. Diese Annahme beruht auf der Deliktsart der unter Erörterung stehenden Tathandlung und steht somit in Vereinbarung mit der Voraussetzung für die Tatbestandsverwirklichung durch Unterlassen, der Handlungsmöglichkeit.

Zu erwähnen ist schließlich, dass die unterlassene Bilanzziehung in Fortsetzungszusammenhang mit der unordentlichen Buchführung steht und dass mehrere Verstöße gegen die Buchführungspflicht ein einheitliche Tat bilden[801].

1.3.8. Generalklausel

1.3.8.1. Praktische Bedeutung

Bereits oben[802] wurde verdeutlicht, dass die dem vollen Schutz der Vermögensinteressen der Gläubiger dienende, durch das 1. WiKG (1976) in die gesetzliche Umschreibung eingeführte, Generalklausel den

---

794 LK-Tiedemann § 283 Rn. 234; zust. Doster, wistra 1998, 327
795 NK-Kindhäuser § 283 Rn. 87
796 RGSt 39, 165, 167 f.; RG GA 48, 452
797 BGH bei Herlan GA 1956, 348
798 RGSt 12, 78, 82; 15, 174 ff.; RG JW 1935, 206; NK-Kindhäuser § 283 Rn. 86; Sch/Sch-Stree § 283 Rn. 46; LK-Tiedemann § 283 Rn. 152; Tröndle/Fischer § 283 Rn. 30; Weyand, Konkursdelikte, S. 90
799 § 4 B III 1.3.5.4.2.
800 So BGHSt 28, 231, 232 f.; BGH NStZ 1992, 182; 1998, 192 mit zustimmender Anmerkung Schramm DStR 1998, 500; BGH wistra 2000, 136; OLG Stuttgart NStZ 1987, 460, 461; BayObLG wistra 1990, 201, 202; OLG Düsseldorf wistra 1998, 360, 361; NK-Kindhäuser § 283 Rn. 88; Lackner/Kühl § 283 Rn. 20; Maurach/Schroeder/Maiwald 1 § 48 III A 1 Rn. 29; Sch/Sch-Stree § 283 Rn. 47; Tröndle/Fischer § 283 Rn. 30; a.A. Schäfer, wistra 1986, 203 f.; Schlüchter, JR 1979, 515; einschränkend Pohl, wistra 1996, 15 f.und Bieneck in: Müller-Gugenberger/Bieneck § 82 Rn. 26 f.
801 BGH bei Herlan GA 1971, 38
802 § 4 B III 1.2.

gleichen Unrechtsgehalt wie die in Nrn. 1-7 aufgeführten Tathandlungen aufweist, ihnen aber nicht zu ähneln braucht.

Fraglich bleibt jedoch in der strafrechtlichen Literatur, ob die erste und bestandsbezogene Alternative der Generalklausel überflüssig ist[803] oder ob ihr eine erhebliche praktische Bedeutung zukommt[804]. Die Rechtsprechung verzögert, Nr. 8 anzuwenden. Zuletzt hat der BGH[805] die vom LG Leipzig angesprochenen Verurteilung wegen Untreue in Tateinheit mit Bankrott gem. § 283 Abs. 1 Nr. 8 bei vermögensreduzierenden Verfügungen (Abhebungen, Überweisungen und Belastungen durch Scheckausstellungen) aufgehoben, zugleich aber angenommen, eine Verheimlichung oder Verschleierung geschäftlicher Verhältnisse könnte in der Umleitung von Haben-Umsätzen auf ein verdecktes Konto gesehen werden. Wie es noch in den folgenden Kapiteln aufzuzeigen ist und unter Vorbehalt auf die zweite, die informationsbezogene Tatalternative, deren Anwendungsbereich erkennbar ist[806], kommt der ersten Alternative, aufgrund der extensiven Auslegung des Beiseiteschaffens und der unwirtschaftlichen Ausgaben, eine geringe praktische Bedeutung zu[807]. Sie bringt aber den Bedarf für die Erfassung von künftigen Kriminalitätsformen[808] sowie von Fällen, die sich der Tatbestandsbeschreibung der übrigen bestandsbezogenen Bankrottalternativen entziehen, zum Ausdruck. Somit erweist sich ihre Aufnahme in den Bankrottatbestand als berechtigt. Es liegt also nahe, nach diesen Fallgestaltungen zu suchen und zu überprüfen, ob sie unter Nr. 8, 1. Alt. fallen oder dem breiten Anwendungsbereich der kasuistisch aufgeführten bestandsbezogenen Bankrottalternativen unterliegen.

1.3.8.2. Zur Auslegung des groben Widerspruchs zu den Anforderungen einer ordnungsgemäßen Wirtschaft

Expressis verbis wird in der Generalklausel das tatbestandseinschränkende Merkmal „in einer den Anforderungen einer ordnungsgemäßen Wirtschaft grob widersprechenden Weise" erwähnt. Es taucht jedoch die in der strafrechtlichen Literatur bereits diskutierte Frage auf, ob sich die Sorgfaltsanforderungen nur auf die bestandsbezogene oder, zur Beschränkung des Tatbestandes auf gravierende Fälle, auch auf die

---

[803] Zu diesem Ergebnis Grosche, Generalklausel, S. 87 f.; Krause, Ordnungsgemäßes Wirtschaften, S. 141

[804] So Kohlmann, Verantwortlichkeit, S. 282 f.; Preisendanz/Bieneck § 283 Anm. 6 h bb.

[805] in wistra 2000, 136, 137

[806] So LK-Tiedemann § 283 Rn. 155; NK-Kindhäuser § 283 Rn. 93; Sch/Sch-Stree § 283 Rn. 49

[807] So LK-Tiedemann § 283 Rn. 155

[808] Vgl. Wilts und Sturm Prot. 7/2825

informationsbezogene Bankrottalternative beziehen[809]. Trotzt der Sicherheit, mit der diese Ansicht vertreten wird, ist sie nicht ohne Widerspruch hinzunehmen. Doch besitzt sie ihre Achillesferse in der Nichtberücksichtigung, dass die zweite Alternative nicht masseschmälernde Dispositionen, sondern Verhaltensweisen, die die Informationsgrundlage des Schuldners betreffen und somit eo ipso als sorgfaltswidrig darstellen, betrifft. Die Verfolgung eigener, berechtigter Interessen seitens des Schuldners ist bei der Begehung derartiger Tathandlungen de facto undenkbar, so dass eine Prüfung der Strafbarkeitsbeseitigung wegen ordnungsgemäßen Wirtschaftens gegenstandslos bleibt[810]. Dies führt uns zum Ergebnis, dass sich die Sorgfaltsanforderungen nur auf die erste Alternative beziehen [811].

Erhebliche Schwierigkeiten bereitet allerdings die Auslegung des Maßstabs des „groben" Verstoßes gegen die Sorgfaltsanforderungen, den der Gesetzgeber aus Bestimmtheitsgründen in den Auffangtatbestand einführte[812].

Bezweckt werde nach dem Sonderausschuss die Beschränkung der Generalklausel auf gravierende Fälle[813]. Nach einhelliger Ansicht in der strafrechtlichen Literatur diene das Korrektiv des „groben" Widerspruchs zu den Anforderungen einer ordnungsgemäßen Wirtschaft der Ausscheidung von Bagatellfällen[814].

Der Verstoß sei nach Tiedemann dann „grob", wenn die elementaren Anforderungen ordnungsgemäßen Wirtschaftens missachtet werden[815]. Daher erfasse die Generalklausel nur Fälle eindeutiger Unvertretbarkeit[816].

„Zu keiner spezifischen Beschränkung der Anwendung von Nr. 8" führe das Verlagen eines grob wirtschaftswidrigen Fehlverhaltens nach Kindhäuser. Der Maßstab impliziere, dass die übrigen bestandsbezogenen

---

[809] So aber Dreiss/Eitel-Dreiss, Erstes Gesetz zur Bekämpfung der Wirtschaftskriminalität, S. 157; Hiltenkamp-Wisgalle, Bankrottdelikte, S. 204, Fn. 1; Höfner, Überschuldung, S. 76 f.; Lackner/Kühl § 283 Rn. 21; Sch/Sch-Stree § 283 Rn. 48; LK-Tiedemann § 283 Rn. 177

[810] So Krause, Ordnungsgemäßes Wirtschaften, S. 425 ff.; NK-Kindhäuser vor § 283 Rn. 81

[811] Zu diesem Ergebnis auch Grosche, Generalklausel, S. 54 ff.; Maurach/Schroeder/Maiwald 1 § 48 III A 1 Rn. 29; Schlüchter, MDR 1978, 980

[812] So der Gesetzesentwurf der Bundesregierung zum 1. WiKG, BTDrucks. 7/3441, S. 36; für unbestimmt halten aber SK-Samson, § 283 Rn. 21, und Tröndle/Fischer, § 283 Rn. 31, trotz des Maßstabs des groben Verstoßes gegen die Sorgfaltsanforderungen, die Generalklausel.

[813] BT Drucks. 7/5291, S. 18

[814] So Preisendanz/Bieneck § 283 Rn. 6 h; Sch/Sch-Stree § 283 Rn. 49

[815] LK-Tiedemann vor § 283 Rn. 103; zust. Grosche, Generalklausel, S. 53; Weyand, Konkursdelikte, S. 87; zu der Abgrenzung der elementaren von den gesteigerten Anforderungen s. Tiedemann, ZIP 1983, 513, 520

[816] So LK-Tiedemann § 283 Rn. 167; zust. Weyand, Konkursdelikte, S. 92

Bankrottalternativen auch ein grob wirtschaftswidriges Verhalten voraussetzen[817].

Die auf dem gesetzgeberischen Wortlaut der bankrottstrafrechtlichen Vorschrift beruhende Differenzierung zwischen einfachem und grobem Widerspruch zu den Anforderungen einer ordnungsgemäßen Wirtschaft zwingt uns, Tiedemanns[818] Konzeption über die Aufteilung in elementare Anforderungen des ordnungsgemäßen Wirtschaftens, deren Missachtung einen groben Verstoß darstellt, und in gesteigerte Anforderungen des ordnungsgemäßen Wirtschaftens, deren Missachtung sich als einfacher Verstoß auffassen lässt, anzunehmen.

In diesem Sinne stellt sich die schuldnerische Vermögensdisposition, deren Erreichbarkeit von vornherein objektiv ausgeschlossen war oder auf eine hoch gläubigergefährdende Weise vorgenommen wurde oder in grob unangemessenem Verhältnis zu der Größe, der Finanzierungsart und der Branchenzugehörigkeit des schuldnerischen Unternehmens steht, als grob wirtschaftswidrig und strafbar dar. Als elementare Anforderung einer ordnungsgemäßen Wirtschaft ist ferner die dem Übersichtsmindestmaß entsprechende Informationsgewährung des Schuldners über seine eigene Vermögens- und Finanzlage sowie über die handelsverkehrsbezogenen Faktoren anzusehen. So ausgelegt das Merkmal des groben Verstoßes gegen die Anforderungen ordnungsgemäßer Wirtschaft lässt uns zum Ergebnis kommen, dass Bagatellfälle vom Tatbestand doch auszunehmen sind.

1.3.8.3. Die bestandsbezogene Alternative der Generalklausel

1.3.8.3.1. Bestimmung des Vermögensstandes

Ebenso wie bei Nr. 1 ist der Vermögensbegriff im wirtschaftlichen Sinne zu verstehen[819], er unterscheidet sich jedoch vom oben genannten dadurch, dass zu seinem Anwendungsbereich auch die unpfändbaren und der Insolvenzmasse nicht angehörenden, allerdings geldwerten, Vermögensbestandteile zählen[820]. Es liegt also nahe, nach den geldwerten - nicht massezugehörigen -Vermögensteilen zu suchen und zu ermitteln, ob sich ihre Verringerung vom Generalklauseltatbestand erfassen lässt.

---

[817] NK-Kindhäuser § 283 Rn. 92

[818] in LK vor § 283 Rn. 103; derselbe, ZIP 1983, 513, 520

[819] So LK-Tiedemann § 283 Rn. 161; zust. Grosche, Generalklausel, S. 56; NK-Kindhäuser § 283 Rn. 90; vgl. hierzu oben § 4 B III 1.3.1.2.2.

[820] LK-Tiedemann § 283 Rn. 161; a.A. Grosche, Generalklausel, S. 56

1.3.8.3.2. Anwendungsfälle

Unter Verringerung des Vermögensstandes ist nach ganz h.M. jede Verminderung der Aktiva oder Erhöhung der Passiva zu verstehen[821]. Dementsprechend und im Zusammenhang mit der generalklauselartigen Tatbestandsumschreibung sind tatbestandsmäßig nicht nur die dingliche Belastung des Vermögens, sondern auch der Abschluss des wirtschaftlichen Erfüllungsgeschäfts bzw. das Eingehen der belastenden Verbindlichkeiten[822].

Tatbestandsmäßig sind diejenigen Vermögensverfügungen, deren Vornahme sich der Tatbestandsumschreibung des Beiseiteschaffens, der unwirtschaftlichen Ausgaben und der Schleuderverkäufe entziehen. Demgemäss kommen in Betracht die Beschädigung des nicht massezugehörigen geschäftlichen Rufs eines Unternehmens[823] sowie die Entziehung von anderen geldwerten, jedoch nicht pfändbaren, Gewinnaussichten, wie die Stammkundschaft, der sicher bevorstehende Geschäftsabschluss, die konkreten Absatz- und Gewinnerwartungen bei stabiler Marktlage, die Möglichkeit, die Arbeitskraft gegen Entgelt zu verwerten wie auch der Besitz von Beweismitteln[824]. In diesem Sinne wird von Nr. 8 auch die Aufgabe einer Anwartschaft auf Erteilung eines Zuschlages bei einer öffentlichen Ausschreibung erfasst[825]. Unter die Generalklausel fallen schließlich Schleuderverkäufe von Waren, die mit Hilfe eines Kredits eines Dritten sofort bezahlt werden und als nicht kreditiert nicht der Schleuderverkaufsalternative zugeordnet werden können[826], nicht aber Schleuderverkäufe von Waren aus landwirtschaftlicher Unproduktion und Immaterialgüterrechten (z. B. Patenten), die sich in der Regel als Verlustgeschäfte (Nr. 2) darstellen[827].

Vom Auffangtatbestand ist allerdings die Verlagerung der Geschäftstätigkeiten vom alten auf ein neues Unternehmen, also das Vorbesteuern der Arbeitskraft an dem Altunternehmen, auszunehmen. Die Tat stellt, entgegen der herrschenden Ansicht in Rechtsprechung und Literatur[828], kein wirtschaftskonformes sondern ein nicht tatbestandsmäßiges

---

[821] Bieneck in: Müller-Gugenberger/Bieneck § 86 Rn. 24; NK-Kindhäuser § 283 Rn. 90; Lackner/Kühl § 283 Rn. 21; Preisendanz/Bieneck § 283 Anm. 6 h aa; Sch/Sch-Stree § 283 Rn. 49; LK-Tiedemann § 283 Rn. 160; Weyand, Konkursdelikte, S. 91

[822] LK-Tiedemann § 283 Rn. 160; NK-Kindhäuser § 283 Rn. 90

[823] Krause, Ordnungsgemäßes Wirtschaften, S. 141, Fn. 243 unter Hinweis auf BGH GA 1974, 61; zust. LK-Tiedemann § 283 Rn. 155

[824] LK-Tiedemann § 283 Rn. 161; zust. NK-Kindhäuser § 283 Rn. 90

[825] LK-Tiedemann § 283 Rn. 161; zust. NK-Kindhäuser § 283 Rn. 90

[826] Vgl. dazu oben § 4 B III 1.3.3.2.2.

[827] So NK-Kindhäuser § 283 Rn. 91; vgl. aber auch LK-Tiedemann § 283 Rn. 166 und Tröndle/Fischer § 283 Rn. 31

[828] BGH NJW 1982, 1712, 1713, obwohl bei der Überprüfung, ob die oben genannte Fallkonstellation unter Nr. 1 fällt, das Ausscheiden der Strafbarkeit nicht von der Wirtschaftskonformität des schuldnerischen Handelns sondern von der fehlenden

Verhalten dar. Die Arbeitskraft des Schuldners ist doch kein geldwerter Gegenstand i.S.d. generalklauselartig erfassten Vermögensstandes, sondern lässt sich als Ausstrahlung der Persönlichkeit des Schuldners auffassen[829]. In casu scheidet die Strafbarkeit aus wegen Nichterfüllung der umschriebenen Tatbestandsvoraussetzungen. Auf die Ermittlung der Wirtschaftskonformität des Verhaltens braucht nicht eingegangen zu werden. Nicht erfasst von der Generalklausel sind ferner Manipulationen mit Insolvenzausfallgeld[830] durch sachlich unbegründete rückwirkende Gehaltserhöhungen[831], rückwirkende Anstellung neuer Geschäftsführer[832], Einstufung von Gesellschaftern als Arbeitnehmer durch Veränderung der Beteiligungsverhältnisse[833] und Netto-Lohnfinanzierung[834], die unter Nr. 2 oder Nr. 4 fallen[835].

Vermögensverminderungen, die sich als einheitliche, sich aus einzelnen Vermögensverfügungen zusammensetzende wirtschaftliche Vorgänge darstellen, und um deren generalklauselartige Erfassung willen Tiedemann[836] eine strafbarkeitsbegründende Gesamtbetrachtung vorschlägt, sind im Zusammenhang mit dem Grundsatz der Einzelbetrachtung, die, angesichts der erforderlichen ex ante Bestimmung jeder strafbaren Risikoschaffung sowie aufgrund des Bestimmtheitserfordernisses, das Klarheit über jede strafbare Einzeldisposition verlangt, bei der Unrechtsbegründung sich als ausschlaggebend erweist, vom Tatbestand auszunehmen[837]. Nach Nr. 8 sollen nach Tiedemanns Ansicht strafbar sein Fälle wie die Fortführung eines insolventen Unternehmens[838], das

---

Massezugehörigkeit der Arbeitskraft abhängig macht. So auch die Literatur, Grosche, Generalklausel, S. 61; NK-Kindhäuser vor § 283 Rn. 83; Krause, Ordnungsgemäßes Wirtschaften, S. 249 ff; LK-Tiedemann § 283 Rn. 161;derselbe, KTS 1984, 553;Weyand, Konkursdelikte, S.92f.

[829] OLG Düsseldorf NJW 1982, 1712, 1713 zu Nr. 1

[830] Als Insolvenzausfallgeld wird das in der Insolvenz ausgefallene Arbeitsgeld der Arbeitnehmer bezeichnet, auf dessen Ausgleich sie gemäß § 141 a AFG bei Zahlungsunfähigkeit ihres Arbeitgebers einen Anspruch haben.

[831] Der Fall wurde erst von Eitel, Prot. 7/2547 f., angeführt, der aber Nr. 8 als anwendbar ansieht.

[832] Hierzu LK-Tiedemann § 283 Rn. 156; derselbe, KTS 1984, 552

[833] Dazu BT Drucks. 7/5291, S. 18; LK-Tiedemann § 283 Rn. 156

[834] Bei der Nettolohnfinanzierung übernimmt eine Bank die vom krisenbefangenen Unternehmen nicht mehr aufbringbaren Nettolöhne an die Arbeitnehmer, die ihrerseits auf Veranlassung der Unternehmensleitung mit der Bank Darlehens- oder Faktoringverträge abschließen, auszuzahlen. Nach der Bezahlung der Nettolöhne macht die Bank die Ansprüche der Arbeitnehmer auf das Insolvenzausfallgeld gegenüber dem Arbeitsamt geltend. Dazu Tiedemann, ZIP 1983, 518; Grosche, Generalklausel, S. 74 ff.

[835] So Grosche, Generalklausel, S. 70 ff.; NK-Kindhäuser § 283 Rn. 91; LK-Tiedemann § 283 Rn. 156; derselbe, KTS 1984, 539, 552 f.

[836] in LK § 283 Rn. 162 ff.; derselbe, KTS 1984, 553 ff.

[837] Näher hierzu Krause, Ordnungsgemäßes Wirtschaften, S. 139 ff., 443 f.; NK-Kindhäuser vor § 283 Rn. 65, 80, 84 sowie § 283 Rn. 91

[838] LK-Tiedemann § 283 Rn. 168; krit. Krause, Ordnungsgemäßes Wirtschaften, S. 139

Wirtschaften ohne ein von der Unternehmensgröße und der Branche abhängendes Mindestmaß an Übersicht und Planung[839], die unzureichende Unternehmenskapitalisierung[840], die schuldnerischen Geschäftstätigkeiten ohne hinreichenden Finanzierungsplan[841], die Sanierungsversuche durch Auffanggesellschaften[842] sowie die Finanzierung des Unternehmens durch Vorgriff auf das Insolvenzausfallgeld[843]. Einzelbetrachtet unterliegen sie aber nicht dem Anwendungsbereich der Generalklausel, sondern sie sind entweder mit den Tatalternativen des Beiseiteschaffens (Nr. 1) oder der unwirtschaftlichen Ausgaben (Nr. 2) zu lösen.

Kaum eine praktische Rolle kommt schließlich der Tatbestandsverwirklichung durch Unterlassen, die nur unter den allgemeinen Voraussetzungen in Betracht kommt[844]. Dies erklärt sich dadurch, dass den Schuldner keine spezifische Pflicht trifft, sein Vermögen zugunsten der Gläubiger zu betreuen. Daher scheidet eine Garantenpflicht des Schuldners aus[845]. Zu denken ist nur an die Nichtausnutzung von Exportlizenzen, die als tatbestandsmäßiges Unterlassen zu qualifizieren ist[846].

1.3.8.4. Die informationsbezogene Alternative der Generalklausel

1.3.8.4.1. Geschäftliche Verhältnisse

Grundlage dieses Kapitels ist der Tatgegenstand der 2. Alt. der Generalklausel, die wirklichen geschäftlichen Verhältnisse des Schuldners. Die Literatur verweist zur Bestimmung der Tatobjekte auf die unternehmensbezogenen Gegebenheiten, die für die Einschätzung (Bonität, Kreditwürdigkeit) der Unternehmenssituation von Bedeutung sind[847]. Zur Konkretisierung der in Rede stehenden unternehmerischen Gegebenheiten

---

[839] LK-Tiedemann § 283 Rn. 168 unter Hinweis auf BGH NJW 1981, 354, 355; derselbe, Dünnebier-FS, 539; derselbe, ZIP 1983, 522; Tröndle/Fischer § 283 Rn. 31; Weyand, Konkursdelikte, S. 92; krit. Grosche, Generalklausel, S. 82; Krause, Ordnungsgemäßes Wirtschaften, S. 139

[840] LK-Tiedemann § 283 Rn. 163; krit. Grosche, Generalklausel, S. 64 f.; Krause, Ordnungsgemäßes Wirtschaften, S. 140

[841] Tiedemann, Wirtschaftsstrafrecht I, S. 73; Weyand, Konkursdelikte, S. 92; krit. Grosche, Generalklausel, S. 66; Krause, Ordnungsgemäßes Wirtschaften, S. 139

[842] LK-Tiedemann § 283 Rn. 164; krit. Grosche, Generalklausel, S. 85; NK-Kindhäuser § 283 Rn. 91; Krause, Ordnungsgemäßes Wirtschaften, S. 140; dazu vgl. oben § 4 B III 1.3.1.3.1.2.2.3.

[843] LK-Tiedemann § 283 Rn. 165; krit. Krause, Ordnungsgemäßes Wirtschaften, S. 140

[844] NK-Kindhäuser § 283 Rn. 90

[845] LK-Tiedemann § 283 Rn. 159; NK-Kindhäuser § 283 Rn. 90

[846] NK-Kindhäuser § 283 Rn. 90; LK-Tiedemann § 283 Rn. 155, a.A. Grosche, Generalklausel, S. 83 f.

[847] LK-Tiedemann § 283 Rn. 172; zust. Grosche, Generalklausel, S. 89, NK-Kindhäuser § 283 Rn. 94; Weyand, Konkursdelikte, S. 93

sind die von Tiedemann[848] angeführten einzelnen Umstände zu Rate zu ziehen. Dazu zählen also die Vermögensverhältnisse, die allgemeine Geschäfts- und Ertragslage[849], ja sogar die Werturteile, innere Tatsachen, künftige Ereignisse, die sich auf geplante Entwicklungen, Investitionsvorhaben und Planungsmaßnahmen beziehen, sowie die persönlichen Verhältnisse des Unternehmensinhabers.

Der Anwendungsbereich der unter Erörterung stehenden Handlungsalternative erweitert sich dadurch, dass sie die Erfassung von Handlungen, die von Nichtkaufleuten begangen werden und demzufolge nach Nrn. 5-7 nicht tatbestandsmäßig sein können, ermöglicht[850]. Die Kaufleute sind als taugliche Täter nur dann zu qualifizieren, wenn sie z. B. neben die ordentliche Buchführung und Bilanzierung zur Täuschung ihrer Geschäftspartner mangelhafte Bilanzen aufstellen[851].

1.3.8.4.2. Tathandlungen

Beide, im Folgenden dazustellende, Handlungsalternativen setzen ein konkludentes Tun voraus[852]. Die Tatbegehung durch Unterlassen kommt unter den allgemeinen Voraussetzungen in Betracht. Eine Garantenstellung des Täters ergibt sich aus Ingerenz. Dies ist der Fall, wenn der Schuldner gutgläubig falsche Angaben gemacht hat und sie nach Erkennen des Fehlers nicht korrigiert[853].

1.3.8.4.2.1. Verheimlichen

Verheimlicht werden die wirklichen geschäftlichen Verhältnisse, wenn sie der Kenntnis der Gläubiger oder des Insolvenzverwalters entzogen werden[854]. Entsprechend der Deliktsart der in Rede stehenden Tathandlung als abstraktes Gefährdungsdelikt gehören zum Adressatenkreis auch potentielle Gläubiger im zeitlichen Stadium der Vorverhandlungen, Werbung u.s.w.[855].

Denkbare Anwendungsfälle des Verheimlichens i.S.d. Nr. 8 sind die durch Auskünfte, Prospekte, Vermögensübersichten u.s.w. unrichtige

---

[848] in LK § 283 Rn. 173
[849] Hierzu bereits RGSt 38, 195, 199
[850] So Grosche, Generalklausel, S. 89; NK-Kindhäuser § 283 Rn. 93; LK-Tiedemann § 283 Rn. 172
[851] BGHSt 30, 186 f.; Grosche, Generalklausel, S. 100; NK-Kindhäuser § 283 Rn. 93; LK-Tiedemann § 283 Rn. 172; dazu vgl. oben § 4 B III 1.3.7.3.1.
[852] NK-Kindhäuser § 283 Rn. 95
[853] LK-Tiedemann § 283 Rn. 171; NK-Kindhäuser § 283 Rn. 95
[854] Vgl. dazu bereits oben § 4 B III 1.3.1.3.2.1.
[855] So LK-Tiedemann § 283 Rn. 174; Grosche, Generalklausel, S. 90, Fn. 1; einschränkend NK-Kindhäuser § 283 Rn. 95, der die Zugehörigkeit der Geschäftspartner im zeitlichen Stadium der Vorverhandlungen davon abhängig macht, dass sie später Gläubiger werden.

Darstellung der geschäftlichen Verhältnisse[856] sowie das Vernichten der tatsächlich vorhandenen Buchführung oder sonstiger schriftlicher Unterlagen durch Nichtkaufleute, das von Nr. 6 nicht erfasst werden kann[857].

1.3.8.4.2.2. Verschleiern

Als Verschleiern wird das irreführende Verhalten definiert, durch das die wirklichen geschäftlichen Verhältnisse des Schuldners vor den Gläubigern oder dem Insolvenzverwalter verborgen bleiben[858]. Zur Tatbestandsverwirklichung reicht jedoch auch, dass die Verhältnisse so undeutlich dargestellt werden, dass ein sachverständiger Dritter sie entweder gar nicht oder nur unter erheblichen Schwierigkeiten und unter Aufwendung besonderer Mühen und Zeit erkennen kann[859].

Die Tatalternative des Verschleierns kann bei der unrichtigen Angabe der Unternehmensverhältnisse durch Prospekte und sonstige geschäftliche Mitteilungen gegenüber einem unbestimmten Personenkreis erfüllt sein[860]. In Betracht kommen weiter wahrheitswidrige Behauptungen des Schuldners im Bereich der Baubetreuung, dass Konten Sonderkonten für zweckgebundene Gelder seien[861], wie auch die Umleitung von Haben-Umsätzen des Unternehmens auf ein verdecktes Konto.[862] Dagegen fällt das verheimlichte Unterhalten eines Tochterunternehmens im Ausland nicht unter Nr. 8[863], sondern lässt sich von Nr. 5 und Nr. 7 a erfassen[864].

2. Herbeiführen der Unternehmenskrise (§ 283 Abs. 2 StGB)

Der weitere Verlauf der Arbeit wird Gelegenheit bieten zu zeigen, wodurch sich Abs. 2 von Abs. 1 unterscheidet und welche Tathandlungen für die Herbeiführung der Krise geeignet sind. Hervorzuheben ist aber, dass sich die Herbeiführung der Unternehmenskrise selbst als eigene Bankrotthandlung darstellt, deren Anwendungsbereich sich nach den in Abs. 1 Nrn. 1-8 aufgezeigten Verhaltensweisen bestimmt.

---

856 LK-Tiedemann § 283 Rn. 174 m.w.N.
857 LK-Tiedemann § 283 Rn. 174; Grosche, Generalklausel, S. 94 f.
858 Bieneck in: Müller-Gugenberger/Bieneck § 86 Rn. 24; Lackner/Kühl § 283 Rn. 21
859 NK-Kindhäuser § 283 Rn. 95; LK-Tiedemann § 283 Rn. 176; vgl. noch RGSt 68, 346, 349
860 LK-Tiedemann § 283 Rn. 176; Grosche, Generalklausel, S. 102 f.; Sch/Sch-Stree § 283 Rn. 49; Tröndle/Fischer § 283 Rn. 31; a.A. NK-Kindhäuser § 283 Rn. 95
861 LK-Tiedemann § 283 Rn. 176; NK-Kindhäuser § 283 Rn. 95
862 So BGH wistra 2000, 136, 137
863 So aber Hiltenkamp-Wisgalle, Bankrottdelikte, S. 199; Tröndle/Fischer § 283 Rn. 31; Weyand, Konkursdelikte, S. 93, allerdings ohne Begründung
864 So wohl LK-Tiedemann § 283 Rn. 176; Grosche, Generalklausel, S. 95

2.1. Verhältnis zu Abs. 1

Anders als Abs. 1 ist das Verhalten (Handeln und Unterlassen) außerhalb der Unternehmenskrise als Erfolgsdelikt aufgebaut[865]. Doch wird im Straftatbestand der Eintritt der Insolvenz vorausgesetzt, die sich somit als Taterfolg darstellt. Die Strafvorschrift bindet also die Tatbestandsmäßigkeit an die kausale Herbeiführung der wirtschaftlichen Krise. Nach einhelliger Ansicht in der strafrechtlichen Literatur reicht zur Tatbestandsverwirklichung aus, dass die Bankrotthandlungen mitursächlich waren[866]. Allerdings lässt sich die als Taterfolg anzusehende wirtschaftliche Krise enger als die Krise i.S.d. 1. Abs. interpretieren. Umfasst doch die Unternehmenskrise i.S.d. 2. Absatzes nur die Überschuldung und die eingetretene Zahlungsunfähigkeit, d.h. das Herbeiführen der drohenden Zahlungsunfähigkeit erfüllt den Tatbestand nicht[867].

Die Regelung in Abs. 2 weicht zusätzlich noch in einem weiteren Punkt von Abs. 1 ab; bei der Bestimmung der Wirtschaftkonformität des schuldnerischen Verhaltens, was an die Rolle der Sorgfaltsanforderungen beim Handeln und Unterlassen außerhalb der Krise anknüpft[868].

Bereits oben [869] wurde gezeigt, dass die Pflicht des Schuldners zum Besorgen der Gläubigerinteressen innerhalb der wirtschaftlichen Krise (drohende oder eingetretene Zahlungsunfähigkeit, Überschuldung) als eine Hauptpflicht anzusehen ist. A contrario lässt sich festhalten, dass außerhalb der Unternehmenskrise (Abs. 2) sich die o.g. Pflicht zu keiner schuldnerischen Kardinalplicht verdichten lässt. Daraus folgt aber, dass diejenigen Prüfungsstufen des Maßstabs des ordnungsgemäßen Wirtschaftens ,die auf der Kollision der Ziele des Schuldners mit den Vermögensinteressen der Gläubiger beruhen, außer acht zu lassen sind. Aus diesem Grund lassen sich die Wahrnehmung von berechtigten Interessen des Schuldners wie auch, auf der Risikostufe, die Kriterien der Erforderlichkeit und der Geeignetheit

---

[865] So LK-Tiedemann § 283 Rn. 2 sowie 179; NK-Kindhäuser § 283 Rn. 3, 96 sowie vor § 283 Rn. 37; a.A. Bieneck in: Müller-Gugenberger/Bieneck § 76 Rn. 69: konkretes Gefährdungsdelikt; zu der erforderlichen Kausalität zwischen Bankrotthandlung und Krise s. bereits oben § 4 B I

[866] NK-Kindhäuser § 283 Rn. 96; Sch/Sch-Stree § 283 Rn. 54; LK-Tiedemann § 283 Rn. 180; Weyand, Konkursdelikte, S. 94

[867] So die ganz h. M in der Literatur, Bieneck in: Müller-Gugenberger/Bieneck § 76 Rn. 69; NK-Kindhäuser § 283 Rn. 96; Lackner/Kühl § 283 Rn. 22; Sch/Sch-Stree § 283 Rn. 54; LK-Tiedemann § 283 Rn. 179; Tröndle/Fischer § 283 Rn. 32; Weyand, Konkursdelikte, S. 94

[868] Tröndle/Fischer § 283 Rn. 32, wollen bei der Bestimmung der Anforderungen einer ordnungsgemäßen Wirtschaft keine Abstriche hinnehmen, während LK-Tiedemann, § 283 Rn. 182, richtigerweise eine Korrektur der diesbezüglichen Maßstäbe und Kriterien als erforderlich ansieht.

[869] § 4 B II 6

des eingegangenen Risikos nicht berücksichtigen[870]. Abgesehen vom Maßstab der hinreichenden Übersicht und Planung des Schuldners über seine wirtschaftliche Lage, der sich bei der Ermittlung der Wirtschaftskonformität des Handelns und Unterlassens außerhalb der Krise als ausschlaggebend erweist[871], greift als Wirtschaftskonfirmitätskriterium die Angemessenheit der schuldnerischen riskanten Verhaltensweisen ein, deren Konkretisierung entsprechend dem Erfordernis des Herbeiführens der Unternehmenskrise von der Tauglichkeit der bestandsbezogenen Bankrotthandlungen, (mit-) ursächlich für die Insolvenz zu werden, abhängt[872]. Dies bedeutet, dass nur die Vermögensdispositionen, die auf unangemessenen, sc. (mit-) ursächlichen für die Insolvenz Risiken beruhen, wirtschaftswidrig, also strafbar sind.

2.2. Die für die Herbeiführung der Unternehmenskrise geeigneten Handlungen

Entsprechend dem Gesetzeswortlaut kommen als insolvenzverursachende Handlungen die in Abs. 1 umschriebenen und bereits angesprochenen Verhaltensweisen in Betracht[873]. Am häufigsten wird die Insolvenz durch Überweisungen von hohen Geldbeträgen auf fremde Konten[874], unwirtschaftliche Ausgaben, Schleuderverkäufe, Rückzahlungen eigenkapitalersetzender Darlehen sowie hohe Privatentnahmen, also durch die in Nrn. 1-3 pönalisierten bestandsbezogenen Bankrotthandlungen, herbeigeführt[875]. Die Krise kann auch durch informationsbezogene Bankrotthandlungen, denen das (Mit-) Verursachungsrisiko innewohnt, herbeigeführt werden. In diesem Zusammenhang ist insbesondere an grobe Mängel der Buchführung oder der Inventar- und Bilanzaufstellung zu denken[876].

Weitere denkbare Fallgestaltungen sind die Manipulationen der sog. „gesteuerten" Insolvenz zum Zwecke der Entlassung von Arbeitnehmern sowie durch Betriebsaufspaltungen, zur Versteckung von gewinnbringenden Unternehmensteilen[877], die Aushöhlung des

[870] Vgl. Krause, Ordnungsgemäßes Wirtschaften, S. 417 ff.
[871] Vgl. Krause, Ordnungsgemäßes Wirtschaften, S. 420; NK-Kindhäuser § 283 Rn. 97
[872] So Krause, Ordnungsgemäßes Wirtschaften, S. 418 ff.; NK-Kindhäuser § 283 Rn. 97 f.
[873] Vgl. OLG Frankfurt NStZ 1997, 551
[874] OLG Frankfurt NStZ 1997, 551
[875] Vgl. LK-Tiedemann § 283 Rn. 181 sowie die zahlreichen Fälle, in denen die griechische Rechtsprechung ein insolvenzverursachendes Verhalten i. S. d. Art. 685 § 5 gr. HG angenommen hat, unten § 5 B II 2.2.2.5.2.
[876] Amtliche Begründung, BT Drucks. 7/3441, S. 37; NK-Kindhäuser § 283 Rn. 98; LK-Tiedemann § 283 Rn. 181; einschränkend Tröndle/Fischer § 283 Rn. 32
[877] Blackenbach/Richter, wistra 1982, 224; Liebl, Geplante Konkurse, S. 80 ff.; LK-Tiedemann § 283 Rn. 181

Unternehmens[878] und die Gründung kurzlebiger Unternehmen zur Erlangung von Geld- und Warenkredit[879].

IV. Vorsatz, Irrtum, Fahrlässigkeit

Um das umfassende Verständnis der Unterschiede des deutschen vom griechischen Bankrottatbestand hinsichtlich der einzelnen Tatalternativen zu erhalten sind noch die Schuldanforderungen anzusprechen. Gemäß § 15 StGB ist das Handeln und Unterlassen innerhalb (Abs. 1) wie auch außerhalb der Krise (Abs. 2) nur bei vorsätzlicher Begehung strafbar, wenn nicht fahrlässiges Handeln ausdrücklich mit Strafe bedroht ist. Den Gegenstand der folgenden Kapitel bildet also die Anführung der Vorsatz- und Fahrlässigkeitsstrafbarkeit (ausdrücklich geregelt in Abs. 4 bezüglich der Krise und in Abs. 5 für die Nrn. 2,5 und 7 beschriebenen Handlungen).

1. Vorsatzerfordernis

Der Vorsatz muss sich auf alle Tatbestandsmerkmale, allerdings nicht auf die objektiven Bedingungen der Strafbarkeit erstrecken. Bei Abs. 1 umfasst der Vorsatz die Überschuldung oder zumindest die drohende Zahlungsunfähigkeit des Schuldners[880] und bei Abs. 2 die Herbeiführung der wirtschaftlichen Krise (Überschuldung oder eingetretene Zahlungsunfähigkeit). Nach ganz h. M. reicht dolus eventualis aus[881].

Im einzelnen liegt ein Tatbestandirrtum (§ 16 StGB) bei Nr. 1 vor, wenn der Schuldner die Massezugehörigkeit der Vermögensbestandteile verkennt[882]. Bei Nr. 2, zumal bei der Unwirtschaftlichkeit der Ausgaben, muss sich der Vorsatz nicht nur auf die ausgegebenen Summen, sondern auch auf die Unangemessenheit der Ausgabe, sc. auf die Überschreitung des Notwenigen und Üblichen erstrecken[883]. Bezüglich Nr. 3 entfällt der Vorsatz (§ 16 StGB), wenn der Schuldner verkennt, dass die Waren oder Wertpapiere kreditiert sind und dass der Veräußerungspreis unter dem Marktwert oder, im Falle seiner unmöglichen Feststellung, unter dem im Handel üblichen Preis liegt[884]. Bei Nr. 4 liegt ein Tatbestandsirrtum vor (§ 16 StGB), wenn der Schuldner irrig annimmt, die Anerkennung einer Forderung sei deshalb

---

[878] BGH JZ 1979, 75, 76 f.; Lampe, GA 1987, 241 ff.; LK-Tiedemann § 283 Rn. 181
[879] LK-Tiedemann § 283 Rn. 181, derselbe, Wirtschaftsstrafrecht I, S. 74
[880] BGH wistra 1999, 459, 462; 2000, 136
[881] BGH 1 StR 625/80 v. 10.2.1981, S. 12 zitiert bei LK-Tiedemann § 283 Rn. 188 sowie bei NK-Kindhäuser § 283 Rn. 99; Lackner/Kühl § 283 Rn. 23; Preisendanz/Bieneck § 283 Anm. 8; Sch/Sch-Stree § 283 Rn. 56; Hiltenkamp-Wisgalle, Bankrottdelikte, S. 340, Fn. 1
[882] LK-Tiedemann § 283 Rn. 191
[883] BGH NJW 1953, 1480, 1481; BGH MDR 1981, 510, 511 mit ablehnender Anmerkung Schlüchter, JR 1982, 30 f.; NK-Kindhäuser § 283 Rn. 99; LK-Tiedemann § 283 Rn. 192; einschränkend Sch/Sch-Stree § 283 Rn. 56; Tröndle/Fischer § 283 Rn. 33
[884] LK-Tiedemann § 283 Rn. 193

berechtigt, da die Gegenforderung mit der sich aufgerechnet wurde, bestritten ist[885]. Einen bloßen Subsumtionsirrtum stellt dagegen die irrige Annahme des Täters, dass unter den Anwendungsbereich der Nr. 4 nur dingliche Rechte fallen[886].

Hinsichtlich der Buchführungsdelikte entfällt der Vorsatz, wenn der Täter die tatbestandlichen Voraussetzungen einschließlich die Formen und Fristen verkennt. Durchgreifenden Bedenken begegnet allerdings die Ansicht, dass sich der Vorsatz auch auf die handelsrechtliche Pflicht zur ordentlichen Buchführung, Aufbewahrung von Handelsbüchern und sonstigen Unterlagen sowie zur sorgfältigen und rechtzeitigen Bilanzerstellung erstrecken muss[887]. Denn die letztgenannten Pflichten gehören nicht zum Wissen des Täters. Vielmehr stellt eine solche Fehlvorstellung, entsprechend der Verwirklichung des gesetzlichen Tatbestandes durch Untätigbleiben, einen Gebotsirrtum dar[888], der nach § 17 StGB zu beurteilen ist[889].

Bei dem Merkmal des Widerspruchs zu den Anforderungen einer ordnungsgemäßen Wirtschaft bezüglich der bestandsbezogenen Bankrottalternativen gehören zum Vorsatz des Täters nicht nur die maßgebenden Umstände des ordnungsgemäßen Wirtschaftens[890], sondern auch, dass der Täter im Bewusstsein von der Wirtschaftswidrigkeit seiner Vermögensdispositionen handelt[891].

2. Fahrlässigkeit

2.1. Fahrlässiges Verkennen der Krise (Abs. 4 Nr. 1)

Gemäß § 283 Abs. 4 Nr. 1 StGB macht sich strafbar, wer eine Bankrottstraftat nach Abs. 1 Nrn. 1-8 zwar vorsätzlich begeht, die wirtschaftliche Krise i.S.d. Abs. 1 (Überschuldung, drohende oder eingetretene Zahlungsunfähigkeit) aber fahrlässig verkennt. Das entscheidende Tatbestandsmerkmal der Krise wird vom Vorsatz nicht umfasst, so dass insgesamt ein Fahrlässigkeitsdelikt vorliegt, wobei Versuch

---

885 Vgl. RG DR 1940, 793; LK-Tiedemann § 283 Rn. 194; NK-Kindhäuser § 283 Rn. 99

886 LK-Tiedemann § 283 Rn. 194

887 So aber LK-Tiedemann § 283 Rn. 188 mit der Begründung, dass als Tatobjekt der Nrn. 5 und 7 nicht das Handelsbuch oder die Bilanz sondern die Pflicht zur Buchführung und Bilanzerstellung zu qualifizieren ist; so auch Lackner/Kühl § 283 Rn. 23; SK-Samson § 283 Rn. 25; Tröndle/Fischer § 283 Rn. 33; Weyand, Konkursdelikte, S. 95

888 BGH NJW 1981, 354, 355; ähnlich Bieneck in: Müller-Gugenberger/Bieneck § 82 Rn. 65; NK-Kindhäuser § 283 Rn. 99; Sch/Sch-Stree § 283 Rn. 56

889 Hierzu s. zum Beispiel BGH StV 1984, 461 mit ablehnender Anmerkung Otto, der für den faktischen Geschäftsführer, der irrig angenommen hat, die Buchführungs- und Bilanzierungspflichten träfen den bestellten Geschäftsführer, keinen Verbotsirrtum angenommen hat.

890 So aber Sch/Sch-Stree § 283 Rn. 56 sowie Tröndle/Fischer § 283 Rn. 33

891 So wohl LK-Tiedemann § 283 Rn. 189 und NK-Kindhäuser § 283 Rn. 99

und Teilnahme nicht möglich sind[892]. In der Praxis dient Abs. 4 Nr. 1 als Auffangtatbestand, soweit die Krisenkenntnis des Täters nicht nachweisbar ist[893].

Allerdings ginge die Ausdehnung der Strafbarkeit bei leicht fahrlässiger Unkenntnis der Krise, unter Berücksichtigung auch der grundsätzlich fehlenden Fahrlässigkeitsstrafbarkeit im Vermögensstrafrecht, zu weit[894]. Vielmehr wird zur Bestrafung wegen fahrlässigen Bankrotts i.S.d. Abs. 4 ein objektiv pflichtwidriges Verkennen der Krise seitens des Täters vorausgesetzt[895].

Objektiv pflichtwidrig ist die Unkenntnis der Krise bei Außerachtlassen der elementaren Anforderungen des ordnungsgemäßen Wirtschaftens[896], die hierbei in der Verpflichtung des Schuldners zur Überprüfung seiner Vermögens- und Finanzlage bestehen und nach dem Umfang, der Finanzierungsart sowie der Branchenzugehörigkeit des jeweiligen Unternehmens konkretisiert werden[897]. Zur Bestimmung der Pflichtwidrigkeit im o.g. Sinne wird also vorausgesetzt, dass eine schuldnerische Pflicht zur Erstellung eines Finanzplans und Vermögensstatus besteht, was nach einhelliger Ansicht in der Literatur auf bestimmte Gründe, wie z. B. bei erheblichen Vermögensverlusten, häufigen Umgründungen, beträchtlichen Absatzeinbußen begrenzt ist[898], und dass der Täter sie nicht erfüllt[899]. Im einzelnen besteht bei den Kapitalgesellschaften und größeren Unternehmen eine laufende Selbstprüfungspflicht, während bei kleineren Unternehmen und Freiberuflern sich die Pflichtwidrigkeit aus dem völlig planlosen Wirtschaften ergibt.[900] Bei den Buchführungspflichtigen[901] stellt sich als pflichtwidrige Unkenntnis der Krise die unterlassene oder mangelhafte Buchführung dar[902].

Im Schuldbereich wird schließlich für die Fahrlässigkeitsstrafbarkeit i.S.d. Abs. 4 vorausgesetzt, dass es dem Täter nach

---

[892] Tröndle/Fischer § 283 Rn. 35

[893] NK-Kindhäuser § 283 Rn. 102; LK-Tiedemann § 283 Rn. 204; Weyand, Konkursdelikte, S. 96 f.; vgl. BGHSt 17, 210, 212 f.

[894] LK-Tiedemann § 283 Rn. 205, derselbe, Schröder-Gedächtnisschrift, 292; a.A. Hiltenkamp-Wisgalle, Bankrottdelikte, S. 345

[895] LK-Tiedemann § 283 Rn. 206; NK-Kindhäuser § 283 Rn. 103; Weyand, Konkursdelikte, S. 97

[896] Vgl. BGH NJW 1981, 354, 355; zu den elementaren Anforderungen einer ordnungsgemäßen Wirtschaft s. bereits oben § 4 B III 1.3.8.2.

[897] LK-Tiedemann § 283 Rn. 207; NK-Kindhäuser § 283 Rn. 103

[898] Näher LK-Tiedemann § 283 Rn. 207; NK-Kindhäuser § 283 Rn. 103

[899] LK-Tiedemann § 283 Rn. 205 ff.

[900] Vgl. NK-Kindhäuser § 283 Rn. 103

[901] Dazu bereits oben § 4 B III 1.3.5.3.

[902] Tröndle/Fischer § 283 Rn. 35; LK-Tiedemann § 283 Rn. 206; NK-Kindhäuser § 283 Rn. 103

seinen individuellen Fähigkeiten und Kenntnissen möglich war, seiner Pflicht zur Prüfung seiner Finanz- und Vermögenslage nachzukommen[903].

2.2. Leichtfertige Herbeiführung der Überschuldung oder Zahlungsunfähigkeit (Abs. 4 Nr. 2)

Gemäß Abs. 4 Nr. 2 ist derjenige zu bestrafen, der vorsätzlich Bankrotthandlungen nach Abs. 1 Nrn. 1-8 vornimmt und dadurch seine Überschuldung oder Zahlungsunfähigkeit leichtfertig verursacht[904]. Die Tat selbst ist aber gemäß § 11 Abs. 2 StGB Vorsatztat[905]. Daraus folgt, dass Teilnahme schon möglich ist. Jedoch scheidet die Versuchsstrafbarkeit aus, da sich Abs. 3 nur auf die Vorsatztaten nach Abs. 1 und 2 bezieht[906].

Der Begriff der Leichtfertigkeit entspricht nach gefestigter Rechtsprechung objektiv dem der groben Fahrlässigkeit im Zivilrecht[907]. Leichtfertig handelt der Täter, wenn er in ungewöhnlich hohem Maße sorgfaltswidrig handelt, also wenn er die elementaren Anforderungen ordnungsgemäßen Wirtschaftens[908] missachtet. Geeignet zur leichtfertigen Herbeiführung der Insolvenz Bankrotthandlungen sind, wie bei der vorsätzlichen Verursachung der Krise i.S.d. Abs. 2, die Überweisungen von hohen Geldbeträgen auf fremde Konten[909], die Beiseiteschaffung von wertvollen Vermögensbestandteilen, Schleuderverkäufe sowie hohe Privatentnahmen[910]. Zu denken ist ferner an Vermögensverfügungen, die ohne Geschäfts- und Branchenkenntnisse vorgenommen wurden[911].

Im Schuldbereich ist schließlich zu prüfen, ob es dem Täter möglich war, unschwer die Verursachung der Überschuldung oder Zahlungsunfähigkeit zu vermeiden, wobei auf die individuellen Fähigkeiten und Kenntnisse abzustellen ist.

---

903 Vgl. LK-Tiedemann § 283 Rn. 210

904 Zum Kausalzusammenhang zwischen den Handlungen und dem Erfolgseintritt s. bereits oben § 4 B I, III 2.1.

905 So NK-Kindhäuser § 283 Rn. 104; Lackner/Kühl § 283 Rn. 24; Sch/Sch-Stree Rn. 57; LK-Tiedemann § 283 Rn. 211; Tröndle/Fischer § 283 Rn. 37

906 NK-Kindhäuser § 283 Rn. 104; LK-Tiedemann § 283 Rn. 211; Tröndle/Fischer § 283 Rn. 37

907 BGHSt 14, 240, 255; 20, 315, 327; 33, 66; BGH StRV 1994, 480; OLG Nürnberg NStZ 1986, 556

908 Zur Ausprägung der elementaren Anforderungen ordnungsgemäßer Wirtschaft s. bereits oben § 4 B III 1.3.8.2.

909 Vgl. OLG Frankfurt NStZ 1997, 551

910 LK-Tiedemann § 283 Rn. 213

911 Vgl. NK-Kindhäuser § 283 Rn. 105; LK-Tiedemann § 283 Rn. 213

2.3. Fahrlässige Bankrotthandlungen (Abs. 5)

In Abs. 5 wird die fahrlässige Begehung von bestimmten Bankrotthandlungen unter Strafe gestellt und zwar sowohl für den Zeitraum innerhalb der Krise, soweit der Täter fahrlässig seine wirtschaftliche Krise i.S.d. Abs. 1 verkennt, als auch für den Zeitraum außerhalb der Krise, wenn der Täter die Unternehmenskrise i.S.d. Abs. 2 leichtfertig verursacht. Die Pönalisierung der fahrlässigen Vornahme nur bestimmter, also der in Nrn. 2,5 und 7 aufgeführten Bankrotthandlungen erklärt sich dadurch, dass der Gesetzgeber sie als besonders gefährlich angesehen hat[912]. Jedoch inkriminiert Abs. 5 die fahrlässige Begehung von Bankrotthandlungen, auch wenn der Täter bezüglich des Vorliegens der Krise oder ihrer Herbeiführung mit Vorsatz handelt[913]. Es ist allerdings unvorstellbar, wie es Tröndle/Fischer[914] zutreffend hervorheben, wie der Täter durch fahrlässiges Handeln den Erfolg i.S.d. Abs. 2 herbeiführen können soll. Zu Recht hat also die in rede stehende Regelung von der strafrechtlichen Literatur Kritik erfahren[915].

Das Problem spitzt sich aber jetzt auf die Frage zu, ob es überhaupt möglich ist, die in Abs. 1 Nr. 2 beschriebenen Tathandlungen fahrlässig zu begehen. Denn angesichts der finalen Natur der in Abs. 1 Nr. 2 umschriebenen Verhaltensweisen ist nur ihre vorsätzliche Vornahme denkbar[916]. Doch liegt das Unrecht des Abschlusses von Risikogeschäften (Nr. 2, Alt. 1-3) im bewussten Eingehen von Verlustgeschäften bzw. im bewussten Eingehen eines hohen Risikos in der Hoffnung auf hohen Gewinn[917]. Desweiteren können die in Nr. 2, Alt. 4-6 aufgeführten Verhaltensweisen nur bewusst vorgenommen werden[918]. Daher erweist sich der Anwendungsbereich von Abs. 5 bezüglich Nr. 2 als zweifelhaft[919]. Dem Fahrlässigkeitsvorwurf genügt in diesem Fall nur Irrtum über die Wirtschaftskonformität des Eingehens von Risikogeschäften oder der Vornahme der Ausgaben[920].

Im Hinblick auf die übrigen, in Abs. 5 pönalisierten fahrlässigen Tatbestandsverwirklichungen, sc. die unterlassene oder

---

[912] Wilts, Prot. 7/2817

[913] Dies ergibt sich daraus, dass wenigstens Fahrlässigkeit bzw. Leichtfertigkeit erfordert wird. Vgl. Müller-Emmert Prot. 7/2827; LK-Tiedemann § 283 Rn. 214; NK-Kindhäuser § 283 Rn. 106

[914] § 283 Rn. 37

[915] Tröndle/Fischer § 283 Rn. 37; Hiltenkamp-Wisgalle, Bankrottdelikte, S. 359; NK-Kindhäuser § 283 Rn. 106; LK-Tiedemann § 283 Rn. 214

[916] Tröndle/Fischer § 283 Rn. 36; LK-Tiedemann § 283 Rn. 215; NK-Kindhäuser § 283 Rn. 107

[917] Tröndle/Fischer § 283 Rn. 36; LK-Tiedemann § 283 Rn. 215

[918] LK-Tiedemann § 283 Rn. 216

[919] So LK-Tiedemann § 283 Rn. 214; Eyrich Prot. 7/2827; Schlüchter MDR 1978, 980

[920] LK-Tiedemann § 283 Rn. 215, 216; NK-Kindhäuser § 283 Rn. 107

mangelhafte Buchführung (Abs. 1 Nr. 5) oder Bilanzierung (Nr. 7), ist zunächst zu sagen, dass sich die Fahrlässigkeit auf die Mangelhaftigkeit beziehen kann[921]. Demgegenüber ist eine fahrlässige unterlassene Buchführung kaum vorstellbar, denn das Führen von Handelsbüchern ist nur vorsätzlich möglich[922]. Nur ausnahmsweise kann ein fahrlässiges Unterlassen angenommen werden, wenn sich die Fahrlässigkeit auf die Kaufmannseigenschaft, also die Buchführungspflicht erstreckt[923]. Die nicht rechtzeitige Bilanzerstellung unterliegt aber schon dem Fahrlässigkeitsvorwurf. Doch kann sich die Fahrlässigkeit auf die Bilanzaufstellungsfristen beziehen. In diesem Zusammenhang ist an die fahrlässige Überschreitung der vorgeschriebenen Zeit zur Bilanzerstellung zu denken. Noch denkbar ist die Erstreckung der Fahrlässigkeit auf andere Tatbestandsmerkmale, wie auf das Erfordernis der Erschwerung der Übersicht, wenn etwa der Täter vorsätzlich seine Handelsbücher verändert, fahrlässig aber verkennt, dass dadurch die Übersicht über seinen Vermögensstand erschwert wurde[924]. Die Fahrlässigkeitsstrafbarkeit ist insbesondere bei der sorgfaltswidrigen Überwachung oder Auswahl dritter Personen, die der Schuldner mit der Buchführung bzw. Bilanzerstellung beauftragt hat, gegeben[925].

V. Besonders schwerer Fall des Bankrotts (§ 283 a StGB)

Im Wege der Auslegung der Bankrotthandlungen steht noch die an die Interpretation des § 283 a StGB anknüpfende Ermittlung von Begehungsweisen, die sich als schwere Fälle des Bankrotts darstellen.

1. Gesetzgebungszweck der Vorschrift

§ 283 a StGB stellt keinen Qualifikationstatbestand dar, sondern sieht als Strafzumessungsvorschrift eine Erhöhung des Mindest- und Höchstmaßes der Strafe für vorsätzliche Bankrotthandlungen vor, für deren schwerwiegende Vornahme der Regelstrafrahmen des § 283 StGB nicht ausreicht[926]. Die in Rede stehende Vorschrift ist kein neuer

---

[921] Vgl. RGSt 13, 354, 359 f.; 16, 277, 279; LK-Tiedemann § 283 Rn. 217 sowie § 283 b Rn. 9

[922] LK-Tiedemann § 283 Rn. 217

[923] LK-Tiedemann § 283 Rn. 217; Tröndle/Fischer § 283 Rn. 36

[924] NK-Kindhäuser § 283 Rn. 109; Sch/Sch-Stree § 283 Rn. 58; LK-Tiedemann § 283 Rn. 217; Tröndle/Fischer § 283 Rn. 36

[925] RGSt 13, 354, 359 f.; 58, 304, 305; BGH bei Böhle/Stamschräder, KTS 1957, 24; NK-Kindhäuser § 283 Rn. 109; Sch/Sch-Stree § 283 Rn. 58; LK-Tiedemann § 283 Rn. 218; Tröndle/Fischer § 283 Rn. 36

[926] Amtliche Begründung BT Drucks. 7/3441, S. 37

Bankrottatbestand, so dass die Tat gemäß § 12 Abs. 3 StGB Vergehen bleibt[927].

2. Regelbeispiele

Der Gesetzgeber bedient sich der Technik der Regelbeispiele. Die Erörterung der somit erhobenen Frage ihrer Wirksamkeit im Vermögensstrafrecht[928] sprengt aber den Rahmen der rechtsvergleichenden Forschung. Zu erwähnen ist nur, dass entsprechend der Leitbildfunktion der Regel-Beispiel-Technik[929] besonders schwere Fälle des Bankrotts, die nicht expressis verbis genannt werden, angenommen werden können, soweit sie der Art und Schwere der geregelten Regelbeispiele entsprechen. Umgekehrt ist noch möglich, dass ein den Tatbestand der Regelbeispiele erfüllender schwerer Fall verneint werden kann, wenn andere, einzelfallbezogene Umstände eingreifen, die die Unrechtsschwere der Bankrotthandlung mildern[930].

Als Regelbeispiele, erst durch das 1. WiKG (1976) in den Bankrottatbestand eingeführt, werden das Handeln aus Gewinnsucht (Nr. 1) und die wissentliche Herbeiführung der Gefahr für die Vermögensinteressen vieler Personen sowie die wissentliche Verursachung der wirtschaftlichen Not für viele Personen (Nr. 2) genannt. Den Gegenstand der folgenden Kapitel bildet also das damit zusammenhängende schuldnerische Handeln, das den Bankrotthandlungen i.S.d. § 283 StGB tatbestandlich ähnelt, ihre Unrechtsschwere aber so überschreitet, dass seine Konsequenzen eine höhere Strafe erforderlich machen.

2.1. Handeln aus Gewinnsucht

Handeln aus Gewinnsucht liegt vor, wenn der Täter seinen Erwerbssinn in einem ungewöhnlichen, ungesunden und sittlich anstößigen Maße betätigt[931]. Bei der „Sucht" handelt es sich nicht um einen physischen Befund im Sinne eines Hanges sondern um das Streben nach Gewinn um jeden Preis[932].

---

[927] Vgl. NK-Kindhäuser § 283 a Rn. 1; LK-Tiedemann § 283 a Rn. 1; Tröndle/Fischer § 283 a Rn. 1

[928] Krit. dazu Eitel, Prot. 7/2545

[929] Dazu Amtliche Begründung BT Drucks. 7/3441, S. 37

[930] NK-Kindhäuser § 283 a Rn. 1; SK-Samson § 283 a Rn. 1; Sch/Sch-Stree § 283 a Rn. 2; LK-Tiedemann § 283 a Rn. 2

[931] Amtliche Begründung BT Drucks. 7/3441, S. 37; BGHSt 1, 388, 389 f.; 3, 30, 32; 17, 35, 37 f. mit krit. Anmerkung W. Seibert, NJW 1962, 1019; BGH GA 1953, 154; 1961, 171; Hiltenkamp-Wisgalle, Bankrottdelikte, S. 362 f.; Maurach/Schoeder/Maiwald 1 § 48 III A 2 Rn. 31; NK-Kindhäuser § 283 a Rn. 4; Preisendanz/Bieneck § 283 a Anm. 2; Sch/Sch-Stree § 283 a Rn. 4; LK-Tiedemann § 283 a Rn. 3

[932] LK-Tiedemann § 283 a Rn. 3

In Betracht kommt die absolute Rücksichtslosigkeit der Anforderungen einer ordnungsgemäßen Wirtschaft bei der Vornahme von bestandsbezogenen Bankrotthandlungen[933]. In diesem Sinne stellt sich als gewinnsüchtiges Handeln die bereits bei Geschäftsbeginn Einplanung des wirtschaftlichen Zusammenbruchs zum Streben nach unlauteren Gewinnen[934].

Ein gewinnsüchtiges Handeln bringt ferner der besonders große Umfang des Schadens der Vermögensinteressen der Gläubiger zum Ausdruck[935]. Die Motivation an ein ungewöhnliches, ungesundes und sittlich anstößiges Maß gesteigertes Gewinnstreben des Täters weist in diesem Zusammenhang die absolute Schmälerung der Insolvenzmasse durch Beiseiteschaffen von besonders wertvollen Vermögensbestandteilen auf.[936]

Bei der Vornahme von hohen Privatentnahmen indiziert ein gewinnsüchtiges Handeln der Zweck ihrer Entnahme. Verbraucht der Täter die Entnahmen für sich selbst, dann liegt Gewinnsucht vor[937].

Verletzungen der Buchführungs- oder Bilanzerstellungspflicht erfüllen dagegen nicht das unter Erörterung stehende Regelbeispiel[938].

2.2. Wissentliche Herbeiführung der Gefahr für viele Personen

2.2.1. Gefahr des Verlustes von Vermögenswerten

Zur Erfüllung der 1. Alt. des 2. Regelbeispiels wird vorausgesetzt, dass der Täter wissentlich, also zumindest mit direktem Vorsatz[939], einen größeren Personenkreis[940] in die konkrete Gefahr[941] eines

---

933 So Sch/Sch-Stree § 283 a Rn. 4 und ihm folgend Hiltenkamp-Wisgalle, Bankrottdelikte, S. 362; NK-Kindhäuser § 283 a Rn. 4; LK-Tiedemann § 283 a Rn. 3

934 Hiltenkamp-Wisgalle, Bankrottdelikte, S. 363; Sch/Sch-Stree § 283 a Rn. 4; LK-Tiedemann § 283 a Rn. 3; Weyand, Konkursdelikte, S. 102. In diesem Falle ist freilich das Vorliegen des Risikos für die (Mit-)Verursachung der Insolvenz gegeben.

935 LK-Tiedemann § 283 a Rn. 4; NK-Kindhäuser § 283 a Rn. 4

936 LK-Tiedemann § 283 a Rn. 4

937 LK-Tiedemann § 283 a Rn. 4

938 Vgl. LK-Tiedemann § 283 a Rn. 4

939 Bieneck in Müller-Gugenberger/Bieneck § 78 Rn. 43; NK-Kindhäuser § 283 a Rn. 6, 12; Sch/Sch-Stree § 283 a Rn. 5; LK-Tiedemann § 283 a Rn. 2,13; Tröndle/Fischer § 283 a Rn. 3

940 Bei weniger als 10 Betroffenen kann aber nicht die Rede von vielen Personen sein. LK-Tiedemann § 283 a Rn. 9. Bei Schädigung eines Hauptgläubigers liegt nach ganz h. M. ein schwerer Fall nach Nr. 1 vor: Bericht Sonderausschuss, BT Drucks. 7/5291, S. 19; Hiltenkamp-Wisgalle, Bankrottdelikte, S. 365 f.; Lackner/Kühl § 283 a Rn. 2; NK-Kindhäuser § 283 a Rn. 7; Sch/Sch-Stree § 283 a Rn. 7; LK-Tiedemann § 283 a Rn. 9; Tröndle/Fischer § 283 a Rn. 6; Weyand, Konkursdelikte, S. 102, Wilts, Prot. 7/2828

941 Bieneck in: Müller-Gugenberger/Bieneck § 78 Rn. 43; Lackner/Kühl § 283 a Rn. 2; SK-Samson § 283 a Rn. 4; Sch/Sch-Stree § 283 a Rn. 5; LK-Tiedemann § 283 a Rn. 8; Tröndle/Fischer § 283 a Rn. 4

naheliegenden großen Verlustes[942] von Vermögenswerten[943], die ihm anvertraut wurden, bringt.

In diesem Sinne wird von Nr. 2, Alt. 1 der Zusammenbruch von solchen Unternehmen, die in großem Umfang fremdes Geld verwalten und mit ihm arbeiten , erfasst. In Betracht kommen in erster Linie Banken, Sparkassen, Genossenschaften, Bausparkassen sowie Kapitalanlagegesell-, schaften denen von vielen Personen Einlagen anvertraut werden[944]. Von Nr. 2 werden ferner missbräuchliche Verfügungen von Kapitalbeteiligungen seitens der sog. Abschreibungsgesellschaften erfasst. Zwar fielen nach Samson[945] Beteiligungen an Abschreibungsgesellschaften nicht unter Nr. 2, denn die Einlagen sollten aus steuerlichen Gründen nach dem Willen des Anvertrauenden von vornherein verloren gehen und die Gefahr der Nachversteuerung betreffe nicht mehr die anvertrauten Vermögenswerte. Es wird allerdings außer acht gelassen, dass der Begriff „Vermögenswerte“ im weiteren Sinne zu verstehen ist, so dass auch missbräuchliche Verfügungen über Kapitalbeteiligungen des Anvertrauenden mit temporärem oder partiellem steuerlichem Verlustzweck auch unter Nr. 2, Alt. 1 fallen[946]. Einen besonderen Fall des Anvertrauens von Vermögenswerten stellt ferner die Lieferung von Waren unter Verzicht auf Barzahlung und gegen Eigentumsvorbehalt dar[947]. Missbräuchliche Verfügungen über die gelieferten Waren, die eine Vielzahl von Kreditoren betrifft, ist also als schwerer Fall des vorsätzlichen Bankrotts i.S.d. Nr. 2, Alt. 1 anzusehen[948].

2.2.2. Wirtschaftliche Not

Das Regelbeispiel setzt voraus, dass der Täter wissentlich, also zumindest mit direktem Vorsatz[949], durch Bankrotthandlungen viele Personen[950] in wirtschaftliche Not bringt. Unter wirtschaftlicher Not ist eine

---

[942] Sch/Sch-Stree § 283 a Rn. 5

[943] Darunter fallen Geld-, Sacheinlagen, Kapitalbeteiligungen und unter Eigentumsvorbehalt gelieferte Waren. NK-Kindhäuser § 283 a Rn. 5; a.A. für den Regelfall hinsichtlich der letztgenannten Vermögenswerte Tröndle/Fischer § 283 a Rn. 4

[944] BT Drucks. 7/3441, S. 37 f.; Bieneck in: Müller-Gugenberger/Bieneck § 78 Rn. 43; Hiltenkamp-Wisgalle, Bankrottdelikte, S. 364 f.; NK-Kindhäuser § 283 a Rn. 5; SK-Samson § 283 a Rn. 4; Sch/Sch-Stree § 283 a Rn. 5; LK-Tiedemann § 283 a Rn. 6; Tröndle/Fischer § 283 a Rn. 4; Weyand, Konkursdelikte, S. 103

[945] in SK § 283 a Rn. 4

[946] LK-Tiedemann § 283 a Rn. 7; zust. NK-Kindhäuser § 283 a Rn. 5; Weyand, Konkursdelikte, S. 103

[947] BGHSt 16, 280, 282 zu § 246 StGB; LK-Tiedemann § 283 a Rn. 7; Weyand, Konkursdelikte, S. 103

[948] LK-Tiedemann § 283 a Rn. 7; zust. Weyand, Konkursdelikte, S. 104

[949] Hiltenkamp-Wisgalle, Bankrottdelikte, S. 366; NK-Kindhäuser § 283 a Rn. 12; SK-Samson § 283 a Rn. 6; LK-Tiedemann § 283 a Rn. 2, 13; Tröndle/Fischer § 283 a Rn. 3; Weyand, Konkursdelikte, S. 104 f.; Wilts, Prot. 7/2828

[950] Zur Bestimmung des Personenkreises bereits oben § 4 B V 2.2.1.

Mangellage zu verstehen, in der die wirtschaftliche Lebensführung der Betroffenen so beengt wird, dass ihnen die Mittel für die Beschaffung von lebenswichtigen Dingen fehlen[951]. Zum lebenswichtigen Bereich zählen nicht nur existenzbezogene Gegenstände sondern auch Dinge, die den materiellen und kulturellen Bedürfnissen der Bevölkerungsmehrheit entsprechen[952]. Dagegen reicht nach einhelliger Ansicht in der strafrechtlichen Literatur die bloße Beeinträchtigung der gewöhnlichen Lebensführung[953] oder die bloße Verstärkung der bereits eingetretenen Not[954] zur Erfüllung der Nr. 2, Alt. 2 nicht aus.

Die Alternative betrifft Fälle gezielter Insolvenz, in denen der Täter seine Insolvenz herbeiführt und, in Abweichung von § 283 Abs. 2 StGB[955], erstrebt oder wenigstens als sicher voraussieht, dass mehrere Gläubiger selbst insolvent werden[956] oder die Erwerber von unfertigen Eigenheimen ihre Ersparnisse oder die bereits geschaffenen Werte ganz verlieren[957], zumal eine große Zahl von Arbeitnehmern ihren Arbeitsplatz verlieren[958]. Im letzten Falle sind aber auf der subjektiven Seite die Sozialansprüche der Arbeitnehmer aus dem Arbeitsverhältnis zu berücksichtigen[959].

3. Sonstige, in § 283 a StGB nicht geregelte, besonders schwere Fälle

Außerhalb des Anwendungsbereichs der bereits angeführten Regelbeispiele treten ins Blickfeld noch andere Umstände, die den Bankrotthandlungen i.S.d. § 283 Abs. 1, 2 StGB eine besonders hohe Unrechtsschwere verleihen und somit das Eingreifen des in § 283 a StGB vorgesehenen Strafrahmens erforderlich machen.

---

951 Bieneck in: Müller-Gugenberger/Bieneck § 78 Rn. 44; Lackner/Kühl § 283 a Rn. 2; Sch/Sch-Stree § 283 a Rn. 6; LK-Tiedemann § 283 a Rn. 10; Weyand, Konkursdelikte, S. 104

952 Sch/Sch-Stree § 283 a Rn. 6; Weyand, Konkursdelikte, S. 104

953 So Hiltenkamp-Wisgalle, Bankrottdelikte, S. 368; NK-Kindhäuser § 283 a Rn. 5; SK-Samson § 283 a Rn. 5; Sch/Sch-Stree § 283 a Rn. 6; LK-Tiedemann § 283 a Rn. 10; Weyand, Konkursdelikte, S. 104

954 Lackner/Kühl § 283 a Rn. 2; Sturm, JZ 1977, 87

955 Bei Abs. 2 reicht dolus eventualis aus. Vgl. oben § 4 B IV 1

956 Sch/Sch-Stree § 283 a Rn. 6; LK-Tiedemann § 283 a Rn. 11; Tröndle/Fischer § 283 a Rn. 5

957 LK-Tiedemann § 283 a Rn. 11

958 BT Drucks. 7/3441, S. 38; Bieneck in: Müller-Gugenberger/Bieneck § 78 Rn. 44; Hiltenkamp-Wisgalle, Bankrottdelikte, S. 366 ff.; Maurach/Schroeder/Maiwald 1 § 48 III A 2 Rn. 31; Sch/Sch-Stree § 283 a Rn. 6; LK-Tiedemann § 283 a Rn. 11; Tröndle/Fischer § 283 a Rn. 5; Wilts, Prot. 7/2828

959 Göhler und Sturm Prot. 7/2829; LK-Tiedemann § 283 a Rn. 11; NK-Kindhäuser § 283 a Rn. 8

Zu denken ist insbesondere an Großinsolvenzen (Millionen-Insolvenzen) mit Schädigung besonders vieler, allerdings nicht in wirtschaftliche Not i.S.d. Nr. 2, Alt. 2 geratener Gläubiger oder sonst wie mit besonders großem Schaden, ohne dass eine gewinnsüchtige Motivation i.S.d. Nr. 1 vorliegt[960]. Ein besonders schwerer Fall liegt außerdem bei der Verletzung der Interessen der Volkswirtschaft oder der Allgemeinheit vor[961] unabhängig davon, dass der Kreis der Betroffenen nicht zu den Gläubigern des Schuldners zählen.

4. Subjektiver Tatbestand

Sowohl bei Nr. 1 als auch bei Nr. 2 muss der Täter wissentlich, also zumindest mit direktem Vorsatz 2. Grades, handeln[962]. Zwar wollen Tiedemann[963] und Tröndle/Fischer[964] nur bei Nr. 2 den dolus eventualis ausschließen. Es ist jedoch kaum vorstellbar, wie der Täter die Verwirklichung des ersten Regelbeispiels (Handeln aus Gewinnsucht) ernstlich nur für möglich halten kann und trotzdem gewinnsüchtig gehandelt zu haben.

Im einzelnen muss sich der Vorsatz auf alle, die besondere Schwere der Tat begründeten Unrechtsmerkmale erstrecken[965].

5. Das Fehlen der Anforderungen ordnungsgemäßer Wirtschaft beim schweren Fall des Bankrotts

Anders als bei den in § 283 StGB aufgeführten bestandsbezogenen Bankrottalternativen bleibt die Rolle der Sorgfaltsanforderungen beim schweren Fall des Bankrotts redundant. Dies erklärt sich dadurch, dass die die besondere Rücksichtslosigkeit der Anforderungen einer ordnungsgemäßen Wirtschaft präzisierenden Faktoren, also bei Nr. 1 die gewinnsüchtige Zielsetzung des Täters und bei Nr. 2 der besonders grobe Widerspruch zu der Erforderlichkeit der Maßnahme, die Tatbestandsvoraussetzungen der Regelbeispiele widerspiegeln, aus deren Vorliegen sich die Tatbestandsmäßigkeit ergibt. Daher erweist sich die strafbarkeitseinschränkende Funktion des ordnungsgemäßen Wirtschaftens als überflüssig. Beim Fehlen einer gewinnsüchtigen Motivation oder

---

[960] BGH 3 StR 488/78 v. 4.4.1979 bei Tröndle/Fischer § 283 a Rn. 6; Sch/Sch-Stree § 283 a Rn. 7; LK-Tiedemann § 283 a Rn. 12; Weyand, Konkursdelikte, S. 105

[961] Sch/Sch-Stree § 283 a Rn. 7; LK-Tiedemann § 283 a Rn. 12; vgl. BT Drucks 7/550, S. 260; a.A. SK-Samson § 283 a Rn. 7

[962] So SK-Samson § 283 a Rn. 6

[963] in LK § 283 a Rn. 2,13

[964] § 283 a Rn. 3

[965] Sch/Sch-Stree § 283 a Rn. 8; LK-Tiedemann § 283 a Rn. 13; NK-Kindhäuser § 283 a Rn. 12

Schädigung vieler Personen, die eo ipso als Verstoß gegen die Sorgfaltsanforderungen darstellen, ist doch die Tatbestandsmäßigkeit von vornherein nicht gegeben, ohne dass es auf die Wirtschaftskonformität des schuldnerischen Verhaltens ankommt. Die bereits oben bei Nr. 1 erwähnte besonders grobe Rücksichtslosigkeit der Sorgfaltsanforderungen[966] ist also aus diesem Aspekt nicht als Strafbarkeitsvoraussetzung, sondern nur als Indiz für die Bejahung eines gewinnsüchtigen Handelns zu qualifizieren.

C. Zusammenfassung

Aus den bisherigen Ausführungen lässt sich zusammenfassend verdeutlichen, wie der deutsche Gesetzgeber den Bankrottatbestand strukturiert und durch bestandsbezogene und informationsbezogene Tatalternativen die tatsächliche und künstliche Verringerung der Aktiva oder Erhöhung der Passiva wie auch die Manipulationen im Buchführungsbereich lückenlos erfasst hat.

Es bleibt immer noch kaum denkbar, wie der Schuldner, außer den, einerseits bestandsbezogenen Tathandlungen des vorsätzlichen und extensiv auszulegenden Beiseiteschaffens und Zerstörens, Beschädigens und Unbrauchbarmachens von massezugehörigen Vermögensbestandteilen, des zusätzlich dem Fahrlässigkeitsvorwurf genügenden Abschlusses von Risikogeschäften sowie des Schuldigwerdens oder Verbrauchens übermäßiger Beträge durch unwirtschaftliche Ausgaben, Spiel oder Wette wie auch des vorsätzlichen Schleuderverkaufs von kreditierten Waren oder Wertpapieren, und andererseits den informationsbezogenen Handlungsweisen des vorsätzlichen Verheimlichens von massezugehörigen Vermögensbestandteilen, der vorsätzlichen Anerkennung erdichteter Rechte und Vortäuschung Rechte anderer, der der Fahrlässigkeitsstrafbarkeit unterliegenden Buchführungs- und Bilanzdelikte und der vorsätzlichen Entziehung von Handelsbüchern oder sonstigen Unterlagen, die Vermögensinteressen der Gläubiger innerhalb der wirtschaftlichen Krise gefährden oder die Insolvenz außerhalb der Unternehmenskrise herbeiführen kann. Der Vermeidung von Strafbarkeitslücken, sc. der vollständigen Erfassung von Fällen, die sich der Kasuistischen Aufzählung in Nrn. 1-7 entziehen, dient die Generalklausel (Nr. 8).

Von besonderer Bedeutung ist das Tatbestandsmerkmal „in einer den Anforderungen einer ordnungsgemäßen Wirtschaft widersprechenden Weise“, das einen Freiraum für die Vornahme geeigneter, erforderlicher, angemessener und mit den Vermögensinteressen der Gläubiger zumindest gleichgerichteter sowie auf einer hinreichenden Informationsgrundlage beruhender schuldnerischer Vermögensdispositionen gewährleistet.

---

966 § 4 B V 2.1.

Hinsichtlich der Regel-Beispiel-Technik wurde ein höherer Strafrahmen vorgesehen, der der gestiegenen, sich aus der gewinnsüchtigen Motivation des Täters und der Herbeiführung der Schädigung vieler Personen ergebenden Unrechtsschwere der in § 283 StGB unter Strafe gestellten Bankrotthandlungen entspricht.

Es liegt nahe, noch die den griechischen Bankrottatbestand bildenden Handlungsmodalitäten ausführlich anzuführen und zu versuchen, spezielle, jedoch durchweg prinzipielle Fragen, die an die Gemeinsamkeiten und Unterschiede beider Regelungen hinsichtlich der einzelnen Bankrottstraftaten anknüpfen, zu erörtern.

§ 5 DIE BANKROTTHANDLUNGEN NACH DEM GRIECHISCHEN RECHT

A. Grundbegriffe und –fragen des Bankrottatbestandes

Um unseres besseren Verständnisses des griechischen Bankrottstrafrechts willen, sind, bevor es auf die einzelnen Bankrottstraftaten eingegangen werden kann, die Grundbegriffe und- fragen des Tatbestandes in eine kurze, jedoch inhaltsreiche, Betrachtung einzubeziehen.

I. Aufbau des Bankrottatbestandes

Mit Gefängnisstrafe von 1 Jahr wird der vorsätzliche (betrügerische) Bankrott und mit Gefängnisstrafe bis zu 2 Jahren der einfache Bankrott gem. Art. 398 gr. StGB als Vergehen, eingeordnet in die Vermögensdelikte, angedroht.

Der Bankrottatbestand erschöpft sich aber nicht in der o. g. Sanktionsnorm. Für die Handlungsmodalitäten des einfachen und vorsätzlichen Bankrotts wird auf die ausfüllenden Regelungen des Handelsgesetzes verwiesen. Einigkeit besteht in Rechtsprechung und Literatur darüber, dass es sich bei Art. 398 gr. StGB um einen Blankettstraftatbestand handelt.[1] Doch bestehen die Kennzeichen des Blankettstrafgesetzes nach überwiegender Ansicht[2], einerseits im Vorsehen der Strafe und andererseits in der Bestimmung des strafbaren Verhaltens durch den Verweis auf andere Gesetze oder Verordnungen oder Entscheidungen, in casu auf die handelsrechtlichen Vorschriften.

Im einzelnen ist der einfache Bankrott in Art. 679, 682 gr. HG (einfacher Bankrott der Einzelkaufleute) und in Art. 680 gr. HG (einfacher Bankrott der Gesellschaftsverwalter) umschrieben. Art. 681 gr. HG sieht allgemein die Verfolgung wegen einfachen Bankrotts der Makler und Geldwechsler vor unter der Bedingung, dass sie ihre Zahlungen eingestellt haben, ohne sich auf bestimmte Verhaltensweisen zu beziehen, und hat mit

---

[1] KG Larissa 538/1967, Poin. Chron 17, 567; KG Edessa, 5/1978 (Beschluss), Poin. Chron. 28, 356, 357; Androulakis, AT I, S. 107; Barbaretsos, StGB, Art. 398, S. 1306; Bouropoulos, StGB III, Art. 398, S. 118; Gafos, BT VII, S. 31, Fn. 1; Chorafas, Strafrecht I, S. 23; Frangakis, No. B. 1982, 982; Kodaxis, StGB II, Art. 398, S. 2885; Konstadinides, Insolvenz und Bankrott, S. 373; Makris, Strafrechtliche Nebengesetze, Bd. II, S. 967; Mangakis in: Systematischer Kommentar zum StGB, Art. 1, Rn. 22; Papadogiannis, StGB, Art. 398, S. 1297.

[2] AP 940/1984, Poin. Chron. 35, 142 f.; Androulakis, AT I, S. 107f; Chorafas, Strafrecht I, S. 23ff.; Mangakis in: Systematische Auslegung des StGB, Art. 1, Rn 22; derselbe, Strafrecht, S. 84 ff; Monoledakis, AT, S. 40ff.

Recht von der Literatur bereits Kritik erfahren.[3]

Die Tatbestandsformen des vorsätzlichen Bankrotts sind in Art. 684 gr. HG (vorsätzlicher Bankrott der Einzelkaufleute) und in Art. 685 gr. HG (vorsätzlicher Bankrott der Gesellschaftsverwalter) geregelt worden.

Außerdem stellt Art. 687 gr. HG[4] dem vorsätzlichen Bankrott die Tathandlung Dritter gleich, wenn sie ohne Einverständnis mit dem Gemeinschuldner handeln. Hierbei geht es aber nicht um echte Bankrottdelikte, sondern um sui generis Delikte Dritter, die in der italienischen Literatur Bankarotta impropria genannt werden.[5] Zur Tatbestandsverwirklichung ist die Insolvenz des Gemeinschuldners erforderlich unabhängig davon, ob er sich wegen Bankrotts schuldig gemacht hat.[6]

II. Geschützte Rechtsgüter

Als geschützte Rechtsgüter der Bankrottstraftatbestände gelten die Vermögensinteressen der Gläubiger, sc. das Interesse der Gläubiger an ihrer gleichmäßigen Befriedigung, und der Schutz des Vermögens der Kreditwirtschaft.

III. Tauglicher Täterkreis

Obwohl die Bankrottsanktionsnorm (Art. 398 gr. StGB) allgemein von Schuldigen wegen Bankrotts spricht, handelt es sich beim Bankrottdelikt um ein echtes Sonderdelikt. Normadressat kann doch nur sein, wer die Kaufmannseigenschaft aufweist und seine Zahlungen eingestellt hat[7]. Doch kann nach dem Insolvenzrecht nur der Kaufmann, d. h. die Einzelkaufleute und die Handelsgesellschaften, die eigene Rechtspersönlichkeit besitzen, in Insolvenz treten (Art. 525 § 1 g. HG).
Nach griechischem Recht besitzen eigene Rechtspersönlichkeit die Personenhandelsgesellschaften (OHG, KG) und die Kapitalgesellschaften (AG, GmbH, Genossenschaft, KGaA, Reedereigesellschaft) seit ihrer

---

[3] Philippides, Bankrottdelikt, S. 120, sieht durch diese Regelung eine Beeinträchtigung des Schuldprinzips.

[4] Zum Wortlaut s. Anhang.

[5] Philippides, Bankrottdelikt, S. 147.

[6] Tsirides, Insolvenzdelikte, S. 116.

[7] Streitig ist in der außerstrafrechtlichen Literatur, ob der im Insolvenzzustand befindliche Kaufmann seine Kaufmannseigenschaft beibehält. Die Bedenken rühren vom Wortlaut her des Art. 1 des Notgesetzes 635/1937: „Der Gemeinschuldner erklärt ab der Eröffnung des Insolvenzverfahrens seine Rechte für verlustig...(d) Handel zu treiben". Nach zuletzt vertretener Ansicht aber verliert der Kaufmann im Insolvenzzustand seine Kaufmannseigenschaft nicht. Zum Meinungsstand s. nur Perakis, Allgemeiner Teil des Handelsrechts, S.279f. Die Streitfrage besitzt jedoch in der Praxis geringe Bedeutung, denn sie betrifft nur die Einzelkaufleute. So Rokas, Insolvenzrecht, S. 23

Eintragung ins Gesellschaftsregister (Art. 42 ff. gr. HG) bzw. ins Register der AG und GmbH oder der Reedereigesellschaft (Art. 7b § 1, Nr. a gr. AktG, Art. 8 § 1, 50a § 2 GmbHG, Art. 2 § 2 Ges. Nr. 959/1979) und ihrer Bekanntmachung im Tevhos für AG und GmbH (Art. 7b § 1b gr. AktG, Art. 8 § 2, S. 1, 50a § 2 gr. GmbHG). Ausnahmsweise ist die rechtswirksame Entstehung der Personenhandelsgesellschaften nicht notwendig für ihre Einbeziehung in den Adressatenkreis der Bankrottvorschriften. Denn gem. Art. 42 § 3 gr. HG können die Gesellschafter die Vernachlässigung der Publizitätsformalitäten nicht gegenüber Dritten geltend machen[8].

Bei der Präzisierung des Normadressatenkreises ist ferner auf die handelsrechtlichen Kriterien abzustellen, die die Kaufmannseigenschaft bestimmen.

Nach dem „typischen" System, wonach die Kaufmannseigenschaft bestimmten natürlichen Personen und Handelsgesellschaften paradigmatisch verliehen wird, sind Kaufleute die Importhandelsvertreter, die Börsenhändler (Art. 12 § 1 Ges. Nr. 3632/1928), die AG (Art. 1 gr. AktG), die GmbH (Art. 3 § 1 gr. GmbHG), die Genossenschaft und die Reedereigesellschaft (Art. 1 § 3 Ges. Nr. 959/1979).

Kaufleute nach dem „wesentlichen" System sind gemäß Art. 1 gr. HG[9] diejenigen, die berufsmäßig, sc. mit „animus lucri", im eigenen Namen und für eigene Rechnung Handelsgeschäfte verüben. Bei den Strohmann-Fallkonstellationen werden nach überwiegender Ansicht sowohl der Hintermann als auch der Vordermann als Kaufleute angesehen.[10] Vom Täterkreis sind jedoch auszunehmen die Minderkaufleute, die nach h. M. in der außerstrafrechtlichen Literatur keine Kaufleute i. S. d. Art. 1. gr. HG sind[11], wie auch die sogenannten „marchands des quatre saisons"[12], wie die wandertreibenden Textilhändler[13], deren Gewerbe ihre körperliche Übermündung voraussetzt.

Art. 1 gr. HG bezieht sich jedoch nicht nur auf die natürlichen Personen und die Personenhandelsgesellschaften. Danach bestimmt sich auch die Kaufmannseigenschaft der juristischen Personen des privaten Rechts (Art. 62 gr. BGB). Die Kaufmannseigenschaft können somit

---

[8] Vgl. Tsirides, Insolvenzdelikte, S. 27

[9] Art. 1 gr. HG definiert die Kaufleute wie Art. 1 des französischen HGB (Code de Commerce): „Sont commercants ceux qui exercent des actes de commerce et en font leur profession habituelle".

[10] AP 621/1962, No. B. 1963, 459; 308/1963, No. B. 1963, 1200; OLG Athen 1841/1972 No B. 1971, 1331; OLG Thessaloniki 1389/1979, E. E. D. 1980, 582; 747/1979, Arm. 1980, 656; näher Perakis, Allgemeiner Teil des Handelrechts, S. 275 m. w. N.

[11] Hierzu s. Perakis, Allgemeiner Teil des Handelsrechts, S. 252ff, mit weiteren Literaturnachweisen.

[12] Rokas, Handelsrecht AT, S. 33.

[13] LG Peiraias 212/1954, E. E. D. 1955, 26; KG Drama 75/1960 (Beschluss), No. B. 1963, 412.

auch Stiftungen und Vereine, aber auch BGB-Gesellschaften, deren Satzungsauszug ins Gesellschaftsbuch (Art. 42 gr. HG) veröffentlicht worden ist und somit die Rechtspersönlichkeitseigenschaft erwoben hat (Art. 784 § 1 gr. BGB), erwerben[14] und folglich Normadressaten der Bankrottvorschriften sein. Juristische Personen des öffentlichen Rechts, die stille Gesellschaft und die Mitreederei weisen demgegenüber keine Kaufmannseigenschaft auf.[15]

Zu ermitteln ist nun noch die Tätertauglichkeit aus Sicht des Grundprinzips „societas delinquere non potest", welche natürlichen Personen nämlich als Gesellschaftsverwalter im falle der Insolvenz einer Handelsgesellschaft zu verfolgen sind. Der Wortlaut spricht von einfachem und vorsätzlichem Bankrott der „Gesellschaftsverwalter". Rechtsprechung und Literatur neigen dazu, faktische Geschäftsführer in den Täterkreis einzubeziehen.

Taugliche Täter einer AG können also sein nicht nur die Vorstandsmitglieder[16] (Art. 18 § 1 gr. HG), sondern auch noch andere Organe der Gesellschaft, die für nur einen Teil ihrer Leitung zuständig sind, wie z. B. die Direktoren einer Filiale der AG, mit der Begründung sogar, dass auch von ihren Tätigkeiten die gesamte Gesellschaft in Insolvenz treten kann.[17] Bei der Genossenschaft, dem rechtsfähigen Verein und der rechtsfähigen Stiftung sind jedenfalls die Vorstandsmitglieder strafrechtlich verantwortlich.

Bei den Personenhandelsgesellschaften (OHG, KG) können Täter die in der Satzung der Gesellschaft eingeschriebenen persönlich haftenden Gesellschafter bzw. Komplementäre sein.

Normadressaten und daher taugliche Täter sind bei einer eingetragenen BGB-Gesellschaft (Art. 784 § 1 gr. BGB) grundsätzlich die Gesellschafter (Art. 748 § 1 gr.BGB).

Mit Anlass aus dem Zeitpunkt, an dem das GmbHG erlassen wurde (Ges. Nr. 3190/1955), dass es nämlich nach dem gr. HG, wo sich die ausfüllenden Bankrottnormen befinden, in Kraft getreten ist (Analogieverbot), wurde in der Rechtsprechung die Ansicht vertreten, dass vom Täterkreis der Bankrottdelikte der Geschäftsführer der GmbH auszunehmen sei.[18] Es entspricht jedoch wohl der Ansicht der höchstrichterlichen Rechtsprechung[19]

---

[14] Georgakopoulos, Handelsrecht AT, S. 92.

[15] Hierzu unten § 5 B II 1.3.2.

[16] AP 990/1979, Poin. Chon. 30, 122.

[17] AP 22/1936, E.E.N. 1936, 635; Bouropoulos, StGB III, Art. 398, S. 125; Gafos, BT VII, S. 45 Fn. 65; Kodaxis, StGB II, Art. 398, S. 2901; Toussis/Georgiou, StGB II, Art. 398, S. 1096, Anm. 15.

[18] KG Edessa 5/1978 (Beschluss), Poin. Chron. 28, 356, 357; KG Athen 4651/1981 sowie 405/1982 bei Papadogiannis, StGB, Art. 398, S. 1301. Vgl. noch Bouropoulos, StGB III, Art. 398, S. 128 und Gafos, BT VII, S. 45 Fn. 65, die in den Normadressatenkreis nur die OHG, KG und AG einbeziehen.

[19] AP 623/1982, No. B. 1982, S. 980 mit Anmerkung von Frangakis.

und Teilen der Literatur[20], dass zum Adressatenkreis der Bankrottvorschriften auch die o. g. natürliche Person gehört. Bei der GmbH kommt also als tauglicher Täter in Betracht der Geschäftsführer (Art. 18 § 1 gr. GmbHG). Gleich wird der strafrechtlich Verantwortliche bei der KGaA bestimmt (Art. 50a § 2 gr. GmbHG).

IV. Der Insolvenzzustand als objektive Strafbarkeitsbedingung

Im Insolvenzzustand befindet sich der Kaufmann, wenn er seine Zahlungen eingestellt oder gehemmt hat (Art. 525 § 1 gr. HG). Die Zahlungsunwilligkeit aufgrund Einreden seitens eines gutgläubigen Schuldners stellt keinen Nachweis der Zahlungseinstellung dar, während die Fortsetzung der Zahlungen durch ruinöse und arglistige Mittel die Insolvenzeröffnung nicht hindert (Art. 528 § 2 gr. HG). Nicht erforderlich ist dagegen für die Bestrafung der Taten die Eröffnung des Insolvenzverfahrens.[21]

Im einzelnen ist bei der Feststellung der Zahlungseinstellung nicht auf die Vermögenslage des Gemeinschuldners, sondern nach eher überwiegender Ansicht[22] auf den Mangel an Geld zur Zahlung seiner fälligen Handelsschulden abzustellen. Die Nichtzahlung einer oder mehrerer vorübergehender und „handelsrechtlich verzeihlicher" Schulden stellt dagegen keine Zahlungseinstellung dar.[23] Die Erkennbarkeit der Zahlungseinstellung als tatsächlicher Zustand richtet sich an Krisenwarnzeichen aus. In Betracht kommen Vollstreckungsmaßnahmen, Wechselproteste, Mahnbescheide, Flucht des Gemeinschuldners, Betriebsschließung u.s.w.

Nach der h. M. in der Literatur ist die Zahlungseinstellung als objektive Strafbarkeitsbedingung zu qualifizieren.[24] Im griechischen Bankrottatbestand fehlen aber die Krisenmerkmale (drohende oder eingetretene Zahlungsunfähigkeit, Überschuldung), an die die Bankrotthandlungen zeitlich knüpfen könnten. Dies bedeutet aber, dass sich die Strafwürdigkeit der Bankrotthandlungen, unter Annahme der Ansicht, bei der Zahlungseinstellung handele es sich um eine echte objektive Bedingung der Strafbarkeit, über den Zeitraum vor dem Bedingungseintritt erstreckte. Eine solche Annahme stellte aber den Gesetzesanwender vor zwei gravierende Schwierigkeiten; erstens erwiesen sich die zeitlichen Grenzen der Bankrotthandlungen –außer den insolvenzverursachenden- als unbestimmt,

---

[20] Papadogianis, StGB, Art. 398, S. 1301; Tsirides, Insolvenzdelikte, S. 28ff.
[21] AP 143/1962, Poin. Chron. 12, 421; 1068/1978, Poin. Chron. 29, 223.
[22] Zum Meinungsstand s. nur Kotsiris, Insolvenzrecht, Rn. 41.
[23] AP 189/1951 bei Tsirides, Insolvenzdelikte, S. 33; AP 72/1952, E. E. D. III, 203, 205.
[24] Makris, strafrechtliche Nebengesetze II, S. 970f.; Philippides, Bankrottdelikt, S. 91, Fn. 1; Tsirides, Insolvenzdelikte, S. 36ff.

während die Grenzen zwischen dem strafbaren Verhalten vor dem Bedingungseintritt und dem insolvenzverursachenden Verhalten sehr fließend wären. Die strafbare Vornahme der Bankrotthandlungen sind daher zeitlich an die Zahlungseinstellung des Kaufmanns zu knüpfen. Der zeitliche Rahmen der strafbaren Begehung der Bankrotthandlungen (außer den insolvenzverursachenden) beginnt also mit dem Eintritt der Zahlungseinstellung und umfasst die période suspecte, die bis zum Eröffnungsbeschluss 2 Jahre betragen kann, und die Zeit nach der Verfahrenseröffnung. Somit beschränkt sich der Anwendungsbereich der Tathandlungen auf wirtschaftlich gefährliche Verhaltensweisen, ohne dass es einer Heranziehung von Krisenmerkmalen bedarf.

Die Verknüpfung von Bankrotthandlung und Zahlungseinstellung stellt eine Voraussetzung der Strafbarkeit wegen Bankrotts dar. Die Zahlungseinstellung begründet nämlich den Unwertgehalt der Tat und stellt sich nicht als echte, strafbarkeitseinschränkende objektive Strafbarkeitsbedingung, sondern als tatbestandsbestimmendes, strafschärfendes Merkmal dar, auf das sich aber der Vorsatz nicht zu erstrecken braucht. Die strafschärfende Funktion der Zahlungseinstellung erklärt sich dadurch, dass Art. 397 gr. StGB vermögensreduzierende Dispositionen des Schuldners unabhängig von seiner Zahlungseinstellung unter geringere Strafe (Gefängnisstrafe bis zu 2 Jahren) stellt. Somit bildet die Zahlungseinstellung eine unechte Strafbarkeitsbedingung, die trotz ihres schuldirrelevanten Charakters aus kriminalpolitischen Gründen[25] als Einschränkung des Schuldprinzips anzunehmen ist.

B. Die Tathandlungen im einzelnen

I. Einführung

Eingehender Erörterung bedürfen die vom griechischen Gesetzgeber geregelten Begehungsweisen des einfachen und vorsätzlichen Bankrotts (unten II) wie auch die entsprechenden Schuldformen (unten III). Trotz der fehlenden Unterscheidung zwischen Insolvenz von Gesellschaften und Einzelkaufleuten trennen die den Tatbestand des Blankettgesetzes (§ 398 gr. StGB) vollständig bildenden Ausfüllungsnormen zwischen der strafrechtlichen Verantwortlichkeit der Einzelkaufleute und derjenigen der Gesellschaftsverwalter. Im folgenden sind also die eigentlichen Bankrotthandlungen, die den einfachen Bankrott der Einzelkaufleute (unten 1.3.1.) und der Gesellschaftsverwalter (untern 1.3.2.) sowie den vorsätzlichen Bankrott der Einzelkaufleute (unten 2.2.1.) und der Gesellschaftsverwalter (unten 2.2.2.) bilden, ausführlich darzustellen.

---

[25] Jescheck/Weigend, AT, S. 557

II. Abgrenzung des einfachen vom vorsätzlichen Bankrott

Die Darstellung der Bankrotthandlungen – das sind die konkreten Sachverhalte, die in Art. 679, 680, 682, 684, 685 gr. HG aufgezeigt sind – beruht zunächst auf der Unterscheidung zwischen dem einfachen und dem vorsätzlichen Bankrott. Der einfache Bankrott unterscheidet sich vom vorsätzlichen Bankrott nicht nur lediglich durch die Schuldanforderung, sondern auch dadurch, dass die einschlägigen Vorschriften unterschiedliche Sachverhalte aufzeigen. Doch enthalten Art. 679, 680, 682 gr. HG Vorgänge, die von Art. 684 und 685 gr. HG tatbestandlich nicht erfasst werden.

1. Der einfache Bankrott

1.1. Abstraktes Gefährdungs- und Erfolgsdelikt

Eng verbunden mit der Intensität der Gefährdung der Gläubigerinteressen sei nach der Rechtsprechung und einem Teil der Literatur die gesetzgeberische Differenzierung zwischen der obligatorischen Bestrafung der in Art. 679 gr. HG aufgeführten Bankrotthandlungen und der fakultativen Verfolgung von den in Art. 682 gr. HG beschriebenen Tathandlungen. Ihrer Ansicht nach sollte die Vornahme der in § 682 aufgeführten Bankrotthandlungen verfolgt oder bestraft werden, nur wenn eine konkrete Gefahr für die Gläubigerinteressen herbeigeführt worden ist. Die fakultative Verfolgung und Bestrafung des in Art. 682 gr. HG unter Strafe gestellten einfachen Bankrotts setze eine konkrete Gefahr für die Gläubigerinteressen voraus und verliehe der in Rede stehenden Regelung den Charakter eines konkreten Gefährdungsdeliktes.[26]

Demgegenüber stellte sich nach gleicher Ansicht der in Art. 679, 681 gr. HG geregelte einfache Bankrott angesichts seiner obligatorischen Verfolgung und Bestrafung ein abstraktes Gefährdungsdelikt dar.[27]

Die Strafverfolgung selbst bietet jedoch kein Abgrenzungskriterium der konkreten von den abstrakten Gefährdungsdelikten. Vielmehr knüpft ihre Abgrenzung daran, ob der Eintritt der Gefahr als ein vom Richter festzustellendes Tatbestandsmerkmal geregelt worden ist (dann konkretes Gefährdungsdelikt) oder die Gefährdung der Gläubigerinteressen als Grund der Strafwürdigkeit der Tathandlung anzusehen ist (dann abstraktes Gefährdungsdelikt). Bei der Bestimmung der Deliktsart des einfachen Bankrotts ist also auf den Wortlaut der einzelnen

---

[26] So KG Katerini (Beschluss) 38/1976, Poin. Chron. 26, 582ff.; Makris, strafrechtliche Nebengesetze II, S. 968.

[27] KG Katerini (Beschluss) 38/1976, Poin. Chron. 26, 582, 583; Makris, strafrechtliche Nebengesetze II, S. 968.

Bankrotthandlungen abzustellen. Wie es noch unten[28] eingehend zu erörtern ist, sehen die in Art. 682 gr. HG aufgeführten Bankrotthandlungen keine konkrete Gefahr der Vermögensinteressen der Gläubiger als Strafbarkeitsvoraussetzung vor. Der Gesetzgeber wollte bestimmte Verhaltensweisen pönalisieren, in denen die abstrakte Gefahr innewohnt, die Vermögensinteressen der Gläubiger zu beeinträchtigen. Nicht nur aus der grammatischen Auslegung sondern auch aus der systematischen Auslegung ergibt sich aber die Eigenschaft des in Art. 682 gr. HG i. V. m. Art 398 gr. StGB geregelten Verhaltens als abstraktes Gefährdungsdelikt. Bringen doch die in Art. 682 gr. HG unter Strafe gestellten Bankrotthandlungen mit sich keine höhere Gefährdung der Befriedigungsinteressen der Gläubiger gegenüber den in Art. 679 gr. HG aufgeführten Bankrotthandlungen.[29]

Ähnlich also wie § 283 Abs. 1 des deutschen StGB[30] erfordert der in Art. 679 §§ 1,2,3,5 , 682 gr. HG umschriebene einfache Bankrott keine konkrete Gefährdung der Gläubigerinteressen, sondern sieht als tatbestandsmäßiges Verhalten die im Insolvenzzustand erfolgte Vornahme der dort aufgeführten Tathandlungen vor und stellt somit i. V. m. Art. 398 gr. StGB ein abstraktes Gefährdungsdelikt dar.

Demgegenüber stellt die in Art. 679 § 4 gr. HG aufgeführte Verhaltensweise i. V. m. Art 398 gr. StGB ein Erfolgsdelikt dar. Denn trotz des gesetzlichen Wortlauts („zwecks Benachteiligung des Gläubigerausschusses“) wird die Benachteiligung des Gläubigerausschusses nach ganz h. M. in der strafrechtlichen Literatur[31] als Tatbestandserfordernis, sc. als Taterfolg, und nicht als subjektives Unrechtselement interpretiert. Verlangt wird also, dass die Bezahlung eines Gläubigers zur Benachteiligung des Gläubigerausschusses führt, unabhängig davon, ob der Gemeinschuldner es bezweckt hat.

Schließlich bindet Art. 680, 2. Alt. gr. HG die Strafbarkeit der Gesellschaftsverwalter wegen einfachen Bankrotts i. V. m. Art. 398 gr. StGB an den tatbestandsmäßigen Eintritt der Insolvenz und ist, ähnlich wie § 283 Abs. 2 d.StGB[32], als Erfolgsdelikt ausgestaltet.

1.2. Fakultative Strafverfolgung gegen Bankrotteur?

Bereits oben wurde mit Anlass aus der rechtsprechungsbezogenen Annäherung der Rechtsnatur des einfachen Bankrotts die gesetzlich geregelte Unterscheidung zwischen der

---

[28] § 5 B II 1.3.1.2.
[29] Ähnlich Tsirides, Insolvenzdelikte, S. 49.
[30] Dazu bereits oben § 4 B III 1.1.
[31] So Bouropoulos, StGB III, Art. 398, S. 123; Gafos, BT VII, S. 41; Kapetanakis, StGB, Art. 398, S. 684; Philippides, Bankrottdelikt, S. 109; Tsirides, Insolvenzdelikte, S. 51.
[32] Dazu oben § 4 B III. 2.1.

obligatorischen Bestrafung des in Art. 679 gr. HG unter Strafe gestellten einfachen Bankrotts und der fakultativen Verfolgung von dem in Art. 682 pönalisierten einfachen Bankrott aufgezeigt. Anlässlich dieser abwegigen gesetzlichen Regelung wurden früher in der Literatur verschiedene Auffassungen vertreten, die die in den blankettausfüllenden Normen niedergelegte Unterscheidung auszulegen versucht haben.

Die Strafverfolgung gegen den in Insolvenz geratenen Kaufmann sei bei den in Art. 679 gr. HG geregelten Fällen obligatorisch einzuleiten, fakultativ aber bei den in Art. 682 gr. HG aufgeführten Tathandlungen nach Kostis[33], während nach Papadakis[34], Philippides[35] und Kodaxis[36] die fakultative Verfolgung von den in Art. 682 gr. HG unter Strafe gestellten Bankrottfällen sich auf die Ermessensfreiheit des Richters beziehe, trotz der Erfüllung des Tatbestandes, solche Fälle als straflos zu bezeichnen. Diovouniotis[37] vertrat die Ansicht, dass sich die fakultative Verfolgung sowohl an den Staatsanwalt als auch an den Straftrichter richtete und auf ihre Ermessensfreiheit beziehe, von der Verfolgung bzw. der Bestrafung von den in Art. 682 gr. HG geregelten Fällen abzusehen.

Die Tatbestandsumschreibung beruht auf den alten Fassungen des französischen Bankrottatbestands. Doch ist der Gesetzgeber beim Aufbau des Art. 679 gr. HG der Tatbestandsumschreibung des französischen HGB von 1838 („Sera déclaré") gefolgt, während er beim Aufbau des Art. 682 gr. HG an der Fassung von Art. 586 Code de Commerce (1807)[38] geblieben ist.[39]

Diese, seit langem im französischen Bankrottatbestand aufgehobene, Unterscheidung sollte allerdings dem Staatsanwalt oder dem Strafrichter keinen Grund dafür anbieten, von der Verfolgung bzw. von der Bestrafung der in Art. 682 gr. HG aufgezeigten Straftaten abzusehen. Widerspricht doch die in Rede stehende Vorschrift dem in Art. 43 § 1 gr. StPO geregelten Legalitätsprinzip (Verfolgungszwang) wie auch dem Verfahrensgrundsatz der freien richterlichen Beweiswürdigung[40] (abgeleitet aus Art. 177 gr. StPO). Doch weisen die in Art. 682 gr. HG beschriebenen Begehungsweisen keine höhere Gefährlichkeit für die Gläubigerinteressen als die in Art. 679 gr. HG geregelten auf.[41] Es geht einfach um eine nicht

---

[33] in: Kostis/Bouropoulos, StGB III, § 48; zust. Kapetanakis, StGB, Art. 398, S. 683.
[34] Sukzession und Ablösung der Strafgesetze, S. 76.
[35] Bakrottdelikt, S. 104f.
[36] StGB II, Art. 398, S. 2898.
[37] Griechisches Handelsrecht, Bd. 4, § 140.
[38] „Pourra être poursuivi comme banqueroutier simple"
[39] Philippides, Bankrottdelikt, S. 105.
[40] Zu den objektiven und subjektiven Bestandteilen der Beweiswürdigung und den daraus resultierenden Theorien s. statt aller in der Literatur Meurer, Tröndle-FS, 539 ff. mit zahlreichen Beispielen und Literaturhinweisen.
[41] Vgl. Tsirides, Insolvenzdelikte, S. 48.

gelungene, verzichtbare Regelung, die in der strafrechtlichen Praxis keine Rolle bei der Verurteilung wegen einfachen Bankrotts gemäß Art. 682 gr. HG spielen soll.

1.3. Einfacher Bankrott der Einzelkaufleute und der Gesellschaftsverwalter

Die Anführung der einzelnen bestandsbezogenen, informationsbezogenen und anmeldebezogenen Bankrotthandlungen beruht auf der täterbezogenen Unterscheidung zwischen dem einfachen Bankrott der Einzelkaufleute und demjenigen der Gesellschaftsverwalter.

Zu erwähnen ist nur, dass nach der Rechtsprechung und ganz h. M. in der strafrechtlichen Literatur bei Vornahme von mehreren Tathandlungen, die den einfachen Bankrott bilden, eine einzige Tat gegeben ist.[42]

In den folgenden Kapiteln sind die einzelnen Bankrotthandlungen aufzuzeigen und die auf der Abgrenzung des einfachen Bankrotts der Einzelkaufleute von demjenigen der Gesellschaftsverwalter beruhende Frage der Anwendung der Vorschriften, die den einfachen Bankrott der Einzelkaufleute umschreiben, auf die Gesellschaftsverwalter näher zu erörtern.[43]

1.3.1. Der einfache Bankrott der Einzelkaufleute

1.3.1.1. Die in Art. 679 gr. HG beschriebenen Bankrotthandlungen

Art. 679 gr. HG umschreibt Fälle des obligatorischen einfachen Bankrotts der Einzelkaufleute.[44]

1.3.1.1.1. Art. 679 § 1 gr. HG: übermäßige persönliche und häusliche Ausgaben

In Art. 679 § 1 gr. HG wird die bestandsbezogene Tathandlung der Vornahme von übermäßigen persönlichen oder häuslichen Ausgaben umschrieben.

---

[42] AP 447/66, Poin. Chron. 17, 93; 990/79, Poin. Chron. 30, 122; Georgakopoulos, Handelsrecht III, S. 128; Kodaxis, StGB II, Art. 398, S. 2886 f.; Papadogiannis, StGB, Art. 398, S. 1304; Stamatis, Konkurrenz, S. 167.

[43] Dazu unten § 5 B II 1.4.

[44] Zu der Anwendung der o.g. Vorschrift auf die Gesellschaftsverwalter s. unten § 5 B II 1.4.

1.3.1.1.1.1. Persönliche oder häusliche Ausgaben

Unter Ausgaben sind im Zusammenhang mit der Auslegung der „Ausgaben" im deutschen Bankrottatbestand[45] die vermögensmindernden Dispositionen des im Insolvenzzustand befindlichen Kaufmanns über Geld zu verstehen.

Den persönlichen Ausgaben unterfallen die den privaten Bedürfnissen des in Insolvenz geratenen Einzelkaufmanns dienenden masseschmälernden Dispositionen.[46] Unter die häuslichen Ausgaben fallen diejenigen Dispositionen über Geld, die zum Zwecke der Erhaltung der Wohnung wie auch des Lebensunterhalts der Familienangehörigen des Gemeinschuldners vorgenommen werden.[47]

Dagegen fallen unter den Anwendungsbereich der in Rede stehenden Tatalternative, anders als bei der deutschen bankrottstrafrechtlichen Vorschrift[48], nicht die geschäftlichen Ausgaben. In der Regel geht es aber bei den Ausgaben um Verfügungen für private Zwecke. Besitzen doch die geschäftlichen Ausgaben in der Praxis vergleichsweise eine geringe Bedeutung, was aber ihre Abwesenheit vom Bankrottatbestand nicht berechtigen darf.

1.3.1.1.1.2. Tathandlung

Zur Tatbestandsverwirklichung ist noch erforderlich, dass die vorgenommenen persönlichen oder häuslichen Ausgaben übermäßig sind. Im Gegensatz zu der entsprechenden Tatalternative des deutschen Bankrottatbestands (Nr. 2, Alt. 4) fehlt hier der Zusatz des Verbrauchens oder Schuldigwerdens von (übermäßigen) Beträgen. Dies beschränkt allerdings nicht den Anwendungsbereich der Tatalternative. Denn die Tatalternative setzt voraus, dass die vorgenommenen Ausgaben sich als „übermäßig" bezeichnen lassen unabhängig davon, ob dadurch Beträge verbraucht werden oder das insolvenzbehaftete Vermögen des Gemeinschuldners mit Verbindlichkeiten belastet wird. Die Tatalternativen unterscheiden sich von einander hauptsächlich dadurch, dass vom griechischen Tatbestand das strafbarkeitseinschränkende Korrektiv der Unwirtschaftlichkeit der Ausgaben fehlt, so dass wirtschaftskonforme, s. c. mit den „Anforderungen einer ordnungsgemäßen Wirtschaft"[49] in Vereinbarung stehende massenschmälernde Dispositionen außer acht bleiben.

---

[45] Hierzu s. bereits oben § 4 B III 1.3.2.2.2.1.

[46] Bouropoulos, StGB III, Art. 398, S. 121; Kostis/Bouropoulos, StGB III, § 49, Anm. 1; Kodaxis, StGB II, Art. 398, S. 2893.

[47] Bouropoulos, StGB III, Art. 398, S. 122; Gafos, BT VII, S.37; Kodaxis, StGB II, Art. 398, S. 2893; Kostis/Bouropoulos, StGB III, § 49, Anm. 1.

[48] Vgl. oben § 4 B III 1.3.2.2.2.1.

[49] Dazu ausführlich oben § 4 B II 6.

Bei der Beurteilung der Frage, ob ein Übermaß gegeben ist, muss nach einhelliger Ansicht in der strafrechtlichen Literatur die schuldnerische Gesamtvermögenslage vom Strafrichter berücksichtigt werden.[50] Ins Verhältnis sind mit anderen Worten einerseits die Ausgaben und andererseits die wirtschaftliche Situation des Gemeinschuldners, die sich nach Art und Umfang seines Unternehmens, seinen Einkünften wie auch nach seinem Sozialstatus und Lebensverhältnissen bestimmt[51], zu setzen und daraus das unangemessene Verhältnis der Ausgabe zu der Vermögenslage des Gemeinschuldners festzustellen.

Als übermäßige Ausgaben sieht die Rechtsprechung jede Luxusanschaffung an.[52] Die Übermäßigkeit persönlicher Ausgaben ist in den Fällen der aufwendigen Barbesuche, Reisekosten und Luxusanschaffungen des Gemeinschuldners zur Befriedigung seiner Versuchungen[53] anzunehmen. Um übermäßige häusliche Ausgaben handelt es sich bei den übertriebenen Haushaltsausgaben, hohen Wohnungsmieten, übertriebenen Ausgaben für Hilfspersonal sowie bei der Luxusausstattung einer Wohnung.[54]

1.3.1.1.1.3. Tatbestandsverwirklichung durch Unterlassen

Bevor die Tatbestandsverwirklichung durch Unterlassen näher erörtert werden kann, bedarf es vorab einer kurzen Betrachtung die im griechischen Strafrecht geltende „Rechtspflichttheorie", die zurück auf die Lehre von Feuerbach[55] geht und ihren Niederschlag in Art. 15 gr. StGB gefunden hat. Die Tatbestandsverwirklichung durch Unterlassen setzt demnach voraus, dass der Täter eine besondere rechtliche Pflicht verletzt hat, die sich entweder aus dem Gesetz oder aus einem Vertrag[56] oder aus einem gefährlichen vorangegangenen Tun [57] (sog. Ingerenz) ergibt.[58]

Nur beschränkt möglich ist also eine Tatbegehung durch Unterlassen. Trifft doch den Kaufmann keine besondere rechtliche Pflicht, zum Erhalten seines Vermögensbestandes zugunsten seiner Gläubiger

---

[50] Bouropoulos, StGB III, Art. 398, S. 122; Gafos, BT VII, S. 37; Kodaxis, StGB II, Art. 398, S. 2893; Kostis/Bouropoulos, StGB III, § 49, Anm. 1; Philippides, Bankrottdelikt, S. 107; Toussis/ Georgiou, StGB II, Art. 398, S. 1094, Anm. 10.

[51] Kodaxis, StGB II, Art. 398, S. 2893, Toussis/Georgiou, StGB II, Art. 398, S. 1094, Anm. 10; Tsirides, Insolvenzdelikte, S. 50.

[52] OLG Larissa 27/1931 (Beschluss) Dik. 1931, 39.

[53] In Betracht kommt z. B. die Anschaffung von Sportflugzeug, teurem PKW, Luxusyacht usw. Vgl. dazu oben § 4 B III 1.3.2.2.2.3.1.

[54] Vgl. hierzu oben § 4 B III 1.3.2.2.2.3.1.

[55] Lehrbuch, 2. Aufl., § 24.

[56] Insbesondere das Gesetz und der Vertrag werden von der Rechtsprechung als haftungsbegründende Quellen erwähnt. Näher Androulakis, Studien zur Problematik der unechten Unterlassungsdelikte, S. 204 m.w.N.

[57] Umstritten ist, ob das gefährdende Vorverhalten pflichtwidrig sein muss.

[58] Androulakis, AT I, S. 233ff.

zusätzliche Handlungen vorzunehmen. Eine Täterschaft durch Unterlassen ist möglich nur bei Ingerenz, wenn der Kaufmann durch sein Vorverhalten die unmittelbare Gefahr der Vermögensinteressen der Gläubiger herbeigeführt hat.[59]

1.3.1.1.2. Art. 679 § 2 gr. HG: Verbrauch von übermäßigen Summen durch Spiel oder Verlustgeschäfte oder Differenzgeschäfte

1.3.1.1.2.1. Spiel

Der in Art. 679 § 2, Alt. 1 gr. HG enthaltene Begriff „Spiel" ist identisch mit dem zivilrechtlichen Begriff in Art. 844 gr. BGB und lässt sich nach den Erläuterungen dazu auslegen. Beim „Spiel" handelt es sich also um Geschäfte, die keine klagbare Verbindlichkeit, sc. Naturobligationen, begründen, und deren Erfolg vom Zufall abhängt.[60]

Als Spiel sind die Beteiligung an Lotterien, am Pferde- oder Fußballtoto wie auch an Glücksspielen und an Spielkarten[61] anzusehen.

1.3.1.1.2.2. Operationen, die vom reinen Zufall abhängen

Neben dem Begriff „Spiel" werden in der gesetzlichen Umschreibung noch die Geschäfte, deren Erfolg vom reinen Zufall abhängt, als taugliche Mittel zum Verbrauchen übermäßiger Beträge genannt. Als solche sieht die Literatur die „Verlustgeschäfte" . Ein Verlustgeschäft liegt danach vor, wenn das Geschäft unvereinbar mit den unternehmensbezogenen Tätigkeiten des Kaufmanns ist und bereits nach der Vorauskalkulation zu keiner Erzielung eines Gewinns führen kann.[62]

1.3.1.1.2.3. Differenzgeschäfte

Bei den Differenzgeschäften handelt es sich nach der Literatur um Geschäfte, die zum Gegenstand die Lieferung von Waren oder Wertpapieren haben, jedoch in der Absicht geschlossen werden, dass eine gewinnbringende Differenz zwischen dem vereinbarten Preis und dem Börsenpreis zum Zeitpunkt der Lieferung von dem verlierenden an den

---

[59] Vgl. dazu oben § 4 B III. 1.3.1.3.1.3. sowie 1.3.2.3.

[60] Näher Adoniades in: Georgiades-Stathopoulos, BGB, 844, 845, Anm. 2ff.

[61] Zu erwähnen ist aber, dass die Rechtsprechung und ein Teil der strafrechtlichen Literatur die Teilnahme an Spielkarten nicht als Spiel sondern als persönliche Ausgabe ansieht: OLG Larissa, 27/1931 (Beschluss), Dik. 1931, 39; Bouropoulos, StGB III, Art. 398, S. 122; Kodaxis, StGB II, Art. 398, S. 2894; a.A. wohl Philippides, Bankrottdelikt, S. 107, Fn. 3 unter Hinweis auf KG Bolos 1576/1930 (Beschluss).

[62] So Bouropoulos, StGB III, Art. 398, S. 122; Kostis/Bouropoulos, StGB, § 49, Anm. 2.

gewinnenden Vertragspartner gezahlt werden soll.[63]

Die Termingeschäfte wurden angesichts der praktischen Bedeutung, die sie besitzen, wie auch der gestiegenen Gefährdung für die Gläubigerinteressen, die sie mit sich bringen, in die Aufzählung mit den Verlustgeschäften durch das Gesetz ΨΛΣΤ/1878 in Art. 679 § 2 gr. HG eingeordnet.[64] Liegt doch der Unwert der Differenzgeschäfte beim Eintreten der objektiven Strafbarkeitsbedingung (Zahlungseinstellung) in ihrer rein spekulativen Natur.

1.3.1.1.2.4. Verbrauch von übermäßigen Summen

Entsprechend dem gesetzlichen Wortlaut von Art. 679 §2 gr. HG wird der Tatbestand durch das Verbrauchen – nicht dagegen durch das Schuldigwerden[65] – von übermäßigen Summen erfüllt. Vollendet ist also die Tat nicht beim bloßen Abschluss der Verlust- oder Differenzgeschäfte sondern beim Abfluss von übermäßigen Geldbeträgen aus dem insolvenzbehafteten Vermögen des Kaufmanns.

Das Erfordernis des Verbrauchens von übermäßigen Summen steht freilich in Vereinbarung damit, dass das Spiel, außer der staatlich genehmigten Lotterie (Art. 846 gr. BGB), nur Naturobligationen begründet (Art. 844 gr. BGB). Bezüglich der Risikogeschäfte wird allerdings aufgrund des Strafbarkeitserfordernisses des Eintritts des ungünstigen Erfolgs, sc. des Verlustes von übermäßigen Geldsummen, außer acht gelassen, dass das bloße Eingehen einer klagbaren Verbindlichkeit durch ein Verlust- oder Differenzgeschäft das kaufmännische Vermögen belastet und somit die Befriedigung der Vermögensinteressen der Gläubiger beeinträchtigt.

Bevor die Auslegung des in Rede stehenden Tatbestandserfordernisses zum Ende gebracht werden kann, muss noch ein wichtiger Punkt, betreffend die Einschränkung des Anwendungsbereichs der bestandsbezogenen Tathandlung des Verbrauchs von übermäßigen Summen durch Verlustgeschäfte, zur Sprache gebracht werden. Im Gegensatz zu den entsprechenden Tatalternativen des deutschen Bankrottatbestandes (§283 Abs. 1 Nr. 2, Alt. 1-3 d.StGB)[66] fehlt hier der Zusatz des Widerspruchs zu den Anforderungen einer ordnungsgemäßen Wirtschaft. Demzufolge entfällt die Strafbarkeit nicht, auch wenn der Kaufmann durch die Aussicht auf gewinnbringende Anschlussgeschäfte oder in der Absicht, ein Konjunkturtief zu überbrücken und die Arbeitsplätze zu erhalten, übermäßige Geldsummen durch Verlustgeschäfte verbraucht hat.

---

[63] Bouropoulos, StGB III, Art. 398, S. 122; Gafos, BT VII, S. 38; Kostis/Bouropoulos, StGB III, § 49, Anm. 2; Philippides, Bankrottdelikt, S. 108.

[64] Philippides, Bankrottdelikt, S. 108.

[65] Vgl. dazu die entsprechende Begehungsweise des deutschen Bankrottatbestandes (§ 283 Abs. 1 Nr. 2 StGB).

[66] Hierzu s. oben § 4 B III 1.3.2.2.1.3.

1.3.1.1.3. Art. 679 §3 gr. HG: Vornahme von Ankäufen von Waren zwecks Wiederverkauf unter Ankaufswert, Einsatz von sonstigen ruinösen Mitteln zur Erlangung von Finanzmitteln in der Absicht, die Eröffnung des Insolvenzverfahrens hinauszuschieben

1.3.1.1.3.1. Allgemeines

Art. 679 § 3 gr. HG umschreibt die bestandsbezogenen, in Art. 197 des französischen Insolvenzgesetzes gleicher weise aufgeführten, Tatalternativen der Vornahme von Ankäufen von Waren zwecks Wiederverkauf unter Ankaufswert wie auch des Einsatzes von (sonstigen) ruinösen Mitteln zur Erlangung von Finanzmitteln. Der Täter muss in der Absicht handeln, die Eröffnung des Insolvenzverfahrens hinauszuschieben.

Die in Art. 679 gr. HG umschriebenen Vermögensdispositionen des Zurverfügungstellens von Handelswechseln, des Abschlusses von Darlehen, des Ankaufs von Waren zwecks Wiederverkauf unter Ankaufswert und des Einsatzes von ruinösen Mitteln müssen des weiteren zwecks Erlangung von Geld seitens des Gemeinschuldners vorgenommen werden.[67] Allerdings lassen sich die paradigmatisch aufgeführten Verhaltensweisen des Zurverfügungstellens von Handelswechseln und des Abschlusses von Darlehen aufgrund des Merkmals „sonstige“ in den Anwendungsbereich der generalklauselartigen Tatalternative einbeziehen und stellen sich somit als Unterfälle des Einsatzes von ruinösen Mitteln zwecks Geldbeschaffung dar. Ihre Aufzählung in der gesetzlichen Umschreibung ist somit als bezeichnend anzusehen.

1.3.1.1.3.2. Die Tathandlungen im einzelnen

1.3.1.1.3.2.1. Ankauf von Waren zwecks Wiederverkauf unter Ankaufswert

Entsprechend dem gesetzlichen Wortlaut wird in Art. 679 § 3, Alt. 1 die Vornahme von Ankäufen von Waren zwecks Wiederverkauf unter ihrem Ankaufswert beschrieben.

Bei der Auslegung der Tatobjekte ist auf den Warenbegriff des gr. BGB abzustellen. Als Waren i. S. d. Art. 679 § 3 gr. HG sind alle beweglichen, körperlichen Gegenstände anzusehen (Art. 947 § 1 gr. BGB). Anders als bei der deutschen Verschleuderungsalternative (§ 283 Abs. 1 Nr. 3 d.StGB)[68] erstreckt sich aber die in Art. 679 § 3 gr. HG aufgeführte Vornahme von Ankäufen zwecks Wiederverkauf nur auf Waren, nicht

---

[67] Bouropoulos, StGB III, Art. 398, S. 122.

[68] Zu den Tatobjekten der Verschleuderungsalternative s. oben § 4 B III 1.3.3.2.1.

dagegen auch auf Wertpapiere. Dieser Fall wird aber von Alt. 3 oder Art. 679 § 2 (Verlustgeschäft) erfasst.

Im einzelnen besteht die Tathandlung in der Vornahme von Ankäufen von Waren zum Zwecke des Wiederverkaufs unter ihrem Ankaufswert.[69] Die Tatbestandsverwirklichung setzt demnach voraus, dass der Kaufmann die Tatobjekte bereits gekauft haben muss, was zivilrechtlich durch den Eigentumsübergang der Waren auf den Kaufmann verwirklicht wird (Art. 1034 gr. BGB). Bereits bei der Vornahme des Ankaufs sei die Tat nach der höchstrichterlichen Rechtsprechung und nach ganz h. M. in der strafrechtlichen Literatur vollendet.[70] Es kommt nämlich für die Bestrafung wegen einfachen Bankrotts gemäß Art. 398 gr. StGB i. V. m. Art. 679 § 3, Alt. 1 gr. HG nicht darauf an, ob die bereits gekaufte Ware unter ihrem Ankaufswert verkauft wurde. Der Wiederverkauf unter Ankaufswert stellt sich i. S. d. Art. 679 § 3, Alt. 1 gr. HG infolgedessen als besondere Absicht, also als subjektives Unrechtselement dar, deren Feststellung vom Richter aber zu erheblichen Nachweisschwierigkeiten führt.

Des weiteren stellt sich die Frage der Feststellung des Unrechts der Tatalternative, worauf hinreichendes Licht die Betrachtung der Unterschiede der in der in Rede stehenden Ausfüllungsnorm aufgeführten Handlungsalternative, der Vornahme von Ankäufen zwecks Wiederverkauf unter Ankaufswert, von der deutschen Verschleuderungsalternative wirft.

Die in Art. 679 § 3 gr. HG beschriebene Tathandlung beschränkt sich auf den Ankauf von Waren zwecks Wiederverkauf unter Ankaufspreis. Demgegenüber erfordert § 283 Abs. 1 Nr. 3 des deutschen StGB, dass die auf Kredit beschafften Waren erheblich unter ihrem Wert veräußert oder sonst abgegeben werden.[71] Der deutsche Gesetzgeber hat dadurch eine klassische vermögensreduzierende Verhaltensweise inkriminiert, die sich den in Abs. 1 kasuistisch aufgezählten Tathandlungen entzieht. Es erhebt sich nun aber die Frage, ob der griechische Gesetzgeber durch die Tatbestandsumschreibung in Art. 679 § 3, Alt. 1 gr. HG überhaupt gläubigergefährdende, vermögensreduzierende Dispositionen bestraft hat. Stellt doch der bloße Ankauf von Waren keine Gefährdung der Vermögensinteressen der Gläubiger dar, es sei denn, es handelt sich dabei um die Vornahme eines übermäßigen Aufwandes. Ist das nicht der Fall, dann bleibt das Unrecht der Tatalternative unklar. Denn beim Ankauf von Waren – dann Vollendung der Tathandlung nach h.M.– fließt dem Vermögen des Kaufmanns erwartungsgemäß eine Gegenleistung zu, die der bereits ausgegebenen Geldsumme entspricht. Somit unterliegt aber die Vornahme

---

[69] Vgl. Art. 197 des französischen Insolvenzgesetzes, der die Vornahme von Ankäufen zwecks Widerverkauf unter Marktwert unter Strafe stellt.

[70] AP 746/1930, Themis 41, 916; 93/1903, Themis 14, 451; Bouropoulos, StGB III, Art. 398, S. 122f.; Karanikas, Strafrecht III, Art. 398, S. 614; Kodaxis, StGB II, Art. 398, S. 2895; Philippides, Bankrottdelikt, S. 109; Tsirides, Insolvenzdelikte, S. 51.

[71] Dazu ausführlich bereits oben § 4 B III 1.3.3.3.

von Ankäufen dem Wertausgleichsprinzip, führt zu keiner Masseschmälerung und folglich zu keiner Gefährdung der Gläubigerinteressen.

Außerdem reicht die bloße Absicht, die bereits angekaufte Ware unter ihrem Ankaufswert zu verkaufen zur Begründung der Strafbarkeit auch nicht aus. Das Prinzip der Austauschgerechtigkeit bei gegenseitigen Verträgen[72] bleibt unberührt, wenn der Verkaufserlös dem Marktpreis der zum Verkauf stehenden Sache entspricht. Es erweist sich also als ungerecht, die Gefährdung der Masse aus dem Vergleich des Ankaufspreises und des geringen Verkaufserlöses abzuleiten. Denn Dispositionen, die dem Wertausgleichprinzip unterliegen, sind nicht vermögensmindernd und gefährden die Masse nicht. Wird also die Ware unter ihrem Ankaufswert, allerdings nicht unter dem Marktwert verkauft, dann kann nicht die Rede von Verletzung des Prinzips der Austauschgerechtigkeit bei gegenseitigen Verträgen sein.

1.3.1.1.3.2.2. Einsatz von „ruinösen" Mitteln zwecks Erlangung von Finanzmitteln

Hierbei geht es um eine generalklauselartige Erfassung von Fallkonstellationen.[73] Der Tatbestand ist erfüllt, wenn der Täter „ruinöse", sc. eine grobe Risikokompensation der Gläubigerinteressen schaffende Mittel einsetzt, in der Absicht, Finanzmittel zu erlangen.

Die Mittel sind „ruinös", wenn sie auf eine so hoch gläubigergefährdende Weise eingesetzt werden, also die Gläubigerinteressen in so hohem Ausmaß gefährden, und ferner ihr Einsatz in so grob unangemessenem Verhältnis zu der Größe, der Finanzierungsart und der Branchenzugehörigkeit des kaufmännischen Unternehmens steht, dass sich sein Ziel, sc. die Vornahme von Vermögensverfügungen oder der Eingehung von Verbindlichkeiten, von vornherein als erfolglos erweist[74]. Dem Bestimmtheitsgrundsatz genügt das generalklauselartige Merkmal insoweit, dass es den Anwendungsbereich der Tatalternative auf besonders gläubigergefährdende, abwendbare Verhaltensweisen beschränkt.[75]

Bevor diese Tatalternative näher ausgelegt werden kann, soll vorab betont werden, dass die paradigmatisch aufgezeigten Sachverhalte des Zurverfügungstellens von Handelswechseln, also von Aktien, Wechseln wie auch von Inhaberpapieren[76], sowie der Abschluss von Darlehen (Art. 806 gr. BGB) zur Erlangung von übermäßigen Geldsummen sich auch als schädigende Mittel darstellen, soweit sie eine grobe Risikokompensation der

---

[72] Zum Wertausgleichsprinzip s. oben § 4 II 6

[73] Hierzu eingehend unten § 7.

[74] Dazu vgl. oben § 4 B III 1.3.8.2. die Auslegung des „groben" Verstoßes gegen die Anforderungen einer ordnungsgemäßen Wirtschaft

[75] Vgl. oben § 4 B II 6.

[76] Staikos, StGB III, Art. 398, S. 1135.

Gläubigerinteressen schaffen[77]. Derartige besonders risikoreiche, gläubigergefährdende „Sanierungsversuche" des insolventen kaufmännischen Unternehmens sind als ruinöse Mittel strafbar. Dagegen fällt das von der Literatur in Erwägung gezogene Beispiel des Verkaufs von Waren, die nicht angekauft wurden, sondern zum Vermögen des Kaufmanns gehörten, um den billigsten Preis[78] nicht unter den Anwendungsbereich der Generalklausel, sondern lässt sich mit der Tatalternative des Beiseiteschaffens lösen.[79] Der von der Rechtsprechung erörterte Fall der Gründung einer GmbH mit unzureichender Kapitalisierung[80] ist auch vom Generalklauseltatbestand auszunehmen. Denn er stellt einen Gesamtvorgang dar, der sich aus mehreren Einzeldispositionen zusammensetzt, die in Anlehnung an den Grundsatz der Einzelbetrachtung[81] im einzelnen mit der Tatalternative des Beiseiteschaffens zu lösen sind. Die generalklauselartige Tatbestandsform verwirklichen doch der rechtsprechungsbezogene Fall der „ruinösen" Zinszahlungen für Bankkredite[82] wie auch der Verbrauch von übermäßigen Summen durch „ruinöse" Spekulationsgeschäfte.

Durch die letztgenannten Beispiele stellt sich heraus, dass die generalklauselartig konstruierte Tatalternative des Einsatzes von sonstigen „ruinösen" Mitteln als Auffangtatbestand für die in den übrigen bestandsbezogenen Alternativen des einfachen Bankrotts geregelten Tathandlungen anzusehen ist.

1.3.1.1.3.3. Die besondere Absicht der Verzögerung der Eröffnung des Insolvenzverfahrens

Der Täter des Art. 679 § 3 gr. HG muss in der Absicht gehandelt haben, die Eröffnung des Insolvenzverfahrens hinauszuschieben. Ähnlich wie die alte deutsche Fassung der Verschleuderungsalternative (§ 240 Abs. 2 KO) enthält also das Gesetz als subjektives Unrechtselement das zusätzliche, den Anwendungsbereich der in Rede stehenden Tathandlungen einschränkende, Tatbestandserfordernis der Absicht, die Eröffnung des Insolvenzverfahrens hinauszuschieben.

Dementsprechend fehlt es nach überwiegender Auffassung in der strafrechtlichen Literatur bei der Vornahme von Ankäufen zwecks

---

[77] Zu denken ist an die Aufnahme von wucherischen Bankkrediten zwecks Beschaffung übermäßiger Geldsummen.

[78] Bouropoulos, StGB III, Art. 398, S. 123; Kodaxis, StGB II, Srt. 398, S. 2894.

[79] AP 229/1933, Themis, 45, 13; 479/1971, Poin. Chron. 22, 45; dazu s. noch unten § 5 B II 2.2.1.2.2..

[80] AP 447/1966, Poin. Chron. 17, 93.

[81] Dazu s. oben § 4 B III 1.3.8.4.2.

[82] AP 447/1966, Poin. Chron. 17, 93. Der Versuch des Schuldners, durch Aufnahme von Bankkrediten mit „ruinösen" Zinsen sein Untenehmen zu retten, ist also als höchst gläubigergefährdend und somit nach Art. 679 § 3 Alt. 2 gr. HG als strafbar anzusehen.

Wiederverkauf unter Ankaufswert am Tatbestand, wenn der Verkauf der Vermeidung eines drohenden Verderbs[83] oder Preisunterfalls[84] der Waren dient wie auch wenn der Täter durch den Verkauf der Waren in neue Märkte eindringen will.[85]

Im Zusammenhang mit den für das deutsche Bankrottstrafrecht in Erwägung gezogenen Beispielen[86] fehlt es am Tatbestand ferner bei Verkäufen zum Überstehen von Konkurrenzkämpfen sowie bei Räumungsverkäufen zum Einsparen von Lagerkosten, bei den Lockvogelangeboten und der Mischkalkulation.

Im Gegensatz zu der deutschen Verschleuderungsalternative (§ 283 Abs. 1 Nr. 3 d.StGB) lässt sich also der Anwendungsbereich der Tathandlung nicht auf Grund eines negativen Tatbestandsmerkmals, der Anforderungen einer ordnungsgemäßer Wirtschaft, sondern nach der Verzögerungsabsicht einschränken. Die im deutschen Bankrottatbestand, angesichts der Gefährlichkeit des Verschleuderns von Waren und Wertpapieren für die gesamte Gläubigerschaft gestrichene Absicht, das Insolvenzverfahren hinauszuschieben, stellt sich nämlich im griechischen Bankrottatbestand als Maßstab der Einschränkung der Straftat der Vornahme von Ankäufen zwecks Wiederverkauf unter Ankaufswert dar. Es geht also bei der Einschränkung des Anwendungsbereichs der Tathandlung um eine an das subjektive Unrechtselement der Verzögerungsabsicht anknüpfende Subjektivierung.

1.3.1.1.4. Art. 679 § 4 gr. HG: Bezahlung eines Gläubigers nach der Zahlungseinstellung zwecks Benachteiligung des Gläubigerausschusses.

Im folgenden ist die bestandsbezogene, der in § 283 c des deutschen StGB pönalisierten und als Erfolgsdelikt aufgebauten[87] Straftat der Gläubigerbegünstigung entsprechende, Tatalternative der Bezahlung eines Gläubigers zwecks Benachteiligung des Gläubigerausschusses anzusprechen.

1.3.1.1.4.1. Die Tathandlung im einzelnen

Die in Rede stehende Tathandlung gefährdet die Befriedigung des Gläubigerausschusses und verletzt das Verteilungsprinzip der par conditio creditorum.

Im einzelnen wird vorausgesetzt, dass der Gemeinschuldner

---

[83] Kostis/Bouropoulos, StGB III, § 49, Anm. 3; Phillipides, Bankrottdelikt, S. 109.
[84] Gafos, BT VII, S. 39.
[85] Kostis/Bouropoulos, StGB III, § 49, Anm. 3; Phillipides, Bankrottdelikt, S. 109.
[86] Dazu bereits oben § 4 B III 1.3.3.3.2.
[87] LK-Tiedemann § 283 c Rn. 2 mit weiteren Literaturhinweisen.

einen oder mehrere[88] Gläubiger bezahlt, was nach der höchstrichterlichen Rechtsprechung auch durch Forderungsabtretung erfolgen kann.[89] Die ausdrückliche Erwähnung des Merkmals „nach der Zahlungseinstellung" impliziert, dass vor der Zahlungseinstellung keine benachteiligbaren Insolvenzgläubiger bestehen, sie erweist sich aber angesichts der in der Eingangsvorschrift des Art. 679 gr. HG bereits geregelten objektiven Strafbarkeitsbedingung, die die Zahlungseinstellung des Einzelkaufmanns voraussetzt, als überflüssig.

Als Gläubiger im Sinne des Art 679 § 4 gr. HG ist anzusehen, wer gegen den Gemeinschuldner einen begründeten Vermögensanspruch hat[90], also die Insolvenzgläubiger, die Massegläubiger wie auch die absonderungsberechtigten Gläubiger.

1.3.1.1.4.2. Benachteiligung des Gläubigerausschusses

Bevor indessen Näheres betreffend die Handlungsalternative der Benachteiligung des Gläubigerausschusses erörtert werden kann, bedarf der Feststellung der Ausschuss der Insolvenzgläubiger. Dazu zählen alle in abstracto Insolvenzgläubiger, sc. diejenigen, die einen zur Zeit der Eröffnung des Insolvenzverfahrens begründeten Geldanspruch gegen den Kaufmann haben.[91]

Die in Art.679 § 4 gr. HG aufgeführte Tathandlung stellt ähnlich wie § 283 des deutschen StGB[92] ein Erfolgsdelikt dar. Lässt sich doch die Benachteiligung des Gläubigerausschusses als Tatbestandserfolg und nicht als subjektives Unrechtselement (Benachteiligungsabsicht) auffassen.[93]

Benachteiligung bedeutet die Verschlechterung der Insolvenzquote für die Insolvenzgläubiger. Nicht tatbestandsmäßig ist nach einhelliger Ansicht in der strafrechtlichen Literatur[94] die Bezahlung eines Gläubigers, wenn sie der Erhaltung oder Vermehrung des Schuldnervermögens oder der Vermeidung von Vermögensverlusten dient, also wenn der Gemeinschuldner durch die Bezahlung mutmaßliche Interessen verfolgt hat, die gleichgerichtet mit den Vermögensinteressen der Insolvenzgläubiger sind, wie auch wenn sich die Bezahlung im Rahmen der im Insolvenzrecht vorgesehenen vorrangigen Befriedigung der Gläubiger

---

[88] AP 659/1978, Poin. Chron. 28, 709, 711.

[89] AP 471/2926, Themis 38, 67f.; 126/1956 E. E. D. 1956, 290.

[90] Hendel, NJW 1977, 1946

[91] Näher Kotsiris, Insolvenzrecht, Rn. 104, 110. Der Gläubigerausschuß ist von der Gläubigerversammlung zu unterscheiden, an der die in concreto Insolvenzgläubiger, deren Forderungen anerkannt und eidesstattlich bestätigt wurden, beteiligen. Kotsiris, Insolvenzrecht, Rn. 256.

[92] Dazu LK-Tiedemann § 283 c Rn 2 mit weiteren Literaturhinweisen.

[93] Hierzu bereits oben § 5 B II 1.1.

[94] Kodaxis, StGB II, Art. 398, S. 2896; Kostis/Bouropoulos, StGB, § 49, Anm. 4.

hält.[95] Das wird zu Recht dadurch begründet, dass solche Vermögensdispositionen des Gemeinschuldners über Geld zu keiner Benachteiligung des Gläubigerausschusses führen.

1.3.1.1.5. Art. 679 § 5 gr. HG: unterlassene oder nicht rechtzeitige Erklärung der Zahlungseinstellung

1.3.1.1.5.1. Allgemeines

Die in Rede stehende Vorschrift wurde durch Art. 13 des Gesetzes ΓΦΟΔ/1910 in die gesetzliche Umschreibung des einfachen Bankrotts eingeführt. Sie umschreibt den Sachverhalt der unterlassenen oder nicht rechtzeitigen Erklärung der Zahlungseinstellung (Art. 526 gr. HG), die als wesentliche Voraussetzung der Eröffnung des Insolvenzverfahrens zu qualifizieren ist[96], und schützt wie die übrigen, den Bankrottatbestand (Art. 398 gr. StGB) vollständig bildenden, Ausfüllungsnormen die Vermögensinteressen der Gläubiger.

1.3.1.1.5.2. Tauglicher Täterkreis

Zum Adressatenkreis der unter Erörterung stehenden Vorschrift gehört, wer die Kaufmannseigenschaft aufweist[97], also nur die Kaufleute. Obwohl sich die Eingangsvorschrift des Art. 679 gr. HG nur auf die Einzelkaufleute bezieht und folglich expressis verbis den tauglichen Kreis der Täter auf sie beschränkt, beziehen Rechtsprechung und Teile der Literatur in den erklärungspflichtigen Täterkreis auch die Gesellschaftsverwalter ein[98]. Demzufolge liegt es nahe, im einzelnen zu ermitteln, wer bei Zahlungseinstellung der Handelsgesellschaft verpflichtet ist, sie zu erklären.

Bei den Personenhandelsgesellschaften (OHG, KG) wird die Zahlungseinstellung vom Geschäftsführer[99] oder, falls kein Gesellschafter zur Geschäftsführung bestellt ist, von allen persönlich haftenden Gesellschaftern bzw. Komplementären erklärt.

Bei der GmbH kommt als tauglicher Täter der Geschäftsführer in Betracht.[100] Falls kein Gesellschafter mit der Geschäftsführung befugt ist, wird die Zahlungseinstellung von allen

---

[95] Zu denken ist etwa an die Bezahlung eines Massegläubigers für die Masseverbindlichkeiten oder eines Pfandgläubigers vor den einfachen Insolvenzgläubigern.

[96] AP 448/1966, Poin. Chron. 17, 95.

[97] Kodaxis, StGB II, Art. 398, S. 2896.

[98] AP 55/1983 Poin. Chron. 33, 698; Kodaxis, StGB II, Art. 398, S. 2897; nach KG Athen 148/1975, Poin. Chron. 25, 870, bezieht sich die Vorschrift nur auf die Einzelkaufleute.

[99] AP 852/1974, Poin. Chron. 25/194; 1281/1987, Poin. Chron. 38, 86.

[100] AP 55/1983, Poin. Chron. 33, 698.

Gesellschaftern erklärt (Art. 16 gr. GmbHG).[101]

Bei der AG (Art. 18 § 1 gr. Akt.G)[102] und der landwirtschaftlichen Genossenschaft (Art. 32 § 2 b. Ges. 2169/1993) ist der Vorstand Träger der Pflicht zur Insolvenzerklärung.

1.3.1.1.5.3. Die Tathandlungen im einzelnen

Bei der Darstellung der in Art. 679 § 5 gr. HG aufgeführten anmeldebezogenen Tatalternativen liegt es nahe, einzelne, an den Inhalt, die Fristen sowie die Form der Erklärung der Zahlungseinstellung anknüpfende Fragen anzusprechen.

Gemäß Art. 526 gr. HG ist jeder Kaufmann verpflichtet, an dem Tag, an dem er seine Zahlungen eingestellt hat, dem Sekretär des Kammergerichts, im Bezirk dessen er sein Unternehmen hat, seine Insolvenz zu erklären. Die Frist verlängert sich auf 10 Tage vom Tag, an dem der Kaufmann seine Zahlungen eingestellt hat, falls sein Unternehmen außerhalb des Bezirks des Kammergerichts liegt.

Gemäß Art. 6 § 18 a des Gesetzes Nr. 2479/1997 muss im Antrag auf Eröffnung des Insolvenzverfahrens der Vor-, Nach- und Vatersname oder die Firma wie auch die Wohnungs- und Unternehmensadresse und die Adresse der gewerblichen Niederlassung der natürlichen oder juristischen Personen angeführt werden. Bei der OHG oder KG muss die Insolvenzerklärung die o. g. Angaben bezüglich aller Komplementäre enthalten. Wenn es um die Insolvenzerklärung einer juristischen Person geht, werden die o. g. Angaben bezüglich der Geschäftsführer oder des geschäftsführenden Vorstandsmitglieds oder anderen Vertreters der juristischen Person angezeigt. Darüber hinaus sind in der Insolvenzerklärung Angaben über die Filialen, die Lager und die Haupt- oder Nebengeschäftsräume des Einzelunternehmens bzw. der Handelsgesellschaft (Art. 6 § 18 b des Gesetzes Nr. 2479/1997) zu machen.

Vom Inhalt der Insolvenzerklärung lässt sich schließlich feststellen, dass sie das Gesetz an ein bestimmtes Formerfordernis bindet. Die Insolvenzerklärung kann nur schriftlich erfolgen. Die Pflicht zur Erklärung der Zahlungseinstellung beginnt mit dem direkten oder indirekten Eintritt der festen und echten, also nicht nur vorübergehenden, Zahlungseinstellung des Kaufmanns.[103]

Die in Rede stehende Vorschrift umschreibt zwei echte Unterlassungsdelikte[104]; die unterlassene und die nicht rechtzeitige Erklärung

---

[101] Kodaxis, StGB II, Art. 398, S. 2897.
[102] AP 990/1979, Poin. Chron. 30, 122, 123.
[103] AP 612/1928, No. B. 1969, 290; 197/1956, No. B. 1956, 718.
[104] Vgl. die in §§ 401 Abs. 1, Nr. 2 d.AktG, 84 Abs. 1 Nr. 2 d.GmbHG, 148 Abs. 1 Nr. 2 d.GenG, 130 b d.HGB pönalisierte unterlassene Stellung des Insolvenzantrags, die auch als echtes Unterlassungsdelikt aufgebaut ist. So BGHSt 14, 281; 28, 371, 380 zu § 84

der Zahlungseinstellung.

Angesichts der im Gesetz niedergelegten Differenzierung zwischen unterlassener und verspäteter Insolvenzerklärung ist unter unterlassener Insolvenzerklärung (1. Alt.) nur der Fall zu verstehen, dass der Erklärungspflichtige seine Zahlungseinstellung überhaupt nicht erklärt.[105] Als unterlassene Insolvenzerklärung ist ferner der Fall anzusehen, dass die Insolvenzerklärung nicht vor dem Sekretär des zuständigen Gerichts erfolgt. Dagegen fällt unter den Anwendungsbereich der in Rede stehenden Alternative nicht die unvollständige Insolvenzerklärung einer Personenhandelsgesellschaft. Denn in diesem Fall greift Art. 682 § 3, Alt. 1 gr. HG als lex specialis ein.[106]

Die unterlassene Insolvenzerklärung (Art. 679 § 5 gr. HG) ist gegeben unabhängig davon, ob die Zahlungseinstellung vom Kaufmann oder von seinen Gläubigern erklärt wurde.[107]

Die nicht rechtzeitige Insolvenzerklärung (2. Alt.) liegt andererseits dann vor, wenn die Erklärung der Zahlungseinstellung außerhalb der o.g. Fristen erfolgt.

Vollendet ist die Tathandlung, wenn die Zahlungseinstellung bei Ablauf der bereits oben angezeigten Fristen nicht erklärt worden ist.

1.3.1.2. Die in Art. 682 des griechischen HG beschriebenen Bankrotthandlungen

Art. 682 gr. HG umschreibt, entsprechend der gesetzlich geregelten Differenzierung zwischen obligatorischer und fakultativer Strafverfolgung gegen Bankrotteur, Fälle des fakultativen einfachen Bankrotts der Einzelkaufleute.[108]

GmbHG; BGH GA 1959, 89; Tiedemann in: Scholz, GmbHG, § 84, Anm. 13; Greilen in: Kölner Kommentar zum AktG, § 401, Anm. 7.

[105] Vgl. AP 990/1979, Poin. Chron. 30, 122.

[106] Vgl. dazu unten § 5 B II 1.3.1.2.3.2.1.

[107] So wohl Rechtsguthaben des Staatsanwalts am OLG Thessaloniki 19/1962, Poin. Chron. 12, 185; AP 55/1983, Poin. Chron. 33, 698, 699; AP 1374/1987 bei Kodaxis, StGB II, Art. 398, S. 2896; AP 132/1989, Ell. Dik. 30/1260; a A Papadogiannis, StGB, Art. 398, S. 1302: keine unterlassene Insolvenzerklärung liegt vor, wenn sie nicht vom Kaufmann selbst, sondern von den Gläubigern erfolgte.

[108] Zu der Anwendung der o. g. Vorschrift auf die Gesellschaftsverwalter s. unten § 4 B II 1.4.

1.3.1.2.1. Art. 682 § 1 gr. HG: Eingehen von übermäßigen Geldverbindlichkeiten zugunsten dritter Personen

1.3.1.2.1.1. Schutzzweck

Art. 682 § 1 gr. HG betrifft den Fall, dass der Täter unentgeltlich übermäßige Geldverbindlichkeiten zugunsten dritter Personen eingeht. Der Schutzzweck der Vorschrift besteht darin, die Kaufleute vom Abschluss von Verbindlichkeiten über Geld zugunsten Dritter, ohne vorher ihre Ansprüche gegen sie gesichert zu haben, abzuhalten.[109] Unter Berücksichtigung des finalen Merkmals des Verbrauchens von übermäßigen Summen durch Verlustgeschäfte (Art. 679 § 2, Alt. 2 gr. HG), das die letztgenannte Tatalternative als tatsächliche Verringerung der Aktivseite sich darstellen lässt, stellt sich die Umschreibung der in Rede stehenden Tathandlung als die Pönalisierung der tatsächlichen Erhöhung der kaufmännischen Passiva dar.

1.3.1.2.1.2. Tathandlung

Bei der Ermittlung der Übermäßigkeit der Verbindlichkeiten über Geld ist auf die Gesamtvermögenslage des Kaufmanns abzustellen.[110]

Der Anwendungsbereich der Tatalternative verdeutlichen die folgenden, im Schrifttum erwähnten, Beispiele: Akzept, Ausstellung, Rückindossament[111] wie auch Avalierung[112] von Wechseln zugunsten dritter Personen und Schulderlass.[113]

Das Eingehen der Geldverbindlichkeiten muss, entsprechend dem gesetzlichen Wortlaut, zugunsten einer dritten Person, also nicht zugunsten des kaufmännischen Geschäfts, und zwar unentgeltlich, sc. ohne dass der Kaufmann eine der Geldverbindlichkeit entsprechende Gegenleistung bekommt, erfolgen. In Anlehnung an das Tatbestandserfordernis der Unentgeltlichkeit des Eingehens von Geldverbindlichkeiten fehlt es also am Tatbestand, wenn dem Täter eine Gegenleistung zufließt, die im Ausgleich mit der eingegangenen Verbindlichkeit über Geld steht.

---

[109] Kodaxis, StGB II, Art. 398, S. 2899.

[110] Vgl. oben § 5 B II 1.3.1.1.1.2.

[111] Bouropoulos, StGB III, Art. 398, S.124; Gafos, BT VII, S. 42; Kodaxis, StGB II, Art. 398, S. 2898f.; Philippides, Bankrottdelikt, S. 122; Toussis/Georgiou, StGB II, Art. 398, S. 1096, Anm. 17.

[112] Philippides, Bankrottdelikt, S. 112; Toussis/Georgiou, StGB II, Art. 398, S. 1096, Anm. 17.

[113] Bouropoulos,StGB III, Art. 398, S. 124; Philippides, Bankrottdelikt, S. 112; Tsirides, Insolvenzdelikte, S. 53.

1.3.1.2.2. Art. 682 § 2 gr. HG: neue Eröffnung des Insolvenzverfahrens vor der Erfüllung der Vergleichsverbindlichkeiten.

1.3.1.2.2.1. Allgemeines

Gemäß Art. 682 § 2 gr. HG kann der Kaufmann wegen einfachen Bankrotts verfolgt werden, wenn er wieder in Insolvenz tritt, bevor er seine Vergleichsverbindlichkeiten erfüllt hat. Die Ratio der Vorschrift besteht also in der Verfolgung der Kaufleute, die wieder Handel treiben, ohne vorher ihren vergleichsverfahrensbezogenen Gläubigerbefriedigungspflichten nachgekommen zu sein.[114] Die Pönalisierung des Sachverhalts als Unterfall des einfachen Bankrotts erklärt sich durch das besondere Gewicht, das den Pflichten des Vergleichskaufmanns gegenüber seinen Gläubigern zukommt. Zwar übernimmt der Kaufmann im Vergleichsverfahren die Verwaltung seines Vermögens und kommt er wieder in die Lage, seine Unternehmenstätigkeiten vorzusetzen. Ihn trifft jedoch die Hauptpflicht, das zur Befriedigung der noch bestehenden Ansprüche seiner Gläubiger gebundene Vermögen nach den Bedingungen des Vergleichsvertrags zu erhalten.

1.3.1.2.2.2. Tathandlung

Zu den Vergleichsverbindlichkeiten i. S. d. Art. 682 § 2 gr. HG zählen nicht nur die auf der gerichtlich bestätigten Parteivereinbarung beruhenden Anteile der Gläubiger, sondern auch die übrigen, im Rahmen des Vergleichsverfahrens eingegangenen, Nebenpflichten.[115]

Nicht erfüllt sind die Verbindlichkeiten beim Verzug des Vergleichskaufmanns.[116] Keine Nichterfüllung der Vergleichsverbindlichkeiten stellt dagegen die vorsätzliche Anfechtung des Vergleichsverfahrens wegen Verurteilung des Vergleichskaufmanns wegen betrügerischen Bankrotts bei Verheimlichung seiner Aktiva oder Erhöhung seiner Passiva (Art. 615 gr. HG) wie auch die Aufhebung des Vergleichsverfahrens wegen Nichterfüllung seiner Voraussetzungen (Art. 616 § 1, S. 1 gr. HG)[117]. Nach einhelliger Ansicht in der strafrechtlichen Literatur bleibt die Tatbestandsverwirklichung unabhängig von der Fälligkeit der Vergleichsverbindlichkeiten.[118]

---

[114] Tsirides, Insolvenzdelikte, S. 53.
[115] Toussis/Georgiou, StGB II, Art. 398, S. 1096, Anm. 18.
[116] Kodaxis, StGB II, Art. 398, S. 2899; Toussis/Georgiou, StGB II, S. 1096, Anm. 18.
[117] Philippides, Bankrottdelikt, S. 113; Tsirides, Insovenzdelikte, S. 53.
[118] Bouropoulos, StGB III, Art. 398, S. 124; Kodaxis, StGB II, Art. 398, S. 2899; Philippides, Bankrottdelikt, S. 113.

Zu folgendem wird zur Tatbestandserfüllung die neue Eröffnung des Insolvenzverfahrens vorausgesetzt, sc. dass der Vergleichskaufmann wieder in Insolvenz tritt, was, entsprechend dem gesetzlichen Wortlaut, vom diesbezüglichen Eröffnungsbeschluss abhängig ist.[119] Der Insolvenzeröffnung steht die Aufhebung des Vergleichsverfahrens gleich.[120] Doch stellt sich das letztgenannte Verfahren als neue Eröffnung des Insolvenzverfahrens dar, mit gleichwichtigen Folgen für den Kaufmann[121].

1.3.1.2.3. Art. 682 § 3 gr. HG : unvollständige Erklärung der Zahlungseinstellung einer Personenhandelsgesellschaft, verspätete Vorlage von Handelsbüchern und sonstigen Unterlagen.

1.3.1.2.3.1. Allgemeines

Die Vorschrift, zuletzt geändert durch Art. 14 des Gesetzes ΓΦΟΔ/1910, dient dem Interesse der Gläubiger, den erforderlichen Überblick über die wirtschaftliche Lage des Kaufmanns zu gewinnen. In Rede stehen die anmeldebezogene Tatalternative der unvollständigen Erklärung der Zahlungseinstellung (1. Alt.) und die informationsbezogene, sc. die Informationsgrundlage des Kaufmanns betreffende, Handlungsalternative der nicht rechtzeitigen Vorlage von Handelsbüchern und sonstigen, in Art. 527 gr. HG vorgesehenen, Unterlagen (2. Alt.).

Täter kann nur sein, wer die Kaufmannseigenschaft aufweist.[122]

1.3.1.2.3.2. Die Tathandlungen im einzelnen

1.3.1.2.3.2.1. Unvollständige Erklärung der Zahlungseinstellung einer Personenhandelsgesellschaft

Bei der Feststellung der Unvollständigkeit der Insolvenzerklärung ist auf die diesbezüglichen insolvenzrechtlichen Vorschriften abzustellen (Art. 526 gr. HG, Art. 6 § 18 a, b, des Gesetzes Nr. 2479/1997). Bereits oben[123] wurde in Bezug auf die anmeldebezogenen

---

[119] So Kodaxis, StGB II, Art. 398, S. 2899; Philippides, Bankrottdelikt, S. 113; a.A. Tsirides, Insolvenzdeklikte, S. 53, der die bloße Zahlungseinstellung als ausreichend ansieht.

[120] Kodaxis, StGB II, Art. 398, S. 2899; Philippides, Bankrottdelikt, S. 113; Toussis/Georgiou, StGB II, Art. 298, S. 1096f, Anm. 18.

[121] Hierzu ausführlich Kotsiris, Insolvenzrecht, Rn. 328.

[122] Dazu bereits oben § 5 B II 1.3.1.1.5.2.

[123] § 5 B II 1.3.1.1.5.3.

Tathandlungen der unterlassenen und verspäteten Beantragung der Insolvenz geklärt, welche Angaben in der Insolvenzerklärung des Kaufmanns anzuführen sind. Die in Rede stehende Vorschrift bezieht sich jedoch ausschließlich auf die Insolvenzerklärung einer Personenhandelsgesellschaft. Doch bindet die Alternative die Tatbestandsmäßigkeit an das Fehlen der ausdrücklichen Erwähnung im Antrag auf Eröffnung des Insolvenzverfahrens nur der persönlichen Angaben der persönlich haftenden Gesellschafter (Vor-, Nach- und Vatersname sowie Wohnungsadresse). Somit beschränkt sich der Adressatenkreis der Vorschrift nur auf die Personenhandelsgesellschaften, während die unvollständige Insolvenzerklärung einer Kapitalgesellschaft nicht erfasst wird. Zu erwähnen ist noch, dass die Vorschrift nur den Fall betrifft, dass der Täter es unterlässt, die notwendigen Angaben in seiner Insolvenzerklärung anzuführen. Davon ausgehend stellt die Tat ein echtes Unterlassungsdelikt dar.

1.3.1.2.3.2.2. Verspätete Vorlage von Handelsbüchern und sonstigen Unterlagen

1.3.1.2.3.2.2.1. Tatobjekte

Die handelsrechtliche Vorlagepflicht des Kaufmanns betrifft entsprechend dem gesetzlichen Wortlaut die in Art. 527 gr. HG geregelten schriftlichen Unterlagen und die Handelsbücher.

Art. 527 gr. HG bezieht sich grundlegend auf die Bilanz, in der alle beweglichen und unbeweglichen Sachen unter Angabe ihres Wertes, Schulden, Gewinne, Verluste und Ausgaben des Kaufmanns verzeichnet werden müssen. Zu erwähnen ist in dieser Bezugnahme, dass die Aufstellung der Bilanz i. S. d. Art. 527 gr. HG, also nach der Erklärung der Zahlungseinstellung, sich als unordentliche, sc. in nicht periodischen Zeitpunkten erfolgte, Buchführung darstellt.[124] Zu den schriftlichen Unterlagen i. S. d. Art. 527 gr. HG zählen noch alle insolvenzbezogenen Urkunden, wie der Protest mangels Zahlung und die Konten des Gemeinschuldners.[125]

Unter „Handelsbüchern" i. S. d. Art. 682 § 3, Alt. 2 gr. HG sind die in Art. 8-9 gr. HG aufgeführten und obligatorisch zu führenden[126] Handelsbücher, also das Grundbuch, das Inventar und das Handelsbriefbuch des Kaufmanns zu verstehen.[127] Im einzelnen:

Das Grundbuch (Art. 8 § 1 gr. HG) enthält alle täglichen Geschäfte des Kaufmanns, die seine wirtschaftliche Lage zum Ausdruck

---

[124] Georgakopoulos, Handelsrecht AT, S. 119f.
[125] Toussis/Georgiou, StGB II, Art. 398, S. 1097, Anm. 19.
[126] Stavropoulos, Kommentar zum Handelsrecht und Seerecht, Art. 8,9 gr. HG Anm. 2.
[127] Bouropoulos, StGB III, Art. 398, S. 124, Kodaxis, StGB II, Art. 398, S. 2900.

bringen. Die Führung des Grundbuchs hängt von dem Umfang des Tätigkeitskreises und der Größe des kaufmännischen Unternehmens ab. Für jede Branche wird also ein einzelnes Grundbuch geführt.[128]

Beim Inventar (Art. 9 gr. HG) handelt es sich um ein Handelsbuch, das zum Schluss jedes Kalenderjahres aufzustellen ist und eine ausführliche Beschreibung des Vermögens des Kaufmanns unter Angabe seines Wertes enthalten muss.[129] Bei der AG und der GmbH ist sowohl beim Beginn des Handelsgeschäfts als auch zum Schluss jedes Geschäftsjahres ein Eröffnungs- bzw. Abschlussinventar aufzustellen (Art. 41 §§ 1, 2 gr. AktG, Art. 22 § 1 gr. GmbHG).[130]

Zu den tauglichen Tatobjekten zählt schließlich das Handelsbriefbuch (Art. 8 § 2 gr. HG) , das in chronologischer Reihenfolge die Handelsbriefe des Kaufmanns, die zu den Grundbuchsangaben führen, enthält[131]

1.3.1.2.3.2.2.2. Tathandlung

Die 2. Alternative betrifft den Fall, dass der Täter es unterlässt, binnen 15 Tagen nach der Erklärung der Zahlungseinstellung die in Art. 527 gr. HG enthaltenen Unterlagen und seine Handelsbücher dem Sekretär des zuständigen Kammergerichts vorzulegen. Der Gesetzgeber hat nämlich die Verletzung der handelsrechtlichen Vorlagepflicht des Kaufmanns durch den Aufbau eines echten Unterlassungsdelikts pönalisiert, dessen Vollendung beim Ablauf des o. g. Frist als gegeben anzusehen ist.

Es fehlt allerdings am Tatbestand, wenn die Insolvenz des Kaufmanns nicht von ihm selbst, sondern von seinen Gläubigern beantragt wurde. Denn die Vorlagepflicht trifft nur den Kaufmann, der seine Zahlungseinstellung erklärt hat.[132]

1.3.1.2.4. Art. 682 § 4 gr. HG: Verletzung der Pflicht zur Erscheinung vor den Insolvenzverwaltern

1.3.1.2.4.1. Bedeutung der gesetzlichen Umschreibung

Den Gegenstand dieses Kapitels bilden die in Art. 682 § 4 gr. HG aufgeführten, aus dem Code de Commerce (1807) bekannten,

---

128 Georgakopoulos, Handelsrecht AT, S. 123 a

129 Georgakopoulos, Handelsrecht AT, S. 125.

130 Zwar wird die Aufstellung des Eröffnungsinventars bei der GmbH nicht ausdrücklich geregelt, sie ist aber allgemein anerkannt. Näher Stavropoulos, Kommentar zum Handelsrecht und Seerecht, Art. 22 Ges. 3190/1955 (gr. GmbHG), Anm. 1.

131 Georgakopoulos, Handelsrecht AT, S. 128.

132 AP 142/1982, Poin. Chron. 32, 858; 457/1985, Poin. Chron. 35, 794; KG Edessa, 33/1981, Poin. Chron. 31, 704; Tsirides, Insolvenzdelikte, S. 54.

anmeldebezogenen Tatalternativen, die sich als Kriminalisierung der Verletzung der insolvenzrechtlichen Pflicht des Gemeinschuldners[133], persönlich vor dem Insolvenzverwalter[134] zu erscheinen, auffassen lassen. Die in Rede stehende ausfüllende Regelung betrifft hauptsächlich die Verletzung der Auskunftspflicht des Gemeinschuldners[135], die nach deutschem Recht unter den Anwendungsbereich der extensiv ausgelegten Tatalternative des Verheimlichens von massezugehörigen Vermögensgegenständen fällt[136], jedoch nur in der Form des Untätigbleibens.

1.3.1.2.4.2. Tathandlung

Wegen einfachen Bankrotts kann gemäß Art. 682 § 4 gr. HG der Kaufmann verfolgt werden:

a. wenn er ohne berechtigtes Hindernis[137] nicht persönlich und nicht ordnungs- und fristgemäß vor dem Insolvenzverwalter erscheint. Nach dem Insolvenzrecht besteht die unter Erörterung stehende Pflicht des Kaufmanns während des gesamten Insolvenzverfahrens.
b. Wenn er, trotz des vom Insolvenzgericht ausgesprochenen freien Geleits, nicht vor dem Insolvenzverwalter erscheint.

Bei beiden Tatalternativen handelt es sich um echte Unterlassungsalternativen.

1.3.1.2.5. Art. 682 § 5 gr. HG: unterlassene oder mangelhafte Buchführung

1.3.1.2.5.1. Anwendungsbereich und Strafgrund

Die im folgenden zu erörternde Vorschrift betrifft die Nichtführung von Handelsbüchern und Manipulationen des Kaufmanns, die sich als fehlerhafte Buchführung darstellen. Somit sind die in. Art. 682 § 5 gr.

---

[133] Unter Gemeinschuldner i. S. d. Art. 682 § 4 gr. HG sind sowohl die Einzelkaufleute als auch die Gesellschaftsverwalter zu verstehen; a.A. AP 2/88, Ell. Dik. 1988, 1195; Kodaxis, StGB II, Art. 398, S. 2900, die als Adressaten der in Rede stehenden Vorschrift nur die Einzelkaufleute ansehen.

[134] Durch das Gesetz ΓΦΟΔ/1910 ist die Zahl der Insolvenzverwalter auf einen eingeschränkt worden.

[135] Vgl. §§ 97, 98 InsO, die die Auskunftspflicht des Gemeinschuldners nach deutschem Insolvenzrecht regeln.

[136] Dazu oben § 4 B III 1.3.1.3.2.1.

[137] Das Hindernis ist berechtigt, soweit es beweisbar ist und dem Kaufmann es ausschließt, seiner Auskunftspflicht nachzukommen.

HG aufgeführten Tathandlungen ein Unterfall der informationsbezogenen Bankrotthandlungen.

Die kaufmännische Rechnungslegung bezweckt in erster Linie, dass der Kaufmann sich den unerlässlichen Überblick über seinen gesamten Vermögensstand verschafft, ermöglicht aber noch dem Insolvenzverwalter, den erforderlichen Überblick über die Vermögenslage des Gemeinschuldners zu gewinnen[138]. Die Vorschrift betrifft also das kaufmännische Rechnungslegungswesen und besitzt in der Praxis große Bedeutung.

Zu den Tatobjekten zählen, entsprechend dem gesetzlichem Wortlaut, das Grundbuch, das Inventar und das Handelsbriefbuch des Kaufmanns[139].

1.3.1.2.5.2. Strafrechtliche Bestimmung des Subjektkreises

Obwohl die Eingangsvorschrift von Art. 682 § 5 gr. HG sich nur auf den fakultativen einfachen Bankrott der Einzelkaufleute bezieht, erstreckt sich ihr Adressatenkreis auch auf die Handelsgesellschaften.[140] In verbindlicher Anlehnung an den Grundsatz „societas delinquere non potest" liegt es also nahe, nach den strafrechtlich verantwortlichen natürlichen Personen zu suchen.

-Bei den Personenhandelsgesellschaften (OHG, KG) sind buchführungspflichtig die in der Satzung eingeschriebenen persönlich haftenden Gesellschafter (vgl. Art 24 gr. HG), sonst alle persönlich haftenden Gesellschafter bzw. Komplementäre.
-Bei der GmbH kommen als taugliche Täter die Geschäftsführer in Betracht (Art. 25 gr. GmbHG)
-Bei der AG ist der Vorstand strafrechtlich verantwortlich.[141]

In der Praxis bedient sich allerdings der Kaufmann der Mitwirkung von Hilfspersonen, überträgt er nämlich seine Erfüllungspflicht auf dritte, interne oder externe Personen.[142] Angesichts der fehlenden strafrechtlichen Erfassung der täterschaftlichen Strafbarkeit von dritten, mit Buchführungsaufgaben betrauten Personen (vgl. in diesem Sinne § 14 Abs. 2 des deutschen StGB), bleibt zumindest bei der Begehung eines „delictum proprium", in diesem Fall also der in Rede stehenden Pflichtverletzungen von

---

[138] Vgl. hierzu die Bedeutung der gesetzlichen Buchführungspflicht nach deutschem Bankrottstrafrecht, oben § 4 III 1.3.5.1.
[139] Zur Definition und Inhalt der Handelsbücher s. bereits oben § 5 B II 1.3.1.2.3.2.2.1.
[140] Dazu eingehend unten § 5 B II 1.4.
[141] AP 990/1979, Poin. Chron. 30, 122, 123
[142] Zur Abgrenzung der internen von den externen Personen s. oben § 4 B III 1.3.5.3. mit Beispielen.

Personen, die die erforderliche Subjektsqualität (Kaufmannseigenschaft) nicht aufweisen, die Strafbarkeit wegen unmittelbarer Beihilfe nach Art. 46 Abs. 1 b gr. StGB.[143]

1.3.1.2.5.3. Die Tathandlungen im einzelnen

Art. 682 § 5 gr. HG umschreibt 4 buchführungsbezogene Tatalternativen: die unterlassene Führung der in Art. 8 gr. HG aufgeführten Handelsbücher (1. Alt.), die nicht rechtzeitige Führung des Inventars (2. Alt.), die mangelhafte Buchführung (3. Alt.) und die unterlassene Paraphierung des Grundbuchs und des Inventars gemäß Art. 10 gr. HG (4. Alt.).

1.3.1.2.5.3.1. Unterlassene Buchführung, verspätete Inventaraufstellung

Unter der ersten Handlungsalternative ist der Fall zu verstehen, dass der Täter kein von den in Art. 8 gr. HG aufgeführten Handelsbüchern, also weder das Grundbuch noch das Handelsbriefbuch führt.[144] Das zeitweise (nur vorübergehende) und teilweise Nichtführen der Handelsbücher stellen sich demgegenüber nicht als unterlassene Buchführung, sondern als Fälle der mangelhaften Buchführung dar.[145]

Die zweite Alternative betrifft den Fall, dass der Täter das Inventar (Art. 9 gr. HG) nicht rechtzeitig aufstellt, was am Ende jedes Kalenderjahres und, bei der GmbH und der AG, auch beim Beginn des Handelsgeschäfts (Eröffnungsinventar) festgestellt werden kann.

Beide Alternativen sind als echte Unterlassungsdelikte aufgebaut.

Persönliche Gründe, wie z. B. die Ungeschichtlichkeit des Kaufmanns, entschuldigen nicht.[146] Bei der Unfähigkeit des Kaufmanns aber, seine Handelsbücher selbst zu führen oder seine Erfüllungspflicht auf Dritte zu übertragen, ist die Tatbestandsmäßigkeit nicht gegeben. Es kann doch nicht die Rede von Bestrafung wegen Unterlassens sein, wenn das Untätigbleiben des Kaufmanns auf seiner Unmöglichkeit zu handeln beruht.[147]

1.3.1.2.5.3.2. Unordentliche Buchführung

Entsprechend dem gesetzlichen Wortlaut ist die Buchführung

---

[143] Demgegenüber betrifft Art. 47 gr. StGB die einfache Beihilfe. Zum Wortlaut der Vorschriften s. Anhang.

[144] So ausdrücklich AP 447/1966, Poin. Chron. 17, 93.

[145] Vgl. dazu oben § 4 B III 1.3.5.4.1..

[146] Kostis/Bouropoulos, StGB III, § 50, Anm. 5 a.

[147] Hierzu vgl. die oben, § 4 B III 1.3.5.4.2., aufgeführte Problematik.

mangelhaft, soweit die Handelsbücher (Grundbuch, Handelsbriefbuch, Inventar) unvollständig und unordentlich sind, oder sie die kaufmännischen Aktiva und Passiva nicht darstellen. Bei der Präzisierung der Unordentlichkeit der Buchführung ist also auf die Buchführungsprinzipien abzustellen, die den Inhalt der Handelsbücher betreffen.

Bezüglich des inneren Inhalts der Handelbücher muss ihre Führung deutlich[148] und zeitgerecht sein und ohne Zwischenräume, Durchstreichungen und Marginalien erfolgen (10 § 2 gr. HG).

Dementsprechend ist die Tatbestandsmäßigkeit bei der undeutlichen Darstellung der Aktiv- und Passivseite des kaufmännischen Unternehmens[149], der Nichtverzeichnung seiner täglichen Vermögensteile, Schulden, geschäftlichen Verhältnisse, synallagmatischen Transaktionen, Einnahmen, Indossamente, also aller Geschäftsvorfälle in chronologischer Reihenfolge oder bei der Anführung von falschen Wertangaben gegeben. Zu unterscheiden an dieser Stelle ist zwischen dem völligen Unterlassen (1.,2. Alt.) und der unrichtigen Buchführung, die in der Regel, sc. außer dem teilweisen oder zeitweisen Nichtführen, ein positives Tun darstellt.

Im Gegensatz zu der entsprechenden deutschen bankrottstrafrechtlichen Vorschrift, (§ 283 Abs. 1 Nr. 5, Alt. 2 d.StGB), erfordert die im Mittelpunkt dieses Kapitels stehende Vorschrift jedoch nicht, dass die unordentliche Buchführung zur Erschwerung der Übersicht über den Vermögensstand des Kaufmanns führt und schließt damit Fälle aus, die der Übersichtlichkeit der Buchführung entsprächen und den Anwendungsbereich der Tatalternative einschränkten.[150]

Bevor dieses Kapitel abgeschlossen werden kann, bedarf noch eines Wortes über die 4. Alt., die fehlende Paraphierung des Grundbuchs und des Inventars. Dieser Fall lässt sich wie oben erwähnt als Unterfall der mangelhaften Buchführung qualifizieren. Gehört doch die Paraphierung der Handelsbücher (Art. 10 gr. HG) zu den Buchführungsleitprinzipien, die sich allerdings auf die äußere Form der Handelbücher beziehen. Die Besonderheit dieser Untervorschrift besteht also darin, dass sie Manipulationen, die die äußere Form der Handelsbücher betreffen, i. V. m. Art. 398 gr. StGB als strafbar bezeichnet. Dass die Verletzung nur dieses externen Buchführungsprinzips vom Gesetzgeber pönalisiert worden ist, lässt uns zum Ergebnis kommen, dass die Nichtbeachtung der übrigen externen Buchführungsbedingungen, also der Beglaubigung[151] (Art. 10 § 1, S. 1 gr.

---

[148] Georgakopoulos, Handelsrecht AT, S. 127.

[149] AP 234/1968, Poin. Chron. 18, 408, 409; 990/1979, Poin. Chron. 30, 122f.

[150] Dazu eingehend oben § 4 B III 1.3.5.4.3.

[151] Dabei handelt es sich um die schriftliche Bestätigung des Leiters eines Finanzamtes, dass die Blätter der Handelsbücher numeriert und paraphiert sind und dass das jeweilige Handelsbuch von einem bestimmten Kaufmann als bestimmtes Handelsbuch (z. B. als Grundbuch) geführt wird. Näher Georgakopoulos, Handelsrecht AT, S. 126.

HG) und der Abstempelung[152] der Handelsbücher keine mangelhafte Buchführung i. S. d. Art. 682 § 5, Alt. 4 gr. HG darstellt.[153]

1.3.2. Der einfache Bankrott der Gesellschaftsverwalter

Art. 680 gr. HG umfasst zwei, im folgenden darzustellende, Fälle der Verfolgung der Gesellschaftsverwalter wegen einfachen Bankrotts. Der Adressatenkreis der Vorschrift erstreckt sich nach überwiegender Ansicht in der strafrechtlichen Literatur auf alle Handelsgesellschaften.[154]

Zwar beziehen sich Art. 42-44 gr. HG auf den Satzungsauszug der Personenhandelsgesellschaften. Aus dem gesetzlichen Wortlaut der in Rede stehenden Ausfüllungsnorm ergibt sich aber keine Einschränkung des Adressatenkreises auf einzelne Handelsgesellschaften. Auszunehmen vom Adressatenkreis sind jedoch die stille Gesellschaft und die Mitreederei, die keine Rechtspersönlichkeit aufweisen und demzufolge nicht in Insolvenz treten können.[155]

1.3.2.1. Art. 680, Alt. 1 gr. HG: Vernachlässigung der in Art. 42-46 gr. HG geregelten publizitätsbezogenen Erfordernisse

Gemäß Art. 680, Alt. 1 gr. HG sind wegen einfachen Bankrotts die Gesellschaftsverwalter bei Vernachlässigung der in Art. 42 – 46 gr. HG beschriebenen publizitätsbezogenen Erfordernisse bei der Gründung einer Personenhandelsgesellschaft[156] wie auch bei der Änderung der Satzung irgendeiner Handelsgesellschaft zu verfolgen.

1.3.2.1.1. Die Bestimmung des Tatobjekts

Bevor die Tathandlungen im einzelnen behandelt werden können, sind vorab die Tatobjekte der 1. Ziffer festzustellen. Die in Art. 42 – 46 gr. HG geregelten Publizitätspflichten der Gesellschaftsverwalter bei der

---

152 Georgakopoulos, Handelsrecht AT, S. 126f.

153 Vgl. Kostis/Bouropoulos, StGB III, § 50, Anm. 5 d, Fn. 2.

154 Kapetanakis, StGB, Art. 398, S. 685; Kodaxis, StGB II, Art. 398, S. 2901; Tsirides, Insolvenzdelikte, S. 55f. ; vgl. noch AP 141/1931, Themis 43, 760, 761, der den Adressaten- und daher tauglichen Täterkreis auf die Vorstandsmitglieder der AG erstreckt, AP 721/1930, Themis 41, 883 und AP 22/1936, EEN 1936, 635 in Bezug auf die Verfolgung von Vorstandsmitgliedern der AG, jedoch wegen betrügerischen Bankrotts (Art. 685 § 5 gr. HG); a.A. Georgakopoulos, Handelsrecht III, S. 131: der Adressatenkreis der Vorschrift beschränkt sich auf die KG und OHG.

155 Vgl. OLG Kerkira 240/1929, Dikastiki II, 38; Kapetanakis, StGB, Art. 398, S. 685; Kodaxis, StGB II, Art. 398, S. 2901.

156 Die Publizitätserfordernisse bei der Gründung einer AG oder GmbH sind dagegen in Art. 7b gr. AktG bzw. in Art. 8 § 2 gr. GmbHG geregelt worden, auf die sich der gesetzliche Wortlaut nicht bezieht.

Gründung einer Personenhandelsgesellschaft sowie bei der Änderung der Satzung einer Gesellschaft haben zum Gegenstand den Satzungsauszug.

Gemäß Art. 43 gr. HG muss der Auszug der Satzung einer Personenhandelsgesellschaft, die bei ihrer Gründung aufzustellen ist[157], zumindest die Vor- und Nachnamen sowie die Wohnungsadressen der Gesellschafter, den Gesellschaftsnamen, die Namen der Geschäftsführer, die Art und den Wert der Gesellschaftseinlagen und die Angaben über die Dauer der Gesellschaft enthalten. Zum Mindestinhalt der Satzung gehören außerdem der Gesellschaftszweck und die Gesellschaftseigenschaft (z. B. als KG).[158]

Der Satzungsauszug unterliegt bestimmten Publizitätsformalitäten, deren Vernachlässigung den Gegenstand der im nächsten Kapitel darzustellenden Tathandlungen bildet.

1.3.2.1.2. Tathandlungen

Die publizitätsbezogenen Erfordernisse bei der Gründung einer Personenhandelsgesellschaft bestehen in der Eintragung des Satzungsauszugs[159] mit dem o. g. Inhalt binnen 15 Tagen vom Tag, an dem der Satzungsauszug aufgestellt wurde, ins Gesellschaftsregister des Kammergerichts des jeweiligen Gesellschaftssitzes, im Aushang des Satzungsauszugs im Gerichtssaal (Art. 42 § 1 gr. HG) und, bei mehreren Filialen des kaufmännischen Unternehmens in verschiedenen Verwaltungsbezirken (Nomoi), in der Eintragung des Satzungsauszugs in die Gesellschaftsregister der Kammergerichte dieser Verwaltungsbezirke (Art. 42 § 2 gr. HG).

Gemäß Art. 46 gr. HG muss die nach dem Fristablauf Fortführung irgendeiner Handelsgesellschaft von den Gesellschaftern erklärt werden. Diese Erklärung und alle Urkunden über die Auflösung der Handelsgesellschaft vor dem Ablauf ihrer Dauerfrist, jede Änderung oder Rücktritt eines Gesellschafters wie auch neue Vereinbarungen oder Änderungen des Gesellschaftsnamens unterliegen den in Art. 42 gr. HG geregelten Publizitätsformalitäten.

Im Hinblick auf die oben aufgeführten Publizitätserfordernisse kommen als taugliche Tathandlungen in Betracht die unterlassene Vorlage und Eintragung des Satzungsauszugs ins Gesellschaftsregister und die unterlassene Erklärung der Fortführung einer Handelsgesellschaft, als echte Unterlassungsdelikte, wie auch die unvollständige Aufstellung des Satzungsauszugs, die sich in der Regel auch als echtes Unterlassungsdelikt darstellt. Erfasst wird aber noch die unrichtige

---

[157] Rokas, Handelsgesellschaften, S. 107

[158] Rokas, Handelsgesellschaften, S. 107

[159] In der Praxis wird eine Abschrift der Satzung eingetragen. Rokas, Handelsgesellschaften, S. 107f.

Aufstellung des Satzungsauszugs als positives Tun, was durch die von der strafrechtlichen Kommentarliteratur in Erwägung bezogenen Beispiele, etwa die irreführende Angabe der Gesellschaftseigenschaft oder des Gesellschaftszwecks[160], geprägt worden ist.

1.3.2.1.3. Kritische Betrachtung der gesetzlichen Umschreibung

Abgesehen von der Tatalternative der Nichtbeachtung der Publizitätserfordernisse bei der Änderung der Satzung einer Handelsgesellschaft, z. B. bezüglich ihrer Fortführung oder Auflösung (Art. 46 gr. HG), deren gesetzliche Erfassung den Gläubigern des Kaufmanns ein Publizitätsminimum gewährleistet, bezieht sich die Vernachlässigung der Publizitätserfordernisse bei der Gründung einer Personenhandelsgesellschaft auf den Zeitraum vor dem Eintritt der Zahlungseinstellung. Unabhängig davon, dass die Personenhandelsgesellschaften zum Adressatenkreis der Bankrottvorschriften gehören, auch wenn sie nicht rechtswirksam entstanden sind, ist es kaum vorstellbar, wie die Gesellschaftsverwalter einer solchen, bereits sich im Insolvenzzustand befindlichen Gesellschaft (so der Wortlaut des Eingangssatzes von Art. 680 gr. HG) wegen Nichtnachkommens der Pflichten zur Aufstellung, Vorlage und Bekanntmachung eines Satzungsauszuges, die bei ihrer Gründung entstehen, verfolgt werden können. Die Vorschrift bezieht in den Bankrottatbestand Verhaltensweisen, die bankrottstrafrechtlich gläubigerirrelevant sind. Aus diesem Grund erweist sich die Einbeziehung des unter Kritik stehenden Sachverhaltes in die gesetzliche Umschreibung des einfachen Bankrotts als verzichtbar.

In casu ist nur Art. 42 § 3 gr. HG[161] anwendbar, der als Rechtsfolge der Vernachlässigung der Formalitäten bei der Gründung einer Personenhandelsgesellschaft die Nichtigkeit des Satzungsauszugs vorsieht.

1.3.2.2. Art. 680, Alt. 2 gr. HG: schuldhafte Herbeiführung der Insolvenz

Art. 680, Alt. 2 gr. HG bezieht sich ausschließlich auf das Verhalten (Handeln und Unterlassen) vor dem Insolvenzeintritt und knüpft die Strafbarkeit i. V. m. Art. 398 gr. StGB an die kausale, schuldhafte Herbeiführung der Insolvenz.[162] Die Vorschrift weist einen generalklauselartigen Charakter auf.[163]

---

[160] Kodaxis, StGB II, Art. 398, S. 2902.
[161] Zum Wortlaut der Vorschrift s. Anhang.
[162] OLG Athen 732/1982, Poin. Chron. 33, 185.
[163] Zur Begründung s. unten § 7 mit Hinweisen.

1.3.2.2.1. Das für die Herbeiführung der Insolvenz geeignete Verhalten

Ähnlich wie beim deutschen Bankrottatbestand (§ 283 Abs. 2 d.StGB) besteht das Charakteristikum der Insolvenzherbeiführung im Vorhandensein eines Kausalzusammenhangs zwischen Tathandlung und Insolvenzeintritt, der somit als Taterfolg ausgestaltet ist (Erfolgsdelikt).[164]

Als insolvenzverursachendes Verhalten i. S. d. Art. 680, Alt. 2 gr. HG hat die höchstrichterliche Rechtsprechung die Teilnahme an verbotenen Börsengeschäften, aus der große Schäden verursacht worden sind[165], die Verpfändungen von Handelswechseln[166] wie auch die Erlegungen von Geldbeträgen an Dritte (z. B. an eine Bank)[167] angesehen. Es lässt sich allerdings einwenden, dass die fahrlässige Begehung der o. g. Sachverhaltsgestaltungen kaum vorstellbar erscheint.

Klärung verlangt nur noch die auf der gesetzgeberischen Unterscheidung zwischen einfachem und vorsätzlichem Bankrott beruhende Differenzierung der Insolvenzverursachung i. S. d. Art. 680, Alt. 2 gr. HG und derjenigen, die in Art. 685 § 5 gr. HG umschrieben worden ist, sc. das Verhältnis der Insolvenzverursachung als Fall des einfachen Bankrotts zu derjenigen, die sich als Fall des vorsätzlichen Bankrotts darstellt. Das knüpft an die jeweils Schuldanforderungen und ist eingehend noch unten[168] zu erörtern.

1.4. Die Frage der Anwendung der Vorschriften über den einfachen Bankrott der Einzelkaufleute auf die Gesellschaftsverwalter

Bevor die Darstellung des einfachen Bankrotts abgeschlossen werden kann, soll eine dem Leser vernünftigerweise erhobene Frage noch erörtert werden; die geringe Zahl der Fälle des einfachen Bankrotts der Gesellschaftsverwalter im Vergleich zu der zahlreichen Aufzählung der Fälle des einfachen Bankrotts der Einzelkaufleute, was dem Gesetzesanwender den Eindruck hervorruft, dass der Primärzweck des Gesetzgebers die Verfolgung der Einzelkaufleute war. Dies darf jedoch nicht der Fall sein. Doch besitzt vergleichsweise die Begehung von Bankrotthandlungen im Rahmen einer Handelsgesellschaft als kumulativ „handelnde“ Achse der Wirtschaft praktisch größere Bedeutung als im Rahmen eines heutzutage relativ akzentlosen Einzelunternehmers.

---

164 Vgl. oben § 5 B II 1.1.
165 AP 141/1931, Themis 43, 760.
166 AP 141/1931, Themis 43, 760.
167 AP 141/1931, Themis 43, 760, 761.
168 § 5 B II 2.2.2.5.1.

Zur Schließung der so entstehenden Lücken verzögert die höchstrichterliche Rechtsprechung nicht, die prima facie den einfachen Bankrott der Einzelkaufleute konstruierenden Vorschriften analog auf die Gesellschaftsverwalter anzuwenden.[169]
So heißt es in AP 990/1979[170]:
„Schließlich, wie es aus Art. 680 gr. HG herauszustellen ist, wird, abgesehen von den in diesem Artikel aufgeführten Fällen des einfachen Bankrotts der Gesellschaftsverwalter, die Anwendung der Vorschriften des Art. 679 und 682 gr. HG über den einfachen Bankrott auf sie nicht ausgeschlossen ...“

Diese aus kriminalpolitischen Gründen jedenfalls zu begrüßende Ansicht ist allerdings nicht ohne Widerspruch hinzunehmen. Das Erfordernis der Verfolgung der Gesellschaftsverwalter, abgesehen von den in Art. 680 gr. HG aufgeführten Fällen, auf Art. 679 und 682 gr. HG zu stützen, verstößt doch gegen das strafrechtliche Analogieverbot (nullum crimen sine lege stricta, Art. 7 § 1 gr. Verfassung).

Nun stellt sich aber die gravierende Frage, ob bei den in Rede stehenden handelsrechtlichen Vorschriften, angesichts ihres außerstrafrechtlichen Charakters, eine Analogie in malam partem geboten sein kann. In diesem Zusammenhang ist eine Entscheidung des BVerfG[171] hervorzuheben, die für das deutsche Insolvenzstrafrecht erklärt hat, dass außerstrafrechtliche Normen (in casu § 39 Abs. 2, S. 2. d.HGB), soweit es um eine Bestrafung nach Strafgesetzen geht (in casu § 240 Abs. 1 Nr. 4 KO a. F., vgl. jetzt § 283 Abs. 1 Nr. 7, Alt. 2 d.StGB), *„ unter strafrechtlichen Gesichtspunkten und nach den Maßstäben zu würdigen ist, die für die Auslegung von Strafgesetzen gelten“.* Dies bedeutet, dass auch für handelsrechtliche Normen, die zwar Ausfüllungsnormen einer strafrechtlichen Sanktionsnorm (in unserem Falle § 398 gr. StGB) sind, das strafrechtliche Analogieverbot gilt, was sowohl in der deutschen[172] als auch in der griechischen[173] Literatur anerkannt ist. Unter diesem Gesichtspunkt erweist sich die höchstrichterliche Erweiterung der Tatbestände über den einfachen Bankrott der Einzelkaufleute über ihren Wortlaut hinaus als unzulässig. Den kriminalpolitischen Bedürfnissen entsprechend ist sie aber als erforderlich anzusehen. Damit aber sich die strafgerichtliche Gesetzesanwendung im Rahmen der zulässigen Auslegung halten kann, empfiehlt sich eine an der

---

[169] So AP 746/1930, Themis 41, 916; AP 852/1974, Poin. Chron. 25, 194; 1118/1975, Poin. Chron 26, 413; 659/1978, Poin. Chron. 28, 709, 711; 55/1983, Poin. Chron. 33, 698; 1281/1987, Poin. Chron. 38, 86; contra KG Athen 148/1975, Poin. Chron. 25, 870.
[170] In: Poin. Chron. 30, 122
[171] BverfGE 48, 48, 60 f., zitert bei Tiedemann, ZIP 1982, 654
[172] Krey, Gesetzesvorbehalt, S. 227: „Soweit es sich ... um Gesetze oder Verordnungen handelt, dürfen diese nicht im Wege der Rechtsfortbildung praeter legem zu Lasten des Täters ausgedehnt werden“; Tiedemann, ZIP 1982, 654.
[173] Androulakis, AT I, S. 125: Denn die Ausfüllungsnorm verkörpert sich eigentlich in der Sanktionsnorm, und bildet mit ihr die Strafnorm.“

einheitlichen gesetzlichen Erfassung des tauglichen Täterkreises ausgerichtete Wortlautsänderung.

2. Der vorsätzliche Bankrott

Klar umrissen werden kann der Gegenstand der hier vorzulegenden rechtsvergleichenden Arbeit mit der eingehenden Darstellung noch der Fälle des vorsätzlichen Bankrotts der Einzelkaufleute (Art. 684 gr. HG) und der Gesellschaftsverwalter (Art. 685 gr. HG), die vergleichsweise größere Bedeutung in der Rechtsprechung besitzen.

Anders als beim einfachen Bankrott[174] wird beim vorsätzlichen Bankrott nicht zwischen obligatorischer und fakultativer Verfolgung unterschieden. Die Abgrenzung zwischen obligatorischem und fakultativem vorsätzlichen Bankrott wurde durch das Gesetz ΨΛΣΤ/1878 aufgehoben.[175]

2.1. Abstraktes Gefährdungs- und Erfolgsdelikt

Der in Art. 684 und 685 §§ 1,2,4 gr. HG umschriebene vorsätzliche Bankrott erfordert keine konkrete Gefährdung der Gläubigerinteressen, sondern knüpft die Tatbestandsmäßigkeit an die Vornahme der dort beschriebenen Tathandlungen an, sofern sie im Insolvenzzustand verwirklicht werden. Demnach bilden die o. g. Bankrotthandlungen i. V. m. Art 398 gr. StGB ein abstraktes Gefährdungsdelikt.[176]

Demgegenüber ist Art. 685 § 3 gr. HG i. V. m. Art. 398 gr. StGB eindeutig als Erfolgsdelikt ausgestaltet. Denn die ausfüllende Regelung bindet die Strafbarkeit an die kausale Verursachung der Verringerung des Gesellschaftskapitals, die infolgedessen als Taterfolg anzusehen ist. Als Erfolgsdelikt ist ferner Art. 685 § 5 gr. HG i. V. m. Art. 398 gr. StGB aufgebaut.[177] Doch macht die Vorschrift die Tatbestandsmäßigkeit vom Insolvenzeintritt (Taterfolg) abhängig, dessen Herbeiführung auch kausal erfolgen muss.

2.2. Vorsätzlicher Bankrott der Einzelkaufleute und der Gesellschaftsverwalter

Ähnlich wie beim einfachen Bankrott knüpft die folgende

---

[174] Hierzu s. oben § 5 B II 1.2.
[175] Philippides, Bankrottdelikt, S. 122.
[176] Ähnlich Tsirides, Insolvenzdelikte, S. 62.
[177] Vgl. die Problematik bei Art. 680, Alt. 2 gr. HG, oben § 5 B II 1.1.

ausführliche Darstellung der informationsbezogenen und bestandsbezogenen Bankrottalternativen an die systematische Aufteilung des vorsätzlichen Bankrotts der Einzelkaufleute von demjenigen der Gesellschaftsverwalter. Einigkeit besteht darüber, dass bei der Vornahme von mehreren, den vorsätzlichen Bankrott bildenden Tathandlungen eine einzige Tat gegeben ist.[178] Begeht dagegen der Täter mehrere Tathandlungen, die entweder dem einfachen oder dem vorsätzlichen Bankrott unterfallen, dann steht die Begehung des einfachen Bankrotts zu dem vorsätzlichen Bankrott im Verhältnis der Realkonkurrenz. Doch ist der vorsätzliche Bankrott im Verhältnis zum einfachen Bankrott als anderes –aliud - Delikt zu qualifizieren.[179]

2.2.1. Der vorsätzliche Bankrott der Einzelkaufleute

In Art. 684 gr. HG werden 3 Bankrottfälle kasuistisch aufgeführt, die den Gegenstand der folgenden Kapitel bilden.

2.2.1.1. Art. 684, Alt. 1, 2, 3, 4 gr. HG: Verheimlichen der Bücher, Beiseiteschaffen, Veränderung oder Durchstreichen ihres Inhaltes

2.2.1.1.1. Allgemeines

Art. 684, Alt. 1, 2, 3, 4 gr. HG umschreibt 4 informationsbezogene Entziehungshandlungen, die auf der sich aus Art. 565 gr. HG ergebenden kaufmännischen Aufbewahrungspflicht beruhen.[180] Ratio legis ist die Erhaltung der Aufzeichnungen, die zum Gegenstand die Informationsgrundlage des im Insolvenzzustand befindlichen kaufmännischen Unternehmens haben.

2.2.1.1.2. Tatobjekte und Subjektkreis

Nach der höchstrichterlichen Rechtsprechung fallen unter die Bücher i. S. d. Art. 684, Alt. 1 - 4 gr. HG nicht nur die in Art. 8, 9 gr. HG geregelten und obligatorisch zu führenden Handelsbücher, die den Gegenstand der unterlassenen oder mangelhaften Buchführung bilden (Art. 682 § 5 gr. HG), sondern auch diejenigen, die der Kaufmann nach anderen

---

[178] AP 352/1958, Poin. Chron. 9, 89; 748/1978, Poin. Chron. 28, 794; 447/1966, Poin. Chron. 17,93; 142/1982,Poin. Chron. 32,858; OLG Athen 900/1960, Poin. Chron. 10, 595; KG Athen 3239/1957 (Beschluss), Poin. Chron.8, 366; Kapetanakis, StGB, Art. 398, S. 685; Kodaxis, StGB II, Art. 398, S. 2886; Konstadinides, Insolvenz und Bankrott, S. 374; Papadogiannis, StGB, Art. 398, S. 1304; Tsirides, Insolvenzdelikte, S. 62.

[179] So die Anmerkung von Androulakis zu AP 447/1966 in: Poin. Chron. 17, 94; vgl. noch AP 457/1985, Poin. Chron. 35, 794, 795.

[180] Vgl. AP 243/1957, Poin. Chron. 7, 457.

Gesetzen führen muss (Art. 444, Nr. 1 gr. ZPO), sowie die freiwillig geführten Handelsbücher.[181]

Dies ist zutreffend. Doch bezieht sich die in Rede stehende Vorschrift nicht nur auf die in Art. 8, 9 gr. HG aufgeführten Handelsbücher, so dass sie, ähnlich wie die entsprechende Vorschrift des deutschen Bankrotttatbestandes (Nr. 6)[182], nicht nur die gesetzliche Verpflichtung zur Aufbewahrung von Handelsbüchern, sondern auch die freiwillige betrifft. Dementsprechend kommen als taugliche Tatobjekte in Betracht das Grundbuch, das Inventar und das Handelsbriefbuch des Kaufmanns sowie andere obligatorisch zu führende Handelsbücher, wie das Gegenbuch des Börsenhändlers, das Berichtbuch des Vorstandes der Aktiengesellschaften[183] oder das namentliche Buch der Gesellschafter einer Genossenschaft. Entzogen werden können auch die Bilanzen der AG, GmbH und Genossenschaft. Somit erfassen die in Rede stehenden Tatalternativen Bilanzmanipulationen, die sich aber nur auf die nachträglichen Veränderungen der Bilanzen beschränken. Die Vernachlässigung der Bilanzaufstellungspflicht wie auch die mangelhafte Bilanzaufstellung werden dagegen vom griechischen Bankrottatbestand nicht erfasst. Als Tatobjekte sind schließlich die freiwillig geführten Handelsbücher anzusehen, etwa das Kassenbuch oder das Buch über die vorgenommenen Ankäufe und Verkäufe.[184]

Diese von gefestigter Rechtsprechung bestätigte Ausweitung erweitert aber nicht den Umfang des Adressatenkreises der Vorschrift. Dazu gehören also die Einzelkaufleute wie auch die Handelsgesellschaften, wobei zur Bestimmung des tauglichen Täterkreises auf die obigen[185] Ausführungen hinzuweisen ist.

2.2.1.1.3. Die Tathandlungen im einzelnen

Die im folgenden darzustellenden Tathandlungen stellen sich als Verstoß gegen die kaufmännische Pflicht zur Aufbewahrung von Handelsbüchern dar, erstreckt bis zum Zeitpunkt der Durchführung des Insolvenzverfahrens, und sind als Unterfälle der informationsbezogenen Bankrotthandlungen zu qualifizieren.

---

[181] AP 142/1982, Poin. Chron. 39, 858; 457/1985, Poin. Chron. 35, 794, 795f.; 1281/1987, Poin. Chron. 38, 86f.; 1444/1993, Poin. Chron. 44, 151, 152; AP 11/1994, Ell. Dik. 35, 741; zust. Kodaxis, StGB II, Art. 398, S. 2904; a.A. Tsirides, Insolvenzdelikte, S. 65f., der bei dieser strafgerichtlichen Erweiterung des Tatobjektkreises eine unzulässige ausdehnende Auslegung sieht.

[182] Dazu s. bereits oben § 4 B III 1.3.6.1.

[183] AP 1092/1977, Poin. Chron. 28, 231, 232.

[184] Weitere Beispiele bei Perakis, Allgemeiner Teil des Handelsrechts, S. 332.

[185] § 5 B II 1.3.1.2.5.2.

2.2.1.1.3.1. Verheimlichen

Unter Verheimlichen ist das Verhalten zu verstehen, durch das die Handelsbücher i. S. d. Art. 684 gr. HG nach der Insolvenzeröffnung der Kenntnis des Insolvenzverwalters entzogen werden.[186]

Im einzelnen bleibt die Tatbestandsverwirklichung unabhängig vom modus operandi, soweit dem Insolvenzverwalter unmöglich geworden ist, den Überblick über die Vermögenslage des Kaufmanns zu gewinnen[187], während nach einhelliger Ansicht im strafrechtlichen Schrifttum der Tatbestand auch beim Verheimlichen eines Teils der Bücher erfüllt ist.[188] Bei der in Rede stehenden Tathandlung kann es sich entweder um ein Dauer- oder ein Zustandsdelikt handeln, dessen Vollendung entweder im Nichtvorhandensein der Bücher im Büro des Gemeinschuldners bei der Siegelung des Vermögens gem. Art. 545 und 557 gr. HG oder in der Nichtvorlage der Bücher dem Insolvenzverwalter gem. Art. 565 gr. HG zu sehen ist.[189]

Einmütig wird in der Literatur vertreten, dass es am Tatbestand fehle, wenn das Verheimlichen von Büchern aus anderen Gründen, z. B. zur Vermeidung von Steuern, erfolgt[190] ; denn der Täter handele ohne Gläubigerbenachteiligungsabsicht. Einem solchen „Syllogismus" ist jedoch entgegenzutreten. Umschreibt doch das Gesetz kein Tendenzdelikt, wobei das subjektive Unrechtselement der Gläubigerbenachteiligungsabsicht als Korrektiv der Tathandlung hinzutreten müsste. Der Vorsatz des Täters erstreckt sich nur auf die Tatbestandsvoraussetzungen, so dass die Tatbestandsmäßigkeit unabhängig vom verfolgten Zweck des Täters als gegeben anzusehen ist.

Als Verheimlichen sieht ferner die Literatur auch das Nichtführen von Handelsbüchern.[191] Somit stellt die in Rede stehende Tathandlung sowohl ein positives Tun als auch ein pflichtwidriges Unterlassen dar. In Bezug auf das oben[192] angezeigte Verhältnis des

---

[186] Vgl. oben § 4 B III 1.3.1.3.2.1.

[187] Gafos, BT VII, S. 46; Kodaxis, StGB II, Art. 398, S. 2905; Kostis/Bouropoulos, StGB III, § 53, Anm. 1; Philippides, Bankrottdelikt, S. 122.

[188] Gafos, BT VII, S. 46; Kodaxis, StGB II, Art. 398, S. 2905; Kostis/Bouropoulos, StGB III, § 53, Anm. 1; Philippides, Bankrottdelikt, S. 122; Toussis/Georgiou, StGB II, Art. 398, S. 1098, Anm. 24.

[189] So die ganz h. M. in der Literatur: Bouropoulos, StGB III, Art. 398, S. 127; Gafos, BT VII, S. 46; Kodaxis, StGB II, Art. 398, S. 2905; Kostis/Bouropoulos, StGB III, § 53, Anm. 1; Philippides, Bankrottdelikt, S. 123; Toussis/Georgiou, StGB II, Art. 398, S. 1098, Anm. 24.

[190] So Bouropoulos, StGB III, Art. 398, S. 127; Gafos, BT VII, S. 47, Fn. 75; Karanikas, Strafrecht III, S. 615; Philippides, Bankrottdelikt, S. 123, Fn. 4.

[191] Karanikas, Strafrecht III, S. 616; Kodaxis, StGB II, Art. 398, S. 2905.

[192] § 5 B II 2.2.

vorsätzlichen Bankrotts zum einfachen Bankrott steht in diesem Fall das Verheimlichen von Büchern zu der unterlassenen Buchführung (Art. 682 § 5, Alt. 1, 2 gr. HG), unter Annahme der Mehrheitstheorie[193], im Verhältnis der Idealkonkurrenz.[194]

Bei der Vorlage von nachträglich aufgestellten Handelsbüchern entfällt die Strafbarkeit nicht. Denn es wird verlangt, dass die Handelsbücher im Zeitpunkt ihrer Siegelung vom Amtsrichter oder ihrer Bestätigung vom Insolvenzverwalter vorhanden sind. In diesem Fall ist aber eine dementsprechende Strafmilderung zu berücksichtigen.

2.2.1.1.3.2. Beiseiteschaffen, Veränderung, Durchstreichen des Inhalts der Handelsbücher

Als Beiseiteschaffen ist das Verhalten zu definieren, durch das der Täter durch räumliche Veränderungen den Inhalt der Handelsbücher dem Zugriff des Insolvenzverwalters entzieht oder wesentlich erschwert.[195] So definiert stellt die Tathandlung ein positives Tun dar.

Im Wege der Auslegung stehen schließlich die im deutschen Bankrottatbestand als Unterfälle der mangelhaften Buchführung (Nr. 5)[196] normierten Tathandlungen der Veränderung und des Durchstreichens des Inhalts der Handelsbücher, die vom griechischen Gesetzgeber als informationsbezogene Entziehungshandlungen neben die „klassischen" Handlungsalternativen des Beiseiteschaffens und Verheimlichens pönalisiert worden sind. Unter „Veränderung" des Inhalts der Handelbücher versteht die Rechtsprechung diejenige Verzeichnung, die vom Sinn des ursprünglichen Inhalts der Handelsbücher abweicht.[197] Die Erfüllung des Tatbestands durch das Durchstreichen stellt auch eine Urkundenfälschung (Art. 216 § 1 gr. StGB) dar, die aber nach ständiger Ansicht subsidiär zum vorsätzlichen Bankrott ist.[198]

---

[193] In diesem Zusammenhang besitzt die Abgrenzung der Einheitstheorie von der Mehrheitstheorie eine praktische Bedeutung. Denn es liegt hier nur eine Handlung vor, die zur Verletzung mehrerer Straftgesetze und somit zur Annahme mehrerer Straftaten führt.

[194] Eine einzige Tat liegt nach AP 447/1966, Poin. Chron. 17, 93 und Kodaxis, StGB II, Art. 398, S. 2905 vor. Zur Argumentation s. bereits oben § 5 B II 2.2.

[195] Vgl. oben § 4 B III 1.3.1.3.1.1.

[196] Hierzu ausführlich oben § 4 B III 1.3.5.4.2.

[197] AP 142/1982, Poin. Chron. 32, 858, 859.

[198] AP 266/1958, Poin. Chron. 9, 16; Bouropoulos, StGB III, Art. 398, S. 127; Kodaxis, StGB II, Art. 398, S. 2906; Konstadinides, Insolvenz und Bankrott, S. 375; Philippides, Bankrottdelikt, S. 123; Tsirides, Insolvenzdelikte, S. 66.

2.2.1.1.3.3. Erschwerung der Übersicht über den Vermögensstand des Kaufmanns

Anders als in der entsprechenden deutschen Bankrotthandlung (Nr. 6), wobei die Erschwerung der Übersicht expressis verbis als Tatbestandserfordernis geregelt worden ist[199], ist im griechischen Bankrottatbestand die Aufhegung der Übersicht über den Vermögensstand des Kaufmanns von der Literatur als ungeschriebenes, übergesetzliches Korrektiv der Entziehungshandlungen entwickelt.[200] Es wird dementsprechend gefordert, dass durch die Entziehungshandlungen der Inhalt der Handelsbücher so abgeändert wurde, dass die Übersicht über den Vermögensstand des Kaufmanns erschwert oder völlig beseitigt ist.

2.2.1.1.3.4. Tatbegehung durch Unterlassen

Die Strafbarkeit wegen Unterlassens setzt nach allgemeinen Grundsätzen die Verletzung einer besonderen rechtlichen Pflicht voraus. Tatbestandsmäßig ist das Unterlassen, wenn der Kaufmann die Entziehung der Bücher durch dritte Personen nicht verhindert. Doch trifft den Kaufmann die besondere handelsrechtliche Pflicht zur Aufbewahrung der geführten Handelsbücher.

2.2.1.2. Art. 684, Alt. 5, 6 gr. HG : „Unterschlagung" oder Verheimlichung der Aktiva

Am häufigsten zwischen den übrigen Tatalternativen des einfachen und des vorsätzlichen Bankrotts kommen vergleichsweise die unten zu erörternden Tatalternativen der „Unterschlagung" oder Verheimlichung der kaufmännischen Aktiva in Betracht.

Bevor die Tathandlungen im einzelnen angesprochen werden können, bedarf der Feststellung der Tatgegenstand, die kaufmännischen Aktiva.

2.2.1.2.1. Feststellung der Aktiva

Als „Aktiva" ist das nach der Zahlungseinstellung zur Verfügung des insolventen Kaufmanns stehende Vermögen zu definieren[201] und zwar unabhängig davon, ob die einzelnen Vermögensstücke rechtmäßig

---

199 Dazu s. oben § 4 B III 1.3.6.5.
200 Kostis/Bouropoulos, StGB III, § 53, Anm. 2; Philippides, Bankrottdelikt, S. 123; Toussis/Georgiou, StGB II, Art. 398, S. 1099, Anm. 25; Gafos, BT VII, S. 47, Fn. 77.
201 Bouropoulos, StGB III, Art. 398, S. 127.

erlangt worden sind.[202]

Im einzelnen ist bei der Feststellung der Aktiva auf die insolvenzrechtliche Präzisierung der Insolvenzmasse abzustellen. Massezugehörig sind danach alle beweglichen und unbeweglichen Sachen, Rechte und Forderungen des insolventen Kaufmanns, die wertvoll sind, sc. einen Geldwert haben.[203] Zum Schutzbereich gehört noch die kaufmännische Firma[204], soweit es nicht um den bürgerlichen Namen der natürlichen Personen geht[205], die Marken, die Software, die Patente, die Anwartschaftsrechte sowie das Know-how des kaufmännischen Unternehmens.[206] Nicht beiseite geschafft oder verheimlicht werden können demgegenüber die Arbeitskraft und die Persönlichkeitsrechte des Kaufmanns.[207]

In schroffem Gegensatz zum deutschen Insolvenzrecht[208] fallen unter die Insolvenzmasse nach griechischem Insolvenzrecht nicht die Gegenstände, die der Kaufmann nach der Verfahrenseröffnung erlangt hat (Neuerwerb)[209]. Doch lautet Art. 2 § 2 des Notgesetzes 635/1937:

„Zu der Insolvenzmasse gehört nicht das nach der Eröffnung des Insolvenzverfahrens vom Gemeinschuldner erlangte Vermögen."

2.2.1.2.2. Die Tathandlungen im einzelnen

Die in Rede stehenden Alternativen umschreiben zwei „klassische" Sachverhalte; die bestandsbezogene Handlungsalternative der „Unterschlagung" und die informationsbezogene Handlungsalternative der Verheimlichung der kaufmännischen Aktiva.

2.2.1.2.2.1. „Unterschlagung" (Art. 684, Alt. 5 gr. HG)

Trotz des vom Gesetzgeber ausgewählten Terminus „Unterschlagung", lässt sich die Tathandlung nach der Rechtsprechung als Beiseiteschaffen auslegen.[210] Als Beiseiteschaffen definiert also die Rechtsprechung jede tatsächliche oder rechtliche Verfügung[211], durch die die Befriedigung der Vermögensinteressen der Gläubiger vereitelt und die

---

[202] Zur Anwendbarkeit der „Vermögenstheorie" auf die Bankrottdelikte s. oben § 4 B III 1.3.1.2.2.
[203] AP 479/1971, Poin. Chron. 22, 45; OLG Athen 861/1965, Poin. Chron. 16, 98.
[204] Kotsiris, Insolvenzrecht, Rn. 86.
[205] Vgl. dazu oben § 4 B III 1.3.1.2.2.
[206] Kotsiris, Insolvenzrecht, Rn. 86.
[207] Kotsiris, Insolvenzrecht, Rn. 86.
[208] Hierzu ausführlich oben § 4 B III 1.3.1.2.2.
[209] Vgl. AP 553/1973, E.E.D. 25, 96; Kotsiris, Insolvenzrecht, Rn. 85
[210] AP 479/1971, Poin. Chron. 22, 45.
[211] AP 124/1912, Themis 23, 567; 1444/1993, E11. Dik. 35, 741f.

kaufmännische Aktivseite verringert wird.[212]

Tatbestandsmäßiges Beiseiteschaffen sind nach Auffassung der höchstrichterlichen Rechtsprechung folgende Verhaltensweisen:

Wegschaffen von Betriebsvermögen[213], Entnahme von Geld[214] oder sonstigen beweglichen oder unbeweglichen Sachen[215] wie auch der Verkauf von Waren gegen den billigsten Preis.[216] Kein Beiseiteschaffen stellt dagegen der bloße Ankauf von Waren dar, ohne die dementsprechende Gegenleistung zu erbringen.[217] Reicht doch zur Tatbestandserfüllung der bloße Vertragsabschluss nicht aus, so dass in diesem Fall ein Verlustgeschäft vorliegt (Art. 679 § 2, Alt. 2 gr. HG). Unter den Anwendungsbereich der in Rede stehenden Tathandlung fällt noch die Rückzahlung eigenkapitalersetzender Darlehen, die handelsrechtlich als haftendes Kapital behandelt werden (Art. 32 § 2 gr. GmbHG), durch den Gesellschafter-Geschäftsführer der GmbH an sich selbst.[218]

Unter Berücksichtigung der extensiven, der Auslegung der entsprechenden deutschen Tatalternative (Nr. 1 Alt. 1) ähnlichen, Interpretation der Tathandlung des Beiseiteschaffens ist zur Verdeutlichung ihres Anwendungsbereichs mutatis mutandis noch auf die oben[219] aufgeführten Fälle hinzuweisen.

Besonderer Aufmerksamkeit bedürfen schließlich bei der Auslegung der im Mittelpunkt dieses Kapitels stehenden Tathandlung vermögensreduzierende Verfügungen des Kaufmanns zwecks Rettung seines insolventen Unternehmens. Es fragt sich nämlich, ob bei der Verfolgung vertretbarer Interessen die Strafbarkeit entfällt.

Im Falle einer übertragenden Sanierung[220], wobei dem kaufmännischen Unternehmen ein angemessener und sofort greifbarer Gegenwert zufließt, entfällt die Strafbarkeit wegen Nichterfüllung der definitionsgemäßen Voraussetzungen des Beiseiteschaffens. Wird doch die Befriedigung der Gläubigerinteressen nicht vereitelt und die Masse nicht tatsächlich verringert.

Bei anderen Sanierungsversuchen aber, wobei die Auffanggesellschaft Verbindlichkeiten in Höhe der übernommenen Vermögensbestandteile übernimmt, liegt ein Beiseiteschaffen von Aktiva vor. Man findet doch im Gesetzestext keine Stütze, aus der die Straflosigkeit

---

212 AP 479/1971, Poin. Chron. 22, 45.
213 AP 479/1971, Poin. Chron. 22, 45.
214 AP 263/1934, E. E. N. 1934, 875; 353/1963, Poin. Chron. 14, 25, 26.
215 AP 263/1934, E. E. N. 1934, 875.
216 AP 229/1933, Themis 45, 13; 479,1971, Poin. Chron. 22, 45.
217 Die bejaht aber AP 353/1963, Poin. Chron. 14, 25, 26.
218 Vgl. dazu oben § 4 B III 1.3.1.3.1.1.
219 § 4 B III 1.3.1.3.1.1.
220 Zur Definition s. bereits oben § 4 B III 1.3.1.3.1.2.2.3.

solcher Sanierungsversuche[221] ergeben könnte. Weder in der Judikatur noch in der Literatur fand die Frage der Möglichkeit der Einschränkung des, angesichts der weiten Umschreibung der Tathandlung, breiten Anwendungsbereichs der Tatalternative die gebotene Aufmerksamkeit. Zwar hat die höchstrichterliche Rechtsprechung in einem Fall contra legem die Tatbestandsmäßigkeit des Beiseiteschaffens an die Gläubigerbenachteiligungsabsicht angeknüpft[222], ohne sich aber auf die Herausnahme von sozial adäquaten Fällen zu beziehen. Bei der Einschränkung des Anwendungsbereichs der in Rede stehenden Tatalternative kann aber nicht auf das Finalitätskriterium der Gläubigerbenachteiligungsabsicht abgestellt werden. Denn diese Absicht wird in der oben erwähnten rechtsprechungsbezogenen Definition des Beiseiteschaffens, die eine Vereitelung der Befriedigung der Gläubigerinteressen vorsieht, enthalten und weist somit bei der Feststellung der strafbaren Anwendungsfälle einen immanenten Charakter auf.[223] In Anlehnung an die oben, bei der Darstellung der Bankrotthandlungen nach deutschem Recht aufgezeigte Präzisierung der Wirtschaftskonformität des schuldnerischen Verhaltens nach den Anforderungen einer ordnungsgemäßen Wirtschaft[224] bietet sich für die Einschränkung des Anwendungsbereichs der extensiv ausgelegten Tatalternative die gesetzliche Umschreibung des Sorgfaltsmaßstabs an.

2.2.1.2.2.2. Verheimlichen (Art. 684, Alt. 6 gr. HG)

Ein Verheimlichen von Aktiva liegt nach der Rechtsprechung dann vor, wenn der Täter einen Vermögensgegenstand entwendet und ihn an einen anderen Ort überträgt oder an einem anderen Ort abstellt und dadurch ihn der Kenntnis der Gläubiger, jedoch nicht seiner Verfügungsmacht, entzieht.[225]

Die folgenden rechtsprechungsbezogenen Verhaltensweisen bringen die praktische Bedeutung der Tatalternative zum Ausdruck:

Abschluss von Scheinverträgen[226], Scheinübertragung von Betriebsvermögen[227], Scheinverkauf von Vermögensbestandteilen[228], Scheinübertragung von beweglichen[229] oder unbeweglichen[230] Sachen an dritte Personen, Nichtoffenbarung von Forderungen durch die Aufstellung

---

[221] Vgl. oben § 4 B III 1.3.1.3.1.2.2.3.
[222] AP 263/1964, E. E. N. 1934, 875.
[223] Vgl. oben § 4 B III 1.3.1.3.1.2.2.3.
[224] Vgl. oben § 4 B III 1.3.1.3.1.2.2.3.
[225] AP 479/1971, Poin. Chron. 22, 45; Bouropoulos, StGB III, Art. 398, S. 127.
[226] OLG Athen 807/1966, Poin. Chron. 16, 561.
[227] AP 860/1931, Themis 43, 414.
[228] OLG Thraki 150/1930 (Beschluss), Themis 41, 776.
[229] AP 124/1912, Themis 23, 567; 806/1931, AP Poin. Chron. 13, 421.
[230] AP 124/1912, Themis 23, 567.

eines Eigenwechsels seitens des Schuldners des insolventen Unternehmens an einen angeblichen Gläubiger[231], Übertragung des Betriebsvermögens an einen anderen Ort, um es der Kenntnis der Gläubiger zu entziehen[232], Nichtangabe eines Vermögensstücks gegenüber dem Insolvenzverwalter[233], Anlage von Betriebsvermögen auf eine neu, zum Zwecke der Vereitelung der Befriedigung der Gläubigerinteressen gegründete OHG[234]. Als Verheimlichen ist außerdem die Angabe von falschen Auskünften gegenüber dem Insolvenzverwalter anzusehen.[235]

Aus der obigen Ausführung der Verhaltensweisen ergibt sich, dass die Tathandlung des Verheimlichens von Aktiva sowohl ein positives Tun als auch ein Unterlassen darstellt.

Keiner eingehenden Untersuchung bedarf die Unterscheidung der Tathandlung des Beiseiteschaffens von derjenigen der Verheimlichung von Aktiva. Lassen uns doch die obigen rechtsprechungsbezogenen Definitionen der Handlungsalternativen zum Ergebnis kommen, dass sich das Beiseiteschaffen vom Verheimlichen dadurch unterscheidet, dass im letztgenannten Fall keine tatsächliche Verringerung der kaufmännischen Aktivseite vorliegt. Doch handelt es sich bei der Verheimlichung von Vermögensbestandteilen um eine informationsbezogene Tatalternative, die künstliche Verringerung der Aktiva.

2.2.1.2.3. Tatbestandverwirklichung durch Unterlassen

Eine besondere rechtliche Pflicht, deren Verletzung ein tatbestandsmäßiges Unterlassen voraussetzt, ergibt sich, unter Beachtung der allgemeinen Grundsätze[236], aus Ingerenz, etwa wenn der Kaufmann durch sein Vorverhalten eine große Gefahr des Beiseiteschaffens von Aktiva herbeigeführt hat[237] oder wenn er gutgläubig falsche Auskünfte dem Insolvenzverwalter angibt und nach dem Erkennen der Fehlerhaftigkeit es nicht korrigiert.[238]

---

[231] AP 275/1916, Themis 27, 658.
[232] AP 299/1968, Poin. Chron. 18, 487, 488; 748/1978, Poin. Chron. 28, 794.
[233] OLG Athen 861/1965, Poin. Chron. 16, 98.
[234] AP 236/1968, Poin. Chron. 18, 411; 1068/1978, Poin. Chron. 27, 223, 224
[235] Vgl. dazu oben § 4 B III 1.3.1.3.2.1.
[236] Dazu s. bereits oben § 5 B II 1.3.1.3.2.2.
[237] Vgl. oben § 4 B III 1.3.1.3.1.3.
[238] Vgl. oben § 4 B III 1.3.1.3.2.2.

2.2.1.3. Art. 684, Alt. 7 gr. HG: Vorspiegelung von nicht bestehenden Geldschulden

2.2.1.3.1. Allgemeines

Die Auslegung der den vorsätzlichen Bankrott der Einzelkaufleute betreffenden ausfüllenden Regelungen wird mit dem Fall der Vorspiegelung von nicht bestehenden Geldschulden abgeschlossen. Hierbei handelt es sich, ähnlich wie bei der entsprechenden Tatalternative im deutschen Bankrottatbestand (Nr. 4)[239], nicht um die tatsächliche, sondern um die künstliche Vergrößerung der kaufmännischen Passivseite. Die Schuldmasse wird nämlich nur zum Schein erhöht, indem die behaupteten Schulden überhaupt nicht oder nicht in der behaupteten Form existieren. Das Tatunrecht liegt in der Verkürzung der Befriedigungsquote der Gläubiger.[240]

2.2.1.3.2. Tatobjekt

Als Tatobjekt der in Rede stehenden informationsbezogenen Tatalternative sind entsprechend dem gesetzlichen Wortlaut die Geldschulden, sc. die Verbindlichkeit, eine Geldleistung zu erbringen, anzusehen.

Im Gegensatz zu der entsprechenden Tatalternative des deutschen Bankrottatbestands bezieht sich die im griechischen Bankrottatbestand aufgeführte Handlungsalternative nicht auf Rechte, sondern auf Geldschulden. Somit werden aber Fälle, wie die Fiktion von fremden dinglichen Rechten, etwa eines Pfandrechts, das im Insolvenzverfahren eine vorrangige Befriedigung des angeblichen Pfandgläubigers vor den nichtbevorrechtigten Gläubigern gewährleistet, nicht berücksichtigt.

Im folgenden Kapitel sind die Verhaltensweisen aufzuzeigen, in denen die Rechtsprechung und Literatur eine tatbestandsmäßige Vorspiegelung von nicht bestehenden Geldschulden annimmt.

2.2.1.3.3. Tathandlung

Gemäß Art. 684 Alt. 7 ist der Einzelkaufmann wegen vorsätzlichen Bankrotts zu verfolgen und nach der strafgesetzlichen Sanktionsnorm (Art. 398 gr. StGB) zu bestrafen, wenn er durch seine Bücher[241], öffentliche oder Privaturkunden, oder durch seine Bilanz[242] nicht

---

[239] Hierzu s. oben § 4 B III 1.3.4.1.

[240] So auch Bouropoulos, StGB III, Art. 398, S. 128; Gafos BT VII, S. 49; Karanikas, Strafrecht III, S. 615; Philippides, Bankrottdelikt, S. 125.

[241] Zur Feststellung der Bücher s. bereits oben § 5 B 2.2.1.1.2.

bestehende Geldschulden vorspiegelt. Der kasuistischen Aufzählung der Tatmittel liegt die legislatorische Vorstellung zugrunde, die durch jedes mögliche Mittel künstliche Erhörung der Passiva zu pönalisieren.

Rechtsprechung und Literatur bejahen die Tatbestandsmäßigkeit in folgenden Fällen:

Einschreibung in die Bücher nicht bestehender Geldschulden, die einem angeblichen Gläubiger zu erbringen sind[243], künstliche Vergrößerung der Passivseite durch die Bilanz[244], Benutzung von bereits ausbezahlten Wechseln[245], Anerkennung einer erdichteten Geldschuld, die von einem angeblichen Gläubiger in der Versammlung der Gläubiger[246] oder vor dem Insolvenzrichter[247] geltend gemacht wurde.

2.2.2. Der vorsätzliche Bankrott der Gesellschaftsverwalter

Der weitere Verlauf der Arbeit befasst sich mit den in Art. 685 gr. HG aufgeführten Fällen des vorsätzlichen Bankrotts der Gesellschaftsverwalter. Zum Adressatenkreis der Vorschrift gehören, entsprechend den oben genannten[248], alle insolvenzfähigen Handelsgesellschaften.[249]

2.2.2.1. Art. 685 § 1 gr. HG: arglistiges Unterlassen der Bekanntmachung der Satzung

2.2.2.1.1. Verhältnis zu Art. 680, Alt. 1 gr. HG

Art. 685 § 1 gr. HG umschreibt die informationsbezogene Tatalternative des arglistigen Unterlassens der Bekanntmachung der Satzung einer Handelsgesellschaft und findet Anwendung nur dann, wenn der Täter vorsätzlich handelt. Handelt dagegen der Täter fahrlässig, dann kommt Art. 680, Alt. 1 gr. HG in Betracht. Dadurch unterscheidet sich die in Rede

---

[242] Zur Feststellung der Bilanz s. bereits oben § 5 B II 1.3.1.2.3.2.2.1.

[243] AP 275/1916, Themis 27, 658.

[244] AP 546/1927, Themis 39, 181.

[245] AP 270/1934, Themis 45, 872; Kapetanakis, StGB, Art. 398, S. 686; Philippides, Bankrottdelikt, S. 125; Tsirides, Insolvenzdelikte, S. 69.

[246] KG Athen 3239/1957 (Beschluss), Poin. Chron. 8, 366.

[247] AP 935/1998, Poin. Chron. 49, 536f.

[248] § 5 B II. 1.3.2.

[249] AP 623/1982, No. B. 1982, 980; AP 293/1984, Poin. Chron. 34, 812; KG Tessaloniki 746/1990, Poin. Chron. 40, 1178; so auch Gafos, BT VII, S. 50; Kodaxis, StGB II, Art. 398, S. 2907; Philippides, Bankrottdelikt, S. 127; Tsirides, Insolvenzdelikte, S. 70; contra Diovouniotis, griechisches Handelsrecht, Bd. 4, § 140, S. 610, 611, Anm. 11, 12 und ihm folgend KG Prevesa 266/1929 (Beschluss), Dik. II, 240; Karanikas, Strafrecht III, S. 615: Der Anwendungsbereich der Vorschrift erstreckt sich nur auf die KG und die Aktiengesellschaft.

stehende Vorschrift von Art. 680, Alt. 1 gr. HG, der als Unterfall des einfachen Bankrotts der Gesellschaftsverwalter geregelt worden ist. Abgesehen davon spricht die unter Erörterung stehende Ausfüllungsnorm allgemein von der Unterlassung der Bekanntmachung der Satzung und nicht, wie Art. 680 Alt. 1 gr. HG, von Vernachlässigung der in Art. 42 gr. HG geregelten Publizitätserfordernisse, die bei der Gründung einer Personenhandelsgesellschaft zu beachten sind, so dass sie nicht nur die Personenhandelsgesellschaften sondern auch die juristischen Personen in ihren Adressatenkreis einbezieht.

2.2.2.1.2. Tathandlung

Bei der Auslegung der Tathandlung ist also auf Art. 42 gr. HG, der bei der Gründung einer Personenhandelsgesellschaft die Bekanntmachung ihres Satzungsauszugs vorsieht[250], wie auch auf Art. 7 b § 1 a gr. AktG und Art. 8 § 1 gr. GmbHG, die die Eintragung der Satzung der AG bzw. der GmbH im Buch (Tevhos) für AG und GmbH regeln, abzustellen. Verwirklicht ist der Tatbestand, soweit die o. g. handelsrechtlichen Vorschriften nicht beachtet werden. Demnach ist die umschriebene Tatalternative als echtes Unterlassungsdelikt konstruiert.

Allerdings muss auch an dieser Stelle die Nichtvereinbarung der gesetzlichen Umschreibung mit dem zeitlichen Rahmen - bei oder nach der Zahlungseinstellung - der strafbaren Begehung der Bankrotthandlungen erwähnt werden.[251] Daher erweist sich auch diese ausfüllende Regelung als verzichtbar. Für die unterlassene Veröffentlichung der Satzung einer Handelsgesellschaft sieht das Nebenstrafrecht eigene Straftatbestände vor (Art. 62 a § 1, Alt. 1 gr. AktG, Art. 60 Nr. 14 gr. GmbHG)[252], die in casu anwendbar sind.

2.2.2.2. Art. 685 § 2 gr. HG: Falsche Angaben über das Kapital

2.2.2.2.1. Schutzzweck

In Art. 685 § 2 gr. HG wird die informationsbezogene Tathandlung des Verschleierns des bereits erlegten oder vorversprochenen Kapitals aufgeführt, was aus Sicht des deutschen Bankrottatbestands (§ 283 Abs. 1 Nr. 8, Alt. 2 d.StGB) als Unterfall der generalklauselartig aufgebauten informationsbezogenen Tatalternative des Verschleierns der geschäftlichen Verhältnisse anzusehen ist.[253] Geschützt werden die Vermögensinteressen der

---

[250] Dazu s. bereits oben § 5 B II 1.3.2.1.2.
[251] Zu der kritischen Betrachtung der gesetzlichen Umschreibung s. oben § 5 B II 1.3.2.1.3.
[252] Zum Wortlaut der Vorschriften s. Anhang.
[253] Hierzu s. oben § 4 B III 1.3.8.5.2.2.

Gläubiger, deren gleichmäßige Befriedigung gefährdet wird, wenn vor den Gläubigern oder vor dem Insolvenzverwalter die wirkliche Wirtschaftslage des Unternehmens verborgen bleibt.

2.2.2.2.2. Tathandlung

Die Tat stellt entsprechend dem gesetzlichen Wortlaut ein positives Tun dar und besteht in der Anführung unrichtiger Angaben über das bereits erlegte oder vorversprochene Kapital gegenüber einem bestimmten Personenkreis. Zwar lässt sich vom Gesetz nicht konkret feststellen, wer zum Empfängerkreis der falschen Erklärung gehört. Nach der Kommentarliteratur kann Empfänger der falschen Angaben sowohl eine Privatperson als auch eine Behörde sein.[254]

Im einzelnen bleibt die Tatbestandsverwirklichung unabhängig davon, ob die unrichtigen Angaben mündlich oder schriftlich erfolgen. Als taugliche Mittel kommen also in Betracht die Bilanz aber auch Prospekte, Auskünfte, Vermögensübersichten, Geschäftspapiere und sonstige geschäftlichen Mitteilungen des kaufmännischen Unternehmens.

Unter den Anwendungsbereich der Vorschrift fällt dagegen nicht die falsche Einschreibung des Grundkapitals, dessen Leistung bei der Gründung einer Gesellschaft erfolgt.[255] Denn sie kann begangen werden nur bevor sich die Gesellschaft im Insolvenzzustand befinden kann. In diesem Falle greifen nur die einschlägigen nebenstrafrechtlichen Vorschriften (Art. 55 gr. AktG, Art. 60 Nr. 3 gr. GmbHG)[256] ein.

2.2.2.2.3. Tatbegehung durch Unterlassen

Eine besondere rechtliche Pflicht kann sich unter allgemeinen Grundsätzen aus Ingerenz ergeben. Tatbestandsmäßig ist also das Unterlassen, wenn der Täter die Bilanz, die unrichtige Angaben über das Kapital enthält, genehmigt[257], also wenn er nach dem Erkennen der Fehlerhaftigkeit der bereits verzeichneten Angaben sie nicht korrigiert.

---

[254] Kodaxis, StGB II, Art. 398, S. 2907.
[255] Näher dazu Rokas, Handelsgesellschaften, S. 102 sowie 243.
[256] Zum Wortlaut der Vorschriften s. Anhang.
[257] AP 677/1930, Dikastiki 1931, 24.

2.2.2.3. Art. 685 § 3 gr. HG: Entrichtung von nicht bestehenden Anteilen und dadurch Verringerung des „Gesellschaftskapitals"

2.2.2.3.1. Tatobjekt

Der Teminus „Gesellschaftskapital" ist im wirtschaftlichen Sinne auszulegen. Darunter ist also der Wert des gesamten Gesellschaftsvermögens zu verstehen, dessen Schwankung vom Erfolg der unternehmerischen Tätigkeiten abhängt.[258] Nicht bestehend sind die Anteile, wenn sie den jährlichen Gewinnen, sc. der Aktivseite des Unternehmens, wie sie in der Bilanz verzeichnet werden, nicht entsprechen.[259]

2.2.2.3.2. Tathandlung

Bereits oben[260] wurde in Bezug auf die Deliktsnatur des vorsätzlichen Bankrotts hervorgehoben, dass Art. 685 § 3 gr. HG i. V. m. Art. 398 gr. StGB als Erfolgsdelikt konstruiert ist. Die Vorschrift umschreibt als Fall des vorsätzlichen Bankrotts, unter Beschränkung des Empfängerkreises auf die Gesellschafter, die bestandsbezogene Handlungsalternative der Entrichtung von nicht bestehenden Anteilen, sie bindet aber die Tatbestandsmäßigkeit an das Tatbestandserfordernis der Verringerung des Gesellschaftskapitals. Dies bedeutet aber, dass die Tatbestandsmäßigkeit nicht gegeben ist, wenn das Gesellschaftskapital nicht tatsächlich verringert worden ist. Bloße Verpflichtungsgeschäfte reichen also zur Tatbestandserfüllung nicht aus.

Die gesetzliche Umschreibung der in Rede stehenden Alternative erklärt sich durch die legislatorische Vorstellung, Vermögensverfügungen über Geld an interne Personen einer Handelsgesellschaft zu pönalisieren. Der Sachverhalt stellt eine Begehungsweise des bereits in Art. 684, Alt. 5 gr. HG aufgeführten Tathandlung des Beiseiteschaffens von Aktiva dar. Bei der Beurteilung der Frage der Einschränkung des Anwendungsbereichs der Tatalternative ist also auf die bereits oben[261] aufgezeigte Problematik hinzuweisen.

---

[258] Nicht zu verwechseln ist das „Gesellschaftskapital" i. S. d. Art. 685 § 3 gr. HG mit dem Grundkapital der Kapitalgesellschaften, das bei ihrer Gründung bestehen muss und dessen Höhe in der Satzung zu verzeichnen ist. Dies unterliegt keiner Schwankung.

[259] AP 659/1978, Poin. Chron. 28, 709, 710.

[260] § 5 B II 2.1.

[261] § 5 B II 2.2.1.2.2.1.

2.2.2.4. Art 685 § 4 gr. HG: arglistiges Empfangen höherer als der in der Satzung vorgeschriebenen Angelder

2.2.2.4.1. „Übermäßige" Angelder

Zur Tatbestandsverwirklichung wird verlangt, dass die Höhe der Angelder die in der Satzung vorgeschriebene Höhe überschreitet. Der so festzustellende Übermaß dient also als Korrektiv dazu, Geldentnahmen, die gemessen an der erlaubten Höhe der verfügbaren Angelder der Handelsgesellschaft unwesentlich sind, als nicht strafbar zu erklären.

2.2.2.4.2. Tathandlung

Prima facie kann vom gesetzlichen Wortlaut ausgegangen werden, dass die Alternative die bloße Abnahme der übermäßigen Angelder als strafbares Verhalten umschreibt. Dies kann aber nicht der Fall sein. Denn der Abnehmer der beiseitegeschafften Geldbeträge begeht regelmäßig nur notwendige Teilnahme, die nur bei der Überschreitung des für die Tatbestandsverwirklichung Notwendigen strafbar sein kann.[262]

Unter Strafe wird die Entnahme von Angeldern seitens der Geschäftsführer, deren Höhe die in der Satzung der Gesellschaft vorgeschriebenen Höhe überschreitet, gestellt, jedoch in der Form des angeblich erlaubten, sc. sich in den Grenzen der Verfügbarkeit haltenden, Empfangens von Geldbeträgen.[263] Es geht nämlich um die Pönalisierung einer typischen Handlungsweise des Beiseiteschaffens[264], wobei der Gesellschafter-Geschäftsführer an sich „übermäßige" Angelder auszahlt, also sich selbst auf Kosten der Aktiva der Handelsgesellschaft einen Vorteil verschafft.

2.2.2.5. Art. 685 § 5 gr. HG: arglistige Herbeiführung der Insolvenz

2.2.2.5.1. Verhältnis zu Art. 680, Alt. 2 gr. HG

Art. 685 § 5 gr. HG ist ähnlich wie Art. 680, Alt. 2 gr. HG i. V. m. Art. 398 gr. StGB eindeutig als Erfolgsdelikt aufgebaut.[265] Doch lässt sich vom Wortlaut der Vorschrift feststellen, dass der Taterfolg des Handelns und Unterlassens außerhalb des Insolvenzzustandes in der kausalen

---

[262] Näher LK-Tiedemann § 283 Rn. 229.

[263] AP 448/1966, Poin. Chron. 17, 95.

[264] Trotz der Tauschfunktion der Geldverwertung – die Geldbeträge werden als angeblich verfügbare Gegenleistung für die vorzunehmenden unternehmensbezogenen Tätigkeiten der Geschäftsführer entnommen – ist bei den völlig einseitigen Vermögensverlagerungen stets ein Beiseiteschaffen anzunehmen.

[265] Vgl. oben § 5 B II 2.1.

Herbeiführung der Insolvenz besteht.[266]

Die in Art. 685 § 5 gr. HG als Tatbestandsausfüllungsnorm umschriebene Insolvenzverursachung unterscheidet sich von der in Art. 680, Alt. 2 gr. HG geregelten lediglich durch die Schuldanforderungen; bei fahrlässigem Verhalten findet Art. 680, Alt. 2 gr. HG Anwendung.[267] Demgegenüber umschreibt die in diesem Kapitel in Rede stehende Vorschrift die vorsätzliche Herbeiführung der Insolvenz, erfordert also, dass der Täter mindestens mit dolus eventualis handelt oder unterlässt, den Taterfolg abzuwenden.

Ähnlich wie Art. 680, Alt. 2 gr. HG ist die Insolvenzverursachung generalklauselartig konstruiert.[268]

2.2.2.5.2. Das für die Herbeiführung der Insolvenz geeignete Verhalten

Große Bedeutung besitzt in der Rechtsprechung die Tatalternative der vorsätzlichen oder durch „vorsätzliche Handlungen" Herbeiführung der Insolvenz. Unter „vorsätzlichen Handlungen" versteht die Rechtsprechung jedes Verhalten, das eine unzulässige Ausübung der Rechte und Pflichten der Geschäftsführer darstellt und folglich zur Insolvenz führt.[269]

Für die Bestimmung des insolvenzverursachenden Verhaltens weist die Rechtsprechung[270] auf die in Art. 684 gr. HG aufgeführten Tatalternativen hin. Doch ergibt sich aus den unten angeführten Verhaltensweisen, dass die strafgerichtliche Rechtsprechung ein insolvenzherbeiführendes Verhalten in der Regel in den Fällen des Beiseiteschaffens oder Verheimlichens des kaufmännischen Vermögens oder der Vorspiegelung von nicht bestehenden Geldschulden annimmt.

Folgende Sachverhaltsgestaltungen sind in der Rechtsprechung als typisch insolvenzverursachendes Verhalten i. S. d. Art. 685 § 5 gr. HG beurteilt worden:

Verheimlichen der gesamten Aktiva[271], Verheimlichen großen Teils des Betriebsvermögens[272], Verheimlichen der Aktiva durch falsche Darstellung der AG als wirtschaftlich zusammengebrochene

---

[266] OLG Athen 732/1982, Poin. Chron. 33, 185.
[267] OLG Athen 732/1982, Poin. Chron. 33, 185.
[268] Zur Begründung eingehend unten § 7.
[269] KG Thessaloniki 746/1990, Poin. Chron. 40, 1178.
[270] KG Thessaloniki 746/1990, Poin. Chron. 40, 1178.
[271] AP 128/1932; AP 549/1982, Poin. Chron. 33, 20; KG Thessaloniki 746/1990, Poin. Chron. 40 1178.
[272] AP 167/1961, Poin. Chron. 11, 400; 5/1989, Poin. Chron. 39, 636; KG Edessa 5/1978, Poin. Chron. 28, 356, 357.

Gesellschaft[273], Verheimlichen der Handelsbücher einer AG[274], Verheimlichen und Beiseiteschaffen des gesamten Betriebsvermögens[275], Verkauf des Betriebsvermögens und Waren einer AG unter ihrem Wert[276], Unterstützung einer OHG, die das gleiche Gewerbe mit der insolventen AG zum Gegenstand hat, zugunsten der AG[277], Übertragung der gesamten Aktiva auf eine neu gegründete AG[278], Kreditkauf und Weiterverkauf von Betriebsvermögen seitens der Geschäftsführer einer AG an ihre Familienangehörigen[279], Geldentnahmen von Gesellschaftern-Geschäftsführern aus der Kasse der OHG[280] oder der AG[281], minderwertige Vermietung der Industrieanlagen einer AG[282], Leihe eines der insolventen AG angehörenden Geschäfts[283], Vorspiegelung von nicht bestehenden Geldschulden sowie von Verbindlichkeiten aus nicht abgeschlossenen Darlehensverträgen.[284]

2.3. Zu der Frage der Anwendung der Vorschriften über den vorsätzlichen Bankrott der Einzelkaufleute auf die Gesellschaftsverwalter

Bevor auf die Schuldanforderungen näher eingegangen werden kann, soll an dieser Stelle die auf der gesetzgeberischen Aufteilung des Täterkreises in Einzelkaufleute und Gesellschaftsverwalter beruhende Frage der Anwendung der Vorschriften über den vorsätzlichen Bankrott der Eintelkaufleute auf die Gesellschaftsverwalter erörtert werden.

Die in der höchstrichterlichen Rechtsprechung behandelten Problemfälle zeigen, dass sich Art. 684 gr. HG, der expressis verbis den vorsätzlichen Bankrott der Einzelkaufleute betrifft, auch auf die Gesellschaftsverwalter anwenden lässt.[285] Eng verbunden mit dieser Problematik ist die auch bei der bereits oben angeführten Diskussion über den einfachen Bankrott aufgetauchte Frage des Verstoßes gegen das strafrechtliche Analogieverbot (nullum crimen sine lege stricta, Art. 7 § 1 gr.

---

[273] AP 167/1961, Poin. Chron. 11, 400.
[274] AP 167/1971, Poin. Chron. 11, 400.
[275] AP 293/1984, Poin. Chron. 34, 812, 813.
[276] AP 694/1998, Poin. Chron., 49, 154, 155.
[277] KG Thessaloniki 746,/1990, Poin. Chron. 40/1178.
[278] AP 623/1982, No. B. 1982, 980, 981.
[279] AP 1374/1987, Poin. Chron. 38, 114.
[280] AP 448/1966, Poin. Chron. 17, 95.
[281] AP 275/1963, Poin. Chron. 13, 566.
[282] AP 694/1998, Poin. Chron. 49, 154, 155.
[283] AP 694/1998, Poin. Chron. 49, 154, 155.
[284] AP 128/1932.
[285] AP 275/1916, Themis 27, 658; 266/1958, Poin. Chron. 9, 16; 479/1971, Poin. Chron 22, 45; 623/1982, Poin. Chron. 33,55; contra OLG Athen 732/1982, Poin. Chron. 33, 185, 186; Kodaxis, StGB II, Art. 398, S. 2903.

Verfassung)[286], was aber mit dem kriminalpolitischen Bedarf der Verfolgung und Bestrafung der Gesellschaftsverwalter auch wegen Begehung der „klassischen“, in Art. 684 gr. HG aufgeführten, Tatalternativen kollidiert, jedoch den Strafrichter vor unlösbare Aufgaben stellt. Diese Gesetzeslücke macht erforderlich eine an der einheitlichen gesetzlichen Erfassung des tauglichen Subjektkreises orientierte Auslegung des gesetzlichen Wortlauts.

III. Vorsatz, Irrtum, Fahrlässigkeit

Die Handlungen und Unterlassungen, die als Vergehen mit Strafe angedroht werden, sind nur bei vorsätzlicher Begehung strafbar (Art. 26 § 1, S. 1 gr. StGB). Nur ausnahmsweise, sc. in den Fällen, in denen es das Gesetz vorsieht, wird die fahrlässige Begehung von Vergehen bestraft (Art. 26 § 1, S. 2 gr. StGB).

Zwar drohen die Ausfüllungsnormen nicht ausdrücklich mit Strafe an, wie der deutsche Bankrottatbestand in Abs. 5, die fahrlässige Begehung von Bankrotthandlungen, ihre Umschreibung beruht aber auf der Aufteilung von einfachem und vorsätzlichem Bankrott. Mit Anlass aus dieser gesetzlichen Differenzierung wurde früher in den Gesetzesmaterialen, wie auch in der Literatur die Ansicht vertreten , dass für die Bestrafung wegen einfachen Bankrotts in subjektiver Hinsicht nur Fahrlässigkeit erforderlich sei.[287]

Anknüpfungspunkt der Strafbarkeit auf der subjektiven Ebene kann aber nicht die o. g. gesetzliche Differenzierung sein. Vielmehr ergibt sich die Fahrlässigkeitsstrafbarkeit aus dem Sinn und Zusammenhang der Bestimmungen[288]. Es entspricht wohl überwiegender Ansicht, dass der einfache Bankrott nicht nur bei fahrlässiger, sondern auch bei vorsätzlicher Begehungsweise strafbar ist.[289] Für die in Art. 679 §§ 3,4 gr. HG aufgeführten Bankrotthandlungen ist sogar, angesichts der dort beschriebenen Verzögerungs- bzw. Benachteiligungsabsicht, Vorsatz erforderlich.[290]

Aus dem gesetzlichen Wortlaut ergibt sich andererseits, dass die Begehung des vorsätzlichen Bankrotts nur vorsätzlich denkbar ist. Nach der höchstrichterlichen Rechtsprechung braucht zwar die Schuldform, sc. der Vorsatz, nicht ausdrücklich in der Entscheidung erwähnt zu werden. Denn er

---

286 Zu dieser Problematik s. bereits oben § 5 B II 1.4.

287 So die Eisigitiki Ekthesi des Gesetzes ΨΛΣΤ, s. allgemeine Kodifizierung, Bd. 3, S. 799; Antonopoulos, Studie zum Bankrott und Aufholung, § 45; Diovouniotis, Griechisches Handelsrecht, Bd. 4, § 140, S. 607f.; Rallis, Handelsrecht III, S. 302 sowie 319f.

288 Vgl. Klug, Konkurs-Strafrecht, § 240 KO, Rn. 9

289 Barbaretsos, StGB, Art. 398, S. 1307; Bouropoulos, StGB III, Art. 398, S. 121; Gafos, BT VII, S. 36, Fn. 19; Philippides, Bankrottdelikt, S. 131; Toussis/Georgiou, StGB II, Art. 398, S. 1098, Anm. 22 a; Tsirides, Insolvenzdelikte, S. 46.

290 Ähnlich Philippides, Bankrottdelikt, S. 131.

wird in der Tat selbst enthalten.[291]

Keine besondere Schwierigkeit bereitet schließlich die Irrtumsproblematik im Bereich des Blankettstrafrechts. Von den im folgenden Kapitel anzuführenden, die Schuldanforderungen betreffenden Entscheidungen ist anzunehmen, dass ein Tatbestandsirrtum (Art. 30 gr. StGB) vorliegt, wenn der Täter über ein Tatbestandsmerkmal der ausfüllenden Norm geirrt hat.[292] Sowohl die Existenz als auch der Inhalt der ausfüllenden Regelung gehören doch zum Tatbestand.

1. Vorsatzerfordernis

Der Vorsatz muss sich auf alle Tatbestandsmerkmale, nicht dagegen auf die objektive Strafbarkeitsbedingung erstrecken. Bezüglich der ausreichenden Art des Vorsatzes bei der Begehung der bestandsbezogenen Tathandlungen des vorsätzlichen Bankrotts verlangt die höchstrichterliche Rechtsprechung, dass der Vorsatz des Täters die Absicht enthalten muss, die Gläubiger zu benachteiligen.[293] Eher erscheint es prima facie so, als hätte der Kassationshof den vorsätzlichen Bankrott contra legem in ein Tendenzdelikt umgedeutet, wobei übergesetzliche Absichten hinzutreten müssen.

Diese Ansicht findet jedoch keine hinreichende Stütze im gesetzlichen Wortlaut. Soweit für die Bankrotthandlung Vorsatz erforderlich ist, reicht auch für die Fälle, in denen expressis verbis Vorsatz erforderlich ist (Art. 684 Alt. 2,7, 685 §§ 1, 4, 5 gr. HG), dolus eventualis aus.[294]

Im einzelnen muss sich der Vorsatz bei Art. 679 §§ 1, 2 gr. HG auf die Übermäßigkeit der privaten Ausgaben bzw. der verbrauchten Summen erstrecken. Bezüglich Art. 679 §§ 3, 4 gr. HG ist in subjektiver Hinsicht Absicht erforderlich (Art. 27 § 2, S. 2 gr. StGB), die in der Hinausschiebung der Eröffnung des Insolvenzverfahrens bzw. in der Benachteiligung des Gläubigerausschusses besteht. Das Tatbestandsmerkmal, auf das sich der Vorsatz bei Art. 679 § 5 gr. HG beziehen muss, ist die Zahlungseinstellung des Kaufmanns.[295] Unkenntnis dieses Merkmals lässt als Tatbestandsirrtum (Art. 30 gr. StGB) den Vorsatz entfallen. Nicht vorsätzlich handelt der Täter, wenn er, trotz des Unterlassens der Stellung des Insolvenzantrags, bis zur letzten Minute versucht hat, seinen Pflichten gegenüber Dritten oder seinem Personal nachzukommen.[296] Bei Art. 682 § 1

---

[291] AP 110/1912, Themis 23, 567; AP 243/1957, Poin. Chron. 7, 457, 458f.

[292] Vgl. in diesem Zusammenhang BGHSt 3, 400, 402f.

[293] AP 263/1934, E. E. N. 1934, 875 bezüglich Art. 684, Alt. 5 gr. HG; AP 659/1978, Poin. Chron. 28, 709 bezüglich Art. 685 § 3 gr. HG.

[294] So auch Bouropoulos, StGB III, Art. 398, S. 129; Tsirides, Insolvenzdelikte, S. 74.

[295] AP 473/1995, Poin. Chron. 45, 782.

[296] AP 690/1990, No. B. 1990, 852; AP 473/1995, Poin. Chron. 45, 782; Tsirides, Insolvenzdelikte, S. 52;Kakkalis/Kourakis/Maganas/Farsedakis, StGB II, Art. 398, S. 1824.

gr. HG erstreckt sich der Vorsatz auf die Übermäßigkeit der Geldverbindlichkeiten. Hinsichtlich Art. 682 § 2 gr. HG liegt ein Tatbestandsirrtum vor (Art. 30 gr. StGB), wenn der Täter den Inhalt des Insolvenzantrags oder die Vorlagefristen verkennt.

Im Bereich der Buchführungsdelikte (Art. 682 § 5, 684 Alt. 1 – 4 gr. HG) entfällt der Vorsatz bei Unkenntnis des Kaufmanns der Formen und Fristen der Buchführung oder Aufbewahrung der Handelsbücher. Dagegen gehört zum Wissen des Täters nicht die hierzu bestehenden Pflichten. Die bloße Fehlvorstellung des Täters, keine Handelsbücher führen oder aufbewahren zu müssen stellt einen Gebotsirrtum dar, der nach Art. 32 gr. StGB zu beurteilen ist.[297] Klärung bedarf nur der in Art. 682 § 5, Alt. 3 gr.HG enthaltende Zusatz „ohne Vorsatz", der zum Meinungsstreit geführt hat, ob dadurch die Vorsatzstrafbarkeit allgemein[298] oder nur die Gläubigerbenachteiligungsabsicht[299] ausgeschlossen wird. Jedenfalls schließt der o. g. Zusatz sowohl Absicht als auch Wissentlichkeit, nicht aber den Vorsatzvorwurf überhaupt, aus. In subjektiver Hinsicht reicht also auch für diese Tatalternative bedingter Vorsatz aus.

Bezüglich Art. 684, Alt. 5 gr. HG entfällt der Vorsatz bei der Fehlannahme des Täters, der beiseitegeschaffte Gegenstand sei wertlos, während bei Art. 684, Alt. 7 gr. HG der erforderliche Vorsatz fehlt, wenn der Täter die von ihm behaupteten Geldschulden für bestehend hält.

Bei Art. 685 § 3 gr. HG fehlt der erforderliche Vorsatz, wenn der Täter die von ihm eingezahlten Anteile für existent hält. Bezüglich Art. 685 § 4 gr. HG liegt ein Tatbestandsirrtum vor (Art. 30 gr. StGB) , wenn der Täter über die in der Satzung vorgeschriebene Höhe der verfügbaren Angelder geirrt hat. Dies bedeutet, dass sich der Vorsatz auf die Übermäßigkeit der ausgegebenen Gelder erstrecken muss. Hinsichtlich der vorsätzlichen Insolvenzverursachung (Art. 685 § 5 gr. HG) schließlich braucht sich der Vorsatz nach der Rechtsprechung nicht auf den Taterfolg, sc. die Insolvenz, zu beziehen.[300]

2. Fahrlässigkeit

Bereits oben[301] wurde festgestellt, dass sich die Fahrlässigkeitsstrafbarkeit, entgegen dem Gesetzeserfordernis (Art. 26§ 1, S. 2 gr. StGB) nicht aus dem gesetzlichen Wortlaut, sondern aus dem Sinn und Zusammenhang der Bestimmung ergibt.

Ein Anwendungsbereich für fahrlässige Begehungsweise

---

[297] Vgl. dazu oben § 4 B IV 1.

[298] So Philippides, Bankrottdelikt, S. 115.

[299] So Bouropoulos, StGB III, Art. 398, S. 125; zust. Kodaxis, StGB II, Art. 398, S. 2900; Toussis/Georgiou, StGB II, Art. 398, S. 1096, Anm. 20; Tsirides, Insolvenzdelikte, S. 55.

[300] AP 488/1966 bei Toussis/Georgiou, StGB II, Art. 398, S. 1101, Anm. 39.

[301] § 4 B IV 2.3.

ergibt sich bezüglich Art. 679 §§ 1, 2 und 682 § 1 gr. HG bei Irrtümern über die Übermäßigkeit der privaten Ausgaben bzw. der verbrauchten Summen und der Geldverbindlichkeiten. Als Fahrlässigkeitstaten genügen Art. 679 § 5, Alt. 1, 2 gr. HG, wobei sich die Fahrlässigkeit auf die Zahlungseinstellung sowie auf die Antragsstellungsfristen bezieht, wie auch Art. 682 § 2 gr. HG, wobei sich die Fahrlässigkeit auf die Vergleichsverbindlichkeiten bezieht. Bei Art. 682 § 3 gr. HG bezieht sich die Fahrlässigkeit auf die Unvollständigkeit bzw. die Vorlagefristen. Dem Fahrlässigkeitsvorwurf genügen schließlich die in Art. 682 § 5, Alt. 3, 4 gr. HG aufgeführten Handlungsalternativen, wobei sich die Fahrlässigkeit auf die Mangelhaftigkeit der Buchführung bezieht.

Nur eingeschränkt möglich ist demgegenüber eine fahrlässige unterlassene Buchführung (Art. 682 § 5, Alt. 1, 2 gr. HG).[302]

C. Zusammenfassung

Durch die obigen Ausführungen hat sich herausgestellt, wie der griechische Gesetzgeber die im Insolvenzzustand begehbaren und die Gläubigerinteressen sowie die Kreditwirtschaft gefährdenden Verhaltensweisen bezüglich des insolvenzbehafteten Vermögens und der Informationsgrundlage des insolventen Kaufmanns in den handelsrechtlichen ausfüllenden Vorschriften pönalisiert hat.

Die Ausfüllungsnormen unterscheiden – neben den unechten Bankrott – einfachen und vorsätzlichen Bankrott und betreffen die tatsächliche (Art. 679 §§ 1, 2, 3 Alt. 1, § 4, sowie 684, Alt. 5 und 685 §§ 3, 4 gr.HG) und die künstliche (Art. 684, Alt. 6 gr. HG) Verringerung der Aktivseite wie auch die tatsächliche (Art. 682 § 1 gr. HG) und die künstliche Erhöhung der Passiva (Art. 684, Alt. 7 gr. HG). Das kaufmännische Rechnungswesen betrifft Art. 682 § 5 gr. HG zusammen mit Art. 682 § 3, Alt. 2 und 684, Alt. 1-4 gr. HG. Das insolvenzverursachende Verhalten hat der griechische Gesetzgeber an zwei Stellen des Ausfüllungsnormkomplexes umschrieben (Art. 680, Alt. 2 und 685 § 5 gr. HG), aus deren Zusammenhang sich die Bestrafung der fahrlässigen Herbeiführung der Insolvenz (Art. 680, Alt. 2 gr. HG) ergibt. Der Erfassung von bestandsbezogenen Fällen hinsichtlich des einfachen Bankrotts dient als Auffangtatbestand die in Art. 679 § 3, Alt. 2 gr. HG normierte Generalklausel. Außerdem werden in den ausfüllenden Regelungen noch andere, die Informationsgrundlage des im Insolvenzzustand befindlichen, Kaufmanns betreffende Bankrotthandlungen aufgeführt, wie die unterlassene oder unvollständige Insolvenzantragstellung (Art. 679 § 5, 682 § 3, Alt. 1 gr. HG) und die fehlerhafte Kapitalangabe (Art. 685 § 2 gr. HG).

Auf der Basis der o. g. Gruppen, in die die im

[302] Vgl. dazu oben § 4 B IV 2.3.

Insolvenzzustand begehbaren Bankrotthandlungen zusammengefasst werden können, erfolgt die Besprechung der Lückenhaftigkeit des griechischen Bankrottatbestandes und ihrer de lege ferenda Überschreitung, vor allem bezüglich der Erfassung von bedeutsamen Verhaltensweisen, aber auch hinsichtlich der Einschränkung des Anwendungsbereichs der bestandsbezogenen Tatalternativen, was praktisch bedeutsame Fragen, wie die Unternehmenssanierung und ihre Strafbarkeit, anbetrifft.

DRITTER TEIL: RECHTSVERGLEICHENDE ERGEBNISSE

§6 FESTSTELLUNG DER GEMEINSAMKEITEN UND UNTERSCHIEDE ZWISCHEN DEM DEUTSCHEN UND GRIECHISCHEN BANKROTTATBESTAND BEZÜGLICH DER EINZELNEN TATHANDLUNGEN

A. Gemeinsamkeiten

Aus den obigen Ausführungen ergibt sich, wie beide Gesetzgeber „klassische", gläubigergefährdende Bankrotthandlungen pönalisiert haben.

In beiden Bankrottatbeständen werden Buchführungsmanipulationen pönalisiert. Dazu zählen gemeinsam die Entziehungshandlungen (§283 Abs. 1 Nr. 6 d.StGB bzw. Art. 684, Alt. 1-4 gr. HG) wie auch die unterlassene und unordentliche Buchführung (§ 283 Abs. 1 Nr. 5 d.StGB bzw. Art. 682 § 5 gr. HG).

Aufgeführt werden in beiden Tatbeständen die bestandsbezogenen Alternativen des Verbrauchs von übermäßigen Summen durch Spiel, Verlust- oder Differenzgeschäfte und (unwirtschaftliche) Ausgaben (§ 283 Abs. 1 Nr. 2 d.StGB bzw. Art. 679 §§ 1,2 gr. HG) wie auch des Beiseiteschaffens (§ 283 Abs. 1 Nr. 1, Alt. 1 d.StGB bzw. Art. 684 Alt. 5, 685 §§ 3, 4 gr. HG) und des Verheimlichens (§ 283 Abs. 1 Nr. 1, Alt. 2 d.StGB bzw. Art. 684 Alt. 6 gr. HG) von Aktiva. Beide Regelungen sehen ferner das Unterstrafestellen der künstlichen Erhöhung der Passiva vor (§ 283 Abs. 1 Nr. 4 d.StGB bzw. Art. 684, Alt. 7 gr. HG).

Der Erfassung von Handlungsmodalitäten, die sich der kasuistischen Aufzählung der Bankrottstraftaten entziehen, dient in beiden Bankrottatbeständen die bestandsbezogene Generalklausel als Auffangtatbestand (§ 283 Abs. 1 Nr. 8, Alt. 1 d. StGB bzw. Art. 679 § 3, Alt. 2 gr. HG).

Als Erfolgsdelikte sind schließlich in beiden Tatbeständen die Insolvenzverursachung inkriminiert (§ 283 Abs. 2 d.StGB bzw. Art. 680 Alt. 2, 685 § 5 gr. HG).

Bezüglich der Schuldanforderungen unterliegen gemeinsam die Bankrotthandlungen des Beiseiteschaffens und Verheimlichens von Aktiva, des Entziehens von Handelsbüchern, der künstlichen Vergrößerung der Passiva und der Generalklausel nur dem Vorsatzvorwurf.

B. Unterschiede

Bereits im Laufe der Arbeit wurden zahlreiche Unterschiede zwischen den im deutschen und griechischen Bankrottatbestand aufgeführten Bankrottalternativen angesprochen, deren fallbezogene Erwähnung in den Kapiteln des griechischen Teils die Regelung ähnlicher, „klassischer" Bankrotthandlungen in beiden Tatbeständen berechtigte und dem besseren Verständnis der Unterschiede zwischen den einschlägigen Bankrottalternativen diente. In diesem Kapitel sind enumerativ die übrigen Unterschiede anzuführen, die sich angesichts der fehlenden Alternativen und Tatbestandsmerkmale im griechischen Bankrottatbestand zum Vergleich mit den entsprechenden Ziffern des deutschen Bankrottatbestandes nicht herangezogen werden konnten und somit nicht fallbezogen anzeigen ließen.

-Anders als im deutschen Recht, wo die Abgrenzung zwischen einfachem und betrügerischem Bankrott seit dem 1. WiKG (1976) aufgehoben ist, beruht die Aufführung der Bankrotthandlungen im griechischen Tatbestand auf der Abgrenzung zwischen einfachem und vorsätzlichem (betrügerischem) Bankrott der Einzelkaufleute und der Gesellschaftsverwalter.

-Nicht geregelt im griechischen Bankrottatbestand ist der Sorgaltsmaßstab („in einer den Anforderungen einer ordnungsgemäßen Wirtschaft widersprechenden Weise") als Maßstab der Einschränkung des Anwendungsbereichs der bestandsbezogenen Bankrottalternativen. Die Einschränkung des Anwendungsbereichs der Tathandlungen der Vornahme von Ankäufen zwecks Widerverkauf unter Ankaufswert (Art. 679 § 3, Alt. 1 gr. HG) knüpft an das Finalitätsmerkmal der Verzögerungsabsicht an.

-Die Verhaltensweisen des „Zerstörens", „Beschädigens" und „Unbrauchbarmachens" sind dem griechischen Gesetzgeber weder als vermögensreduzierende Bankrotthandlungen noch als Modalitäten der Buchführungsmanipulation bekannt.

-Die Bezahlung eines Gläubigers nach der Zahlungseinstellung zwecks Benachteiligung des Gläubigerausschusses (Gläubigerbegünstigung, Art. 679 § 4 gr. HG) ist im griechischen Bankrottatbestand als Sachverhalt des einfachen Bankrotts geregelt worden. Demgegenüber stellt die Gläubigerbegünstigung nach deutschem Recht einen Sondertatbestand dar (§ 283 c d.StGB).

-Gleicherweise ist die Verletzung der Pflicht zur Stellung des Antrags auf Eröffnung des Insolvenzverfahrens (Insolvenzverschleppung) nach griechischem Recht als Sachverhalt des einfachen Bankrotts umschrieben (Art. 679 § 5 gr. HG)[1].

-Der in Art. 682 § 2 gr. HG normierte Sachverhalt (Nichterfüllung der Vergleichsverbindlichkeiten und neue Eröffnung des Insolvenzverfahrens) existiert im deutschen Bankrottstrafrecht nicht. Dies erklärt sich dadurch, dass sich das Insolvenzverfahren nach deutschem Insolvenzrecht, in schroffem Gegensatz zum Insolvenzverfahren nach griechischem Insolvenzrecht, als Zusammenfassung des Konkurs- und Vergleichsverfahrens darstellt.

-Nach griechischem Recht ist die Verletzung der Erscheinungs- bzw. Auskunftspflicht des Gemeinschuldners gegenüber dem Insolvenzverwalter expressiv verbis als einzelne Bankrotthandlung pönalisiert (Art. 682 § 4 gr. HG). Entsprechend der extensiven Auslegung der Tatalternativen des Verheimlichens von massezugehörigen Bestandteilen (§ 283 Abs. 1 Nr. 1, Alt. 2 d.StGB) wird der in Rede stehende Sachverhalt nach deutschem Bankrottstrafrecht als Anwendungsfall der letztgenannten Tathandlung angesehen.

---

[1] Vgl. § 401 Abs. 1, Nr. 2 d.AktG, § 84 Abs. 1, Nr. 2 d.GmbHG, § 148 Abs. 1, Nr. 2 d.GenG, § d.130 b HGB, die außerhalb des deutschen Bankrottatbestandes (§ 283 d.StGB) die Verletzung der Verpflichtung zur Stellung des Insolvenzantrags unter Strafe stellen (Insolvenzverschleppung).

-Im griechischen Bankrottatbestand werden paradigmatisch Fälle des Beiseiteschaffens von Aktiva im Rahmen einer Handelsgesellschaft aufgeführt (Art. 685 §§ 3,4 gr. HG), die nach deutschem Bankrottstrafrecht unter den Anwendungsbereich der extensiv ausgelegten Tatalternative des Beiseiteschaffens fallen.

-Im griechischen Bankrottatbestand werden als Bankrotthandlungen die Vernachlässigung der Publizitätsformalitäten aufgeführt (Art. 680 Alt. 1, 685 § 1 gr. HG). Solche Regelungen wären nach deutschem Bankrottstrafrecht aufgrund der zeitlichen Verknüpfung des tatbestandsmäßigen Verhaltens nach § 283 Abs. 1 d.StGB an den Zeitraum, den die Krisenmerkmale prägen, undenkbar.

-Im griechischen Bankrottatbestand fehlt eine generalklauselartige Erfassung von informationsbezogenen Bankrotthandlungen (vgl. § 283 Abs. 1 Nr. 8, Alt. 2 d.StGB).

-Anders als der deutsche Gesetzgeber bedient sich der griechische Gesetzgeber im Bankrottstrafrecht nicht der Regel-Beispiel Technik. Beim Handeln aus Gewinnsucht kann das Gericht nach der allgemeinen Vorschrift des Art. 81 gr. StGB neben der Gefängnisstrafe eine Geldstrafe oder Geldbuße verhängen.

-Hinsichtlich der Schuldanforderungen ist folgendes zu sagen: Die Fahrlässigkeitsstrafbarkeit nach griechischem Bankrottstrafrecht ergibt sich aus dem Sinn und Zusammenhang der Bestimmungen. Demgegenüber ist die fahrlässige Begehung von Bankrotthandlungen nach deutschem Recht ausdrücklich mit Strafe angedroht (§ 283 Abs. 5 d.StGB). Bezüglich des Vorsatzvorwurfes reicht nicht bei allen Bankrotthandlungen nach griechischem Recht dolus eventualis aus. Bei der Vornahme der in Art. 679 § 3 aufgeführten Tathandlungen ist Absicht oder Wissentlichkeit erforderlich.

Die Arbeit wird abgeschlossen mit der Erörterung der materiellrechtlichen Forderungen de lege ferenda, die sich aus der Betrachtung der Unterschiede zwischen beiden Bankrottatbeständen hinsichtlich der einzelnen Tatalternativen ergeben. Zu den Forderungen de lege ferenda zählt die Ergänzung der bankrottstrafrechtlichen Generalklauseln, was schwierige Fragen über ihre Bestimmtheit aufwirft und spezieller Erwähnung bedarf.

VIERTER TEIL: ZUR ERGÄNZUNG DER GENERALKLAUSELN. EMPHIEHLT SICH DIE GENERALKLAUSELARTIGE ERFASSUNG VON BANKROTTFÄLLEN ?

Ausgangspunkt der folgenden Untersuchungen ist die legislatorische Tendenz nicht nur im deutschen und griechischen Strafrecht, sondern auch auf europäischer Ebene, Bankrottatbestände durch allgemeine Klauseln zu erfassen. Als Beispiele sind zu nennen, abgesehen von den Generalklauseln des deutschen und griechischen Bankrottatbestands, die im Mittelpunkt der folgenden Kapitel stehen, die in Art. 197 des französischen Insolvenzgesetzes normierte Generalklausel des Einsatzes von ruinösen Mitteln zwecks Geldbeschaffung wie auch die in Art. 228 des portugiesischen StGB aufgeführte Tathandlung der „ruinösen Spekulation", die in § 156 des österreichischen StGB geregelte Generalklausel der sonstigen wirklichen oder scheinbaren Vermögensverringerung, aber noch die im englischen Insolvenzstrafrecht Generalisierung der geschäftsführungsbezogenen Tatbestände[1] und die vorgelegten Vorschläge und Vorentwürfe in Spanien und in Finnland für ein neues Strafgesetz der generalklauselartig aufzubauenden Herbeiführung der Zahlungsunfähigkeit[2].

Durch die folgende Diskussion kann sich die Untersuchung der strafrechtsdogmatischen Frage der Bestimmbarkeit der bankrottstrafrechtlichen Generalklauseln und ihrer danach ausgerichtete Ergänzung zu einem Überblick über die Bestimmtheitskriterien und die praktische Bedeutung der Generalisierung von Tatbeständen ausweiten.

---

[1] „Fraudulent trading", sec. 213 Insolvency Act 1986; Strafvorschrift in sec. 458 Companies Act 1985 und "wrongful trading", sec. 214 Insolvency Act 1986

[2] Näher LK-Tiedemann vor § 283 Rn. 181 ff.; derselbe, Zentralbegriff, S. 9

§ 7 GENERALKLAUSELN: GENERALKLAUSELNMERKMALE UND GENERALKLAUSELNTATBESTÄNDE

Bevor auf die Frage der Tauglichkeit der Generalklauseln, im Bankrottstrafrecht Sachverhaltsgestaltungen bestimmtheitsgemäß zu erfassen, näher eingegangen werden kann, soll vorab verdeutlicht werden, was unter „clausula generalis“[1] im Strafrecht zu verstehen ist.

Seit der in 1933 erschienenen Schrift von Justus Wilhelm Hedemann[2] ist der Meinungsstreit um das Erfinden der charakteristischen Eigentümlichkeiten der Generalklauseln nicht zu Ruhe gekommen. Bei der Definierung der Generalklauseln im Strafrecht wird in der Literatur auf abstrakte, „generalklauselartige“ Kriterien abgestellt. Als Bewertungsmaßstäbe kommen in Betracht die „große“ oder „hohe Allgemeinheit“ oder die „Unbestimmtheit“ der Generalklauseln oder beides.

Die h. M. im strafrechtlichen Schriftum versteht unter Generalklauseln Tatbestandsfassungen, also Normen.

So lesen wir bei Engisch: „Unter einer Generalklausel haben wir danach zu verstehen eine solche Tatbestandsfassung, die mit großer Allgemeinheit einen Fallbereich umfasst und der rechtlichen Behandlung zuführt“. Nach Engisch sei der Begriff „Generalklauseln“ als Gegenbegriff einer kasuistischen Tatbestandsbildung aufzufassen[3].

Erwähnenswert ist andererseits Class, der in seinem Beitrag in der Festschrift für Eberhard Schmidt[4] sagt, die charakteristischen Merkmale der Generalklauseln als Begriffe seien ihre außerjuristische Herkunft und ihre inhaltliche Unbestimmtheit.

Kennzeichen für Generalklauseln seien nach Naucke[5] folgende Merkmale: „große Unbestimmtheit, so daß das Regelungsziel nicht klar ist; große Allgemeinheit, so daß der zu regelnde Bereich nicht klar ist;

---

[1] Zur Verwendung und historischen Entwicklung des Terminus „Generalklausel“ im Schrifttum s. Garstka, Generalklauseln, S. 96 ff.

[2] Die Flucht in die Generalklauseln – Eine Gefahr für Recht und Staat.

[3] Engisch, Einführung in das juristische Denken, S. 157 f.; derselbe, Die Idee der Konkretisierung in Recht und Rechtswissenschaft unserer Zeit, S. 78 ff.; insoweit ähnlich Lenckner, JuS 1968, 250; Krey, Gesetzesvorbehalt, S. 81

[4] S. 123 f.

[5] Generalklauseln, S. 3

große Verschwommenheit, so daß das beim Handbaren derartiger Regeln einzuschlagende Verfahren nicht klar ist".

Eine Generalklausel sei nach Haft[6] jede Norm, „die Tatbestandsmerkmale mit großer Extension und geringer Intension enthält".

Nach Garstka[7] lassen sich die Generalklauseln dadurch kennzeichnen, dass sie auf sehr allgemeine Tatbestände Bezug nehmen oder sehr abstrakt seien.

Nicht klar umrissen ist jedoch in der Literatur die Abgrenzung der generalklauselförmigen Tatbestandsmerkmale von den generalklauselartig konstruierten Vorschriften. Hervorzuheben ist Werners[8] Versuch, die „Generalklauseln" von den „unbestimmten Rechtsbegriffen" abzugrenzen. Zu den letzteren gehörten Begriffe wie „Bedürfnis", „Eignung" u.s.w., zu den ersteren gesetzliche Normen, die auf Begriffe wie die „guten Sitten", das „Wohl", „Treu und Glauben" u.s.w. verweisen und in aller Regel den Gesetzestatbestand erschöpfen. Dies ist zutreffend. Unklar bleibt jedoch die Feststellung und Funktion der letztgenannten Merkmale.

Zunächst ist zu bemerken, dass unter „Generalklauseln" im Strafrecht zweiartige strafrechtliche Konstruktionen zu verstehen sind; **die generalklauselartigen Merkmale[9] und die generalklauselartig aufgebauten Vorschriften.**

Bindet man die Feststellung der Generalklauseln im Strafrecht an diese Differenzierung, dann findet er ihre kennzeichnenden Eigentümlichkeiten.

Bei der ersten Konstruktion handelt es sich um Tatbestandsmerkmale, deren Charakteristika ihre außerjuristische Herkunft und ihre inhaltliche Unbestimmtheit, nicht i.S.d. Grundsatzes Lex certa, sondern ihre vom Richter festzustellende Auslegungsbedürftigkeit, sind. Es geht nämlich bei den Generalklauselmerkmalen um normative, wertausfüllungsbedürftige Merkmale, die „sich vielmehr erst unter Heranziehen einer außerhalb ihrer Stammnorm liegenden von Menschen

---

[6] JuS 1975, 479
[7] Generalklauseln, S. 115
[8] Generalklauseln, S. 6 ff.
[9] z. B. die „Verwerflichkeit" (§§ 240 Abs. 2, 253 Abs. 2 d.StGB) oder die „niedrigen Beweggründe" (§ 211 d.StGB).

gesetzten Norm interpretieren lassen"[10]. Dies bedeutet aber nicht, dass alle normativen Tatbestandsmerkmale Generalklauselnmerkmale sind. Was die Generalklauselnmerkmale unter die normativen Tatbestandsmekmale einordnen und zwar von ihnen abgrenzen lässt, ist ihre Ergänzungsfunktion. Die Generalklauselnmerkmale sind doch immer in Verbindung mit einem Straftatbestand zu prüfen, indem sie ihn ergänzen, sc. seinen Anwendungsbereich auf gravierende, abwendbare Fälle beschränken. In diesem Zusammenhang steht nichts der Annahme im Wege, dass die normativen Tatbestandsmerkmale" in einer den Anforderungen einer ordnungsgemäßen Wirtschaft (grob) widersprechenden Weise" wie auch die „ruinösen" Mittel sich als generalklauselartige Tatbestandsmerkmale darstellen.

Demgegenüber lassen sich die generalklauselartigen Strafnormen durch die große Allgemeinheit ihres Aussagegehalts kennzeichnen. Bei den generalklauselartigen Normen handelt es sich nämlich um Vorschriften, die den Versuch des Gesetzgebers zum Ausdruck bringen, Fallkonstellationen, die auf Grund ihrer Vielfältigkeit kasuistisch nicht erfassbar sind, allgemeinartig zu erfassen, und zwar unabhängig davon, ob sie wertausfüllungsbedürftige Generalklauselnmerkmale enthalten oder nicht. Dies verdeutlicht Art. 680, Alt. 2 gr. HG[11], deren generalklauselartiger Charakter in der sehr allgemeinen Umschreibung der Herbeiführung der Insolvenz besteht, und zwar sowohl bezüglich des objektiven Tatbestandes als auch hinsichtlich der Schuldform. Als solche generalklauselartige Konstruktionen stellen sich dar, isoliert betrachtet, die sonstige Verringerung des Vermögensstandes wie auch die sonstige Verheimlichung oder Verschleierung der geschäftlichen Verhältnisse (aus § 283 Abs. 1 Nr. 8 d.StGB).

Den Gegenstand der nachfolgenden Diskussion bildet die Bestimmbarkeit der generalklauselartigen Bankrottatbestände, nicht dagegen der Generalklauselnmerkmale, die die im Wege der Auslegung stehenden Normen ergänzen. Dies bedeutet freilich nicht, dass die Bestimmbarkeit der

---

[10] So definiert die normativen Tatbestandsmerkmale Schlüchter, Irrtum, S. 23

[11] Keinen Bedenken begegnet die handelsrechtliche Natur der in Erwägung gezogenen Vorschriften. Gilt doch das Prinzip Lex certa, ähnlich wie das Analogieverbot (Lex stricta), auch für handelsrechtliche Normen, die sogar Ausfüllungsnormen einer

Generalklauselnvorschriften unabhängig von der Bestimmtheit der dort normierten generalklauselartigen Merkmalen ist. Hängt doch ihre Bestimmbarkeit mit der Verfassungskonformität dieser Merkmale zusammen, ja sogar davon ab. Die wurde aber bereits oben[12] bejaht. In Rede stehen also die im deutschen Bankrottatbestand befindliche Generalklausel (§ 283 Abs.1 Nr. 8 d.StGB) und die im griechischen Bankrottatbestand, als ausfüllende Regelungen normierten Generalklauseln (Art. 679 § 3 Alt. 2, 680 Alt. 2, 685 § 5 gr. HG). Die Frage ist, ob es sich empfiehlt, durch Generalklauselntatbestände Bankrottfälle zu erfassen, was nicht nur an die praktischen Bedürfnisse der Bekämpfung der Bankrottkriminalität durch gesetzgeberische Mittel, sondern auch an die strafrechtsdogmatische Frage der Bestimmtheit, besser Bestimmbarkeit der generalklauselartigen Vorschriften anknüpft.

---

strafrechtlichen Sanktionsnorm (in casu Art. 398 gr. StGB) sind. Vgl. dazu oben § 5 B II 1.4.

[12] § 4 B II 6, III 1.3.8.2. bzw. § 5 B II 1.3.1.1.3.2.2.

§ 8 ZUR BESTIMMBARKEIT DER BANKROTTSTRAFRECHTLICHEN GENERALKLAUSELNTATBESTÄNDE. EMPFIEHLT SICH DIE GENERALKLAUSELARTIGE ERFASSUNG VON BANKROTTFÄLLEN ?

Der Schwerpunkt der folgenden Überlegungen liegt darauf, ob die bankrottstrafrechtlichen Generalklauselntatbestände dem, heute im Range eines prozessualen Grundrechts stehenden, Bestimmtheitsgrundsatz[1] genügt, was konsequenterweise zu der Frage führt, ob es sich empfiehlt, sich im (Bankrott)Strafrecht auf solchen Wegen zu bewegen.

Die gesetzliche Bestimmtheit einer Strafnorm lässt sich nicht allgemein feststellen[2].

Konkret lässt sich die Bestimmtheit einer Strafnorm nach ihrem Wortlaut, sowohl in objektiver als auch in subjektiver[3] Hinsicht, feststellen. Maßgebendes Kriterium der Auslegung gesetzlicher Bestimmungen ist in erster Linie der Gesetzestext[4]. Deswegen muss die Strafbarkeit schriftlich in einem Gesetz fixiert sein[5], und zwar dann, wie Meurer[6] zutreffend aufmerksam gemacht hat, wenn Freiheitsstrafe verhängt werden soll. Abzustellen bei der Prüfung der Bestimmtheit einer Strafnorm ist also auf ihre konkretisierbare Aussage[7]. Der Gesetzgeber muss die Strafbarkeitsvoraussetzungen so präzise umschreiben, dass Tragweite und Anwendungsbereich der Straftatbestände zu erkennen sind und sich durch Auslegung ermitteln lassen[8], und zwar so präzise bestimmen, je schwerer die angedrohte Strafe ist[9]. Erforderlich für die gesetzliche Bestimmtheit eines Straftatbestandes ist nach der deutschen höchstrichterlichen Rechtsprechung, dass der Adressat der Vorschrift von vornherein wissen und vorsehen kann,

---

[1] Art. 103 Abs. 2 GG bzw. Art. 7 § 1 gr. Verfassung

[2] BVerfGE 41, 314, 320; Sch/Sch-Eser § 1 Rn. 20. Zur kritischen Betrachtung der Lösungsansätze im strafrechtlichen Schrifttum zur Auslegung und Konkretisierung des Bestimmtheitsgrundsatzes s. nur Roxin, AT, § 5 Rn. 71 ff.

[3] BGHSt 23, 167, 171: zu der Gesetzesbestimmtheit einer Strafvorschrift gehört noch die Schuldform.

[4] BVerfGE 71, 108, 115

[5] BVerfGE 33, 206, 219

[6] AT, S. 7 f. : arg. Art. 104 Abs. 1, S. 1 GG

[7] BVerfGE 78, 374, 389

[8] BVerfGE 75, 329, 340 f.; 80, 244, 256 f.; Geerds, Engisch – FS, 413

[9] BVerfGE 14, 245, 251; 26, 41, 43; 41, 314, 320

welches Verhalten strafrechtlich verboten ist, damit er in der Lage sein kann, sein Verhalten danach einzurichten[10].

Vereinbar mit dem Bestimmtheitsgebot ist also eine Strafnorm, wenn von ihrem Wortlaut her sich das strafbare Verhalten aus Sicht des Täters voraussehen lässt. Dies steht im Einklang mit dem Sinn und Zweck des Bestimmtheitsgebots als logische Konsequenz des Grundsatzes nullum crimen sine lege, der zurück auf die Lehre von Paul Johann Anselm Feuerbach geht, der in der 1. Auflage seines Lehrbuchs von 1801 den Grundsatz herleitete[11]:

„Jede rechtliche Strafe im Staat ist die rechtliche Folge eines, durch die Notwendigkeit der Erhaltung äußerer Rechte begründeten, und eine Rechtsverletzung mit einem sinnlichen Übel bedrohenden Gesetzes".

Bis zu welchem Grad muss aber die Tatumschreibung präzise sein und gleichzeitig ihren der Vielfältigkeit der zu erfassenden Fälle und den Gerechtigkeitserfordernissen entsprechenden generalklauselartigen Charakter beibehalten kann ? Nach welchen Kriterien bestimmt sich die Voraussehbarkeit des allgemein, generalklauselartig umschriebenen strafbaren Verhaltens ?

Bei der Beurteilung der Frage der Voraussehbarkeit eines generalklauselartig umschriebenen strafbaren Verhaltens ist zunächst auf die Feststellbarkeit des Adressatenkreises der Vorschrift abzustellen. Doch hängt die gesetzliche Bestimmtheit einer Strafnorm davon mit ab, an welchen Kreis von Adressaten sich die Vorschrift wendet, was von der strafrechtlichen Literatur wohl anerkannt ist[12]. Beschränkt sich der Adressatenkreis auf Personen, die auf Grund ihres Fachwissens imstande sind, den Regelungsinhalt zu verstehen, und regeln die Strafvorschriften Tatbestände,

---

[10] BVerfGE 25, 269, 285; 26, 41,42; 28, 175, 183; 33, 206, 219; 37, 201, 207; 45, 363, 371 f.; 47, 109, 121; 48, 48, 56; 64, 389, 393 f.; 71, 108, 115; 75, 329, 341; BGHSt 23, 167, 171; 28, 312, 313; 30, 285, 288.

Auf den Gesetzeswortlaut stellt auch Roxin, AT, § 5 Rn. 75, bei der Konkretisierung des Bestimmtheitsgebots ab, jedoch aus Sicht des Gesetzgebers: „Danach ist eine Strafvorschrift dann noch hinreichend bestimmt, wenn und soweit sich ihr ein klarer gesetzgeberischer Schutzzweck entnehmen lässt und der Wortlaut einer beliebigen Ausdehnung der Interpretation immerhin noch Grenzen setzt".

[11] S. 20

[12] LK-Gribbohm § 1 Rn. 50; Müller-Dietz, Lenckner-FS, 190

auf die sich solche Kenntnisse zu beziehen pflegen, dann sind sie verfassungsrechtlich nicht zu beanstanden[13].

Als weitere Kriterien, die bei der Prüfung der Bestimmtheit eines generalklauselartigen Gesetzeswortlauts mit in Erwägung zu ziehen sind, kommen in Betracht die Klarheit über die zeitlichen und räumlichen Umstände, an deren Auswirkung der Gesetzgeber die allgemein umschriebene Strafbarkeit angeknüpft hat, und über die Tatobjekte wie auch das Vorsatzerfordernis.

Von ausschlaggebender Bedeutung für die Voraussehbarkeit des generalklauselartig normierten strafbaren Verhaltens sind aber vor allem diejenigen Merkmale, die den Generalklauseltatbestand ergänzen, sc. seinen Anwendungsbereich auf gravierende, abwendbare und folglich voraussehbare Verhaltensweisen beschränken. Diese tatbestandseinschränkenden Merkmale sind die oben erwähnten Generalklauselnmerkmale.

Daher erweist sich die Grenzbarkeit, sc. die Beschränkung des Anwendungsbereichs, einer generalklauselartigen Strafnorm auf gravierende, abwendbare Fälle als der entscheidende Anknüpfungspunkt ihrer Bestimmtheit.

Es liegt jetzt nahe zu prüfen, ob die Generalklauselnvorschriften des deutschen und griechischen Bankrottatbestandes den obigen allgemeinen Bestimmtheitskriterien genügen.

In Rede steht zunächst die Bestimmbarkeit des im deutschen Bankrottatbestand normierten Generalklauseltatbestandes (Nr. 8).

Abgesehen von einigen Stimmen in der Literatur, die durch die Regelung des § 283 Abs. Nr. 8 d.StGB eine Beeinträchtigung des Grundsatzes der Tatbestimmtheit sehen[14], halten die meisten Verfasser die Generalklausel für bestimmt. Grosche[15] sieht die Generalklausel als vereinbar mit dem Bestimmtheitsgebot auf Grund der restriktiven Interpretation der dort normierten normativen Tatbestandsmerkmale. Für bestimmt hält die Generalklausel auch Hiltenkamp-Wisgalle[16]. Tiedemann[17] sieht die

---

[13] BVerfGE 48, 48, 57

[14] So Schöne, JZ 1973, 450; Heinz GA 1977, 227; für unbestimmt halten die Generalklausel auch SK-Samson, § 283 Rn. 21, und Tröndle/Fischer, § 283 Rn. 31.

[15] Generalklausel, S. 14 ff.

[16] Bankrottdelikte, S. 206 f.

Generalklausel nur in ihrer grundtatbestandlichen Funktion als dem Bestimmtheitsgebot genügend. Die für Nr. 8 in Frage kommenden Handlungen müssten demnach denen nach den Nrn. 1-7 ähnlich sein. Durch das Merkmal der Ähnlichkeit entspreche die Generalklausel dem Erfordernis hinreichender Bestimmbarkeit und Voraussehbarkeit[18]. Dem ist jedoch entgegenzuhalten, dass das Merkmal der Ähnlichkeit fließend ist. Doch erhebt sich bei Heranziehen des Merkmals der Ähnlichkeit als Verfassungskonformitätsmaßstab sofort die Frage, wo hier die Grenze zwischen den für Nr. 8 in Frage kommenden Handlungen und den übrigen, in den Nrn. 1-7 aufgeführten, verläuft.

Die Antwort auf die strafrechtsdogmatische Frage der Bestimmtheit der in Rede stehenden Strafvorschrift ist auf dem Weg zu suchen, der von der Amtlichen Begründung vorgezeichnet ist. Sie sieht zutreffend die Generalklausel als dem Bestimmtheitsgebot genügend auf Grund ihrer Anknüpfung[19] an die in Nrn. 1-7 kasuistisch aufgezählten Tathandlungen, aus deren Unrechtsverwandtschaft[20] sich der Normzusammenhang[21] ergibt, des Vorsatzerfordernisses wie auch des Vorliegens des Korrektivs des „groben" Widerspruchs zu den Anforderungen ordnungsgemäßer Wirtschaft, was dazu führt, dass sich der Tatbestand auf Fälle beschränkt, „in denen der Täter besonders verwerflich oder gefährlich handelt".

Trotzt der fehlenden exakten Umschreibung bestimmter Verhaltensweisen ist die Strafnorm doch hinreichend bestimmt. **Denn die Anknüpfung der Strafbarkeit an einen so hohen Sorgfaltswidrigkeitsgrad („in einer den Anforderungen einer ordnungsgemäßen Wirtschaft grob widersprechenden Weise") und zwar in Bezug auf den Krisenzustand, wobei den Täter die Hauptpflicht zum Schutz der Gläubigerinteressen trifft, lässt das strafbare Verhalten sich voraussehen.** Weiterhin gehören zum Adressatenkreis der Vorschrift Personen, die auf Grund ihres Fachwissens den Regelungsinhalt verstehen können.

---

[17] in: LK § 283 Rn. 11; derselbe, Zentralbegriff, S. 9 f.
[18] LK-Tiedemann § 283 Rn. 11
[19] Dies bedeutet freilich nicht, dass die für Nr. 8 in Frage kommenden Tathandlungen den in den Nrn. 1-7 aufgeführten Tathandlungen ähneln müssen. Näher dazu oben § 4 B III 1.2.
[20] Hierzu s. bereits oben § 4 B III 1.2.
[21] Als Bestimmtheitskriterium sieht die deutsche Rechtsprechung den Normzusammenhang: BVerfGE 45, 363, 371 f.; BGHSt 28, 312, 313

Im Zusammenhang mit der bestimmtheitsergänzenden Funktion des Korrektivs des groben Verstoßes gegen die Sorgfaltsanforderungen lässt sich annehmen, dass das in der Generalklausel enthaltene Merkmal des „groben“ Widerspruchs zu den Sorgfaltsanforderungen nicht als negatives Tatbestandsmerkmal, sondern vielmehr als unwertgehaltsbildendes Generalklauselmerkmal funktioniert, das den Anwendungsbereich der Strafnorm auf gravierende Fälle beschränkt.

Dies gilt aber nur für die bestandsbezogene Alternative der Generalklausel (sonstige Verringerung des Vermögensstandes). Das Bestimmtheitsproblem spitzt sich jetzt auf die Frage zu, ob die informationsbezogene Alternative der Generalklausel (sonstiges Verheimlichen oder Verschleiern der wirklichen geschäftlichen Verhältnisse) als dem Bestimmtheitsgebot genügend angesehen werden kann. Die Bedenken rühren daher, dass sich die Sorgfaltsanforderungen nur auf die bestandsbezogene Alternative beziehen[22]. Dies lässt uns zum Ergebnis kommen, dass die informationsbezogene Alternative der Generalklauselvorschrift unbestimmt ist, was, entsprechend dem Erfordernis des möglichst präzisen Gesetzestextes, das Einführen eines den Tatbestand „ergänzenden Merkmals“ zur Beschränkung des Anwendungsbereichs auf gravierende Fälle erforderlich macht[23].

Im folgenden steht unter Erörterung die Bestimmtheit der griechischen Generalklauselntatbestände, deren Bestimmtheitserfordernis aus ihrer Natur als Ausfüllungsnormen einer strafrechtlichen Sanktionsnorm ableitet[24].

Art. 679 § 3 Alt. 2 gr. HG (Einsatz von „ruinösen“ Mitteln zwecks Geldbeschaffung) ist entsprechend den o.g. Kriterien als bestimmt anzusehen. Doch beschränkt sich der Anwendungsbereich der Vorschrift auf Grund des Merkmals „ruinöse Mittel“ auf gravierende, wirtschaftlich besonders gefährliche Verhaltensweisen, die im Insolvenzzustand begangen werden, während in subjektiver Hinsicht Absicht erforderlich ist. Zum Adressatenkreis der Norm gehören Personen, die auf Grund ihres Fachwissens imstande sind, den Norminhalt zu verstehen.

---

[22] Hierzu s. eingehend oben § 4 B III 1.3.8.2.

[23] Denkbar ist etwa die „grobe“ Erschwerung der Übersicht des Vermögensstandes des Schuldners.

[24] Hierzu s. bereits oben § 7, Fn. 11

Erhebliche Schwierigkeiten bereitet jedoch die Bestimmbarkeit der generalklauselartigen Umschreibung der Herbeiführung der Insolvenz (Art. 680 Alt. 2, Art. 685 § 5 gr. HG). Ergibt sich doch aus der dehnbaren Fassung der generalklauselartigen Vorschriften, dass sich der Anwendungsbereich der Tatalternativen auf jede denkbare Handlung erstrecken kann, die geeignet ist, die Insolvenz zu verursachen. Hinsichtlich Art. 680, Alt. 2 gr. HG ergibt sich das Bestimmtheitsproblem vor allem daraus, dass für die Tatbestandsverwirklichung auf der subjektiven Ebene Fahrlässigkeit ausreicht[25]. Dies erweitert eben den Anwendungsbereich der Tatalternative. Denn man könnte bei jeder Insolvenz eine fahrlässige Handlung entdecken, die als insolvenzverursachend und demzufolge strafbar bezeichnet werden könnte[26].

Tsirides[27] hat als bislang einziger Vertreter in der Literatur das Konzept des vernünftigen Kaufmanns für die Bestimmung des Anwendungsbereichs der in Rede stehenden Tatalternative vorgelegt. Insolvenzverursachend sollte danach nur dann ein Sachverhalt sein, wenn er aus Sicht eines objektiven, vernünftigen Kaufmanns ein Verursachungsrisiko mit sich bringt.

Die gesetzliche Bestimmtheit einer Vorschrift muss aber entsprechend den oben genannten aus dem gesetzlichen Wortlaut resultieren. Lässt sich doch das Bestimmtheitsproblem nicht durch Auslegungsmethoden lösen. Ob ein Verhalten strafbar ist oder nicht, hat es der Gesetzgeber zu bestimmen[28]. Es steht demnach dem griechischen Gesetzgeber offen, die Bestimmtheit der Norm, hinsichtlich der einzelnen Tathandlungen, ähnlich wie im deutschen Bankrottatbestand, durch den Verweis auf die vorstehend aufgeführten, außerhalb des Insolvenzzustands begehbaren, informationsbezogenen und bestandsbezogenen Tathandlungen zu garantieren.

Ob es sich jetzt empfiehlt, durch Generalklauselntatbestände Fallkonstellationen zu erfassen, hängt mit den kriminalpolitischen Bedürfnissen zusammen. Nach der deutschen Rechtsprechung ist die

---

[25] OLG Athen 732/1982, Poin. Chron. 33, 185

[26] So mit Recht Tsirides, Insolvenzdelikte, S. 59

[27] Insolvenzdelikte, S. 59 f. Tsirides bezieht sich auf die Bestimmung des Anwendungsbereichs der Tatalternative, nicht aber auf die Bestimmtheit der Vorschrift als Generalklausel.

Verwendung von Generalklauselntatbeständen im Strafrecht unentbehrlich. So heißt es in BVerfGE 11, 234, 237[29]: *„Auch das Strafrecht kann nicht völlig darauf verzichten, allgemeine Begriffe zu verwenden, die formal nicht eindeutig allgemeingültig umschrieben werden können und die an die Auslegung des Richters besondere Anforderungen stellen. Ohne die Verwendung solcher flüssiger Begriffe wäre der Gesetzgeber nicht in der Lage, der Vielgestaltigkeit des Lebens Herr zu werden"*. Generalklauseln im Strafrecht sind nicht von vornherein verfassungsrechtlich zu beanstanden[30]. Gerecht werden soll der Vielgestaltigkeit des Lebens, dem Wandel der Verhältnisse oder der Besonderheit des Einzelfalles[31]. Eine starre und kasuistische Regelung ist im Blick auf die Vielschichtigkeit der zu regelnden Sachverhalte und auf die Möglichkeit der Änderung der technischen Vorgaben nicht zu fordern[32]. Darüber hinaus ist die Verwendung von Generalklauseln auch im Schrifttum weit anerkannt[33].

Im Bereich des Bankrottstrafrechts insbesondere berechtigt die, erst von Binding[34] als nötig betrachtete, Generalisierung der Tatbestände die Vielschichtigkeit der Handlungsmodalitäten, zumal derjenigen, die die Informationsgrundlage des Gemeinschuldners betreffen, aber auch der vermögensreduzierenden Tathandlungen, die sich der kasuistischen Aufzählung entziehen[35].

Als Ergebnis bleibt festzuhalten: Das Strafrecht soll nicht generalklauselfeindlich sein. Bestimmte Generalklauseln stellen doch keine Gefahr für den Staat dar.

---

[28] BVerfGE 47, 109, 120; Jescheck/Weigend, AT, S. 137
[29] Bezüglich § 6 Abs. 1 GjS
[30] BVerfGE 48, 48, 56
[31] BVerfGE 14, 245, 251; 41, 314, 320; 45, 363, 371; 47, 109, 120 f.; 48, 48, 56; 71, 108, 115; 73, 206, 235; 75, 329, 342; BGHSt 18, 359, 362; kritisch zu den o.g. Kriterien Hanack, JZ 1970, 44 f.
[32] BVerfGE 78, 374, 389
[33] Näher Krey, Gesetzesvorbehalt, S. 82 ff.
[34] Lehrbuch, S. 421
[35] Denn die in beiden Bankrottatbeständen normierten bestandsbezogenen Generalklauseln (§ 283 Abs. 1 Nr. 8, Alt. 1 StGB, Art. 679 § 3 Alt. 2 gr. HG) funktionieren als Auffangtatbestände.

FÜNFTER TEIL: FORDRUNGEN DE LEGE FERENDA ZUR REFORM DES GRIECHISCHEN BANKROTTSTRAFRECHTS

§9 UMSCHREIBUNG NEUER VERHALTENSWEISEN - RECHTFERTIGUNG VON WIRTSCHAFTSKONFORMEN UNTERNEHMENSINITIATIVEN–NEUER AUFBAU DES BANKROTTATBESTANDES

Erforderlich erscheint die Reform des griechischen Bankrottstrafrechts bezüglich der gesetzlichen Umschreibung von Bankrotthandlungen zur Schließung von bestehenden Strafbarkeitslücken. Im folgenden wird also untersucht, welche Handlungsmodalitäten hinsichtlich der Verringerung der kaufmännischen Aktiva oder Vergrößerung der Passiva und der Buchführungsmanipulationen noch expressis verbis im griechischen Bankrottatbestand pönalisiert werden sollen, und auf welche der Reformgesetzgeber zu verzichten hat.

- Besonderer Aufmerksamkeit bedürfen die Verhaltensweisen des Zerstörens, Beschädigens und Unbrauchbarmachens von Vermögensbestandteilen und Handelsbüchern, die im griechischen Bankrottatbestand fehlen und vom Anwendungsbereich des Beiseiteschaffens nicht erfasst werden. Zwar stellt Art. 397 § 1 gr. StGB das Zerstören, Beschädigen und Unbrauchbarmachen von Vermögensbestandteilen als Sachverhalte der Gläubigerbenachteiligung unter Strafe und verlangt in subjektiver Hinsicht Gläubigerbenachteiligungsabsicht. Das Unterstrafestellen des in Rede stehenden Sachverhalts als Fall der Gläubigerbenachteiligung stellt sich aber nicht als Inkriminierung von vermögensreduzierenden Begehungsweisen im Insolvenzzustand dar, wobei die Gläubigerinteressen besonders zu beachten sind. Somit unterliegen die o.g. Verhaltensweisen einer geringeren Strafe (Gefängnisstrafe bis zu 2 Jahren). Zu fordern ist also die Pönalisierung dieser Entziehungshandlungen als Bankrottsachverhalte, und zwar sowohl als vermögensmindernde wie auch als handelsbuchentziehende

Handlungen[1]. Die Tathandlungen des Durchstreichens und Änderung des Inhalts der Handelbücher (Art. 684 Alt. 3,4) brauchen dagegen nicht als Entziehungshandlungen pönalisiert zu werden. Sie fallen doch unter den Anwendungsbereich der in Art. 682 § 5 Alt. 3 umschriebenen Tatalternative der unordentlichen oder unvollständigen Buchführung.

- Zur Vermeidung von Strafbarkeitslücken empfiehlt sich, trotz der geringen Bedeutung, deren Vornahme in der Praxis besitzt, die gesetzliche Umschreibung der geschäftlichen Ausgaben neben die persönlichen und häuslichen.

- Ferner steht es dem Gesetzgeber offen, in die gesetzliche Umschreibung die „Spekulationsgeschäfte" als besondere Art der Risikogeschäfte einzuführen und das Verwetten von Geld ausdrücklich zu bezeichnen. In Bezug auf die Tathandlungen des Verbrauchs von übermäßigen Geldsummen durch Risikogeschäfte ist darauf aufmerksam zu machen, dass der Abfluss von übermäßigen Summen aus dem Schulnervermögen nicht erforderlich für die Tatbestandsverwirklichung sein muss. Doch wird die Befriedigung der Gläubigerinteressen bereits beim Eingehen der Verbindlichkeit, sc. beim Abschluss des Risikogeschäfts, gefährdet. Dies macht eine dementsprechende Wortlautsänderung erforderlich und führt zwangsweise zur Überflüssigkeit des Art. 682 § 1 gr. HG (Eingehen von übermäßigen Geldverbindlichkeiten zugunsten dritter Personen).

- Bereits oben[2] wurde nach der Formel des Wertausgleichsprinzips die Unergiebigkeit der Handlungsalternative der Vornahme von Ankäufen zwecks Widerverkauf unter Ankaufswert (Art. 679 § 3 Alt. 1 gr.

---

[1] Zur Definition, Anwendungsbereich und Rechtfertigung der Tathandlungen nach deutschem Recht s. oben § 4 B III 1.3.1.3.3.3. – 4.; 1.3.6.1., 4.-5.

[2] § 5 B II 1.3.1.1.3.2.1.

HG) betont, gläubigergefährdende Vermögensdispositionen zu erfassen. Es erweist sich also als förderlich, das Merkmal des Widerverkaufs der bereits angekauften Waren auf die objektive Seite einzubeziehen und die Feststellung des Verstoßes gegen das Wertausgleichsprinzip an den Marktpreis oder den üblichen Preis anzuknüpfen, was eine dementsprechende Wortlautsänderung voraussetzt. Dem Reformgesetzgeber steht es ferner offen, in die Tatobjekte, neben die Waren, noch die Wertpapiere und die aus den Waren hergestellten Sachen[3] einzubeziehen.

- Bezüglich der Insolvenzerklärungsmanipulationen empfiehlt sich die Aufnahme der unvollständigen Insolvenzerklärung der Personenhandelsgesellschaften (in Art. 682 § 3, Alt. 1 gr. HG geregelt) in die Alternative, die die unterlassene oder verspätete Insolvenzerklärung umschreibt (Art. 679 § 5 gr. HG), allerdings bezogen auf jeden Kaufmann und nicht beschränkt nur auf die Personenhandelsgesellschaften.

- Hinsichtlich der Tatalternative der künstlichen Vergrößerung der Passiva ist schon oben[4] vermerkt worden, dass die Einschränkung der Tatobjekte auf die nicht bestehenden Geldschulden wichtige Fälle, wie die Fiktion von fremden dinglichen Rechten außer acht lässt. Zur Vermeidung von Strafbarkeitslücken ist also die Vorspiegelung von nicht verschuldeten Geldsummen zur „Vorspiegelung von fremden Rechten“ zu formulieren, was die bereits umschriebene Verhaltensweise einschließt.

- An dieser Stelle muss noch einmal die, der kritischen Würdigung bereits oben unterzogene[5], falsche Pönalisierung der Vernachlässigung der Publizitätsformalitäten bei der Gründung einer (Personen)Handelsgesellschaft als gläubigergefährdende Bankrotthandlungen zur Sprache

[3] Zur Bedeutung s. oben § 4 B III 1.3.3.2.1.
[4] § 5 B II 2.2.1.3.2.
[5] § 5 B II 1.3.2.1.3.

gebracht werden. Es geht um Verhaltensweisen, die außerhalb des „proximum tempus de coctionis“ (période suspecte) vorgenommen werden, durch deren Umschreibung in den Tatbestand bankrottirrelevante Fälle einbezogen werden. Daher ist zu fordern, dass der Gesetzgeber auf die diesbezüglichen Vorschriften (Art. 680 Alt. 1, 685 § 1 gr. HG) verzichtet.

- Als verzichtbar erweist sich aber noch Art. 681 gr. HG (Verfolgung wegen einfachen Bankrotts der Makler und Geldwechsler, die ihre Zahlungen eingestellt haben), der sich, ohne bestimmte Verhaltensweisen zu betreffen, als Beeinträchtigung des Schuldprinzips darstellt[6].

- Die Vielschichtigkeit der informationsbezogenen Tathandlungen berechtigt das Aufkommen neben die bereits normierte bestandsbezogene einer informationsbezogenen Generalklausel, besser Generalklauselvorschrift, ergänzt durch ein unwertgehaltsbildendes Tatbestandsmerkmal zur Konkretisierung der Voraussehbarkeit des dadurch unter Strafe gestellten Verhaltens[7].

- Hinsichtlich der Buchführungsdelikte ist zu fordern, dass die von der griechischen Literatur als übergesetzliches Korrektiv der Tathandlungen des Entziehens der Handelsbücher oder ihres Inhaltes (Art. 684, Alt. 1-4 gr. HG) entwickelte Erschwerung der Übersicht über den Vermögensstand des Kaufmanns[8] expressis verbis in der gesetzlichen Umschreibung geregelt wird[9]. Im Bereich der Buchführungsdelikte empfiehlt sich schließlich die Einführung in den Bankrottatbestand der Bilanzdelikte (unterlassene oder mangelhafte Bilanzaufstellung). Derartige

[6] Die hat zu Recht bereits Philippides, Bankrottdelikte, S. 120, bemerkt.
[7] Zur Ergänzung der informationsbezogenen Alternative der Generalklausel des deutschen Bankrottatbestandes (§ 283 Abs. 1 Nr. 8, Alt. 2 d.StGB) s. ausführlich oben § 8
[8] Dazu s. oben § 5 B II 2.2.1.1.3.3.

Manipulationen betreffen einen wichtigen Teil des kaufmännischen Rechnungswesens und sollen vom griechischen Gesetzgeber nicht außer acht gelassen werden.

- Zur Gewährleistung einer Handlungsfreiheit und eines Spielraums zur Entfaltung von angemessenen, wirtschaftskonformen Unternehmensinitiativen[10] sollte der griechische Gesetzgeber das Korrektiv des Widerspruchs zu den Anforderungen einer ordnungsgemäßen Wirtschaft übernehmen[11]. Im Laufe der Arbeit wurde an mehreren Stellen mit Nachdruck die Bedeutung des Sorgaltsmaßstabs betont. Er dient der Einschränkung des Anwendungsbereichs der bestandsbezogenen Tatalternativen[12] und funktioniert als Straflosigkeitsgrund für Sanierungsversuche, deren Vornahme geeignet, erforderlich und angemessen ist, sowie von Vermögensdispositionen, die dem Wertausgleichsprinzip oder der Erfüllung von fälligen Verbindlichkeiten dienen. Zur Rechtfertigung von solchen sozial adäquaten Fällen, die nicht als Notstandsfälle gerechtfertigt werden können, erweist sich also die Einführung des Korrektivs des Verstoßes gegen die Sorgfaltsanforderungen als erforderlich.

- Die Aufmerksamkeit des Reformgesetzgebers ist auf noch einen praktisch bedeutsamen Punkt zu lenken; den Bedarf nach Erfassung von Fällen des besonders schweren Bankrotts, die nach deutschem Recht nach § 283 a StGB gelöst werden. Dem Gesetzgeber steht es offen, mit Zuhilfenahme der Technik der Regelbeispiele neben die bereits normierten Bankrottstrafvorschriften, durch einen eigenen Straftatbestand Bankrottfälle zu erfassen, deren schwerwiegende Vornahme sowohl dem Regelstrafrahmen des Art. 398 gr. StGB als auch der zusätzlichen, in der

---

[9] Zu den praktischen Anwendungsfällen des Tatbestandserfordernisses s. oben § 4 B III 1.3.5.4.3., 1.3.6.5., 1.3.7.3.1.
[10] Vgl. BVerfGE 29, 260, 266 f.; Schlüchter, Grenzbereich , S. 141
[11] Zur Bestimmtheit, Funktion und Inhalt des Merkmals s. eingehend oben § 4 B II

allgemeinen Strafbemessungsnorm des Art. 81 gr. StGB für das Handeln aus Gewinnsucht vorgesehenen Geldstrafe nicht genügt, sondern vielmehr einer höheren Gefängnisstrafe unterliegen muss. Denkbare Fälle sind, nach Vorbild der entsprechenden deutschen Strafzumessungsregel (§ 283 a d.StGB), das Handeln aus Gewinnsucht, die wissentliche Herbeiführung der Gefahr oder Schädigung der Vermögensinteressen vieler Personen oder der Volkswirtschaft sowie die wissentliche Verursachung der wirtschaftlichen Not für viele Personen[13].

Weitere Reformvorschläge betreffen den systematischen Aufbau des Bankrottatbestandes.

- Zur Vermeidung von irrtumsbezogenen Problemen empfiehlt sich die „Entkleidung" des blankettstrafrechtlichen Charakters des Bankrottatbestandes und der Zusammenbau von Sanktions- und Ausfüllungsnormen. Doch besteht die größte Schwierigkeit bei der Verwendung von Blankettstrafgesetzen darin, in welchem Umfang der Täter Kenntnis über den Inhalt der Ausfüllungsnormen besitzen muss[14]. Berechtigt erscheint also die Forderung nach Aufnahme der Ausfüllungsnormen in das Strafgesetzbuch (lex - perfecta).

- Die Aufhebung der Aufteilung von einfachem und vorsätzlichem Bankrott lassen die Erfordernisse der Fahrlässigkeitsstrafbarkeit berechtigt erscheinen. Doch setzt die Strafbarkeit der fahrlässigen Begehung von Vergehen gem. Art. 26 § 1, S. 2 gr. StGB voraus, dass der Fahrlässigkeitsvorwurf, ähnlich wie im deutschen Recht, ausdrücklich im Gesetz vorgesehen wird und nicht dass er sich aus dem Sinn der Bestimmungen ergibt. Die

---

[12] Bezüglich des griechischen Bankrottatbestandes ist an Art. 679 §§ 1,2, 684 Alt. 5, 685 §§ 3,4 gr. HG zu denken.

[13] Zur Auslegung s. ausführlich oben § 4 B V

[14] Lauer, Blankettstrafgesetze, S. 61

wiederholte Erwähnung des Zusatzes „vorsätzlich" (s. Art. 684 Alt. 2,3,4,7, 685 §§ 3,4 gr. HG) erweist sich andererseits als überflüssig. Denn die Handlungen und Unterlassungen, die als Vergehen bestraft werden, sind gem. Art. 26 § 1, S. 1 gr. StGB nur bei vorsätzlicher Begehung strafbar. Der Reformgesetzgeber hat ferner auf die bereits oben[15] erwähnte Kritik erfahrene „fakultative Verfolgung" von Bankrottfällen zu verzichten. Die Bankrotthandlungen sind kasuistisch, als gleichwichtige Straftaten aufzuführen und jedenfalls mit einer höheren als der bereits vorgeschriebenen Gefängnisstrafe anzudrohen.

- Ein letzter Reformvorschlag lässt sich aus der kritischen Betrachtung der strafgerichtlichen Anwendung der Vorschriften über den Bankrott der Einzelkaufleute auf die Gesellschaftsverwalter[16] vortragen. Dem Grundsatz der Lex-scripta dient die Androhung der Begehung der Bankrotthandlungen von diesem Täterkreis, der sowohl die Einzelkaufleute als auch die Gesellschaftsverwalter expressis verbis einschließt. Der ausdrücklichen Umschreibung der Gesellschaftsverwalter als taugliche Täter der nach geltendem Recht den Einzelkaufleuten zurechenbaren Tathandlungen liegen auch Zurechnungsgedanken zugrunde. Doch scheitert die, auf Grund der kriminalpolitischen Bedürfnisse zwar berechtigte, jedoch dem Gläubigerschutzgedanken zuwiderlaufende, Zurechnung der den einfachen und vorsätzlichen Bankrott der Einzelkaufleute bildenden Tathandlungen den Gesellschaftsverwaltern, denn die letztgenannten weisen nicht das zur strafrechtlichen Täterschaft persönliche Merkmal der Zahlungseinstellung auf. Demzufolge erscheinen die in Art. 685 §§ 3,4 gr. HG aufgeführten Begehungsweisen des Beiseiteschaffens der kaufmännischen Aktiva (Einzahlung von nicht bestehenden Anteilen bzw.

[15] § 4 B II 1.2.
[16] Zu dieser Frage s. bereits oben § 5 B II 1.4. sowie 2.3.

arglistiges Empfangen übermäßiger Angelder), die als besondere, den Gesellschaftsverwaltern zurechenbare Verhaltensweisen unter Strafe gestellt worden sind, auch als verzichtbar.

Die Untersuchung beabsichtigt nicht, gesetzgeberische Zuständigkeiten zu übernehmen und die Bankrottstraftaten im Sinne eines Corpus zu erfassen. Wesentlich erschien vielmehr, so weit wie möglich den Blick des Gesetzgebers auf die Lücken des griechischen Bankrottstrafrechts zu lenken. Es ist jetzt Sache des Schrifttums, die oben vorgelegten Reformüberlegungen kritisch zu betrachten und zu prüfen, ob sich ihre Annahme als erbaulich erweist.

ANHANG DER IM TEXT ZITIERTEN GRIECHISCHEN GESETZESTEXTE

A. Verfassung

Art. 7

1. Kein Delikt liegt vor noch wird Strafe verhängt ohne Gesetz, das vor der Begehung der Tat gilt und ihre Elemente bestimmt. Nie wird eine schwerere Strafe als diejenige, die bei der Begehung der Tat vorgeschrieben wurde, verhängt.

. ...

. ...

B. Strafrechtliche Vorschriften

I. Strafgesetzbuch

Delikt aus Unterlassen
Art. 15

Wo das Gesetz zur Begründung einer strafbaren Handlung das Vorkommen eines bestimmten Erfolges erfordert, wird die Nichtabwendung dieses Erfolges dessen aktiver Herbeiführung gleichbestraft, wenn der Unterlasser einer besonderen rechtlichen Pflicht unterlag den Erfolg zu verhindern.

Schuld
Art. 26

Die Verbrechen und die Vergehen werden bestraft, nur wenn sie mit Vorsatz begangen werden. Ausnahmsweise in den Fällen wo das Gesetz es besonders bestimmt, werden die Vergehen bestraft auch wenn sie wegen Fahrlässigkeit begangen werden.

Vorsatz
Art. 27

1. ....
2. Wo das Gesetz erfordert, dass die Tat mit der Absicht der Herbeiführung eines bestimmten Erfolges begangen worden sein muss, wird verlangt, dass der Täter angestrebt hat, diesen Erfolg herbeizuführen.

Tatbestandsirrtum
Art. 30

1.Die Tat wird dem Täter nicht zugerechnet, wenn er bei der Begehung der Tat die Umstände, die sie bilden, verkennt. Wenn aber die Unkenntnis dieser Umstände der Fahrlässigkeit des Schuldigen zugeschrieben werden kann, wird ihm die Tat als Delikt wegen Fahrlässigkeit zugerechnet.

2.Ebenfalls werden dem Täter die Umstände, die nach dem Gesetz die Strafbarkeit verschärfen nicht zugerechnet, wenn er sie verkannte.

Verbotsirrtum
Art. 31

1. Nur die Unkenntnis der Strafbarkeit reicht nicht zum Ausschluss der Zurechnung.
2. Die Tat wird aber dem Täter nicht zugerechnet, wenn er irrtümlich glaubte, dass er das Recht hatte, die Tat zu begehen, und sein Irrtum entschuldbar war.

Anstifter und unmittelbarer Gehilfe
Art. 46

1. Gleich einem Täter wird bestraft:

a............

b.wer vorsätzlich dem Täter unmittelbar während dieser Tat und bei der Begehung der Haupttat Hilfe geleistet hat.

Einfacher Gehilfe
Art. 47

1.Wer, abgesehen vom Falle des Absatzes 1 b des vorigen Artikels, vorsätzlich einem anderen vor oder während seiner begangenen rechtswidrigen Tat irgendeine Hilfe geleistet hat, wird als Gehilfe mit milderer Strafe bestraft.

Delikt aus Gewinnsucht
Art. 81

1.Wenn das Delikt Gewinnsucht entsprang, kann das Gericht, neben der Freiheitsstrafe Geldstrafe oder Geldbuße verhängen, auch wenn das Gesetz keine Geldstrafe für das begangene Delikt vorsieht.

2.In den Fällen, in denen das Gesetz für das Delikt nur Geldstrafe oder Geldbuße vorsieht, kann das Gericht, wenn die Gründe des § 1 vorliegen, eine solche Strafe verhängen, dreimal höher als ihre Obergrenze, die für dieses Delikt vorgesehen wird.

Urkundenfälschung
Art. 216

1.Wer zur Täuschung im Rechtsverkehr eine unechte Urkunde herstellt oder eine Urkunde verfälscht wird mit Gefängnisstrafe von drei Monaten bestraft.

Gläubigerbenachteiligung
Art. 397

1. Der Schuldner, der absichtlich ganz oder teilweise die Befriedigung seines Gläubigers durch das Beschädigen, Zerstören oder Unbrauchbarmachen, Verheimlichen oder Enteignung ohne gleichwertiges zahlungsfähiges Entgelt irgendeines Vermögensgegenstandes, durch die Vorspiegelung von falschen Schulden oder Rechtsgeschäften vereitelt, wird mit Gefängnisstrafe bis zu 2 Jahren oder mit Geldstrafe bestraft, wenn die Tat keiner höheren Strafe nach anderem Gesetz unterliegt.
2. Gleich wird bestraft, wer eine von diesen Taten zugunsten des Schuldners begeht.
3. Die Tat wird nur auf Antrag verfolgt.

II. Nebenstrafrechtliche Vorschriften

1. Handelsgesetz (Dekret vom 19.4/1.5.1835)

Art. 687

Es wird zu den in den über den vorsätzlichen Bankrott vorgeschriebenen Strafen verurteilt:

1. wer zugunsten des Gemeinschuldners in Kenntnis (seiner Insolvenz) bewegliches oder unbewegliches Vermögen beiseite schafft, verheimlicht oder verschweigt,
2. wer vorsätzlich im eigenen Namen oder über eine andere Person Scheinkredite erklärt und eidesstattlich bestätigt; für die im Ausland, wenn jemand vom Eid nach Art. 589 entlastet wurde, reicht die vorsätzliche Bestätigung,
3. wer, als Handelstreibender im fremden oder falschen Namen, der in Art. 684 vorgeschriebenen Handlungen sich schuldig gemacht hat.

2. Aktiengesetz (Gesetz 2190/1920)

Art. 55
Mit Gefängnisstrafe und mit Geldstrafe von 300.000 Drachmen oder mit einer von diesen Strafen wird bestraft jeder Gründer, Mitglied des Vorstandes oder Vorsitzender einer Aktiengesellschaft, der bewußt falsche Erklärungen gegenüber der Behörde über die Einschreibung und die Leistung des Grundkapitals, den Ausgabekurs der Aktien und die Bilanz macht.

Art. 62 a
1. Mit Gefängnisstrafe bis zu drei Monaten und mit Geldstrafe von 300.000 Drachmen oder mit einer von diesen Strafen wird bestraft, wer gegen die Vorschriften über die Veröffentlichung im Deltio der Aktiengesellschaften und der Gesellschaft mit beschränkter Haftung verstößt ...

3. GmbH-Gesetz (Gesetz 3190/1955)

Art. 60
Mit den in Art. 458 StGB vorgesehen Strafen* wird bestraft: ...3. Jeder Gesellschafter oder Geschäftsführer einer Gesellschaft mit beschränkter Haftung, der bewußt falsche Erklärungen über die Leistung des Grundkapitals und die Bilanz macht....14. Jeder Geschäftsführer, der gegen die Vorschriften dieses Gesetzes über die Eintragungen und Veröffentlichungen verstößt.

*Gefängnisstrafe bis zu 6 Monaten oder Geldstrafe oder beide.

III. Strafprozeßordnung

Erhebung der öffentlichen Klage
Art. 43

1.Der Staatsanwalt ist verpflichtet, wenn er den Strafantrag oder die Petition bekommt, die öffentliche Klage zu erheben, anordnend der Untersuchung oder des Ermittlungsverfahrens oder anbringend den Fall durch die unmittelbare Ladung des Angeklagten zur Hauptverhandlung, soweit diese Ladung zulässig ist....

2. .....

Prinzip der freien richterlichen Beweiswürdigung
Art. 177

Die Richter sind nicht verpflichtet, gesetzlichen Beweisregeln zu folgen, sie müssen aber nach ihrer Überzeugung entscheiden, folgend ihrem Bewusstsein und dem freien Ermessen, das sich aus den Diskussionen ergibt und die

Wahrheit des Sachverhalts, die Glaubwürdigkeit der Zeugen und den Wert der übrigen Beweismittel betrifft.

C. Zivilrechtliche Vorschriften

I. Bürgerliches Gesetzbuch

Art. 62

Die Fähigkeit der juristischen Person erstreckt sich nicht auf Rechtsverhältnisse, die Eigenschaften einer natürlichen Person voraussetzen.

Art.748
Führung der Gesellschaft

Die Führung der Gesellschaftsangelegenheiten gehört, wenn es nicht anders vereinbart worden ist, gemeinsam zu allen Gesellschaftern. Für jede Handlung ist die Genehmigung aller Gesellschafter nötig.

....

Art. 784
Persönlichkeit der BGB-Gesellschaft

Die Gesellschaft dieses Kapitels erlangt Rechtspersönlichkeit, wenn sie einen wirtschaftlichen Zweck hat, soweit die Öffentlichkeitsbedingungen, die das Gesetz für diesen Zweck für die offenen Handelsgesellschaften vorschreibt, eingehalten werden....

Darlehen
Begriff
Art. 806

Durch den Darlehensvertrag überträgt der eine der Vertragspartner an den anderen das Eigentum am Geld oder anderen vertretbaren Sachen und der ist verpflichtet, andere Sachen von gleicher Güte und Menge zurückzuerstatten.

Art. 844
Spiel und Wette

Durch Spiel oder durch Wette wird eine Forderung nicht begründet.
Das gleiche gilt auch für das abstrakte Versprechen oder Anerkennen solcher Verbindlichkeiten oder für die Ausstellung eines Wechsels oder anderen Schuldscheins zu diesem Zweck.

Art. 846

Forderung durch Lotterie wird begründet, nur wenn ihre Begründung gesetzlich genehmigt ist.

Die Sachen und die Rechte im allgemeinen
Art. 947
Begriff

Sachen, im Sinne des Gesetzes, sind nur körperliche Gegenstände.

......

Art. 1034
Erwerb des Eigentums an beweglichen Sachen durch Vertrag

Zur Übertragung des Eigentums an einer beweglichen Sache wird erfordert die Übergabe des Besitzes vom Eigentümer an denjenigen, der ihn erwirbt, und Einigkeit beider, dass das Eigentum übergeht.

Handelsgesetz (Dekret vom 19.4./1.5.1835)

Art. 1
Kaufmann ist, wer Handelsgeschäfte verübt und sein Hauptberuf der Handel ist.

Art. 8
Jeder Kaufmann, abgesehen von den übrigen Büchern, die obwohl im Handel benutzt werden, nicht völlig nötig sind, muss ein Grundbuch haben, das seine täglichen Vermögensteile, Schulden, geschäftlichen Verhältnisse, synallagmatischen Transaktionen, Einnahmen und Indossamente und im allgemeinen alles, was er aus irgendwelchem Grunde bekommt oder bezahlt und monatlich seine Hausausgaben zum Ausdruck bringt, darstellen.
Er muss die Briefe, die er bekommt, in eine Akte stellen und diejenigen, die er absendet, in einem Buch abschreiben.

Art. 9
Er muss jährlich eine eigenhändige Verzeichnung seiner beweglichen und unbeweglichen Sachen, seines Vermögens und seiner Schulden machen und sie auf einem speziellen Buch abschreiben.

Art. 10
Das Grundbuch und das Inventar müssen einmal im Jahr paraphiert und beglaubigt werden. Das Inventar unterliegt dieser Formalität nicht.

Alle Bücher müssen in chronologischer Reihenfolge aufgestellt werden, ohne Zwischenräume, Lücken oder Marginalien.

Art. 24
Wenn es mehrere persönlich haftende und namentlich in der Satzung der Gesellschaft eingeschriebene Gesellschafter gibt, die entweder alle zusammen oder einer oder einige von ihnen für alle die Gesellschaft führen, ist die Gesellschaft gegenüber ihnen offen und gleichzeitig kommanditistisch gegenüber den einfachen Geldgebern.

Art. 42
Der Satzungsauszug der offenen Handelsgesellschaften und der Kommanditgesellschaften müssen binnen 15 Tagen von der Datierung der Urkunde im Büro des Handelsgerichts des Verwaltungsbezirks, wo sich das Handelsgeschäft der Gesellschaft befindet, vorgelegt werden, um auf einem Buch abgeschrieben zu werden und ausgehängt für 3 ganze Monate im Gerichtssaal zu bleiben.
Wenn die Gesellschaft mehrere Handelsgeschäfte in verschiedenen Verwaltungsbezirken hat, müssen die Vorlage, die Abschreibung und der Aushang des Auszugs im Handelsgericht des jeweiligen Verwaltungsbezirks erfolgen.
Die Vernachlässigung dieser Formalitäten löst die Nichtigkeit gegenüber den Gesellschaftern aus, diese können aber den Mangel an sie nicht gegenüber Dritten geltend machen.

Art. 43
Der Auszug muss die Vor- und Nachnamen, die Eigenschaft und die Verteilung der Gesellschafter, nicht aber der Aktionäre und der Kommanditisten, den Gesellschaftsnamen, die Gesellschafter, die zu führen, zu verwalten und im Namen der Gesellschaft zu unterschreiben eingestellt wurden, die geleisteten Geldsummen je nach Anteil oder Kommanditist, die Zeit, in der die Gesellschaft eröffnet und abgeschlossen wird.

Art. 44
Der Satzungsauszug der offenen Handelsgesellschaft wird, wenn er öffentlich ist, von den Notaren, wenn er aber privat ist von allen Gesellschaftern, und derjenige der Kommanditgesellschaft nur von den solidaren oder von den für die Führung der Gesellschaft zuständigen Gesellschaftern unterschrieben, unabhängig davon ob sie in Anteilen geteilt wird.

Art. 45
Das königliche Dekret, das die Aktiengesellschaften bestätigt, muss zusammen mit der Satzung der Gesellschaft ausgehängt werden und für dieselbe Zeit ausgehängt bleiben.

Art. 46
Die nach dem Ablauf der Dauerfrist Fortführung einer Gesellschaft muss durch die Erklärung der Gesellschafter nachgewiesen werden.
Diese Erklärung und alle Urkunden über die Auflösung einer Gesellschaft vor dem Ablauf ihrer in der Satzung vorgesehenen Dauerfrist, jede Änderung oder Rücktritt der Gesellschafter, jede neue Vereinbarung, jede neue Bedingung, jede Änderung des Gesellschaftsnamens unterliegen den in Artikeln 42, 43 und 44 aufgeführten Formalitäten.
Die Vernachlässigung dieser Formalitäten wird nach den Strafvorschriften des dritten Paragraphen von Artikel 42 bestraft.

Über Insolvenz

Art. 525
Jeder Kaufmann, der seine Zahlungen eingestellt oder vor dem Sekretär des in Art. 526 HG vorgesehenen Landgerichts erklärt, dass er seine Zahlungen hemmt, ist im Insolvenzzustand.
Die Insolvenz kann erklärt werden, auch des zurückgetretenen von seinem Handel, wenn er während der Verübung seine Zahlungen eingestellt hatte.
Die Insolvenz des Kaufmanns kann innerhalb eines Jahres von seinem Tod erklärt werden, wenn er während seines Lebens seine Zahlungen eingestellt hatte.

Art. 526
Der Kaufmann, der seine Zahlungen eingestellt hat, ist verpflichtet es zu erklären, an dem Tag, an dem er seine Zahlungen eingestellt hat, dem Sekretär des Kammergerichts, im Bezirk dessen er sein Hauptgeschäft hat, und, falls es außerhalb des Bezirks des Kammergerichts liegt, muss er diese Erklärung binnen 10 Tagen vom Tag an dem er seine Zahlungen eingestellt hat, machen. Bei der offenen Handelsgesellschaft oder Kommanditgesellschaft muss die Erklärung den Vor- und Nachnamen und die Wohnungsadressen oder den Aufenthaltsort jedes haftenden Gesellschafters enthalten. Sie erfolgt gegenüber dem Sekretär des Kammergerichts, im Bezirk dessen sich der Gesellschaftssitz befindet, am selben Tag, wenn der Sitz des Kammergerichts der Gesellschaftssitz ist, oder in 10 Tagen vom Tag, an dem die Zahlungen eingestellt wurden, wenn sich der Gesellschaftssitz außerhalb des Bezirks des Kammergerichts befindet. Bei der Insolvenz einer Aktiengesellschaft bezieht sich das Verfahren auf ihre Geschäftsführer, die verpflichtet sind, dem Berichterstatter und den Insolvenzverwaltern die verlangten Informationen zu geben und vor ihnen zu erscheinen, wenn es erfordert wird.

Art. 527
Mit der Erklärung gemäß dem vorigen Artikel wird vom Kaufmann dem Sekretär des Kammergerichts die Bilanz vorgelegt oder es werden die Gründe angeführt, warum der erklärende Kaufmann verhindert wird, sie vorzulegen.

Binnen 15 Tagen, die den Erklärungstag einschließen, werden vom Erklärenden dem selben Sekretär des Kammergerichts die Handelsbücher vorgelegt. Die Bilanz enthält Angaben über alle beweglichen und unbeweglichen Sachen des Schuldners unter Angabe ihres Wertes, über die Kredite und Schulen, unter Angabe der Wohnungsadressen der Gläubiger und der möglicherweise bestehenden Verwandtschaft zu dem Gemeinschuldner, und zusätzlich eine Übersicht der Gewinne und der Verluste und eine Ausgabenanzeige; am Ende ist ihre Wahrheit zu bestätigen; sie wird vom Schuldner datiert und unterschrieben. Unter der Zahlungseinstellungserklärung verzeichnet der Sekretär das Jahr, den Monat und den Tag ihrer Vorlage und der Bilanz. In der gleichen Weise wird die im Büro erfolgte Vorlage jeder anderen insolvenzbezogenen Urkunde bestätigt.

Art. 528

....

Nur die Verweigerung Zahlungen wegen Einreden, die der Schuldner gutgläubig für begründet halten darf, ist kein Nachweis der Zahlungseinstellung. Zum Gegenteil hindert die Fortsetzung der Zahlungen des Kaufmanns durch ruinöse und arglistige Mittel die Insolvenzeröffnung nicht......

Art. 545

Die Siegelanlegung erfolgt auf den Lagern, den Büros, den Kisten, den Geschäftsbereichen, den Büchern, den Urkunden, den Möbeln und den sonstigen beweglichen Sachen des Gemeinschuldners. Bei der Insolvenz einer offenen Handelsgesellschaft oder Kommanditgesellschaft erfolgt die Siegelanlegung nicht nur im Hauptgeschäft und in den Nebengeschäften des Unternehmens, sondern auch in der Wohnung jedes persönlich haftenden Gesellschafters. Jedenfalls führt der Amtsrichter unverzüglich dem Vorsitzenden des Kammergerichts den Bericht über die Siegelanlegung und benachrichtigt im Notfall die vorübergehenden Insolvenzverwalter.

Art. 557

Wenn die Siegelanlegung nicht vor der Einstellung der Insolvenzverwalter erfolgt ist, laden die Insolvenzverwalter den Amtsrichter vor, es zu machen.

Art. 565

Die Insolvenzverwalter laden den Gemeinschuldner vor zur Nachprüfung der Bücher, Anerkennung ihres Inhaltes, Bestätigung ihres Zustandes und um sie vor ihm abzuschließen und auszuführen......

Art. 615
Das Vergleichsverfahren, trotz seiner richterlichen Bestätigung, ist von selbst nichtig, wenn der Gemeinschuldner wegen betrügerischen Bankrotts verurteilt wird. Es kann vom Gericht, auf Antrag der Insolvenzverwalter oder eines von den Insolvenzverwaltern und dem Gemeinschuldner geladenen Gläubigers wegen nach der Bestätigung festgestellten Vorsatzes, die Aktiva zu verheimlichen oder die Passiva zu vergrößern, angefochten werden.......

Art. 616
Wenn der Gemeinschuldner die Voraussetzungen des Vergleichsverfahrens nicht erfüllt, kann die Aufhebung des Vergleichsverfahrens von der Mehrheit der an der Versammlung des Vergleichsverfahrens teilnehmenden Gläubiger beantragt werden, soweit sie die durch das Vergleichsverfahren bestimmten Mengen nicht bekommen haben.....
....

III. Aktiengesetz (Gesetz 2190/1920)

Art. 1
Jede Aktiengesellschaft ist Handelsgesellschaft, auch wenn ihr Zweck kein Handelsgewerbe ist.

Art. 7 b Publizität
1. Die Publizität wird verwirklicht:
   a. Mit der Eintragung, nach Prüfung der Akte und Angaben, in das Register der Aktiengesellschaften, das von der Abteilung des Handelsministeriums der Präfektur geführt wird, wo die Gesellschaft ihren Sitz hat, und
   b. Durch die Veröffentlichung, auf Betreiben der zuständigen Behörde und auf Kosten der interessierenden Gesellschaft, im Tevhos der Aktiengesellschaften und der Gesellschaften mit beschränkter Haftung der Anzeige der Eintragung der Akten und Elemente, die der Publizität unterliegen, in das angehörige Register der Aktiengesellschaft.
   ....
   ....
   ....

Art. 18
1. Die Aktiengesellschaft wird im und außerhalb des Gerichts von ihrem Vorstand vertreten, der gemeinschaftlich handelt.
2. .....
3. .....

Art. 41
1.Am Beginn ihres Betriebs, muss die Gesellschaft das gemäß Art. 9 gr. HG Inventar aufstellen.
2.Die selbe Pflicht hat sie auch am Ende jedes Geschäftsjahres, wie es in der Satzung vorgeschrieben wird.
3..........

IV. GmbHG (Gesetz 3190/1955)

Art. 3
1. Die Gesellschaft beschränkter Haftung ist Handelsgesellschaft, auch wenn ihr Zweck kein Handelsgewerbe ist.
2. ....

Art. 8 Publizität

1. Abschrift des Gesellschaftsvertrags wird niedergelegt auf Betreiben jedes Gesellschafters oder Geschäftsführers und obligatorisch vom Notar, binnen eines Monats seit seiner Aufstellung, an die Geschäftsstelle des Landgerichts des Sitzes der Gesellschaft. Der Sekretär trägt den Gesellschaftsvertrag in das Register der Gesellschaften ein.
2. Auf Betreiben jedes Gesellschafters oder Geschäftsführers und auf Kosten der interessierenden Gesellschaft wird im Tevhos der Aktiengesellschaften und der Gesellschaften mit beschränkter Haftung im Regierungsblatt die Anzeige der Eintragung der Akten und Elemente, die der Publizität unterliegen, in das angehörige Register der Gesellschaften mit beschränkter Haftung veröffentlicht.

Art. 16
Die Führung der geschäftlichen Angelegenheiten und die Vertretung der Gesellschaft gehört, wenn nichts anderes vereinbart ist, zu allen Gesellschaftern, die gemeinschaftlich handeln.

Art. 18 Befugnis der Geschäftsführer

1. Die Geschäftsführer vertreten die Gesellschaft und verüben in ihrem Namen jedes Geschäft, das vom Gesellschaftszweck gedeckt wird.
....
....
....

Art. 22
1. Einmal im Jahr, am Ende des Geschäftsjahres, sind die Geschäftsführer der Gesellschaft verpflichtet, alle Aktiva und Passiva der Gesellschaft mit

ausführlicher Beschreibung jedes Elements zu verzeichnen. Die jährlichen Wirtschaftsberichte der Gesellschaft werden von den Geschäftsführern auf Grund dieses Inventars aufgestellt.

....

....

Art. 25

Die Geschäftsführer sind verpflichtet zu führen in griechischer Sprache die folgenden Bücher, abgesehen von den nach anderen Gesetzen zu führenden, vom Leiter eines Finanzamtes gehörig beglaubigt.

1.Das Buch der Gesellschafter, in dem der Name des Gesellschafters, die Staatsangehörigkeit und seine Wohnungsadresse, die Einlagen und die Änderungen des Gesellschafters verzeichnet werden.

2.Das Buch der Berichte der Versammlungen, in dem die von den Gesellschaftern getroffenen Entscheidungen verzeichnet werden.

3.Das Buch der Berichte der Geschäftsführung, in dem die Entscheidungen der Geschäftsführer verzeichnet werden.

Art. 32

1. .....

2. Die seitens der Gesellschaft Auszahlung von Darlehen der Gesellschafter an sie wird als nicht erfolgt angesehen, soweit durch diese Auszahlung die Befriedigung der Ansprüche dritter Personen zu dieser Zeit ganz oder teilweise ausfällt.

3. .....

Art. 50 a Kommanditgesellschaften auf Aktien

1. ....

2. Die Vorschriften der Artikel ... 8, 18 § 1, wie sie abgeändert worden sind und gelten, werden analog auch auf die Kommanditgesellschaften auf Aktien angewandt, wenn die Versammlung der Gesellschafter vom gesetzlich zuständigen Organ ersetzt wird.

....

....

....

V. Gesetz 3632/1928 über die Effektenbörsen

Art. 12

1. Der Börsenhändler wird als Kaufmann betrachtet und er übt öffentliches Amt.

....

VI. Gesetz 959/1979 über die Reedereigesellschaft

Art. 1

1. ......
2. ......
3. Die Reedereigesellschaft ist Handelsgesellschaft.

Art. 2

1. ....
2. Durch die nach dem vorigen Paragraph Eintragung erwirbt die Reedereigesellschaft Rechtspersönlichkeit.

VII. Gesetz 2169/1993 über die landwirtschaftliche Genossenschaft

Art. 32

1. ......
2. Das Insolvenzverfahren wird eröffnet vom Landgericht des Sitzes der Genossenschaft nach Beantragung..............

 b. Des Vorstandes der Genossenschaft oder der Liquidatoren.

. ...

. ...

VIII. Gesetz 2479/1997 über den obersten Gerichtshof, die Verfahrensbeschleunigung, die prozeßrechtlichen Erleichterungen und andere Vorschriften

Art. 6

. ...

§ 18 a. In jedem Antrag auf Eröffnung des Insolvenzverfahrens und in jeder Erklärung der Zahlungshemmung werden der Vor-, Nach- und Vatersname oder die exakte Firma wie auch die Adresse der Wohnung und des Handelsgeschäftes oder des Sitzes und der gewerblichen Niederlassung des Kaufmanns, natürlicher oder juristischer Person, angeführt. Wenn der Antrag oder die Erklärung eine offene Handelsgesellschaft oder Kommanditgesellschaft anbetrifft, werden die obigen Angaben ferner bezüglich aller Komplementäre angeführt. Wenn es um die Insolvenz einer juristischen Person geht, werden jedenfalls der Vor-, Nach- und Vatersname und die exakte Adresse der Wohnung und der gewerblichen Niederlassung des Geschäftsführers oder der Geschäftsführer oder des geschäftsführenden Vorstandsmitgliedes oder ihres anderen Vertreters angeführt. Wenn diese Angaben nicht angeführt worden sind oder wenn sie nicht nach Art. 227 ZPO aufgeführt worden sind, wird der Antrag oder die Erklärung als unzulässig abgewiesen.

b. In dem nach dem Satz a´ Antrag oder Erklärung werden auch die Filialen, Lager und andere Haupt- oder Nebengeschäftsräume der insolventen natürlichen oder juristischen Person erwähnt und, wenn es um eine offene Handelsgesellschaft oder Kommanditgesellschaft geht, auch ihrer Komplementäre.

IX. Zivilprozeßordnung

Art. 444

Privaturkunden sind noch: 1. Die Bücher, die die Kaufleute und die Gewerbetreibenden nach dem Handelsgesetz oder anderen Gesetzen und Vorschriften führen.....

LITERATURVERZEICHNIS

A. Literatur in deutscher Sprache

Achenbach, Hans — Aus der 1987/1988 veröffentlichten Rechtsprechung zum Wirtschaftsstrafrecht, NStZ 1989, 497 ff.

Androulakis, Nikolaos — Studien zur Problematik der unechten Unterlassungsdelikte, München und Berlin 1963. (Unterlassungsdelikte)

Arians, Georg — Sonderbilanzen: Bilanzen aus besonderem Anlass und Grundsätze ordnungsmäßiger Bilanzierung, 2. Auflage 1985. (Sonderbilanzen)

Arloth, Frank — Zur Abgrenzung von Untreue und Bankrott bei der GmbH, NStZ 1990, 570 ff.

Arzt, Gunther/ Weber, Ulrich — Strafrecht, Besonderer Teil, LH 4: Wirtschaftsstraftaten, Vermögensdelikte (Randbereich), Fälschungsdelikte, 2. Auflage, Bielefeld 1989. (Arzt/Weber IV)

Baumbach, Adolf/ Hefermehl, Wolfgang — Wettbewerbsrecht, 21. Auflage, München 2000

Baumbach, Adolf/ Hopt, Klaus — Handelsgesetzbuch mit GmbHG & Co., Handelsklauseln, Bank- und Börsenrecht, Transportrecht (ohne Seerecht), 30. Auflage, München 2000. (Baumbach/Hopt)

Binding, Karl — Lehrbuch des gemeinen deutschen Strafrechts, Besonderer Teil, Band 1, 2. Auflage, Leipzig 1902. (Lehrbuch)

Bittmann, Folker — Zahlungsunfähigkeit und Überschuldung nach der Insolvenzordnung, wistra 1998, 321 ff. und 1999, 10 ff.

Blankenbach, Rudi/
Richter, Hans — Bekämpfung der Wirtschaftskriminalität, wistra 1982, 222 ff.

Blumers, Wolfgang — Bilanzierungstatbestände und Bilanzierungs-fristen im Handelsrecht und Strafrecht, Köln 1983. (Bilanzierungstatbestände)

Bockelmann, Paul — Strafrecht, Besonderer Teil/1 (Vermögensdelikte), 2. Auflage, München 1982. (BT 1)

Böhle-Stamschräder, Aloys — Zur Neuordnung des Konkursstrafrechts, KTS 1957, 177 ff.

Bretzke, Ulrike — Der Begriff der „drohenden Zahlungsunfähigkeit“ im Konkursstrafrecht Analyse und Darlegung der Konsequenzen aus betriebswirtschaftlicher Sicht, München Köln 1984. (Drohende Zahlungsunfähigkeit)

dieselbe — Begriff und Umfang der kaufmännischen Sorgfaltspflicht nach § 283 StGB, KTS 1985, 413 ff.

Brox, Hans — Besonderes Schuldrecht, 24. Auflage, München 1999

Bruns, Hans-Jürgen — Die Befreiung des Strafrechts vom zivilistischen Denken, Berlin 1938

Brundschuh, Karl-Dietrich — Die Rechtsprechung des Bundesgerichtshofes zum Börsenterminhandel, WM 1986, 725 ff.

Buschmann, Arno — Textbuch zur Strafrechtsgeschichte der Neuzeit, München 1998

Bydlinski, Peter — Zentrale Änderungen des HGB durch das Handelsrechtsreformgesetz, ZIP 1998, 1169 ff.

Class, Wilhelm — Generalklauseln im Strafrecht, in : Festschrift für Eberhard Schmidt zum 70. Geburtstag, Göttingen 1961, S. 122 ff.

Deutscher, Jörg/ Körner, Peter — Strafrechtlicher Gläubigerschutz in der Vor-GmbH, wistra 1996, 8 ff.

Doster, Werner — Verspätete beziehungsweise unterlassene Bilanzierung im Insolvenzstrafrecht, wistra 1998, 326 ff.

Dreiss, Wolfgang/ Eitel-Dreiss, Monika — Erstes Gesetz zur Bekämpfung der Wirtschaftskriminalität, Bergisch Gladbach 1977

Engisch, Karl — Die Idee der Konkretisierung in Recht und Rechtswissenschaft unserer Zeit, Heidelberg 1953

derselbe — Einführung in das juristische Denken, 9. Auflage, herausgegeben und bearbeitet von Thomas Würtenberger und Dirk Otto, Stuttgart – Berlin – Köln 1997

Feloutzis, Konstantin — Das Delikt der Aussetzung nach deutschem und griechischem Recht (§ 221 d. StGB, Art. 306 gr. StGB). Zugleich ein Beitrag zur Dogmatik der konkreten Gefährdungsdelikte, 1984. (Aussetzung)

Feuerbach, Paul-Johann-Anselm	Lehrbuch des gemeinen in Deutschland geltenden Peinlichen Rechts, 1. Auflage 1801, 2. Auflage, 1803. (Lehrbuch)
Frisch, Wolfgang	Tatbestandsmäßiges Verhalten und Zurechnung des Erfolges. Heidelberg 1988. (Zurechnung)
Garstka, Hansjürgen	Generalklauseln, in: Juristische Methodenlehre und analytische Philosophie, herausgegeben von Hans-Joachim Koch, 1976, S. 96 ff.
Geerds, Friedrich	Zur Problematik der strafrechtlichen Deliktstypen, in: Festschrift für Karl Engsich zum 70. Geburtstag, Frankfurt am Main 1969, S. 406 ff.
Geßler / Hefermehl / Eckhardt / Kropff	Aktiengesetz Kommentar, Band II, München 1973
Göhler, Erich/ Wilts, Walter	Das Erste Gesetz zur Bekämpfung der Wirtschaftskriminalität (II), DB 1976, 1657 ff.
Gössel, Karl-Heinz	Anmerkung zu BGH JR 1988, 254, in: JR 1988, 256 ff.
Grosche, Ernst-Joachim	Die Generalklausel des § 283 I Nr. 8 StGB im Deutschen Bankrottstrafrecht. Diss. Würzburg 1992. (Generalklausel)
Großkommentar HGB	Handelsgesetzbuch, Großkommentar, begründet von Hermann Staub, 3. Auflage, Berlin 1967, 4. Auflage, Berlin New York 1997. (Bearbeiter in: Großkomm. HGB)
Grub, Maximilian	Die insolvenzstrafrechtliche Verantwort-lichkeit der Gesellschafter von Personenhandelsgesellschaften, 1994

Haft, Fritjof | Generalklauseln und unbestimmte Begriffe im Strafrecht, JuS 1975, 477 ff.

Hammerl, Horst | Die Bankrottdelikte. Zur strafrechtlichen und kriminologischen Problematik des einfachen und schweren Bankrotts (§§ 239, 240 KO), Diss. Frankfurt 1970. (Die Bankrottdelikte)

Hanack, Ernst-Walter | Zur verfassungsmäßigen Bestimmtheit und strafrechtlichen Auslegung des Begriffs „unzüchtige Schrift" (§ 184 Abs. 1 Nr. 1 StGB, Art. 103 Abs. 2 GG), JZ 1970, 41 ff.

Harneit, Paul | Überschuldung und erlaubtes Risiko, Köln 1984. (Überschuldung)

Häsemeyer, Ludwig | Insolvenzrecht, 2. Auflage, Köln – Berlin – Bonn – München 1998

Hauck, Anton | Rechnungslegung und Strafrecht: unter besonderer Berücksichtigung der konkursstrafrechtlichen Bilanzdelikte, Diss. Tübingen 1986. (Rechnungslegung)

Hedemann, Justus-Wilhelm | Die Flucht in die Generalklauseln. – Eine Gefahr für Recht und Staat, Tübingen 1933

Hendel, Dieter | Rückzahlungen der Gesellschaft an den Gesellschafter-Geschäftsführer und Konkursstrafrecht. Die Auswirkungen der Rechtsprechung zu sog. kapitalersetzenden Gesellschafterdarlehen auf das Konkursstrafrecht, NJW 1977, 1943 ff.

Heinz, Wolfgang | Die Bekämpfung der Wirtschaftskriminalität mit strafrechtlichen Mitteln – unter besonderer Berücksichtigung des 1. WiKG, GA 1977, 225 ff.

Hess, Harald — InsO, Kommentar zur Insolvenzordnung mit EGInsO, Band 1, Insolvenzordnung, Heidelberg 1999. (InsO)

Heymann — Handelsgesetzbuch (ohne Seerecht), Kommentar, 3. Band, 1. Auflage, Berlin-New York 1989, 2. Auflage, Berlin New York 1999. (Heymann/Bearbeiter)

Hiltenkamp-Wisgalle, Ursula — Die Bankrottdelikte, Diss. Bochum 1987. (Bankrottdelikte)

Höfner, Klaus-Dieter — Die Überschuldung als Krisenmerkmal des Konkursstrafrechts, Frankfurt/Main 1981. (Überschuldung)

Hörl, Ulrich — Das strafrechtlich geschützte Vermögen im Konkurs des Gemeinschuldners, Diss. Bonn 1998. (Vermögen)

Jescheck, Hans-Heinrich / Weigend, Thomas — Lehrbuch des Strafrechts, Allgemeiner Teil, 5. Auflage, Berlin 1996. (AT)

Kindhäuser, Urs — Gefährdung als Straftat. Rechtstheoretische Untersuchungen zur Dogmatik der abstrakten Gefährdungsdelikte, Frankfurt am Main 1989. (Gefährdung)

Klug, Ulrich — Konkursstrafrecht, Sonderausgabe der Kommentierung der §§ 239 – 244 KO innerhalb des Großkommentars Jaeger, Konkursordnung, 8. Auflage, Berlin – New York 1973

derselbe — Der Eigentumsvorbehalt bei der Waren- und Wertpapierverschleuderung im Konkursstraf-recht, JZ 1957, 462 ff.

Kohlmann, Günter — Die strafrechtliche Verantwortlichkeit des GmbH-Geschäftsführers, Heidelberg 1990. (Verantwortlichkeit)

Kölner Kommentar zum Aktiengesetz — Zöllner, Wolfgang (Hrsg.), Band 1., 1. Auflage, Köln-Berlin-Bonn-München 1985. (Bearbeiter in: Kölner Kommentar zum AktG)

Köstlin, Reihold — Darstellung der Lehre vom strafbaren Bankerott, überhaupt und besonders nach der neueren deutschen Gesetzgebung, GA 1857, 721 ff.

Krause, Daniel-Marcus — Ordnungsgemäßes Wirtschaften und Erlaubtes Risiko. Grund und Einzelfragen des Bankrotts, 1995. (Ordnungsgemäßes Wirtschaften)

Krey, Volker — Studien zum Gesetzesvorbehalt im Strafrecht: eine Einführung in die Problematik des Analogieverbots, Berlin 1977. (Gesetzesvorbehalt)

Kuhn, Georg / Uhlenbruck, Wilhelm — Konkursordnung: Kommentar, 11. Auflage, München 1994. (KO)

Labsch, Karl-Heinz — Einverständliche Schädigung des Gesellschaftsvermögens und Strafbarkeit des GmbH-Geschäftsführers – BGH NStZ 1984, 118, JuS 1985, 602 ff.

derselbe — Die Strafbarkeit des GmbH-Geschäftsführers im Konkurs der GmbH, wistra 1985, 1 ff. sowie 59 ff.

Lackner, Karl / Kühl, Kristian — Strafgesetzbuch mit Erläuterungen, 23. Auflage, München 1999

Lampe, Ernst-Joachim — Unternehmensaushöhlung als Straftat, GA 1987, 241 ff.

derselbe — Betriebssabotage, ZStW 89, 325 ff.

Lauer, Eva — Der Irrtum über Blankettstrafgesetze am Beispiel des § 106 UrhG, Diss. Bonn 1997

Leipziger Kommentar — Strafgesetzbuch, 11. Auflage, herausgegeben von Jähnke, Burkhard / Laufhütte, Heinrich-Wilhelm / Odersky, Walter, Berlin New York 1996. (LK-Bearbeiter)

Lenckner, Theodor — Wertausfüllungsbedürftige Begriffe im Strafrecht und der Satz „nullum crimen sine lege“, JuS 1968, 249 ff. und 304 ff.

Liebl, Karlhans — Geplante Konkurse ?, Pfaffenweiler 1984. (Geplante Konkurse)

Marxen, Klaus — Anmerkung zu BGHSt 34, 109, in: EWiR § 283 StGB 2/87, S. 919 f.

Mathieu, Theodor — Die Rechtsprechung des Bundesgerichtshofs zu den Strafbestimmungen der Konkursordnung, GA 1954, 225 ff.

Matzen, Klaus — Der Begriff der drohenden und eingetretenen Zahlungsunfähigkeit im Konkursstrafrecht, Kiel 1993. (Zahlungsunfähigkeit)

Maul, Karl-Heinz — Handelsrechtliche Rechnungslegung: eine Einführung in die Bilanzlehre, 1978. (Rechnungslegung)

Maurach, Reinhart / Schroeder, Friedrich-Christian / Maiwald, Manfred — Strafrecht, Besonderer Teil, Teilband 1, Straftaten gegen Persönlichkeits- und

	Vermögenswerte, Heidelberg 1988. (Maurach/Schroeder/Maiwald 1)
Meurer, Dieter	Grundkurs Strafrecht III. Besonderer Teil. Arbeitspapiere, Fallbeispiele und Literaturhinweise, 3. Auflage, Marburg 1999. (BT)
derselbe	Grundkurs Strafrecht II. Allgemeiner Teil. Arbeitspapiere, Fallbeispiele und Literaturhinweise, 4. Auflage Marburg, 1999. (AT)
derselbe	Beweiswürdigung, Überzeugung und Wahrscheinlichkeit, in: Festschrift für Herbert Tröndle zum 70. Geburtstag, Berlin-New York 1989
Mohr, Randolf	Bankrottdelikte und übertragende Sanierung, Diss. Bonn 1993. (Übertragende Sanierung)
Mossmayer, Klaus	Einfluß der Insolvenzordnung 1999 auf das Insolvenzstrafrecht, 1997. (Einfluss)
Moxter, Adolf	Zur wirtschaftlichen Betrachtungsweise im Bilanzrecht, StuW 1989, 232 ff.
Muhler, Manfred	Darlehen von GmbH-Gesellschaftern im Strafrecht, wistra 1994, 283 ff.
derselbe	Nichtbilanzieren von Privatvermögen strafbar?, wistra 1996, 125 ff.
Müller-Dietz, Heinz	Abschied vom Bestimmtheitsgrundsatz im Strafrecht?, in: Festschrift für Theodor Lenckner zum 70. Geburtstag, München 1998, S. 179 ff.
Müller-Gugenberger, Christian / Bieneck, Klaus	Wirtschaftsstrafrecht. Handbuch des Wirtschaftsstraf- und Ordnungswidrigkeitenrechts 3. Auflage, Köln 2000

Müller-Emmert, Adolf / Maier, Bernhard — Das erste Gesetz zur Bekämpfung der Wirtschaftskriminalität, NJW 1976, 1657 ff.

Müller, Rudolf / Wabnitz, Heinz-Bernd /Janovsky, Thomas — Wirtschaftskriminalität. Eine Darstellung der typischen Erscheinungsformen mit praktischen Hinweisen zur Bekämpfung, 4. Auflage, München 1997. (Wirtschaftskriminalität)

Müller, Carolus — Diodori Siculi Bibliotheca, Vol. 1,2, Paris 1844 (in Latein)

Naucke, Wolfgang — Über Generalklauseln und Rechtsanwendung im Strafrecht, Tübingen 1973. (Generalklauseln)

Neumeyer, Karl — Historische und dogmatische Darstellung des strafbaren Bankerotts unter besonders eingehender Untersuchung der Schuldfrage, München 1891. (Historische Darstellung)

Nomos Kommentar zum Strafgesetzbuch — Gesamtredaktion: Neumann, Ulrich / Puppe, Ingeborg / Schild, Wolfgang, Band III, 1. Auflage, Baden-Baden 1995. (NK-Bearbeiter)

Otto, Harro — Die Tatbestände gegen Wirtschaftskriminalität im Strafgesetzbuch, Jura 1989, 24 ff.

derselbe — Anmerkung zu BGH StV 1984, 461, in: StV 1984, 462 f.

derselbe — Der Zusammenhang zwischen Krise, Bankrotthandlung und Bankrott im Konkursstrafrecht, in: Gedächtnisschrift

	für Rudolf Bruns, München 1980, S. 265 ff.
derselbe	Grundkurs Strafrecht. Die einzelnen Delikte, 5. Auflage, Berlin – New York, 1998. (BT)
Palandt	Bürgerliches Gesetzbuch, 59. Auflage, München 2000. (Palandt/Bearbeiter)
Paulus, Christoph	Die Insolvenzrechtsreform und der Schutz gesicherter Gläubiger, ZIP 1985, 1449 ff.
Pohl, Dirk	Strafbarkeit nach § 283 Abs. 1 Nr. 7 b) StGB auch bei Unvermögen zur Bilanzaufstellung?, wistra 1996, 14 ff.
Preisendanz, Holger	Strafgesetzbuch, Lehrkommentar mit Erläuterungen und Beispielen, ausgewählten Nebengesetzen sowie einem Anhang über Jugendstrafrecht, 30. Auflage, Berlin 1978. (Preisendanz / Bearbeiter)
Reiß, W.	Verdeckte Gewinnausschüttungen und verdeckte Entnahmen als strafbare Untreue des Geschäftsführers?, wistra 1989, 81 ff.
Richter, Hans	Der Konkurs der GmbH aus Sicht der Strafrechtspraxis, GmbHR 1984, 113 ff. und 137 ff.
Roxin, Claus	Strafrecht, Allgemeiner Teil, Band I, Grundlagen. Der Aufbau der Verbrechenslehre, 3. Auflage, München 1997. (AT)
Schäfer, Helmut	Die Verletzung der Buchführungspflicht in der Rechtsprechung des BGH, wistra 1986, 200 ff.

derselbe | Die Entwicklung der Rechtsprechung zum Konkursstrafrecht, wistra 1990, 82 ff.

Schlüchter, Ellen | Der Grenzbereich zwischen Bankrottdelikten und unternehmerischen Fehlentscheidungen, Diss. Tübingen 1977. (Grenzbereich)

dieselbe | Tatbestandsmerkmal der Krise – überflüssige Reform oder Versöhnung des Bankrottstrafrechts mit dem Schuldprinzip?, MDR 1978, 977 ff.

dieselbe | Anmerkung zu BGH JR 1979, 512, in: JR 1979, 513 ff.

dieselbe | Anmerkung zu BGH JR 1982, 29, in: JR 1982, 29 ff.

dieselbe | Zum „Minimum" bei der Auslegung normativer Merkmale im Strafrecht, NStZ 1984, 300 ff.

dieselbe | Irrtum über normative Tatbestandsmerkmale im Strafrecht, Tübingen 1983. (Irrtum)

Schmidhäuser, Eberhard | Strafrecht, Besonderer Teil, Grundriss, 2. Auflage, Tübingen 1983. (BT)

Schmidt, Karsten | Organverantwortlichkeit und Sanierung im Insolvenzrecht der Unternehmen, ZIP 1980, 328 ff.

derselbe | Das Handelsrechtsreformgesetz, NJW 1998, 2161 ff.

Scholz | Kommentar zum GmbH-Gesetz, 8. Auflage, Köln 1995, 9. Auflage, Köln 2000. (Bearbeiter in: Scholz, GmbHG)

Schöne, Wolfgang | Strafrechtsreform im Einführungs - gesetz?, JZ 1973, 446 ff.

Schramm, Edward — Anmerkung zu BGH NStZ 1998, 192, in: DStR 1998, 500 ff.

Schröder, Horst — Anmerkung zu BGHSt 22, 360, in: JR 1970, 31

derselbe — Die Gefährdungsdelikte im Strafrecht, ZStW 81, 7 ff.

derselbe — Abstrakt – konkrete Gefährdungsdelikte?, JZ 1967, 522 ff.

Schönke, Adolf/ Schröder, Horst — Strafgesetzbuch, Kommentar, bearbeitet von Lenckner, Theodor / Eser, Albin / Cramer, Peter / Stree, Walter, 25. Auflage, München 1997. (Sch/Sch-Bearbeiter)

Schulze-Hagen, Alfons — Schadensersatz bei zweckwidriger Verwendung von Baugeld, NJW 1986, 2403 ff.

Schünemann, Bernd — Moderne Tendenzen in der Dogmatik der Fahrlässigkeits- und Gefährdungsdelikte, JA 1975, 787 ff.

Seibert, Wolfgang — Anmerkung zu BGHSt 35, 37, in: NJW 1962, 1019 f.

Smid, Stefan — Insolvenzordnung (InsO) mit Insolvenzrechtlicher Vergütungsverordnung, Stuttgart Berlin Köln 1999. (Smid/Bearbeiter)

Stree, Walter — Objektive Bedingungen der Strafbarkeit, JuS 1965, 465 ff.

Sturm, Richard — Die Neufassung des Wuchertatbestandes und die Grenzen des Strafrechts, JZ 1977, 84 ff.

Systematischer Kommentar zum Strafgesetzbuch — von Rudolphi, Hans-Joachim / Horn, Eckhard / Günther, Hans-Ludwig / Samson, Erich / Hoyer, Andreas, Band 2., 5. bzw. 6. Auflage, Neuwied/Kriftel/Berlin 1999. (SK-Bearbeiter)

Teufel, Manfred — Insolvenzkriminalität, Lübeck 1981

Tiedemann, Klaus — Welche strafrechtlichen Mittel empfehlen sich für eine wirksamere Bekämpfung der Wirtschaftskriminalität ? Guthaben für den 49. Deutschen Juristentag, München 1972. (Guthaben)

derselbe — Wirtschaftsstrafrecht und Wirtschaftskriminalität, Band 1, Allgemeiner Teil, Reinbeck 1976.(Wirtschaftsstrafrecht I)

derselbe — Die Überschuldung als Tatbestandsmerkmal des Bankrotts, in: Gedächtnisschrift für Horst Schröder, München 1978, S. 289 ff.

derselbe — Insolvenzstraftaten aus Sicht der Kreditwirtschaft, ZIP 1983, 513 ff.

derselbe — Generalklauseln im Konkursstrafrecht, KTS 1984, 539 ff.

derselbe — Handhabung und Kritik des neuen Wirtschaftsstrafrechts-Versuch einer Zwischenbilanz, in: Festschrift für Hanns Dünnebier zum 75. Geburtstag, Berlin – New York 1982, S. 519 ff.

derselbe — Ordnungsgemäßes Wirtschaften als Zentralbegriff des neuen Konkursstrafrechts. In: Petersohn, Fanz/Weckert, Hans-Kurt/ Glöckner, Joachim (Hrsg.): Sozialkontrolle über

Insolvenzen und Konkursdelikte, Heidelberg 1986. (Zentralbegriff)

derselbe — Tatbestandsfunktionen im Nebenstrafrecht, Tübingen 1969. (Tatbestandsfunktionen)

derselbe — Zur Unterlassung der Konkursantragstellung im GmbH-Recht, ZIP 1982, 653 ff.

derselbe — Handelsgesellschaften und Strafrecht: eine vergleichende Bestandsaufnahme, in: Festschrift für Thomas Würtenberger zum 70. Geburtstag, Berlin 1977, S. 241 ff.

derselbe — Gründungs- und Sanierungsschwindel durch verschleierte Sacheinlagen, in: Festschrift für Karl-Lackner zum 70. Geburtstag, Berlin – New York 1987, S. 737 ff.

derselbe — Grundfragen bei der Anwendung des neuen Konkursstrafrechts, NJW 1977, 777 ff.

derselbe — Die strafrechtliche Vertreter- und Unternehmenshaftung, NJW 1986, 1842 ff.

derselbe/Vogel, Joachim — Strafrecht: Parfum im Supermarkt, JuS 1988, 295 ff.

Tröndle, Herbert / Fischer, Thomas — Kommentar zum StGB, 49. Auflage, München 1999

Uhlenbruck, Wilhelm — Strafrechtliche Aspekte der Insolvenzrechtsreform 1994, wistra 1996, 1 ff.

Vogel, Joachim — Norm und Pflicht bei den unechten Unterlassungsdelikten, 1992. (Norm und Pflicht)

Vormbaum, Thomas — Probleme der Gläubigerbegünstigung, GA 1981, 101 ff.

Walther, Fritz — Die Bankeruttdelikte, Tübingen 1937

Weber, Ulrich — Anmerkung zu BGH StV 1988, 14, in: StV 1988, 16 ff.

Wellensiek, Jobst — Risiken von Beteiligungen in (durch) Insolvenzverfahren der Muttergesellschaften, ZIP 1984, 541 ff.

Werner, Fritz — Zum Verhältnis von gesetzlichen Generalklauseln und Richterrecht, 1966. (Generalklauseln)

Wessels, Johannes / Hillenkamp, Thomas — Strafrecht, Besonderer Teil / 2. Straftaten gegen Vermögenswerte, 21. Auflage, Heidelberg 1999. (BT 2)

Weyand,Raimund — Konkursdelikte. Unternehmenszusammenbruch und Strafrecht, 3. Auflage, Bielefeld 1997. (Konkursdelikte)

Wiedemann, Gerhard — Gesellschaftsrecht, Band 1, Grundlagen, München 1980

von Wilamowitz-Moelendorf, Ulrich — Aristoteles und Athen, Berlin 1893

Winkelbauer, Wolfgang — Strafrechtlicher Gläubigerschutz im Konkurs der KG und der GmbH & Co. KG, wistra 1986, 17 ff.

derselbe — Anmerkung zu BGHSt 34, 221, in: JR 1988, 33 ff.

Wolter, Jürgen — Objektive und personale Zurechnung zum Unrecht, in: Grundfragen des modernen Strafrechtssystems, hrsg. v. Bernd Schünemann, Berlin u.a. 1984. (Zurechnung)

Zainhofer, Rudolf — Insolvenzstrafrecht und das Risiko des Unternehmers, Kriminalistik 1992, 507 ff.

Zirpins, Walter / Terstegen, Otto — Wirtschaftskriminalität, Erscheinungsformen und ihre Bekämpfung, Lübeck 1963. (Wirtschaftskriminalität)

B. Literatur in griechischer Sprache

Antonopoulos, Georgios	Studie zum Bankrott und Aufholung, Athen 1881
Androulakis, Nikolaos	Strafrecht I, Allgemeiner Teil, Athen, Komotini 1991 – 1992. (AT I)
derselbe	Anmerkung zu AP 447/1966, Poin. Chron. 17, 93, in: Poin. Chron. 17, 94
Barbaretsos, Georgios	Strafgesetzbuch, Athen 1980. (StGB)
Benakis, Anna	Die normativen Merkmale des objektiven Tatbestandes, Athen 1971. (Normative Merkmale)
Bouropoulos, Angelos	Auslegung des Strafgesetzbuchs, Band III, Athen 1964. (StGB III)
Chorafas, Nikolaos	Strafrecht, Erster Band, 9. Auflage, Athen 1978. (Strafrecht I)
Diovouniotis, Georgios	Griechisches Handelsrecht, Band 4, 1934
Frangakis, Nikos	Anmerkung zu AP 623/1982, No. B. 1982, 980, in: No. B. 1982, 982
Gafos, Ilias	Strafrecht, Besonderer Teil, Heft VII, Athen 1969. (BT VII)
Georgakopoulos, Leonidas	Handbuch des Handelsrechts, Band 1 – Die Kaufleute, Heft 1 – Allgemeiner Teil, 2. Auflage, Athen 1995. (Handelsrecht AT)
derselbe	Handbuch des Handelsrechts, Band 1, Heft III, Insolvenz und Sanierung, 1987. (Handelsrecht III)

Georgiades, Apostolos / Stathopoulos, Michael	Bürgerliches Gesetzbuch, Auslegung, Rechtsprechung, Literatur, Band IV, 1982. (BGB)
Kakkalis, Petros/ Kourakis, Nestoras /Maganas, Antonios / Farsedakis, Iakobos	Strafgesetzbuch, Band 2, Athen 1995. (StGB II)
Kapetanakis, Georgios	Strafgesetzbuch, Athen 1961. (StGB)
Karanikas, Dimitrios	Handbuch des Strafrechts, Band III, Athen 1962. (Strafrecht III)
Kodaxis, Athanasios	Strafgesetzbuch, Band 2, Besonderer Teil, Athen 1991. (StGB II)
Konstadinides, Pavlos	Insolvenz und Bankrott, Athen 1977
Kostis, Konstantinos / Bouropoulos, Angelos	Auslegung des Strafgesetzes, Band III, Athen 1929. (StGB III)
Kotsiris, Lambros	Insolvenzrecht, 6. Auflage, Thessaloniki 1998
Makris, Fotis	Strafrechtliche Nebengesetze. Text, Auslegung, Rechtsprechung, Band 2, Athen 1994. (Strafrechtliche Nebengesetze II)
Mangakis, Georgios-Alexandros	Strafrecht, Diagramm des Allgemeinen Teils, 2. Auflage, Athen 1982. (Strafrecht)
Manoledakis, Ioannis	Strafrecht, Allgemeine Strafrechtslehre, Thessaloniki 1989. (AT)
Papadakis, Ioannis	Sukzession und Ablösung der Strafgesetze, 1968
Papadogiannis, Michael	Auslegung des Strafgesetzbuchs, Athen 1984. (StGB)

Perakis, Evagelos — Allgemeiner Teil des Handelsrechts, Athen 1999

Philippides, Telemachos — Das Bankrottdelikt, Athen 1948. (Bankrottdelikt)

Rallis, G. — Auslegung des griechischen Handelsrechts, Band 3, 1951. (Handelsrecht III)

Rokas, Nikolaos — Handelsgesellschaften, 4. Auflage, Athen-Komotini 1996

derselbe — Grundzüge des Insolvenzrechts, 1997. (Insolvenzrecht)

Staikos, Antonios — Auslegung des griechischen Strafgesetzbuchs, Band III, Athen 1955. (StGB III)

Stamatis, Konstantinos — Allgemeine Grundsätze der scheinbaren Konkurrenz von Straftaten, Thessaloniki 1972. (Konkurrenz)

Stavropoulos, Stavros — Kommentar zum Handelsrecht und Seerecht, Athen, Komotini 1992

Systematische Auslegung des Strafgesetzbuchs — von Androulakis, Nikolaos / Mangakis, Georgios-Alexandros / Spinellis, Dionysios / Stamatis, Konstantinos / Psarouda-Benaki, Anna, Athen 1993. (Bearbeiter in: Systematische Auslegung des StGB)

Toussis, Andreas / Georgiou, Athanasios — Strafgesetzbuch, Band II, 3. Auflage, Athen 1967. (StGB II)

Tsirides, Polychronis — Die Insolvenzdelikte, Athen 1996. (Insolvenzdelikte)

ABKÜRZUNGSVERZEICHNIS

a.A.	anderer Auffassung
Abs.	Absatz
ADSp	Allgemeine Deutsche Spediteur-Bedingungen
a.F.	alte Fassung
AFG	Arbeitsförderungsgesetz
AG	Amtsgericht; Aktiengesellschaft
AktG	Aktiengesetz
Alt.	Alternative
a.M.	anderer Meinung
Anl.	Anleitung
Anm.	Anmerkung
AP	Areios Pagos (Areopag, griechisches Kassationsgericht)
Arch. Nom.	Archeion Nomologias (Archiv für die Rechtsprechung), griechische juristische Zeitschrift
Arg.	Argument
Arm.	Armenopoulos, griechische juristische Zeitschrift
Art.	Artikel
BayOLG	Bayerisches Oberstes Landesgericht
BB	Der Betriebs-Berater
Bd.	Band
BGB	Bürgerliches Gesetzbuch
BGBl.	Bundesgesetzblatt
BGH	Bundesgerichtshof
BGHSt	Entscheidungen des Bundesgerichtshofs in Strafsachen
BGHZ	Entscheidungen des Bundesgerichtshofs in Zivilsachen
BiRiLiG	Bilanzrichtlinien-Gesetz
BörsG	Börsengesetz
BSG	Gesetz über die Sicherung der Bauförderung
BT Drucks.	Bundestagsdrucksache
BVerfG	Bundesverfassungsgericht
BVerfGE	Entscheidungen des Bundesverfassungsgerichts
bzw.	beziehungsweise
d.	deutsches
DBTag	Deutscher Bundestag
d.h.	das heißt

Dik.	Dikaiosini (Justiz), griechische juristische Zeitschrift
Diss.	Dissertation
DJT	Deutscher Juristentag
DR	Deutsches Recht
DriZ	Deutsche Richterzeitung
DStR	Deutsches Steuerrecht
E.E.D.	Epitheorisi Eborikou Dikaiou (Betrachtung des Handelsrechts), griechische juristische Zeitschrift
E.E.N.	Ephimeris Ellinon Nonikon (Zeitschrift der griechischen Juristen), griechische juristische Zeitschrift
EGInsO	Einführungsgesetz zur Insolvenzordnung
EGInsOÄndG	Gesetz zur Änderung des Einführungsgesetzes zur Insolvenzordnung und anderer Gesetze
Ell.Dik.	Elliniki Dikaiosini (griechische Justiz) griechische juristische Zeitschrift
EWiR	Entscheidungen zum Wirtschaftsrecht
f. (ff.)	folgende
Fn.	Fußnote
FS	Festschrift
GA	Goltdammers Archiv für Strafrecht
gem.	gemäß
GenG	Gesetz betreffend die Erwerbs- und Wirtschaftsgenossenschaften
Ges.	Gesetz
GG	Grundgesetz
GjS	Gesetz über die Verbreitung jugendgefährdender Schriften
GmbH	Gesellschaft mit beschränkter Haftung
GmbHG	Gesetz betreffend die Gesellschaft mit beschränkter Haftung
GmbHR	GmbH-Rundschau
gr.	griechisches
gr. HG	griechisches Handelsgesetz (Dekret vom 19.4/1.5 1835)
Großkomm. HGB	Handelsgesetzbuch, Großkommentar, begründet von Hermann Staub
HGB	Handelsgesetzbuch
h. M.	herrschende Meinung
Hrsg.	Herausgegeben
i.e.S.	im engeren Sinne
InsO	Insolvenzordnung

i.S.d.	im Sinne des
JA	Juristische Arbeitsblätter
JR	Juristische Rundschau
JuS	Juristische Schulung
JW	Juristische Wochenschrift
JZ	Juristenzeitung
KG	Kammergericht
KG	Kommanditgesellschaft
KGaA	Kommanditgesellschaft auf Aktien
KO	Konkursordnung
krit.	kritisch
KTS	Zeitschrift für Insolvenzrecht, Konkurs, Treuhand, Sanierung
LG	Landgericht
LH	Lehrheft
LK-	Leipziger Kommentar zum Strafgesetzbuch (-Bearbeiter)
LM	Entscheidungen des Bundesgerichtshofs im Nachsclagwerk von Lindenmaier
LZ	Leipziger Zeitschrift
MDR	Monatsschrift für Deutsches Recht
m.w.N.	mit weiteren Nachweisen
NK-	Nomos Kommentar zum Strafgesetzbuch (-Bearbeiter)
Nr(n).	Nummer(n)
NStZ	Neue Zeitschrift für Strafrecht
NJW	Neue Juristische Wochenschrift
o.g.	oben genannte(n)
OHG	Offene Handelsgesellschaft
OLG	Oberlandesgericht
Poin. Chron.	Poinika Chronika (strafrechtliche Chronik), griechische juristische Zeitschrift
Prot.	Protokoll(e)
PublG	Publizitätsgesetz
Recht	Das Recht
RG	Reichsgericht
Rn.	Randnummer(n)
RGSt	Entscheidungen des Reichsgerichts in Strafsachen
RGZ	Entscheidungen des Reichsgerichts in Zivilsachen
Rspr.	Rechtsprechung
S.	Seite
s.	siehe

Sch/Sch-	Schönke/Schröder, Strafgesetzbuch (-Bearbeiter)
sc.	scilicit (nämlich)
SK-	Systematischer Kommentar zum Strafgesetzbuch (-Bearbeiter)
sog.	sogenannt
StenB	Stenographischer Bericht
StGB	Strafgesetzbuch
StPO	Strafprozessordnung
StuW	Steuer und Wirtschaft
STV	Strafverteidiger
u.a.	unter anderem, und andere
UrhG	Urheberrechtsgesetz
u.s.w.	und so weiter
UWG	Gesetz gegen den unlauteren Wettbewerb
v.	von
vgl.	vergleiche
Vor	Vorbemerkung
Wahlp.	Wahlperiode
WiKG	Wirtschaftskriminalitätsgesetz
wistra	Zeitschrift für Wirtschaft – Steuer – Strafrecht
WM	Wertpapier – Mitteilung
z.B.	zum Beispiel
ZIP	Zeitschrift für Wirtschaftsrecht
ZPO	Zivilprozessordnung
ZRP	Zeitschrift für Rechtspolitik
ZStW	Zeitschrift für die gesamte Strafrechtswissenschaft
zust.	zustimmend

FSC
www.fsc.org
MIX
Papier | Fördert gute Waldnutzung
FSC® C083411

Kolibri 360 GmbH
Ferdinand-Jühlke-Straße 7
99095 Erfurt, Deutschland
produktsicherheit@kolibri360.de

Druck:
CPI Druckdienstleistungen GmbH
im Auftrag der
Kolibri 360 GmbH
Ferdinand-Jühlke-Str. 7
99095 Erfurt